21世纪本科院校土木建筑类创新型应用人才培养规划教材

房地产策划

编　著　王直民　黄卫华

内容简介

本书以现代策划学理论为基础，以房地产全程策划理论为主线，结合当前房地产市场的特点，系统阐述房地产项目策划的基本理论、方法和步骤，主要内容包括：房地产基础知识、房地产策划导论、房地产项目主题策划、房地产项目市场策划、房地产项目投资策划、房地产项目规划设计策划、房地产项目营销策划、房地产项目物业管理策划以及房地产策划报告的编制。本书内容全面，体系完整，结构严谨，实用性强。

为增加可读性并扩大读者的知识面，本书在大部分章节正文开始之前设置了导入案例，在正文中穿插了大量的房地产策划应用案例，在正文结束之后设置了相关的阅读材料。

本书可作为本科院校、高职院校、成人高校等工程管理类、房地产经营管理类、市场营销类、建筑工程类专业或相关学科的教材，也可作为房地产开发企业、房地产策划机构、房地产代理及中介机构和其他相关人员的培训教材或参考用书。

图书在版编目(CIP)数据

房地产策划/王直民，黄卫华编著. —北京：北京大学出版社，2010.10
(21世纪本科院校土木建筑类创新型应用人才培养规划教材)
ISBN 978-7-301-17805-8

Ⅰ.①房… Ⅱ.①王…②黄… Ⅲ.①房地产—策划—高等学校—教材 Ⅳ.①F293.35

中国版本图书馆CIP数据核字(2010)第183133号

书　　　名：	房地产策划
著作责任者：	王直民　黄卫华　编著
责任编辑：	吴　迪
标准书号：	ISBN 978-7-301-17805-8/TU·0140
出　版　者：	北京大学出版社
地　　　址：	北京市海淀区成府路205号　100871
网　　　址：	http://www.pup.cn　http://www.pup6.com
电　　　话：	邮购部 010-62752015　发行部 010-62750672　编辑部 010-62750667
电子邮箱：	pup_6@163.com
印　刷　者：	北京虎彩文化传播有限公司
发　行　者：	北京大学出版社
经　销　者：	新华书店
	787毫米×1092毫米　16开本　23印张　540千字
	2010年10月第1版　2021年8月第10次印刷
定　　　价：	49.00元

未经许可，不得以任何方式复制或抄袭本书之部分或全部内容。
版权所有，侵权必究　　举报电话：010-62752024
电子邮箱：fd@pup.pku.edu.cn

前言

房地产业目前已经成为我国国民经济的支柱产业之一，在提高居民居住水平，促进经济发展，增加地方财政收入，改善城市形象，提供就业岗位等方面发挥了不可替代的重要作用。但是，作为一个相当年轻的行业，房地产业还存在诸多影响行业长远发展的问题。从房地产项目操作的层面来看，普遍存在如市场调研不充分、项目定位不准确、自有资金不足、融资渠道狭窄、规划设计不合理、产品缺乏创新、营销手段单一等问题。这些问题的解决，需要房地产相关业内人士的共同努力，而房地产策划便是其中重要的环节。

作为房地产中介服务行业重要组成部分的房地产策划被公认为是20世纪90年代中前期产生的。经过10多年来的发展，房地产策划相关从业人员达数十万人，成功的策划案例不计其数，其行业价值正越来越被房地产业内人士所认可。目前，房地产策划已经成为绝大部分项目开发过程中的必备环节与工作，对促进房地产开发和营销水平的提高发挥了巨大作用。为满足不断增长的行业需求，扩大学生的专业知识面，国内许多高校的工程管理、房地产经营管理、市场营销及建筑工程等专业相继开设了房地产策划相关课程。另外，随着房地产开发水平的不断提高，行业竞争的日趋激烈，房地产业对房地产策划也提出了更高的要求。但遗憾的是，房地产策划在国内曾经是、现在仍然是一个具有争议的行业，原因在于很多策划机构和策划人自己也不了解策划的真正含义，在进行房地产项目策划时，不是从如何提高房地产项目的价值出发进行各项创新，而是热衷于概念、炒作及包装等宣传"噱头"，从而损害了房地产策划行业的信誉和整体形象。因此，有必要对房地产策划活动进行更科学、更系统的总结，以适应房地产策划行业发展的需要。本书的编著正是在上述背景下开展的。

本书从全程策划的角度系统阐述了房地产项目策划的基本理论、方法和步骤，包括房地产基础知识、房地产策划导论、房地产项目主题策划、房地产项目市场策划、房地产项目投资策划、房地产项目规划设计策划、房地产项目营销策划、房地产项目物业管理策划以及房地产策划报告的编制共9章内容。每章结构包括本章教学要求、导入案例、章节内容、本章小结、阅读材料、思考与讨论共6部分。本章教学要求按照"了解、熟悉、掌握"三个层次编排，便于教师和学生有针对性地讲授和学习；导入案例短小精练，引出本章所要阐述的主题并激发学生学习兴趣；章节内容详细介绍相关策划工作的基本概念、主要内容、实际操作等，并配有大量的精选小案例，以增加对相关理论知识的理解；本章小结对本章内容均作了高度的概括，便于课后复习和回顾；阅读材料主要为与本章内容相关的实际策划案例，也有部分是不适合在正文中介绍的相关知识，主要是为扩大学生知识面；思考与讨论安排了一定数量的思考与讨论题目，以强化学生对本章知识的掌握。本书的最大特点是内容全面，体系完整，结构严谨，既有理论又突出实务，既可作为教材也可作为操作手册使用。

本书由浙江财经学院王直民、黄卫华共同编著。王直民负责章节设计、大纲编写、全书统稿以及第1章至第9章的大部分内容，黄卫华负责部分正文及案例材料。

本书在写作过程中参考了许多专家学者及业内人士的重要著作和实务资料,他们卓越的工作成果给了编者极大的帮助,在此表示衷心感谢!由于有些资料尤其是网络资料转载多次,难以确切了解其原始出处,所以并没有列出其原创作者,在此向这些作者表示由衷的歉意!编者还要感谢多年来参加本人所讲授的房地产策划课程学习的学生,正是在长期的教学互动中,本书的整体框架及具体内容才得以不断地完善和充实。

本书配有较为成熟的多媒体教学课件,可以免费提供给采用本书作为教材的相关院校教师使用。此外,编者在写作过程中积累了大量的房地产策划相关案例资料,如有需要可一并索取,联系邮箱:zjlhwzm@163.com。

由于房地产策划行业的发展还不够成熟,加上编者水平所限,本书的疏漏之处在所难免,恳请读者和有关专家提出批评意见,以便编者日后完善。

编 者

2010 年 8 月

目 录

第1章 房地产基础知识 …………… 1
- 1.1 房地产的基本概念 ……………… 1
  - 1.1.1 房地产的定义 …………… 1
  - 1.1.2 房地产的特征 …………… 2
  - 1.1.3 房地产的类型 …………… 4
  - 1.1.4 房地产的相关行业 ……… 7
- 1.2 房地产的常用术语 ……………… 8
  - 1.2.1 房屋结构类 ……………… 8
  - 1.2.2 建设主体类 ……………… 10
  - 1.2.3 建筑规划及建筑设计类 … 11
  - 1.2.4 建筑施工及建筑材料类 … 16
  - 1.2.5 房地产产品创新类 ……… 18
  - 1.2.6 房地产销售类 …………… 19
  - 1.2.7 房地产权属类 …………… 22
  - 1.2.8 房地产政策类 …………… 23
  - 1.2.9 房地产税费类 …………… 24
- 1.3 房地产的法律、法规及规范体系 ………………………… 25
- 1.4 房地产开发的流程 ……………… 27
  - 1.4.1 传统工程项目建设程序 … 28
  - 1.4.2 房地产项目开发流程 …… 29
- 本章小结 ……………………………… 33
- 阅读材料 ……………………………… 33
- 思考与讨论 …………………………… 35

第2章 房地产策划导论 …………… 36
- 2.1 策划的基本知识 ………………… 37
  - 2.1.1 策划的概念 ……………… 37
  - 2.1.2 策划的对象 ……………… 39
  - 2.1.3 策划的原则 ……………… 40
  - 2.1.4 策划的方法 ……………… 41
  - 2.1.5 策划的程序 ……………… 43
  - 2.1.6 策划学的概念、特征与分类 ………………………… 46

- 2.2 房地产策划概述 ………………… 47
  - 2.2.1 房地产策划的概念 ……… 47
  - 2.2.2 房地产策划的特征 ……… 47
  - 2.2.3 房地产策划的地位 ……… 51
  - 2.2.4 房地产策划的作用 ……… 52
  - 2.2.5 房地产策划的原则 ……… 53
  - 2.2.6 房地产策划的模式 ……… 58
  - 2.2.7 房地产策划学 …………… 63
- 2.3 房地产策划的发展历程 ………… 66
  - 2.3.1 房地产策划产生的背景 … 66
  - 2.3.2 房地产策划的发展阶段 … 67
  - 2.3.3 房地产策划的发展现状 … 70
  - 2.3.4 房地产策划的发展趋势 … 72
- 2.4 房地产策划师职业概况 ………… 73
- 本章小结 ……………………………… 74
- 阅读材料 ……………………………… 74
- 思考与讨论 …………………………… 76

第3章 房地产项目主题策划 ……… 77
- 3.1 房地产项目主题策划的概念 …… 77
  - 3.1.1 房地产项目主题 ………… 77
  - 3.1.2 房地产项目主题策划概述 ………………………… 78
- 3.2 房地产项目主题策划的作用 …… 79
- 3.3 房地产项目主题策划的步骤 …… 82
- 3.4 房地产项目策划主题的类型 …… 86
- 3.5 房地产项目案名策划 …………… 88
- 本章小结 ……………………………… 90
- 阅读材料 ……………………………… 91
- 思考与讨论 …………………………… 92

第4章 房地产项目市场策划 ……… 94
- 4.1 房地产项目市场调查策划 ……… 95

  4.1.1 房地产市场调查的概念 … 95
  4.1.2 房地产市场调查中常见的问题 … 95
  4.1.3 房地产市场调查的原则 … 96
  4.1.4 房地产市场调查的内容 … 97
  4.1.5 房地产市场调查的类型 … 101
  4.1.6 房地产市场调查的方法 … 102
  4.1.7 房地产市场调查的步骤 … 104
  4.1.8 房地产调查问卷的设计 … 106
  4.1.9 房地产调查报告的编写 … 112
 4.2 房地产项目市场分析策划 … 114
  4.2.1 房地产市场分析中常见的问题 … 114
  4.2.2 房地产市场供需分析 … 116
  4.2.3 房地产项目自身分析 … 117
 4.3 房地产项目市场细分策划 … 118
  4.3.1 房地产市场细分的概念 … 118
  4.3.2 房地产市场细分的作用 … 118
  4.3.3 房地产市场细分的依据 … 119
  4.3.4 房地产市场细分的步骤 … 120
 4.4 房地产项目市场定位策划 … 121
  4.4.1 房地产市场定位的概念 … 121
  4.4.2 房地产市场定位的模式 … 121
  4.4.3 房地产市场定位的原则 … 122
  4.4.4 房地产市场定位的内容 … 124
 本章小结 … 125
 阅读材料 … 125
 思考与讨论 … 126

第5章 房地产项目投资策划 … 128

 5.1 房地产项目投资策划概述 … 128
  5.1.1 房地产投资的概念 … 128
  5.1.2 房地产项目投资策划的概念 … 131
 5.2 房地产项目投资环境分析 … 132
  5.2.1 投资环境分析的概念 … 132
  5.2.2 投资环境分析的内容 … 132
  5.2.3 投资环境分析的方法 … 134

 5.3 房地产项目经济评价 … 136
  5.3.1 房地产项目成本费用与投资估算 … 137
  5.3.2 房地产项目收入估算与资金筹措 … 140
  5.3.3 房地产项目财务评价 … 143
  5.3.4 房地产项目综合评价 … 159
 5.4 房地产项目融资策划 … 161
  5.4.1 确定融资方式 … 162
  5.4.2 选择融资渠道 … 163
  5.4.3 分析融资方案 … 168
 本章小结 … 170
 阅读材料 … 170
 思考与讨论 … 171

第6章 房地产项目规划设计策划 … 172

 6.1 房地产项目总体规划策划 … 173
  6.1.1 房地产项目平面布局策划 … 173
  6.1.2 房地产项目竖向设计策划 … 177
  6.1.3 房地产项目道路交通策划 … 179
  6.1.4 房地产项目管线设计策划 … 183
 6.2 房地产项目建筑风格策划 … 186
  6.2.1 建筑风格的概念 … 186
  6.2.2 建筑风格及其策划的作用 … 186
  6.2.3 建筑风格的分类及其特征 … 186
 6.3 房地产项目户型设计策划 … 209
  6.3.1 住宅户型策划的内容 … 209
  6.3.2 住宅户型策划的原则 … 210
  6.3.3 住宅户型设计的具体要求 … 215
 6.4 房地产项目景观设计策划 … 221
  6.4.1 居住区景观设计的分类 … 221
  6.4.2 居住区景观设计的原则 … 222

6.4.3 居住区景观设计的具体
要求·················· 225
6.5 房地产项目配套设计策划 ········ 243
6.5.1 居住区配套设施的类型 ··· 243
6.5.2 居住区配套设施建设存在
的问题·················· 244
6.5.3 居住区配套设施设计
的原则·················· 245
6.5.4 居住区配套设施设计的具体
要求·················· 246
本章小结 ·················· 247
阅读材料 ·················· 248
思考与讨论 ················ 249

第7章 房地产项目营销策划 ······ 250

7.1 房地产项目营销策划概述 ········ 251
    7.1.1 营销策略的概念 ········ 251
    7.1.2 营销策划的概念 ········ 252
7.2 房地产项目营销渠道策划 ········ 253
    7.2.1 营销渠道的类型 ········ 253
    7.2.2 房地产代理营销 ········ 255
7.3 房地产项目定价策划 ············ 258
    7.3.1 房地产价格的构成 ······ 258
    7.3.2 房地产价格的影响因素 ··· 260
    7.3.3 定价目标 ·············· 266
    7.3.4 定价策略 ·············· 267
    7.3.5 定价方法 ·············· 273
    7.3.6 调价策略 ·············· 276
7.4 房地产项目促销策划 ············ 278
7.5 房地产项目广告策划 ············ 282
    7.5.1 广告目标 ·············· 283
    7.5.2 广告主题 ·············· 284
    7.5.3 广告诉求 ·············· 285
    7.5.4 广告内容 ·············· 286
    7.5.5 广告媒体 ·············· 290
    7.5.6 广告节奏 ·············· 293
    7.5.7 广告预算 ·············· 293
    7.5.8 广告效果 ·············· 294
7.6 房地产项目形象策划 ············ 296
    7.6.1 售楼处 ················ 296

7.6.2 样板房 ················ 298
7.6.3 售楼书 ················ 299
7.6.4 楼盘模型 ·············· 300
7.6.5 展销会 ················ 301
7.6.6 楼盘标识 ·············· 301
7.6.7 工地现场 ·············· 301
本章小结 ·················· 302
阅读材料 ·················· 302
思考与讨论 ················ 307

第8章 房地产项目物业管理策划 ··· 309

8.1 物业管理概述 ·················· 310
    8.1.1 物业管理的概念 ········ 310
    8.1.2 物业管理的模式 ········ 311
    8.1.3 物业管理的内容 ········ 312
8.2 物业管理的早期介入 ············ 313
    8.2.1 物业管理早期介入概述 ··· 313
    8.2.2 物业管理早期介入
的必要性 ·············· 314
    8.2.3 物业管理早期介入
的内容 ················ 315
8.3 选聘物业服务企业 ·············· 317
    8.3.1 物业管理招标的基本
概念 ·················· 317
    8.3.2 物业管理招标的程序 ···· 320
    8.3.3 物业管理招标文件 ······ 324
    8.3.4 物业管理合同 ·········· 327
8.4 制定物业管理方案 ·············· 330
8.5 制定相关管理制度 ·············· 333
    8.5.1 物业服务企业内部管理
制度 ·················· 333
    8.5.2 物业服务企业外部管理
制度 ·················· 333
本章小结 ·················· 335
阅读材料 ·················· 335
思考与讨论 ················ 336

第9章 房地产策划报告的编制 ··· 338

9.1 房地产策划报告的概念 ·········· 338
9.2 房地产策划报告的分类 ·········· 338

9.3 房地产策划报告的编制原则 …… 339
9.4 房地产策划报告的主要内容 …… 340
 9.4.1 封面 …… 340
 9.4.2 目录 …… 341
 9.4.3 前言或摘要 …… 341
 9.4.4 正文 …… 341
 9.4.5 附录 …… 344
本章小结 …… 344
阅读材料 …… 344
思考与讨论 …… 345

附录 常州奥林匹克花园策划报告 …… 346
 第一部分：市场调研 …… 346
 第二部分：项目定位 …… 346
 第三部分：产品策略 …… 350
 第四部分：营销策略 …… 355
 第五部分：收支概算 …… 357
 第六部分：专题研究 …… 357

参考文献 …… 358

第1章
房地产基础知识

本章教学要求

1. 了解:房地产的概念及其特征;房地产的相关行业;房地产法律法规的层次。
2. 熟悉:房地产的不同类型;房地产常用术语的含义;房地产相关法律法规;传统工程项目建设的程序。
3. 掌握:房地产项目开发的一般流程。

导入案例

杭州××大厦项目的开发与策划问题

杭州××大厦位于凤起路与建国路的交叉处,占地十余亩,地下三层车库,地上五层裙楼,裙楼以上是一幢23层的商住楼。该项目原计划作为写字楼开发,后由于写字楼市场不景气,项目在建造过程中改为小户型的单身公寓。由于当时市场上新建商品住宅面积普遍很大,很多经济实力不强的年轻人只能"望楼兴叹"。××大厦的单身公寓满足了那些没有足够经济实力购买大户型住房但同时又希望拥有私人空间的年轻人的需求,项目一经推出很快就销售一空,从销售的角度看,该项目的定位是成功的。

但是这个项目本身却存在很多问题,最主要的是该项目的最初规划用途是写字楼,开发商和策划机构在项目建造过程中擅自改变了该项目的用途,将写字楼改为了单身公寓住宅。但是,根据《城乡规划法》等相关法律的规定,土地的用途是受到城市规划主管部门严格管制的。土地使用者擅自改变土地用途必定得不到城市规划主管部门的认可。在这种情况下,该项目虽然被开发商及策划机构定位为住宅,但是很多方面却只能按照写字楼的标准进行建设配套,比如土地使用权只有50年(而一般商品房的土地使用年限是70年),房间内不能设排烟道、管道煤气、生活污水管等设施,阳台不能外挑,水电费、贷款按揭成数等均按公建标准实施,业主入住以后发现吃饭、停车、购物、垃圾排放等都成了大问题。为此,该项目销售完成后,业主与开发商之间的纠纷和官司不断,严重损害了开发商的形象,从这个角度看,该项目的策划定位又是不成功的。

由此可见,了解房地产相关的专业知识对房地产开发与策划而言是很重要的。

(资料来源:徐行. 杭城第一单身公寓陷入管理真空 [N]. 都市快报,2004-4-20(33).)

1.1 房地产的基本概念

1.1.1 房地产的定义

房地产是房产与地产的合称,是指土地、建筑物、其他地上附着物及其附带的各种权益。在现实中，由于其他地上附着物往往可以视为土地或建筑物的组成或附属部分，因此，通常讲的房地产包括土地和建筑物两大部分。

土地是指地球表面及其上下一定范围内的空间。在我国现实法律规定中，土地的开发利用会受到严格的限制，比如国有土地使用权是有期限的，土地的用途及开发强度（比如容积率、建筑密度等）等也会有严格限制等。

建筑物是指所有通过人工建造而成的整体物，包括房屋和构筑物两类。房屋是指能够遮风避雨并供人居住、工作、娱乐、储藏物品、纪念或进行其他活动的空间场所，如公寓、学校、厂房等；构筑物是指房屋以外的建筑物，人们一般不直接在内进行生产和生活活动，如烟囱、水塔、水井、道路、桥梁、隧道、水坝等。通常所称的建筑物是指房屋建筑物。

其他地上附着物是指固定在土地或建筑物上，与土地、建筑物不能分离，或者虽然可以分离，但是分离不经济，或者分离后会破坏土地、建筑物的完整性，使土地或建筑物的价值或功能明显受到损害的物体，如地下管线、围墙、室内装饰等。

权益是房地产中无形的、不可触摸的部分，包括权利、利益和收益，房地产的利益和收益以房地产权利为基础。房地产权利主要有所有权、使用权、租赁权、抵押权、典权、地役权、空间使用权等。其中所有权属于自物权，自物权是指对自己的物所享有的权利，其余属于他物权，他物权是对他人之物所拥有的权利，是对所有权的一种限制，他物权的存在往往会降低房地产的市场价值。

由于房地产位置的固定性和不可移动性，很多时候又被称为不动产，而在有些国家和地区（如中国香港），通常使用"物业"、"地产"、"楼宇"等概念来代替房地产。

1.1.2 房地产的特征

房地产的特性主要体现在以下几个方面。

1. 不可移动性

房地产必须固定在某块具体的土地上，房地产的不可移动性是由土地的不可移动性决定的，因此很多房地产的特性与土地的特性相关。房地产的不可移动性又决定了任何一宗房地产只能就地开发、利用或消费，而且要受制于其所在的空间环境。因此，从严格意义上来讲，房地产市场不存在全国性的市场，更不存在全球性的市场，而是一个地区性市场，其供求状况、价格水平和价格走势等在不同地区之间各不相同。此外，由于房地产的不可移动性，所以区位或地段因素是决定房地产价值的一个很重要的方面。

2. 独一无二性

房地产的不可移动性派生出了其独一无二性。可以说房地产市场上没有两套完全相同的房子，即使两处的建筑物一模一样，但由于坐落的位置不同、环境不同、景观不同，这两宗房地产本质上也是不相同的。因此，房地产交易时基本上"一房一价"。

3. 寿命长久性

从个体的生命周期来看，土地通常具有不可毁灭性及寿命长久性（当然从更长期的地质演变历史来看则不成立）。建筑物虽然不像土地那样具有不可毁灭性和寿命长久性，但建筑物一经建造完成，其寿命通常也可达数十年甚至上百年，比如我国住宅的设计使用寿命一般是 50 年。在正常情况下，建筑物很少发生倒塌，只是为了土地的更好利用或更高价值才会拆除。因此，房地产的使用寿命长达几十年甚至上百年。

但需要注意的是，从具体使用者的角度来看，土地在有些情况下是有"寿命"的，特别是通过政府出让方式取得的土地使用权是有期限的。比如，以出让方式取得土地使用权的，土地使用权出让合同约定的使用年限届满，在没有办理相关土地使用权续期的情况下（但《物权法》规定住宅建设用地使用权期限届满的自动续期），土地使用权将由国家收回。

4. 数量有限性

土地是不可再生资源，在土地上特别是位置较好的土地上可建造的建筑物数量也是有限的。但是房地产数量有限性的本质，主要不在于土地总量有限和不能增加，相对于人类的需要来讲，土地的数量目前还是丰富的，关键在于不可移动性造成的房地产供给不能集中于一处。要增加房地产供给，一是向更远的平面方面发展，如郊区；二是向更高的立体方面发展，如增加建筑物高度或密度。但这些又要受到资金、交通、建筑技术、环境等的制约。

5. 用途多样性

房地产可以用于居住、办公、生产、商业等多种用途。从经济价值的角度看，房地产利用选择的顺序是商业、办公、居住、工业、农业等。但是房地产用途的多样性主要是针对空地而言，土地上一旦建造了建筑物，用途即被限定，一般难以改变。虽然土地的用途具有多样性的特征，但现实中的土地用途并不是随意决定的，不仅受到土地利用经济性的限制，而且还受城市规划对土地用途管制的限制。

6. 相互影响性

相互影响性也就是经济学上所讲的外部性或外部影响。房地产的价值不仅与其本身的状况有直接关系，还取决于周围环境及其他房地产的状况，受临近房地产用途和开发利用的影响。

7. 易受限制性

正是由于房地产具有相互影响性，世界上任何国家和地区都会对房地产的使用和支配进行一些限制。政府对房地产的限制一般是通过下列 4 种特权来实现的：①管制权；②征用或征收权；③征税权；④充公权。房地产易受限制性还表现在其逃避不了未来制度、政策变化的影响，这导致房地产投资具有很大的风险性。

8. 价值高大性

房地产的价值不仅高，而且大。价值高即单位价值高，价值大即总体价值大。因此，房地产属于一个典型的资金密集型产业。

9. 难以变现性

由于房地产价值高大，加上其不可移动性和独一无二性，使得同一宗房地产的买卖频率会较低，一旦需要买卖，要花费相当长的时间来寻找合适的买者并进行讨价还价。所以，当急需资金或有其他急需时，不易将房地产变成现款；如果要快速变现，只有对其进行相当幅度的降价。

10. 保值增值性

由于房地产尤其是土地具有稀缺性，从长远看，房地产具有增值的趋势。此外，房地产还具有抵抗通货膨胀的保值特性。

1.1.3 房地产的类型

房地产的类型非常丰富，可以从不同的角度来进行划分。

1. 按照房地产的用途来划分

（1）居住房地产。简称住宅，是所有房地产中所占比例最大的一类，也是社会存量资产及居民家庭财富的一个重要组成部分。住宅通常分为公寓与别墅两类。

① 公寓是指因城市土地资源宝贵而形成的一种高密度、高容积率的集合式住宅，公寓由若干个单元组成，每层分隔成数家，各家生活配套设施及户型格局大致相同。根据层数不同，公寓可分为低层、多层、中高层、高层等多种形式。公寓为大多数城市居民的第一居所。

根据《住宅建筑设计规范》（GB 50096—1999）的规定，1～3层为低层，4～6层为多层，7～9层为中高层，10层及以上为高层。《高层民用建筑设计防火规范》（GB 50045—1995）规定，10层及以上的居住建筑或建筑高度超过24米的公共建筑为高层建筑。房地产市场上常用的还有"小高层"的概念，"小高层"在相关设计规范中没有严格的定义，通常把8～12层左右的建筑物称为"小高层"。"小高层"一般采用钢筋混凝土结构，设电梯。"小高层"住宅既有多层住宅亲切安宁、户型好、得房率高的优点，同时又有普通高层住宅结构强度高、耐用年限长、景观好、污染程度低等优点，受到市场的普遍欢迎。

② 别墅即别业，是居宅之外用来享受生活的居所，是第二居所。别墅的特点是低密度、低容积率、私家花园较大、私密性极强、价格昂贵、是住宅发展的终极方向。别墅可分为独立别墅、双拼别墅、联排（排联）别墅、叠加式别墅、空中别墅等。

独立别墅又称为独栋别墅，是上有独立空间，下有私家花园，私密性很强的独立式高端住宅。独立别墅的历史最悠久，也是别墅建筑的终极形式。

双拼别墅是由两个单元的别墅拼联组成的别墅，是联排别墅与独立别墅的中间产品。

联排别墅即Town House，原指在城区的沿街联排而建的市民城区房屋。国内一般是指由几幢（大于两个）小于三层的独立别墅并联组成联排式住宅，建筑面积一般是每户150～250 m^2，每户独门独院，拥有一个独立院落的别墅形式。

叠加式别墅是联排别墅叠拼式的一种延伸，由多层别墅上下叠加在一起组合而成。叠加式别墅一般4～5层，下面一、二层是一套别墅，上面三、四层又是一套别墅。

空中别墅即Pent House，是指位于城市中心地带，高层顶端的豪宅。国内房地产市场一般是指建在高层楼顶端具有别墅形态的跃式住宅。

（2）商业房地产。是指用于商业目的的房地产，包括百货商场、购物中心、超市、批发市场、商铺、菜市场、浴室、理发店、照相馆等。

（3）办公房地产。包括商务办公楼（俗称"写字楼"）、政府办公楼等。

（4）旅馆房地产。包括饭店、酒店、宾馆、旅店、招待所、度假村、民俗村等。

(5) 餐饮房地产。包括酒楼、美食城、餐馆、快餐店等。

(6) 娱乐房地产。包括游乐场、娱乐城、康乐中心、俱乐部、夜总会、影剧院等。

(7) 体育房地产。包括体育馆、游泳馆、高尔夫球场等。

(8) 公益性房地产。包括托儿所、学校、医院、养老院等。

(9) 工业和仓储房地产。包括工业厂房、仓库等。

(10) 农业房地产。包括农地、农场、林场、牧场、果园、生态园等。

(11) 特殊用途房地产。包括车站、机场、医院、学校、教堂、寺庙、公墓等。

(12) 综合房地产。是指具有两种或两种以上用途的房地产。

2. 按照房地产的开发程度来划分

(1) 生地。是指不具有城市基础设施、未形成建设用地条件的土地，如荒地、农地等。

(2) 毛地。是指具有一定城市基础设施，但地上有待拆迁房屋的城市土地。

(3) 熟地。是指具有完善的供水、排水、供电、通气、通信、道路等城市基础设施，完成地上建筑物、构筑物拆迁及土地平整，能直接在其上进行房屋建设的土地。

(4) 在建工程。是指地上建筑物已开始建设但尚未建成，不具备使用条件的房地产，是房地产开发建设过程中的一种中间形态。

(5) 现房。是指消费者在购买时已经通过交付标准的各项验收，可以正式入住的房地产。

(6) 准现房。是指房屋主体已基本结顶完工，小区内的楼宇及设施的大致轮廓已初现，房型、楼间距等重要因素已经一目了然，工程正处在内外墙装修和进行配套施工阶段的房屋。

(7) 毛坯房。是指未经过装修处理、没有基本入住条件的房屋。

(8) 期房。是指开发商从取得商品房预售许可证开始至取得房地产权证(大产证)为止的这段期间的商品房，在港澳地区被称为"楼花"。消费者购买期房时应签预售合同。期房销售是当前房地产开发商普遍采用的一种房屋销售方式。

3. 按照房屋的结构形式来划分

(1) 木结构房屋。是指由木材或主要由木材承受荷载的房屋，通过各种金属连接件或榫卯手段进行连接和固定，通常为低层住宅。

(2) 砖木结构房屋。是指主要承重构件由砖和木材这两种材料制成的房屋，通常为低层住宅。

(3) 砖混结构房屋。砖混结构是指以砖墙、砖柱作为竖向承重构件，以钢筋混凝土楼板作为水平承重构件的结构形式，通常为6层及以下的低层或多层住宅。

(4) 钢筋混凝土结构房屋。是指主要承重构件(如柱、梁、板、墙)用钢筋混凝土建造的房屋，可分为框架结构、剪力墙结构、框架-剪力墙、筒体、框架-筒体等结构类型。在当前的住宅设计中，采用框架和框架剪力墙结构最为常见。

(5) 钢结构房屋。是指主要承重构件用钢材料建造的房屋，具有自重轻、强度高、延性好、施工快、抗震性好的特点。钢结构多用于超高层建筑，造价较高。

(6) 空间结构房屋。是指大跨度的，中间不设柱子，用特殊结构解决的结构类型，包括网架结构、悬索结构、索膜结构及壳体结构等类型，通常同于大型公共建筑，如体育馆等。

(7) 其他结构房屋。凡不属于上述结构的房屋都归此类，如竹结构、砖拱结构、窑洞等。

4. 按照房地产的权属性质来划分

(1) 普通商品房。由开发商通过出让方式取得国有土地使用权后开发建设并按照市场价出售或出租的房屋。根据其销售对象的不同，可以分为外销房和内销房两种。外销房面向国内外（包括港、澳、台）企业、其他组织和个人销售，销售时需要取得外销商品房预（销）售许可证。内销房面向当地企事业单位和居民销售，销售时需要商品房预（销）售许可证。

(2) 经济适用房。是由政府组织房地产企业或集资建房单位建造，以微利价（开发利润率3％～5％）向城镇中低收入家庭出售的政策性住房，具有保障性、经济性和适用性。经济适用房实行政府指导价，其售价由市、县人民政府根据征地拆迁费、勘察设计费、配套费、建安费、管理费、贷款利息及规定比例的利润等建设成本构成综合确定。

(3) 经济租赁房。是由政府筹资建设的，并以政府提供补贴的方式向城镇中低收入家庭出租的房屋，是介于经济适用房和廉租房之间的住房保障形式。

(4) 廉租房。是指政府以租金补贴或实物配租的方式，向符合城镇居民最低生活保障标准且住房困难的家庭提供社会保障性质的政策性住房，廉租房只租不售。

(5) 两限房。两限房全称为限房价、限套型普通商品住房，也被称为两限商品住房，是指经城市人民政府批准，在限制套型比例、限定销售价格的基础上，以竞地价、竞房价的方式，招标确定住宅项目开发建设单位，由中标单位按照约定标准建设，按照约定价位面向符合条件的居民销售的中低价位、中小套型普通商品住房。主要面向既不符合申请经济适用房又无力承担普通商品房的中等收入阶层。

(6) 房改房。是指城镇职工根据国家和县级以上地方人民政府有关城镇住房制度改革政策的规定，按照成本价或者标准价购买的已建公有住房。按成本价购买的，房屋产权归职工个人所有，按标准价购买的，职工拥有部分房屋产权，一般在5年后产权归职工个人所有。

(7) 集资房。是指由国有单位组织并提供自有的国有划拨土地用作建房用地，国家予以减免部分税费，由参加集资的职工部分或全额出资建设，房屋建成后归职工所有，或归单位和职工共有，在持续一段时间后过渡为职工个人所有的住房，不能对外出售，属于经济适用房的一种。

(8) 微利房。又称为微利商品房，是指由各级政府房产管理部门组织建设和管理，以低于市场价格和租金，但高于福利房价格和租金，用于解决部分企业职工住房困难和社会住房特困户的房屋。

5. 按照房地产是否产生收益来划分

(1) 收益性房地产。是指能直接产生经济收益或具有潜在经济收益的房地产，包括商店、商务办公楼、公寓、旅馆、餐馆、影剧院、游乐场、加油站、厂房、农地等。

(2) 非收益性房地产。是指不能直接产生经济收益或不具有潜在经济收益的房地产。如私人宅邸、未开发的土地、政府办公楼、教堂、寺庙等。

6. 按照房地产的经营使用方式来划分

(1) 出售型房地产。如普通商品房等。
(2) 出租型房地产。如商店、写字楼等。
(3) 营业型房地产。如宾馆、酒店、影剧院、厂房等。
(4) 自用型房地产。如行政办公楼、学校、特殊的厂房等。

但通常情况下，很多房地产既可以销售，也可以出租，也能营业或自用。

1.1.4 房地产的相关行业

房地产业是指从事房地产投资、开发、经营、服务及管理的行业。在国民经济产业分类中，房地产业属于第三产业，是为工农业生产和人民生活服务的部门。房地产业的范围比较广泛，它可以分为房地产开发经营业和房地产服务业，房地产服务业又可分为物业管理业和房地产中介服务业，房地产中介服务业又可分为房地产估价、房地产经纪、房地产销售、房地产咨询等行业，房地产策划是房地产咨询业的一个重要组成部分。

目前，房地产业已经成为我国国民经济的支柱产业。从中长期来看，我国的房地产业仍有很大的发展潜力和空间。由于我国处于快速城市化的进程中，因此开发经营业目前占房地产业的主导地位。但随着市场的逐步成熟，房地产服务业所占比例将会越来越高。

1. 房地产开发

房地产开发是指通过取得待开发房或出租地产，特别是土地，然后进行基础设施建设、场地平整等土地开发或者房屋建设，再转让开发完成后的土地或房屋来获取经营收益的产业。房地产开发具有投资大、周期长、风险高、回报率高、附加值高、产业关联度大、带动力强等特点，属于典型的资金密集型行业。

2. 房地产销售

房地产销售是房地产开发商或销售代理机构以市场为导向，通过市场调查、市场细分、市场定位、项目定价、项目推广、售后服务等活动，向消费者提供房地产产品从而满足其特定的购房需求，最终实现房地产企业经营目标的活动。在当前的房地产市场上，房地产销售有三种模式：一是开发商自己组建销售队伍自行销售，又称为直接营销；二是开发商委托销售代理机构来进行销售，又称为间接营销；三是开发商与销售代理机构共同进行销售，又称为混合营销。其中，代理销售往往又将其纳入到房地产经纪活动的范畴内。

3. 房地产经纪

房地产经纪是指以收取佣金为目的，为促成他人房地产交易而从事居间、代理等业务的行业，如帮助房地产出售者、出租人寻找房地产的购买者、承租人，或者帮助房地产购买者、承租人寻找其欲购买、承租的房地产，房地产经纪业务主要由房地产经纪人及房地产经纪人协理来完成。房地产经纪业属于知识密集型和劳动密集型的行业，从事房地产经纪活动需要具备一定的专业知识、经验和较好的信誉。

房地产经纪活动是活跃地产市场不可或缺的重要组成部分，是房地产市场的"润滑剂"。从长期来看，随着我国房地产市场逐步由新建商品房买卖为主转变为以存量房买卖和租赁为主，房地产业将逐步由开发业为主转变为以房地产服务业为主。在成熟的房地产市场中，房地产经纪业是房地产业的主体。

4. 房地产估价

房地产估价是指专业房地产估价人员根据特定的估价目的，遵循公认的估价原则，按照严谨的估价程序，运用科学的估价方法，在综合分析影响房地产价值因素的基础上，对房地产在特定时点的价值进行测算和判定活动的行业。1993年1月，原建设部和人事部联合发布了《关于认定房地产估价师有关问题的通知》，标志着我国的房地产估价师执业资格认证制度正式建立。1995年1月起实施的《中华人民共和国城市房地产管理法》规定："国家实行房地产价格评估制度"、"国家实行房地产价格评估人员资格认证制度"，从法律上确立了房地产估价师在我国经济建设和房地产业中的重要地位。房地产估价业属于知识密集型行业，估价活动主要由房地产估价师和房地产估价员来完成。从事房地产估价活动需要扎实的估价专业知识、丰富的估价实践经验和良好的职业道德。

5. 房地产咨询

房地产咨询是指为从事房地产经营管理活动的当事人提供法律、法规、政策、信息及技术等方面的顾问服务等活动的行业。现实中的具体业务有接受当事人的委托进行房地产市场调查研究、房地产投资项目可行性研究、房地产开发项目策划等。目前，房地产咨询业务主要由房地产估价人员、房地产经纪人员及房地产策划师来承担。

6. 物业管理

物业管理是房地产的"售后服务"阶段，是指业主通过选聘物业服务企业，由业主和物业服务企业按照服务合同约定，对已建成并经竣工验收投入使用的各类房屋及配套设施设备和相关场地进行维修、养护、管理，维护物业管理区域内的环境卫生和相关秩序的活动。物业管理业属于劳动密集型和知识密集型的行业。物业管理不同岗位要求的人员知识水平差异较大，其中的高层次专业人员是物业管理师。

除上述房地产直接相关的行业外，与房地产业有密切联系的行业还有规划设计、建筑施工、工程监理、建筑材料及房地产金融等行业。

1.2 房地产的常用术语

1.2.1 房屋结构类

1. 基础、地基、复合地基

（1）基础是指建筑物与土壤接触的部分，基础的作用是将上部荷载传递到地基。常见的房屋基础类型有桩基础、条形基础、筏板基础、箱型基础、复合基础等。

① 桩基础是指以桩为基础的基础型式，具有承载力高、沉降量小而均匀等特点，广泛应用于各种工程地质条件和各种类型的工程，尤其适用于建筑在软弱地基上的重型建

筑物。

② 条形基础是指基础长度远远大于宽度的一种基础形式（通常基础长度大于或等于10倍基础宽度），按上部结构分为墙下条形基础和柱下条形基础。

③ 筏板基础又称为满堂基础，是指把柱下独立基础或者条形基础全部用联系梁联系起来，下面再整体浇注底板的基础形式。筏板基础的整体性好，能很好地抵抗地基不均匀沉降，因此适用于地基承载力不均匀或者软弱基础的建筑物。

④ 箱型基础是指由钢筋混凝土的底板、顶板、外墙和内隔墙组成的有一定高度的整体空间结构，适用于软弱地基上的高层、重型或对不均匀沉降有严格要求的建筑物。与筏形基础相比，箱型基础有更大的抗弯刚度，只能产生大致均匀的沉降或整体倾斜，从而基本上消除了因地基变形而使建筑物开裂的可能性。箱型基础埋深较大，基础中空，从而使开挖卸去的部分土重抵偿了上部结构传来的荷载，因此，与一般实体基础相比，它能显著减小基底压力，降低基础沉降量。箱型基础常作为地下室使用。根据高度和位置的不同，地下室可分为全地下室和半地下室，全地下室是指房间地面低于室外地坪面的高度超过该房间净高的1/2者，半地下室是指房间地面低于室外地坪面的高度超过该房间净高的1/3且不超过1/2者。

（2）地基是基础下面承受建筑物上部结构荷载影响的那一部分土体或岩体。地基不属于建筑的组成部分，但它对保证建筑物的坚固耐久有非常重要的作用。

（3）复合地基是指天然地基在地基处理过程中部分土体得到增强，或被置换，或在天然地基中设置加筋材料，加固区是由基体（天然地基土体或被改良的天然地基土体）和增强体两部分组成的人工地基。在荷载作用下，基体和增强体共同承担荷载的作用。根据复合地基荷载传递机理将复合地基分成竖向增强体复合地基和水平增强体复合地基两类，又把竖向增强体复合地基分成散体材料桩复合地基、柔性桩复合地基和刚性桩复合地基3种。

2. 上部结构、柱、墙、梁、楼板、屋盖、女儿墙

（1）上部结构是指建筑物地面以上部分的结构，包括柱、墙、梁、楼板、屋盖、门窗等结构。

（2）柱是承受房屋竖向荷载的结构。根据受力形式的不同，柱分为框架柱和构造柱两类。框架结构中的柱称为框架柱。构造柱是指设置在砖混结构的房间四角、内外墙交界处、长墙中部（也可能设置在框架结构填充墙的中部）等位置的柱，主要是增强房屋的整体性。

（3）墙是起围护房间或承受竖向荷载的结构。根据不同的划分标准，墙具有不同的类型。根据材料的不同，墙可分为砖墙、石墙、混凝土或钢筋混凝土墙、轻质隔墙等。根据作用的不同，墙可分为承重墙和填充墙，承重墙是指在房屋结构中支撑着上部楼层重量的墙体，在施工图上为黑色墙体，住户装修时取消承重墙会破坏整个建筑结构，填充墙属于非承重墙，是指不支撑上部楼层重量的墙体，只起到分隔房间的作用，在施工图上为中空墙体，住户装修时取消非承重墙对建筑结构的影响不大。

（4）梁是水平方向长条形的承重构件，可分为框架梁、圈梁、过梁等不同的形式。圈梁主要是增强房屋整体性、抵抗房屋不均匀沉降的作用。过梁是设置在门窗洞口上的梁。

（5）楼板是指平面两个方向的尺寸要远大于厚度方向尺寸、承受竖向荷载的构件。楼板可分为混凝土现浇板和预制多孔板。

（6）屋盖是指在房屋顶部用以承受各种屋面作用的屋面板、檩条、屋面梁或屋架及支撑系统组成的部件或以拱、网架、薄壳和悬索等大跨空间构件与支承边缘构件所组成的部件的总称，是房屋最上部的围护结构。按外形和结构形式可分平屋盖、坡屋盖、拱形屋盖、悬索屋盖、薄壳屋盖、折板屋盖等。

（7）女儿墙特指房屋外墙高出屋面的矮墙。

3. 框架结构、剪力墙结构、框架-剪力墙结构、筒体结构、框架-筒体结构

（1）框架结构是指以钢筋混凝土柱、梁、楼等作为承重结构，以轻质墙体作为围护结构的结构形式，其特点是能为建筑提供灵活的使用空间。

（2）剪力墙结构是指在框架结构内增设的抵抗水平剪切力的墙体结构。因高层建筑所要抵抗的水平剪力主要由地震引起，故剪力墙又称抗震墙，通常采用钢筋混凝土墙。

（3）框架—剪力墙结构简称框剪结构，是在框架结构的基础上增加了剪力墙以提高结构的稳定性。与框架结构相比，框剪结构强度更高，可以建造更高层数的建筑，但剪力墙限制了建筑内部空间，所以框剪结构的内部空间不如框架结构大和通透。

（4）筒体结构是指将剪力墙或密柱框架集中到房屋的内部和外围而形成的空间封闭式的筒体，其特点是剪力墙集中而获得较大的自由分割空间，多用于写字楼建筑。

（5）框架—筒体结构简称框筒结构，是框架和筒体结构的综合。

4. 垂直交通

垂直交通是指建筑物内为解决竖向交通问题而设置的交通设施。包括楼梯、电梯和自动扶梯等类型。

（1）楼梯是建筑物中最常用的垂直交通设施。楼梯通常由梯段、栏杆和休息平台等构件组成。楼梯按照用途可分为普通楼梯和消防楼梯，其中消防楼梯需设置前室。按照形式可分为直跑楼梯、双跑楼梯和三跑楼梯等。

（2）电梯通常设置在7层及7层以上的建筑物中，是高层建筑中主要的垂直交通设施。在别墅等高档低层建筑物中也有设置电梯的项目。消防电梯需设置前室。

（3）自动扶梯由于具有连续不断地承载大量人流的特点，因此比较适用于大型公共建筑，如大型商场等。其优点是可连续搭载乘客、发生故障时可当作楼梯使用，缺点是行驶速度较慢。

1.2.2 建设主体类

1. 开发商、发展商、建设单位、业主、甲方

（1）房地产开发商是指从事房地产开发经营的企业。目前，我国房地产开发的典型模式是：通过"招、拍、挂"等途径（经济适用房等保障性住宅项目可能通过划拨取得土地使用权）取得国有土地使用权，根据土地的规划建设条件进行规划设计，并向政府或行业主管部门报批，取得相关建设许可证；通过招标等方式选择施工和监理等单位，并组织项目建设实施；最后通过销售或出租等方式回笼资金，并取得开发利润。政府对房地产开发商有资质方面的要求，开发资质共分为一至四级（新成立的房地产开发商的资质等级为暂定资质），一级最高，四级最低，不同资质的开发商所能开发的房地产项目的规模也有所

不同。

（2）某些时候房地产开发过程中还存在发展商的概念。当一个项目同时存在开发商和发展商两个不同的主体时，发展商往往是指负责项目发起、可行性研究、投融资等工作的单位，而此时的开发商则是负责项目勘察设计招标、组织勘察设计、设计报批、施工及监理招标、组织施工及验收、销售推广等具体运作的单位。比如在实行项目公司体制的情况下，项目公司通常就是开发商，而该项目公司所属的上级开发商就是发展商。

（3）建设单位是指负责项目立项、建设、验收及交付使用的单位。建设单位在工程建设中拥有确定建设规模、标准、功能，以及选择勘察、设计、施工、监理单位等工程建设重大问题的决定权，享受项目投资效益并承担投资风险。房地产开发中的建设单位大多就是开发商。

（4）业主是指房地产项目的所有者。在房地产开发的不同阶段，业主也有所不同。比如在房地产项目的开发建设阶段，房地产开发商是该项目的业主，而在商品房交付使用及物业管理阶段，购房者则是该物业的业主。

（5）甲方与乙方相对应，是承发包合同中的概念与术语。在房地产（工程）项目承发包合同中，甲方是项目的发包方，乙方是项目的承包方。在房地产开发领域，人们通常用甲方的概念指代建设单位、开发商，而用乙方来指代承包商尤其是施工单位。

2. 承包商、施工单位、监理单位、设计单位、设备材料供应商

（1）承包商是指接受建设单位、业主、开发商或甲方（与承包商的概念相对应，上述单位可统称为发包方）的委托，负责项目某一方面工作的单位，包括施工单位、设计单位、设备材料供应单位等。但在建筑工程施工领域，承包商通常特指施工单位。

（2）施工单位是指接受建设单位、业主、开发商或甲方的委托，负责项目建造施工的单位。按照不同的专业，施工单位可以分为土建施工单位、设备安装施工单位、装饰施工单位、市政施工单位、环境绿化施工单位及公用设施施工单位等。

（3）监理单位是指接受建设单位、业主、开发商或甲方的委托，对建设项目的质量、进度、成本及施工安全等进行监督管理的机构。

（4）设计单位是指接受建设单位、业主、开发商或甲方的委托，对建设项目进行规划设计的单位。对于大型设计项目，规划布局、建筑设计、装饰设计、景观设计等可能分别由不同的设计单位来完成，而建筑设计又分为方案设计、初步设计和施工图设计等阶段。

（5）设备材料供应单位是指为建设项目提供设备、原材料、成品及半成品的单位。

为加强对设计、施工、监理等行业的管理，国家对设计、施工、监理等均实行资质管理，不同资质等级的单位所能承接的建设项目规模也有所不同。

1.2.3 建筑规划及建筑设计类

1. 城市居住区、居住小区、居住组团

（1）城市居住区一般称居住区，泛指不同居住人口规模的居住生活聚居地和特指被城市干道或自然分界线所围合，并与居住人口规模30000～50000人相对应，配建有一整套较完善的、能满足该区居民物质与文化生活所需的公共服务设施的居住生活聚居地。

(2) 居住小区一般称小区，是指被居住区级道路或自然分界线所围合，并与居住人口规模 7000～15000 人相对应，配建有一套能满足该区居民基本的物质与文化生活所需的公共服务设施的居住生活聚居地。

(3) 居住组团一般称组团，是指一般被小区道路分隔，并与居住人口规模 1000～3000 人相对应，配建有居民所需的基层公共服务设施的居住生活聚居地。

2. 用地红线、建筑红线、道路红线

(1) 用地红线是指城市规划主管部门批准的建设用地范围的界线。

(2) 建筑红线也称"建筑控制线"，是指城市规划管理中，控制城市道路两侧沿街建筑物或构筑物(如外墙、台阶等)靠临街面的界线。任何临街建筑物或构筑物不得超过建筑红线。

(3) 道路红线是指城市道路(含居住区级道路)用地的规划控制线。

3. 建筑面积、套内建筑面积、公摊面积、得房率

(1) 建筑面积是指建筑物外墙(柱)勒脚以上各层的外围水平投影面积，包括阳台、挑廊、地下室、室外楼梯等具有上盖、结构牢固、层高 2.2m 以上(含 2.2m)的永久性建筑。对某一成套住宅单元而言，建筑面积包括套内建筑面积和公摊面积两部分。

(2) 套内建筑面积由套内房屋使用面积、套内墙体面积、套内阳台建筑面积三部分组成。

套内房屋使用面积是指套内房屋使用空间的面积，以水平投影面积按下列规定计算：①套内使用面积为套内卧室、起居室、过厅、过道、厨房、卫生间、厕所、储藏室、壁柜等空间面积的总和；②套内楼梯按自然层数的面积总和计入使用面积；③不包括在结构面积内的套内烟囱、通风道、管道井均计入使用面积；④内墙面装饰厚度计入使用面积。

套内墙体面积是套内使用空间周围的维护或承重墙体或其他承重支撑体所占的面积，其中各套之间的分隔墙和套与公共建筑空间的分隔墙及外墙(包括山墙)等共有墙，均按水平投影面积的一半计入套内墙体面积。套内自有墙体按水平投影面积全部计入套内墙体面积。

套内阳台建筑面积均按阳台外围与房屋外墙之间的水平投影面积计算。根据《建筑工程建筑面积计算规范(GB/T 50353—2005)》的规定，计算阳台建筑面积时不再区分封闭阳台和未封闭阳台，均按阳台水平投影的一半计算建筑面积。

(3) 公摊面积是指公用建筑面积在某套住宅上的分摊面积，公摊面积等于公用建筑面积分摊系数与每户套内建筑面积的乘积。公共建筑面积分摊系数等于整栋建筑物的公用建筑面积除以整栋建筑物各套房屋的套内建筑面积之和。

(4) 得房率是指套内建筑面积与套(单元)建筑面积之比。根据《房产测量规范》(GB/T 17986.1—2000)的规定，可分摊的公用建筑面积有：①大堂、公共门厅、走廊、过道、电(楼)梯前厅、楼梯间、电梯井、电梯机房、垃圾道、管道井、水泵房、消防通道、交(配)电室、值班警卫室等，为整幢楼服务的公共用房和物业管理用房及其他功能上为该建筑服务的专用设备用房；②套与公用建筑空间之间的分隔墙及外墙(包括山墙)，为墙体面积水平投影面积的一半。

不应计入也不可用于分摊的公用建筑空间有：①仓库、机动车库、非机动车库、车道等，作为人防工程的地下室、单独具备使用功能的独立使用空间；②售房单位自营、自用

的房屋；③为多幢房屋服务的警卫室、管理用房。

4. 容积率、建筑密度、绿地率、停车率

(1) 容积率也称为建筑面积毛密度，是指项目用地范围内总建筑面积与项目总用地面积的比值。容积率的大小反映了土地利用强度及利用效益的高低，也反映了地价水平的差异。容积率可分为包括±0.0以下地下建筑面积的容积率和不包括±0.0以下地下建筑面积的容积率、实际容积率和规划容积率等类型。通常所说的容积率是指不包括±0.0以下地下建筑面积的规划容积率，即用地范围内规划允许的地上总建筑面积与用地面积之比。

(2) 建筑密度是指建筑物的覆盖率，反映一定用地范围内的空地率和建筑物的密集程度，具体是指项目用地范围内各类建筑物的基底面积与规划建设用地面积之比。

(3) 绿地率是指项目用地范围内各类绿地的总面积与项目用地面积的比率，它是衡量房地产项目绿化状况的经济技术指标。对于住宅项目来说，绿地包括公共绿地、宅旁绿地、公共服务设施所属绿地和道路绿地（即道路红线内的绿地），其中包括满足当地植树绿化覆土要求、方便居民出入的地下或半地下建筑的屋顶绿地，不应包括其他屋顶、晒台的人工绿地。

(4) 停车率是指居住区内停车位的数量与居住户数的比率。地面停车率是指居住区地面停车位数量与居住户数的比率。

5. 建筑间距、日照间距、日照分析

(1) 建筑间距是指两栋建筑物外墙之间的水平距离。建筑间距主要是根据日照、通风、采光、防止噪声和视线干扰、防火、防震、绿化、管线埋设、建筑布局形式及节约用地综合考虑确定。住宅建筑间距通常以满足日照要求作为主要依据。

(2) 日照间距是指前后两排南向房屋之间，为保证后排房屋在冬至日正南方向底层获得不低于某一段时间的满窗日照而保持的最小间隔距离。

(3) 日照分析是指采用计算机模拟的方法，在指定日期对某一高层建筑或高层建筑群对其北侧某一规划或保留地块的建筑物或建筑部分层次的日照影响情况或者日照时数进行的分析。

6. 建筑平面图、立面图、剖面图

(1) 建筑平面图是建筑施工图的基本样图，它是假想用一水平的剖切面沿门窗洞位置将房屋剖切后，对剖切面以下部分所做的水平投影图。它反映出房屋的平面形状、大小和布置；墙、柱的位置、尺寸和材料；门窗的类型和位置等。建筑施工图中的平面图一般有：底层平面图、标准层平面图（表示中间各层的布置）、顶层平面图及屋顶平面图。

(2) 建筑立面图是一座建筑物的正立投影图与侧立投影图，常按建筑各个立面的朝向，将几个投影图分别称作东立面图、西立面图、南立面图和北立面图等。它们主要表明建筑物外部形状，房屋的长、宽、高尺寸，屋顶的形式，门窗洞口的位置，外墙饰面、材料及做法等。

(3) 假想用一个或多个垂直于外墙轴线的铅垂剖切面，将房屋剖开，所得的投影图称为建筑剖面图，简称剖面图。剖面图用以表示房屋内部的结构或构造形式、分层情况和各部位的联系、材料及其高度等，是与平、立面图相互配合的不可缺少的重要图样之一。

7. 标高、建筑总高度、建筑控制高度、层高、净高

(1) 标高是指建筑物的某一部位与确定的基准点的高差,分为绝对标高和相对标高。绝对标高也称海拔,是指某一部位与我国青岛附近黄海的平均海平面的高差。相对标高是以建筑物的首层室内主要房间的地面为零点(±0.00),表示某处距首层地面的高度。

(2) 建筑总高度指室外地坪至檐口顶部的高度差。

(3) 建筑控制高度又称建筑限高,是指一定地块内建筑物地面部分最大高度控制值。

(4) 层高是指一层房屋的高度,即上下两层楼面或楼面之间的垂直距离,目前房地产市场上的住宅层高大多数为2.8m,部分高档楼盘采用2.9m或3.0m层高。

(5) 净高是指楼面或地面至上部楼板底面或吊顶底面之间的垂直距离。净高和层高的关系可以用公式来表示:净高=层高-楼板厚度。

8. 标准层、技术层、假层、附属层、避难层、结构(设备)转换层、架空层、层数

(1) 标准层是指平面布置相同的楼层。

(2) 技术层是指建筑物的自然层内,用作水、电、暖、卫生等设备安装的局部层次。

(3) 假层是指位于自然层以上,层高不全是2.2m以上的非正式层,不计入层数。

(4) 附属层(夹层)是指介于自然层之间的夹层。

(5) 避难层是指高层建筑中用作消防避难的楼层。

(6) 结构(设备)转换层是指建筑物某楼层的上部与下部因平面使用功能不同,楼层上部与下部采用不同结构(设备)类型,并通过该楼层进行结构(设备)转换的楼层。

(7) 架空层是指底层架空,以支撑物体承重的房屋,其架空部位一般为通道、水域或斜坡。

(8) 房屋层数即房屋的自然层数,是指按楼板、地板结构分层的楼层数,包括地上层数与地下层数之和。采光窗在室外地坪以上的半地下室,其室内层高在2.2m以上(不含2.2m)的,计算自然层数。假层、附属层、阁楼、装饰性塔楼及突出屋面的楼梯间、水箱间等不计层数。

9. 建筑轴线、住宅开间、住宅进深

(1) 建筑轴线是用来确定建筑物主要结构或构件位置的线。沿建筑物宽度方向设置的轴线叫横向轴线,其编号方法采用阿拉伯数字从左至右编写在轴线圆内(从1开始标号);沿建筑物长度方向设置的轴线叫纵向轴线,其编号方法采用大写英文字母从下至上编写在轴线圆内(从A开始编号,其中为避免混淆,字母I、O、Z通常不用于编号)。

(2) 住宅开间是指住宅的宽度,是指一间房屋内一面墙皮到另一面墙皮之间的实际距离。住宅开间一般是300mm的倍数,如2.1m、2.4m、2.7m、3.0m、3.3m、3.6m、3.9m、4.2m、4.5m等。开间小,可缩短楼板跨度,增强结构整体性、稳定性和抗震性。开间大,可提供更大的居住空间,减少承重墙面积,增加使用面积,便于灵活隔断、装修改造。

(3) 住宅进深是指一间独立的房屋或一幢居住建筑从前墙壁到后墙壁之间的实际长度。住宅进深一般是300mm的倍数,如3.0m、3.3m、3.6m、3.9m、4.2m、4.5m、4.8m、5.1m、5.4m、5.7m、6.0m。进深大可以有效地节约用地,但为保证建成的住宅可以有良好的自然采光和通风条件,住宅进深也不宜过大。

10. 阳台、平台、露台

（1）阳台泛指具有永久性上盖、围护结构、台面，与房屋相连、可供居住者进行室外活动、晾晒衣物等活动的房屋附属设施。根据其封闭情况分为非封闭阳台和封闭阳台；根据其与主墙体的关系分为凹阳台和凸阳台；根据其空间位置分为底阳台和挑阳台。封闭阳台是指原设计及竣工后均为封闭的阳台；非封闭阳台是指原设计或竣工后不封闭的阳台；凹阳台是指凹进楼层外墙（柱）体的阳台；凸阳台是指挑出楼层外墙（柱）体的阳台；底阳台是指房屋一层的阳台；挑阳台是指房屋二层（含二层）以上的阳台。

（2）平台是指供居住者进行室外活动的上人屋面或住宅底层地面伸出室外的部分。

（3）露台是指住宅中的屋顶平台或由于建筑结构需求而在其他楼层中做出大阳台，由于它面积一般较大，上边又没有屋顶，所以称作露台。

11. 玄关、过道、走廊、阁楼、骑楼、飘窗、双入户门

（1）玄关现在泛指住宅室内与室外之间的一个过渡空间，也就是进入室内换鞋、更衣或从室内去室外的缓冲空间，也有人把它叫做斗室、过厅、门厅。

（2）过道是指住宅套内使用的水平交通空间。

（3）走廊是指住宅套外使用的水平交通空间。

（4）阁楼是指位于自然层内，利用房屋内的上部空间或人字屋架加建的使用面积不足该层面积的暗楼，不计层次。

（5）骑楼是指建在马路旁，底层的一部分是人行道的楼房。

（6）飘窗是指房屋窗子呈矩形或梯形向室外凸起，窗子三面为玻璃，从而使人们拥有更广阔的视野，更大限度地感受自然、亲近自然，通常它的窗台较低甚至为落地窗。

（7）双入户门是指一套公寓有两个进户门。这种设计使家务区和起居区区分明显，让家居生活更便捷，使室内空间布局更合理，也增加了空间私密性。在豪宅类公寓中，双入户门设计主要是为了区别主仆的出入通道，凸显主人的身份。

12. 户型、平层户型、跃层户型、错层户型、复式户型、母子户型

（1）户型又叫房型，是指按不同使用面积、居住空间组成的成套住宅类型。

（2）平层户型是指所有房间均在一层楼面上的户型，这是市场上最常见的户型。

（3）跃层户型是指套内空间跨跃两层及以上，卧室、起居室、客厅、卫生间、厨房及其他辅助用房等分层布置，上下层之间的交通不通过公共楼梯而采用户内独用小楼梯的户型。跃层住宅的优点是每户都有两层或两层合一的采光面，通风采光较好，户内居住面积和辅助面积较大，布局紧凑，功能明确，相互干扰较小。跃层住宅的不足之处在于户内楼梯要占去一定的使用面积，同时由于两层只有一个出口，发生火灾时，人员不易疏散。

（4）错层户型是指住宅内各种功能用房在不同的平面上，用 30～60cm 的高差进行空间隔断，层次分明，立体性强，但未分成两层的户型。

（5）复式户型是受跃层户型启发而创造设计的一种经济型住宅。其本质上仍是一层，是在层高较高的一层楼中增建一个 1.2m 层高的夹层，两层合计的层高（通常为 3.3m）要大大低于跃层式住宅（通常为 5.6m），复式住宅的下层供起居用、炊事、进餐、洗浴等，上层供休息睡眠和储藏用。复式住宅具备了省地、省工、省料又实用的特点，特别适合三代、四代同堂的大家庭居住，既满足了隔代人的相对独立，又达到了相互照应的目的。

（6）母子户型又称为"母子房"、"亲情户型"等，是指既可独立使用，又可合并使用的一大一小两套相邻住宅单元。这种设计可以最大限度地在老龄化社会的背景下满足子女与父母两代人既要相对独立，又能相互照应的居住需求。

13．配套公建、会所、建筑小品

（1）住宅区配套公共建筑（简称"配套公建"）是指开发商按照国家及地方有关规定，在住宅区土地范围内与商品住宅配套修建的各种公用建筑，一般包括教育、医疗卫生、文化体育、商业服务、金融邮电、社区服务、市政公用、行政管理及其他公用建筑，但各住宅区具体配建项目因住宅区情况的不同会有所区别。

（2）会所是一个外来词汇，原意是指身份不凡的人士聚会的场所。目前会所泛指以所在物业业主为主要服务对象的综合性康体娱乐服务设施，通常设有健身房、酒吧、咖啡馆、网吧、阅览室、游泳池、羽毛球馆等，一般都对业主免费或少量收费开放。会所已经成为房地产项目吸引消费者的一个很重要的配套设施。

（3）建筑小品是指既有功能要求，又具有点缀、装饰和美化作用的，从属于某一建筑空间环境的小体量建筑、游憩观赏设施和指示性标志物等的统称。

1.2.4 建筑施工及建筑材料类

1．建筑施工、施工许可、施工许可证

（1）建筑施工是指建筑施工单位按照设计要求、施工及验收规范、施工合同等，在保证工程质量、工期、成本、安全及环保等目标的前提下，进行的项目建造活动过程，简称施工。

（2）施工许可是指工程项目开工必须要得到建设行政主管部门的行政许可。

（3）施工许可证是建设行政主管部门向符合各种施工条件、允许开工的项目颁发的批准文件，是施工单位进行施工行为的法律凭证。施工许可证由建设单位向政府建设行政主管部门申请，没有取得施工许可证的项目严格来说属于违章建筑。

2．三通一平、五通一平、七通一平

（1）三通一平是指工地具备通水、通电、通路及场地平整的条件。

（2）五通一平是在三通一平的基础上再加上通气、通信的条件。

（3）七通一平是在三通一平的基础上再加上通邮、通信、通暖气、通天然气或煤气的条件。

3．工地、临时设施、施工围墙

（1）工地是指建设项目现场的施工场地，香港地区称为地盘（项目经理称为地盘经理）。

（2）临时设施是指施工单位为了保证施工生产和管理工作的正常进行而搭建的各种临时性生产、生活设施，比如施工人员临时宿舍、食堂、浴室、临时办公室、临时仓库、围墙等。

（3）施工围墙是用来维护施工现场的临时设施，通常高2.5m左右。施工围墙除维护施工场地外，往往还会被用来作为项目对外宣传形象的窗口。早期施工围墙上的项目信息主要是开发商、设计、施工、监理等单位的信息，后来围墙上的信息更加丰富多彩，如项目广告语、项目效果图等，也有的施工围墙绘制一些公益广告类的作品。

4. 结构结顶、竣工验收、综合验收

(1) 结构结顶一般是指房屋屋面结构层的混凝土浇筑过程。在房地产开发过程中，结构结顶往往被视为项目施工进度中一个重要的里程碑。

(2) 竣工验收指项目完工后建设单位会同设计、施工、监理、设备供应单位及工程质量监督部门，对工程施工质量进行全面检验和认证的活动，竣工验收主要针对施工质量。只有完成了所有施工任务并经竣工验收合格的项目才是竣工项目，否则只能称为项目完工。

(3) 综合验收是指竣工验收以外，包括规划、消防、环卫、人防、绿化、交通、市政、给排水、燃气、有线电视等在内的验收活动，只有综合验收合格才能办理房地产移交手续。

5. 工程质量、进度、投资、安全

(1) 工程质量是指工程满足建设单位需要的、符合国家有关现行的法律、法规、技术规范、标准及设计文件和合同规定的特性总和。工程竣工验收时往往对工程质量会进行综合评定，评定等级通常划分为优良、合格和不合格等类别。为鼓励施工单位提高施工质量，各级政府建设主管部门在优良工程的范围内，按照一定的标准评选出若干个工程质量最优秀的项目并授予其相应的质量奖项，比如上海市的"白玉兰杯"、浙江省的"钱江杯"、杭州市的"西湖杯"等，我国工程建设领域最高等级的质量奖项是"鲁班奖"。

(2) 工程进度是指在确保工程质量、安全和投资费用的前提下，施工单位完成项目施工工作的速度。房地产项目的销售过程往往与工程进度有关，比如许多地方规定商品房预售的条件之一就是项目工程进度达到一定的要求（如房屋结构结顶等）。在施工管理和项目销售中，还经常涉及形象进度的概念。工程形象进度是指用文字或结合数字，简明扼要地反映工程实际达到的形象部位，借以表明该工程的总进度。住宅项目的工程形象进度一般可分为基础、结构、屋面、装修、竣工等阶段。

(3) 工程投资是指进行某项工程建设需要花费的全部费用，通常包括设备与工器具购置费、建筑安装工程费、工程建设其他费用、预备费、建设期贷款利息和固定资产投资方向调节税（目前暂停征收）等费用项目。工程投资具有投资数额大、组成项目多、不同项目差异多、确定依据和过程复杂、动态变化明显等特点。

(4) 工程安全包括两个方面的含义：一是指工程项目在使用上是否安全；二是指建造过程中的施工安全，通常所说的安全问题是指后者。目前我国建筑施工行业的施工安全问题仍然比较严重，每年因施工安全事故造成的死伤人数众多。施工安全事故不仅对施工人员的身心健康造成伤害，给施工单位的经济效益和社会形象带来负面影响，有时也会影响建设单位和项目的形象，从而影响购房者的消费心理和行为。

质量、进度、投资、安全是建设项目的四大控制目标，它们之间属于既统一又矛盾的关系。统一的关系一方面体现在这四大目标都是建设项目的控制目标，缺一不可，否则就不是一个成功的建设项目，另一方面有些目标之间有时会存在相互促进的关系，比如一个安全的施工环境往往会促进施工质量的提高，很难想象在一个充满危险的环境里会做出高质量的建筑产品。矛盾关系是指上述目标在具体实施时会相互制约，比如赶工期往往会影响施工质量，同时造成成本上升，安全事故的发生大多数时候也会影响施工质量等。

6. 砖、砌块、钢筋、水泥、砂浆、混凝土

(1) 砖俗称砖头，是人造的小型建筑块材。按照材质可分为粘土砖、页岩砖、煤矸石砖、粉煤灰砖、灰砂砖、混凝土砖等；按照孔洞率可分为实心砖、多孔砖（空洞率占25%～40%）、空心砖（空洞率大于40%，孔尺寸大而数量少）；按照生产工艺可分为烧结砖（红砖）、免烧砖（水泥砖）、蒸压砖、蒸养砖等。

(2) 砌块是利用混凝土、工业废料或地方材料制成的人造块材，外形尺寸比砖大。按照尺寸大小可分为小型砌块、中型砌块和大型砌块；按照孔洞率可分为实心砌块和空心砌块；按照材质可分为混凝土砌块、轻集料混凝土砌块、粉煤灰砌块等。

(3) 钢筋是指钢筋混凝土用和预应力钢筋混凝土用钢材，主要用来承受拉力。钢筋可以按照其化学成分、生产工艺、轧制外形、供应形式、直径大小及在结构中的用途等进行分类。比如按照轧制外形可分为光面钢筋、带肋钢筋、钢线（分低碳钢丝和碳素钢丝两种）、钢绞线、冷轧扭钢筋等；按照直径大小可分为钢丝（直径3～5mm）、细钢筋（直径6～10mm）、粗钢筋（直径大于22mm）；按照力学性能可分为Ⅰ级钢筋、Ⅱ级钢筋、Ⅲ级钢筋和Ⅳ级钢筋；按照生产工艺可分为热轧钢筋、冷轧钢筋、冷拉钢筋；按照在结构中的作用可分为受压钢筋、受拉钢筋、架立钢筋、分布钢筋、箍筋等。

(4) 水泥属于无机粉状水硬性胶凝材料，加水搅拌后成浆体，能在空气中硬化或者在水中更好的硬化，并能把砂、石等材料牢固地胶结在一起。水泥是重要的建筑材料，用水泥制成的砂浆或混凝土坚固耐久，广泛应用于土木建筑、水利、国防等工程。水泥按性能和用途分为通用水泥、专用水泥和特性水泥3大类。通用水泥包括硅酸盐水泥、普通硅酸盐水泥、矿渣硅酸盐水泥等6大品种；专用水泥指具有专门用途的水泥，如砌筑水泥、道路水泥、大坝水泥、油井水泥等；特性水泥指在某种性能上较突出的水泥，如快硬、抗硫酸盐、低热微膨胀、白色硅酸盐水泥等。其中硅酸盐系列水泥在工程中应用最广泛。

(5) 砂浆是用无机胶凝材料与细集料和水按比例拌和而成的胶结材料，也称灰浆，主要用于砌筑和抹灰工程。砂浆按照用途可分为砌筑砂浆和抹面砂浆，前者用于砖、石块、砌块等的砌筑以及构件安装；后者则用于墙面、地面、屋面及梁柱结构等表面的抹灰，以达到防护和装饰等要求。按照组成材料不同可分为石灰砂浆、水泥砂浆、混合砂浆等，石灰砂浆由石灰膏、砂和水按一定配比制成，一般用于强度要求不高、不受潮湿的砌体和抹灰层；水泥砂浆由水泥、砂和水按一定配比制成，一般用于潮湿环境或水中的砌体、墙面或地面等；混合砂浆在水泥或石灰砂浆中掺加适当掺合料如粉煤灰、硅藻土等制成，以节约水泥或石灰用量，并改善砂浆的和易性。砂浆和混凝土的最大区别在于其不含粗骨料。

(6) 混凝土是将砂、石子、水泥和水按一定比例拌和而得到的一种人工复合材料，简称为"砼"（tóng）。混凝土的生产过程包括搅拌、成型、养护等阶段。按照加工方式分为商品混凝土和现场搅制混凝土，目前许多大城市正大力推广使用商品混凝土。

1.2.5 房地产产品创新类

1. SOHO住宅、LOFT住宅

(1) SOHO(Small Office, Home Office)具有"单独办公、居家办公"的意思。同时，

SOHO 代表一种自由、弹性而新型的工作方式。SOHO 住宅是商住两用住宅观念的一种延伸，它属于住宅，但同时又融入写字楼的诸多硬件设施，尤其是网络功能的发达，使居住者在居住的同时又能从事商业活动的住宅形式。

（2）LOFT 的字面意义是仓库、阁楼，在 20 世纪后期逐渐时髦而且演化成为一种时尚的居住与生活方式。LOFT 住宅的特点：高大而开敞的空间，室内布局具有很大的灵活性与开放性，业主可根据个性化的审美情趣自行决定户型组合与风格；上下双层的复式结构，类似戏剧舞台效果的楼梯和横梁；开放性与通透性强，私密程度低等。LOFT 住宅对传统的居住观念以及现代城市有关工作、居住分区的概念提出了挑战，工作和居住可以发生在同一个大空间而不必分离，厂房和住宅之间出现了部分重叠。LOFT 住宅的主要消费群体有两类；一类是功能上要求空间较高的客户，如作为电视台演播厅、公司产品展示厅等；另一类是个性上追求时尚的年轻人及艺术家，包括一些有特色的 IT 企业等。

2．酒店式公寓、产权式公寓酒店

（1）酒店式公寓是指提供酒店式管理服务（如客房打扫、洗衣等），既可居住（配有全套家具及厨房设备），又可办公的综合性很强的物业。它集住宅、酒店、会所多功能于一体，将星级酒店的高标准服务融入日常生活之中，具有"自用"和"投资"两大功效。一般酒店式公寓的公共设施均类似酒店，其本质仍然是公寓。

（2）产权式公寓酒店是将房地产业、酒店业和旅游业结合在一起的商业业态，但是它的实质是酒店。其软硬件配套都按照酒店标准来配置，且纳入酒店行业管理范畴，它所销售的是设于酒店内部的公寓形式的酒店套房。产权式酒店的本质在于购买者的目的并非自住，而是将客房委托给酒店管理公司统一经营和出租，以获取客房利润分红和酒店管理公司赠送的一定期限免费入住权。

3．挑高阳台、入户花园、双拼户型

（1）挑高阳台又称隔层露台、无盖阳台，是将普通阳台挑高为双层设置，使阳台具有露台的功能，它可以为居住者提供更充足的光线和更广阔的视野。目前绝大多数城市对双层挑高阳台不计建筑面积，因此不占用项目容积率，不仅可以给购房者带来实惠，而且还能让开发商将节省下来的容积率用于建造更多面积的住宅，创造出更大的经济效益。

（2）入户花园又称为空中花园、阳光花园等，是指在入户门与客厅门之间（或将阳台引入室内）设计一个类似于玄关的独立小花园。这种设计打破了进门即客厅的传统布局，将别墅中的私家花园引入公寓中，形成立体的园林景观，使人们的庭院情节在空中得到延伸。

（3）双拼户型又称母子户型、亲情户型等，是指既可独立使用，又可合并使用的一大一小或两套小户型相邻住宅。该户型可最大限度地在老龄化社会的背景下满足子女与父母两代人既要相对独立、又能相互照应的居住需求。

1.2.6 房地产销售类

1．预售、预售价

（1）预售俗称卖"楼花"，是指房地产开发商与购房者约定，由购房者交付定金或预付款，而在未来一定日期拥有现房的房产交易行为，其实质是房屋期货买卖，买卖的是房屋的期货合约。它与成品房的买卖已成为我国商品房买卖市场中两种主要的销售形式。

(2) 预售价是商品房预售时的暂定价格，预售价不是正式价格，在商品房交付使用时，应按有关部门核定的价格为准进行销售。

2. 定金、订金、违约金、预付款

(1) 定金是指在订立房屋买卖合同时，为保证合同的履行，规定由定金给付方(购房人)先行支付给对方一定数额的货币，因此定金是一种担保方式。合同履行后，定金应当收回或抵作价款。购房人如不履行合同就无权索回定金；接受定金方如不履行合同，则应双倍返回定金。

(2) 订金通常是在购房者与房地产开发商就房屋买卖达成初步意向协议后，为保证在约定的期限内具有优先购买该房屋的权利而支付的款项。根据我国现行法律的有关规定，订金不具有定金的性质，一般情况下，订金可视作预付款。

(3) 违约金是指违约方按照法律规定和合同的约定，应该付给对方的一定数量的货币。违约金是对违约方的一种经济制裁，具有惩罚性和补偿性，但主要体现惩罚性。只要当事人有违约行为且在主观上有过错，无论是否给对方造成损失，都要支付违约金。

(4) 预付款是双方当事人商定的在合同履行前所支付的一部分价款。预付款不起担保作用，也不具有惩罚性。预付款在性质上是一方履行主合同的行为，合同履行时预付款要抵充价款，合同不履行时应当返还预付款，预付款的适用不存在制裁违约行为的问题，无论发生何种违约行为，都不发生预付款的丧失和双倍返还。

3. 起价、均价

(1) 起价也叫起步价，是指某物业各楼层销售价格中的最低价格。多层住宅一般以一楼或顶楼的销售价为起价。高层住宅通常以最低层的销售价为起价。房产广告中常表示"×××元/平方米起售"，以较低的起价来吸引消费者的注意。

(2) 均价是指将各单位的销售价格相加之后的总销售金额除以总的销售面积，即得出每平方米的均价。均价能够反映房地产产品价格的高低，但通常不是真正的销售价。

4. 单价、总价、楼面地价

(1) 单价是指单位面积的价格。土地通常采用公顷、亩、平方米土地面积单价来表示，但更多时候是采用每平方米建筑面积单价即楼面地价来表示。建筑物或整体的房地产通常采用平方米建筑面积的单价来表示。但有些特殊的房地产有时采用特殊的计价单位，如宾馆、酒店等旅游房地产有时采用每个房间或每个床位的单价表示，而停车场则有可能以每个车位的单价来表示，仓储类房地产则可能用每立方米的单价表示，等等。

(2) 总价是指一个销售单位总的价格，总价等于单价与其面积的乘积。单价虽然能反映房地产产品价格的高低，但是决定客户是否购买的价格因素最终还是总价。

(3) 楼面地价又称单位建筑面积地价，是平均到每单位建筑面积上的土地价格，即土地总价与总建筑面积之比。在现实中，楼面地价往往比土地单价更能反映土地价格水平的高低。

5. 尾盘、烂尾楼

(1) 尾盘是指房地产项目进入清盘销售阶段时的少量剩余房源。当商品房的销售量达到80%以后,就可认为进入项目的尾盘销售阶段。尾盘通常情况下属于没有竞争力的房源,或朝向不好,或采光不足,或楼层不佳等。但有时开发商为了保证尾盘的销售,会故意在尾盘中保留一些品质较好的房源,因此尾盘也不完全等于"差房子"。

(2) 烂尾楼是指由于开发商资金不足或盲目上马,或错误判断供求形势,开发总量供大于求,导致大面积空置,无法回收前期投资,更无力进行后续建设,甚至全盘停滞的积压楼盘。

6. "五证"、"两书"、楼书

(1) 房地产业内所谓的"五证"是指《国有土地使用权证》、《建设用地规划许可证》、《建设工程规划许可证》、《建筑工程施工许可证》及《商品房销售(预售)许可证》。

(2) "两书"是指《住宅质量保证书》和《住宅使用说明书》。

(3) 楼书是房地产楼盘销售信息的集合。楼书大致应包含楼盘的地理位置、景观环境、平面图、立面图、配套标准、销售价格及展示项目形象的广告语等内容。

7. 质量保修

根据国务院2000年发布的《建设工程质量管理条例》的规定,我国建设工程实行质量保修制度。建设工程承包单位在向建设单位提交工程竣工验收报告时,应当向建设单位出具质量保修书。质量保修书中应当明确建设工程的保修范围、保修期限和保修责任等。建设工程的保修期自竣工验收合格之日起计算。在正常使用条件下,建设工程的最低保修期限为:①地基基础工程和主体结构工程,为设计文件规定的该工程的合理使用年限;②屋面防水工程、有防水要求的卫生间、房间和外墙面的防渗漏,为5年;③供热与供冷系统,为2个采暖期、供冷期;④电气管线、给排水管道、设备安装和装修工程,为2年。

8. 按揭

按揭是英文"Mortgage"的粤语音译,即"个人住房抵押贷款",是指不能或不愿一次性支付房款的购房人将其所要购买的房地产抵押给银行或其他金融机构,从而贷得房价一定比例款项后用于所要购买的房地产,购房人依照合同约定分期还本付息。借款人在还清贷款后,贷款人如银行应将所涉及的房地产权转交给借款人并解除抵押关系;借款人到期不能归还贷款本息的,贷款人有权依法处分其抵押的房地产以获得清偿。按揭期间,办理抵押的房地产不转移占有关系,借款人在按揭期间享有房地产使用权。

根据贷款资金性质的不同,按揭可分为商业按揭、公积金按揭和组合按揭等形式。商业按揭是指商业银行发放的个人住房抵押贷款,按照商业银行规定的房地产抵押贷款利率结算利息。公积金按揭是指公积金管理机构委托银行发放的个人住房抵押贷款,按照规定的公积金贷款利率结算利息。组合按揭是指借款额中既有公积金贷款也有商业银行发放的贷款的形式。

购房者申请的抵押贷款金额占所购房屋总价的比例称为按揭成数。在不同的时期,按揭的最大成数会有所不同,通常房地产最大的按揭成数为七成。最长的按揭年限通常为30年。

9. 硬性广告、软文广告

(1) 硬性广告是指直接介绍商品服务内容的传统形式的纯广告,通过报刊、杂志、电视、广播、广告牌等进行宣传，具有强烈推广的感觉。

（2）软文广告是相对于硬性广告而言的，由企业的市场策划人员或广告公司的文案人员来负责撰写，形式上类似于新闻报道的形象广告，其特点是这些广告或以人物专访的形式出现，或以介绍企业新产品、分析本行业状况的报道形式出现。

1.2.7 房地产权属类

1. 土地所有权、使用权

（1）我国的土地全部属于公有制，包括全民所有制和集体所有制。土地的全民所有制具体采用的是国家所有制的形式，因此该种土地被称为国家所有土地，简称国有土地，城市市区的土地属于国家所有。农村和城市郊区的土地，除法律规定属于国家所有的以外，其余的属于农民集体所有。在我国，任何单位和个人均没有土地所有权。

（2）土地使用权是指单位或者个人依法或依约定，对国有土地或集体土地所享有的占有、使用、收益和有限处分的权利。国有土地使用权是指国有土地的使用人依法利用土地并取得收益的权利，国有土地使用权的取得方式有出让、划拨、出租、入股等；农民集体土地使用权是指农民集体土地的使用人依法利用土地并取得收益的权利，包括农用土地使用权、宅基地使用权和建设用地使用权。本书所指的土地使用权均是指国有土地使用权。

我国国有土地使用权实行有偿、有期限的使用制度。有偿使用制度是指除国家核准的划拨土地以外，凡使用国有土地都需要向国家支付土地使用权出让金。有期限的使用制度是指国有土地使用权出让的年限有一定的限制。根据《城镇国有土地使用权出让和转让暂行条例》的规定，各类用途的国有土地使用权出让的最高年限是：居民用地为70年；工业用地为50年；教育、科技、文化、卫生、体育用地为50年；商业、旅游、娱乐用地为40年；综合或者其他用地为50年。土地使用权年限从签订土地使用权出让合同之日起算。

2. 房地产产权、大产权、小产权、房屋他项权利

房地产产权是指所有者按照国家法律规定所享有的权利，包括房屋所有权和该房屋占用国有土地的使用权，房地产所有者对其所有的房地产享有占用、使用、收益和处分的权利。

一种情况是，开发商在房地产竣工验收后，通过向房地产权属管理部门申请取得的房屋所有权称为"大产权"；而购房人向房地产权属管理部门申请取得的房屋产权被称为"小产权"。另一种情况是，拥有完整权利的房地产称为"大产权房"，如普通商品房；而权利不完整的房地产被称为"小产权房"，如经济适用房、农民在集体土地上建造的商品房等。

房屋他项权利是指除房屋所有权和使用权以外，由房屋所有权衍生出来的，除房屋所有人及共有权人以外的其他团体或者个人对该房屋所拥有的权利，包括典权、租赁权、抵押权、继承权等。他项权利是对房屋所有权和使用权的限制。

3. 房屋权属登记、权属证书

（1）房屋权属登记是指房地产行政主管部门代表政府对房屋所有权，以及由上述权利产生的抵押权、典权等房屋他项权利进行登记，依法确认房屋产权归属关系并核发权属登

记证书的行为。房地产权利一经登记机关注册登记，该权利即具有法律效力，受国家法律的保护。房屋权属登记制度是《城市房地产管理法》规定的房地产管理基本制度。

（2）房屋权属证书是权利人依法拥有房屋所有权并对房屋行使占有、使用、收益和处分权利的唯一合法凭证，房屋权属证书受到国家法律保护。包括《房屋所有权证》、《房屋共有权证》、《房屋他项权证》或者《房地产权证》、《房地产共有权证》、《房地产他项权证》。

4. 房屋共有、共有权证

（1）房屋共有是指由两个或两个以上的公民、法人共同拥有一宗房屋的权利和承担义务。房屋共有人必须是购房合同或发票上的联名人。

（2）共有权证是指由房产管理部门对房屋共有权人核发，每个共有权人各持一份的权利证书。共有权证与所有权证具有同等法律效力。

1.2.8 房地产政策类

1. 土地使用权出让、转让、划拨

（1）土地使用权出让是指国有土地所有者代表（通常是政府土地主管部门）将国有土地使用权在一定年限内出让给土地使用者，由土地使用者向国家支付土地使用权出让金的行为。国有土地使用权出让的方式主要有协议、招标、挂牌、拍卖等方式。目前，商业、旅游、娱乐和商品住宅等各类经营性用地必须以招标、拍卖或者挂牌的方式出让。

（2）土地使用权转让是指土地使用者将土地使用权再转让的行为，包括出售、交换和赠与等。

（3）土地使用权划拨是指县级以上人民政府依法批准，在用地者缴纳补偿、安置等费用后将该幅土地交其使用，或者将土地使用权无偿交土地使用者使用的行为。目前，商品住宅用地无法采用划拨方式取得，但经济适用房和廉租房等保障性住房的开发建设用地仍然是采用行政划拨的方式取得土地使用权。

2. "招、拍、挂"政策

2007年9月，国土资源部颁布了《招标拍卖挂牌出让国有建设用地使用权规定》（国土资源部令第39号），规定商业、旅游、娱乐和商品住宅用地，必须采用拍卖、招标或挂牌方式出让，简称"招、拍、挂"制度。目前在商品房用地的出让过程中，拍卖是最普遍采用的出让方式。"招、拍、挂"出让方式的优点是有利于公平竞争，防止协议出让过程中产生的腐败行为。但是"招、拍、挂"方式通常是出价高者得到土地，往往会推高土地的市场价格，这是造成目前房价高昂的一个重要原因。"招、拍、挂"方式适用于区位条件好、土地利用灵活性较大的地块的出让。

3. 住房保障、住房公积金

（1）住房保障制度是指在市场经济条件下，政府为保障无法单纯依靠市场解决住房问题的困难群体的居住权而实施一些特殊的政策措施。住房保障制度和失业保障、养老保障、医疗保障等都是社会保障体系的组成部分。我国目前的住房保障制度主要包括住房公积金制度、住房货币补贴制度、经济适用房制度、经济租赁房制度、廉租房制度等。

（2）住房公积金是指国家机关、国有企业、城镇集体企业、外商投资企业、城镇私营企业及其他城镇企业、事业单位、民办非企业单位、社会团体（以下统称单位）及其在职职工缴存的长期住房储金。职工个人缴存的住房公积金和职工所在单位为职工缴存的住房公积金，属于职工个人所有。住房公积金应当用于职工购买、建造、翻建、大修自住住房，任何单位和个人不得挪作他用，住房公积金的最根本功能是住房保障。住房公积金制度是结合我国城镇住房制度改革的实际情况而实行的一种房改政策，实质是政府为解决职工家庭住房问题提供的一种政策性融资渠道，在我国住房保障和社会保障体系中占有非常重要的地位。住房公积金制度具有强制性、互助性和保障性的特点。

4. 70/90 政策

2006 年 7 月 6 日，原建设部发布《关于落实新建住房结构比例要求的若干意见》（建住房［2006］165 号），规定"自 2006 年 6 月 1 日起，新审批、新开工的商品住房总面积中，套型建筑面积 90m^2 以下住房(含经济适用住房)面积所占比重必须达到 70％以上"，市场称该政策为"70/90 政策"或"90/70 政策"。

1.2.9 房地产税费类

1. 土地出让金

土地出让金是指各级政府土地管理部门将土地使用权出让给土地使用者，按规定向受让人收取的土地出让的全部价款，或土地使用期满，土地使用者需要续期而向土地管理部门缴纳的续期土地出让价款，或原通过行政划拨获得土地使用权的土地使用者，将土地使用权有偿转让、出租、抵押、作价入股和投资，按规定补交的土地出让价款。

2. 房产税、城镇土地使用税、耕地占用税、土地增值税、契税、印花税

（1）房产税是以拥有房屋产权的单位和个人为征税对象，按房屋的计税余值或租金收入为计税依据，向产权所有人征收的一种财产税。目前对个人所有的非营业用房免征房产税。

（2）城镇土地使用税简称土地使用税，是指以城市、县城、建制镇、工矿区范围内使用土地的单位和个人为纳税人，按分类分级的幅度定额税率征收的税种。目前我国不少省级地方税务机关规定，对个人所有的居住房屋及院落用地免征城镇土地使用税。

（3）耕地占用税是指以占用耕地建房或从事其他非农业建设的单位和个人为征税对象，按照实际占用耕地面积及规定的税率一次性计算征收的税种。

（4）土地增值税是指转让国有土地使用权、地上的建筑物及其附着物并取得收入的单位和个人，以转让所取得的收入包括货币收入、实物收入和其他收入减除法定扣除项目金额后的增值额作为计税依据，并按照四级超率累进税率（30％～60％）进行征收的税种。但由于扣除项目测算比较复杂，目前不少地方按照房地产项目销售额的一定比例征收土地增值税。

（5）契税是指由于土地使用权出让、转让、房屋买卖、交换或赠与等发生房地产权属转移时，就当事人所订契约按房价的一定比例向产权承受人征收的一次性税收。

（6）印花税是以房地产交易中的各种凭证为课税对象，包括房屋因买卖、继承、赠

与、交换、分割等发生产权转移时书立的产权转移书据，不同时期其税率有所不同。

3. 营业税、城市建设维护税、教育费附加("两税一费")

(1) 营业税是指对销售房地产的单位和个人，就其营业额按率计征的一种税。销售房地产通常按照销售额的5%征收营业税，但不同时期可能会有不同的税收优惠政策。

(2) 城市建设维护税简称城建税，是国家对缴纳增值税、消费税、营业税(简称"三税")的单位和个人就其缴纳的"三税"税额为计税依据而征收的一种税。城建税实行差别比例税率，纳税人所在地为城市市区的，税率为7%；纳税人所在地为县城、建制镇的，税率为5%；纳税人所在地不在城市市区、县城或者建制镇的，税率为1%。

(3) 教育费附加是指随增值税、消费税和营业税附征并专门用于教育的一种特别目的税，税率为3%。

4. 企业所得税、个人所得税

(1) 企业所得税是指对在我国境内的企业的生产经营所得和其他所得征收的一种税。企业所得税的税率为25%的比例税率。

(2) 个人所得税是指个人将拥有合法产权的房屋转让、出租或其他活动并取得收入，就其所得计算征收的一种税负。

5. 房地产交易手续费、房屋权属登记费

(1) 房地产交易手续费是指由政府依法设立的，由房地产主管部门设立的房地产交易机构为房屋权利人办理交易过户等手续所收取的费用。

(2) 房屋权属登记费是指房屋所有权登记费，是指县级以上地方人民政府行使房产行政管理职能的部门依法对房屋所有权进行登记，并核发房屋所有权证书时，向房屋所有权人收取的登记费，不包括房产测绘机构收取的房产测绘费用。

1.3 房地产的法律、法规及规范体系

房地产法律、法规及规范体系是指调整房地产开发、房地产交易、物业管理，以及房地产行政管理活动的各种不同层次的法律、法规及规范的总称，主要包括以下几个层次。

1. 宪法

宪法是国家的根本大法，由全国人民代表大会制定，具有最高法律效力。我国宪法对房地产做了一些原则性的规定，无论是房地产立法还是执法都必须遵循宪法规定的原则。

宪法对房地产的原则性规定主要体现在第十条第一款至第五款。

(1) "城市的土地属于国家所有。"

(2) "农村和城市郊区的土地，除由法律规定属于国家所有的以外，属于集体所有；宅基地和自留地、自留山，也属于集体所有。"

(3) "国家为了公共利益的需要，可以依照法律规定对土地实行征收或者征用并给予补偿。"

(4) "任何组织或者个人不得侵占、买卖或者以其他形式非法转让土地。土地使用权

可以依照法律的规定转让。"

（5）"一切使用土地的组织和个人必须合理地利用土地。"

2. 法律

法律由全国人民代表大会及其常务委员会制定，其地位及效力低于宪法而高于其他法。

我国专门的房地产法律有《城市房地产管理法》和《土地管理法》。

与房地产相关的法律有《建筑法》、《城乡规划法》、《环境影响评价法》、《测绘法》、《安全生产法》、《消防法》、《招标投标法》、《合同法》、《消费者权益保护法》、《物权法》、《担保法》、《拍卖法》、《行政许可法》、《民法通则》等。

3. 行政法规

行政法规是由国务院制定的，有关行政管理和管理行政事项的规范性文件的总称。行政法规的效力低于宪法、法律，高于地方性法规、规章。

与房地产有关的行政法规有《城市房地产开发经营管理条例》、《物业管理条例》、《土地管理法实施条例》、《住房公积金管理条例》、《建筑工程安全生产管理条例》、《城市房屋拆迁管理条例》、《建设工程勘察设计管理条例》、《建筑工程质量管理条例》、《建筑工程勘查设计管理条例》、《房产测绘管理办法》、《建筑施工许可管理办法》、《建设项目环境保护管理条例》、《契税暂行条例》、《城市绿化条例》等。

4. 地方性法规

地方性法规是各省、自治区、直辖市及省级人民政府所在地的市和国务院批准的较大市的人民代表大会及其常务委员会，根据宪法、法律和行政法规，结合本地区的实际情况制定的，在不与宪法、法律、行政法规相抵触的前提下，效力不超出本行政区域范围的规范性文件的总称，如《浙江省房地产开发管理条例》。

5. 行政规章

行政规章是指国务院各部委以及各省、自治区、直辖市的人民政府和省、自治区的人民政府所在地的市及国务院批准的较大市的人民政府根据宪法、法律和行政法规等制定和发布的规范性文件。国务院各部委制定的称为部门行政规章，其余的称为地方行政规章。

房地产部门规章主要由住房和城乡建设部（原建设部）制定，国家发展与改革委员会、国土资源部、环保总局、财政部等部委也颁布了一些房地产部门规章。

住房与城乡建设部制定颁发的部门规章有《房地产开发企业资质管理规定》、《城市商品房预售管理办法》、《商品房销售管理办法》、《城市房地产转让管理规定》、《住房置业担保管理试行办法》、《城市房地产抵押管理办法》、《城市房屋权属登记管理办法》、《城市房地产权属档案管理办法》、《经济适用住房管理办法》、《住房公积金行政监督办法》、《城镇廉租住房租金管理办法》、《城市住宅小区竣工综合验收管理办法》、《商品住宅实行住宅质量保证书和住宅使用说明书制度的规定》、《房屋建筑工程质量保修办法》等。

发展与改革委员会颁发的部门规章有《国家计委、财政部关于规范房屋所有权登记费计费方式和收费标准等有关问题的通知》、《评标专家和评标专家库管理暂行办法》、《工程建设项目招标范围和规模标准规定》、《工程建设项目自行招标试行办法》等。

国土资源局颁发的部门规章有《建设项目用地预审管理办法》、《招标拍卖挂牌出让国有土地使用权规定》、《出让国有土地使用权审批管理暂行规定》、《协议出让国有土地使用权规定》、《划拨土地使用权管理暂行办法》、《闲置土地处理办法》、《建设用地审查报批管理办法》、《确定土地所有权和使用权的若干规定》等。

财政部颁发的部门规章有《行政事业性收费项目审批管理暂行办法》、《建设工程价款结算暂行办法》、《财政部国家税务总局关于国有土地使用权出让等有关契税问题的通知》、《财政部关于企业房地产开发与交易若干财务处理问题的通知》、《施工、房地产开发企业财务制度》等。

环境保护部(原国家环保总局)颁发的部门规章有《专项规划环境影响报告书审查办法》、《建设项目竣工环境保护验收管理办法》、《环境保护行政处罚办法》等。

国家税务总局颁发的部门规章有《耕地占用税契税减免管理办法》、《国家税务总局关于房产税、城镇土地使用税有关政策规定的通知》等。

国家工商行政管理总局颁发的部门规章有《广告管理条例施行细则》、《关于进一步加强房地产广告管理的通知》、《合同争议行政调解办法》等。

6. 司法解释

最高人民法院在审理房地产案件中，会对房地产领域的有关问题进行解释，或对疑难问题进行研究并就此发布指导性文件，这些司法解释文件也是房地产法律体系的组成部分。

最高人民法院有关房地产的司法解释文件主要有《最高人民法院关于审理建设工程施工合同纠纷案件适用法律问题的解释》、《最高人民法院等关于依法规范人民法院执行和国土资源房地产管理部门协助执行若干问题的通知》、《最高人民法院关于土地转让方未按规定完成土地的开发投资即签订土地使用权转让合同的效力问题的答复》、《最高人民法院关于审理商品房买卖合同纠纷案件适用法律若干问题的解释》、《最高人民法院关于破产企业国有划拨土地使用权应否列入破产财产等问题的批复》等。

7. 技术规范

与房地产有关的技术规范、国家标准也可纳入广义的房地产法律体系的范畴。比如《城市居住区规划设计规范》、《城市用地分类与规划建设用地标准》、《住宅设计规范》、《建筑面积计算规则》、《房地产估价规范》、《建筑设计防火规范》、《高层民用建筑设计防火规范》、《建筑抗震设计规范》等。

1.4 房地产开发的流程

房地产开发是一个复杂的系统工程，具有周期长、环节多、内容庞杂等特点。许多房地产策划咨询机构甚至房地产开发企业在房地产项目开发之初，面对一系列纷繁复杂的建设程序和开发流程，往往不知该从何入手。本节首先介绍传统工程项目的建设程序，然后从当前房地产开发实务的角度来阐述房地产项目的开发流程。

1.4.1　传统工程项目建设程序

项目建设程序是指工程建设项目从投资决策、规划设计、建筑施工、竣工验收及建成后评价的全过程中各项工作必须遵循的先后次序。这个次序是人们在认识客观规律的基础上制定出来的，是建设项目科学决策和顺利进行的重要保证。按照建设项目发展的内在联系和发展过程，我国传统的工程建设项目的建设程序可划分为如下几个阶段。

1. 项目建议书阶段

项目建议书是建设单位向国家（发改委部门）提出的要求建设某一具体工程项目的建议文件。该阶段需要论证拟建项目的必要性问题，是建设程序的最初阶段。项目建议书仅仅是投资人在投资决策前对拟建项目的轮廓设想，不是项目的最终决策。

2. 可行性研究阶段

可行性研究是在项目建议书被有关部门批准后，对项目在资源、技术、经济、市场、工程、环境、社会等方面是否可行所进行的科学分析和论证，判断项目在技术上是否可行、经济上是否合理、财务上是否赢利，并对多个可能的备选方案进行择优的科学方法。

可行性研究阶段需要提出项目的可行性研究报告，其中项目财务评价和国民经济评价是可行性研究报告的核心。对于工业项目或者复杂的房地产项目，技术可行性是一个重要方面，但是对于一般的住宅房地产项目，主要考察项目的经济可行性问题。

3. 计划任务书阶段

计划任务书是确定建设项目和建设方案的基本文件，是对可行性研究所得到的最佳方案的确认，是编制设计文件的依据（又称设计任务书）。

4. 规划设计阶段

民用建筑项目一般分为方案设计、初步设计及施工图设计3个阶段。对技术比较简单的项目，经主管部门同意且在合同中约定可以不做初步设计的，在方案设计审批后可直接进入施工图设计。对于比较复杂的项目，在初步设计后还可增加扩大初步设计阶段。工业建筑项目分为初步设计、技术设计（技术复杂又无设计经验时）和施工图设计3个阶段。

5. 建设准备阶段

进行征地拆迁、三通一平、选择承包商和材料供应商、组织图纸会审、编制投资计划等。

6. 施工安装阶段

组织施工和生产性项目竣工前的生产准备工作。施工内容包括土建、装饰、给排水、采暖通风、电气照明、工业管道及设备安装等项目。

7. 竣工验收阶段

竣工验收阶段分竣工初验和正式竣工验收。竣工初验由承包单位在单位工程完成并自检合格后向项目监理机构提交《工程竣工报验单》，申请竣工验收。正式竣工验收由建设单位组织设计、施工、监理等单位负责人进行。

8. 后评价阶段

建设项目后评价是指工程项目竣工投产一段时间后，再对项目的立项、决策、设计、施工、竣工、投产、生产运营等全过程进行系统评价的一种技术活动。通过后评价达到总结经验、研究问题、吸取教训、提高项目决策水平和投资效果的目的。

1.4.2 房地产项目开发流程

1.4.1节介绍的传统工程项目建设程序更多的是针对国有大中型及工业生产性建设项目而言的。对于房地产开发项目来说，建设程序有所不同。从房地产开发实务的角度看，房地产项目开发流程一般包括如下步骤。

1. 投资机会分析

投资机会分析是指投资机会的寻找与筛选。在机会寻找过程中，开发商往往根据自己对某地房地产市场供求关系的认识，在房地产市场上寻找投资的可能性。房地产开发项目信息的来源有许多，比如可以从政府土地拍卖公告中得到，也可以从同行处得到。此时，开发商面对的投资机会可能有许许多多，但并不是每一种投资机会都适合自己。因此开发商需要根据自己的经验和实力，快速判断最佳的投资机会并落实到具体项目上。

2. 项目可行性研究

对某个投资机会确定意向并不是开发商的最终投资决策。开发商还需要对该投资机会（具体项目）的可行性进行更为详细与具体的研究，包括市场分析、收入与成本估算、项目财务评价等工作。市场分析主要包括宏观环境、供求关系、目标客户、竞争对手等方面；收入与成本估算包括租售收入、开发成本等方面；项目财务评价就是根据前面分析与估算的结果，就项目的经营收入与费用进行分析，考察项目的获利能力，以判别项目财务上的可行性。

3. 取得项目开发用地

取得土地是房地产项目实施的第一步。在项目的可行性没有彻底确认之前，开发商不宜盲目购买土地。在所有可能影响项目预期收益的因素弄清楚以后再去购买土地是最理想的。但是，如果在激烈的市场竞争条件下，为抓住有利时机开发商也应该对其可能承担的风险进行分析与评估。

目前开发商取得土地使用权的途径主要有以下几种。

（1）通过"招标"、"挂牌"、"拍卖"等出让方式取得土地使用权。2007年9月，国土资源部颁布了《招标拍卖挂牌出让国有建设用地使用权规定》（国土资源部令第39号），规定商业、旅游、娱乐和商品住宅用地，必须采用拍卖、招标或挂牌方式出让。

（2）通过协议出让方式取得土地使用权。协议出让是指政府作为土地所有者（出让方）与选定的受让方协商用地条件及价款，达成协议后有偿出让土地使用权的行为。协议出让方式的特点是自由度大，不利于公平竞争。协议出让方式比较适合于公共福利事业和非营利性的社会团体、机关单位用地和某些特殊用地的出让，商业用地目前很少采用。

（3）通过划拨方式取得土地使用权。土地使用权划拨是指县级以上人民政府依法批准，在用地者缴纳补偿、安置等费用后将该幅土地交其使用，或者将土地使用权无偿交土地使用者使用的行为。目前，商品住宅用地无法采用划拨方式取得，但经济适用房和廉租房等保障性住房的开发建设用地仍然是采用行政划拨的方式取得土地使用权。

（4）通过转让取得土地使用权。开发商可以通过某种形式从其他开发商或者土地使用者手中获取土地使用权（即通过土地二级市场取得土地使用权）。

（5）通过其他方式获得土地使用权。比如与其他拥有土地使用权的开发商或企业合作的方式取得可供开发的土地使用权。而对于原先划拨的土地，开发商还可以通过补地价的方式获得土地使用权。

规划主管部门应当在土地使用权出让前制定控制性详细规划，在土地出让时提供《规划设计条件通知书》及其附图，作为《国有土地使用权出让合同》的组成部分。规划设计条件包括地块面积、土地用途、容积率、建筑密度、建筑高度、停车位数、绿地率、开发期限等要求，附图应当包括地块区位、土地利用现状、地块坐标、建筑界限、道路红线等内容。

在签订《国有土地使用权出让合同》后，开发商应缴纳定金并按照约定期限支付地价款。

4. 取得《建设用地规划许可证》

《建设用地规划许可证》是城市规划主管部门确认建设项目位置和范围符合城市规划的法定凭证，也是开发商用地的法律凭证。开发商在签订《国有土地使用权出让合同》后，应当持该附有规划主管部门提供的规划设计条件及附图的《国有土地使用权出让合同》，向规划主管部门申请《建设用地规划许可证》。在取得《建设用地规划许可证》后方能申请办理《国有土地使用权证》。

需要注意的是，在申请《建设用地规划许可证》时，某些地方的规划主管部门会要求提供项目规划方案，但该规划方案是根据土地出让时所附的规划设计条件制订的一个简单的概念性方案，而非后续项目报批过程中的规划方案。

5. 取得《国有土地使用权证》

开发商在土地出让合同规定的期限内交纳土地使用权出让金及相关的税费后，持规划主管部门发放的《建设用地规划许可证》向土地主管部门申请《国有土地使用权证》。

6. 规划方案招标与设计

方案招标时可采用公开招标或者邀请招标等形式。开发商可以通过方案招标来优选规划方案并考察设计单位的实力。开发商应该根据经济、适用、美观、安全的标准来优选方案。当然，如果开发商对项目具有强烈的主观意志，也可采用直接委托的方式进行规划方案设计，以免产生不必要的反复而浪费成本和时间。规划设计方案应当包括总平面图，各层平面、立面、剖面图，街景立面图，方案说明书及其他资料等。

7. 规划方案报批

开发商持规划设计方案向规划主管部门申请审查，规划主管部门在接到申请后协同环保、消防、交警、人防等有关部门审查该项目的规划设计方案并提出修改或调整意见，开发商应当根据审查意见对规划设计方案进行调整修改，再报规划主管部门审批，如此反复直至审批通过。审批通过后由规划主管部门签发《规划设计方案审批通知单》。

8. 初步设计

在进行项目初步设计之前，开发商需要完成工程勘察招标并组织工程勘察工作。工程勘察的成果文件——《工程地质勘察报告》是初步设计及施工图设计的重要依据。若初步设计单位与规划方案设计单位不是同一家机构，则在初步设计之前还需要进行建筑设计招标。如果项目规模很小，则在规划方案报批通过后就可直接进入施工图设计阶段。在进行初步设计的同时，开发商还应该组织环境影响、交通影响评价及日照分析等工作。

9. 初步设计文件审查

开发商向建设、规划、环保、消防、交警、人防、卫生、绿化、上水、下水、电力、通信、燃气等主管部门报送初步设计文件，并由建设主管部门牵头，组织上述有关主管部门对初步设计文件进行会审，形成并签发初步设计会审纪要。

10. 施工图设计

这一阶段除了进行建筑单体的施工图设计以外，还应该同时进行消防、人防、交通、卫生、绿化、上水、下水、电力、通信、燃气等专业施工图设计。

11. 施工图审查

开发商向建设、规划、环保、消防、交警、人防、卫生、绿化、上水、下水、电力、通信、燃气等主管部门报送施工图文件，并由建设主管部门牵头，组织上述有关主管部门对施工图文件进行会审，形成并签发施工图设计会审纪要。

12. 取得《建设工程规划许可证》

《建设工程规划许可证》是有关建设工程符合城市规划要求的法律凭证。开发商须持项目施工图文件、其他行政主管部门审查意见，以及用水、电、煤气、热力等协议，向规划主管部门提出申请，城市规划主管部门在接此申请后核发《建设工程规划许可证》。

13. 开工准备

开工准备工作包括进行工程监理和工程施工招标，办理工程质量与安全监督手续，办理白蚁防治手续，办理树木伐移手续，办理地名报批手续，办理临时用水用电手续并缴纳相关的费用，完成工地围墙与临时用房搭建、施工机械、材料及人员进场、"三通一平"（通过"招、拍、挂"等方式取得土地使用权的地块一般在出让前即具备"三通一平"等条件）等工作，办理相关的建筑工程保险事宜。

14. 取得《建筑工程施工许可证》

开发商须持《建设用地规划许可证》、《建设工程规划许可证》、《建筑工程施工合同》、《施工组织设计》等有关文件向建设行政主管部门申请《建筑工程施工许可证》。

15. 办理银行融资手续

房地产项目办理银行贷款必须具备"四证齐全"的条件，"四证"是指《建设用地规划许可证》、《建筑工程规划许可证》、《国有土地使用权证》及《建设工程施工许可证》。办理银行融资的另外一个必备条件是房地产项目资本金必须达到规定的要求。2003年，中国人民银行发布的《关于进一步加强房地产信贷业务管理的通知》(121号文件)规定房地产项目自有资金一般应达到项目预算投资总额的30%以上。2004年，国务院关于《调整部分行业固定资产投资项目资本金比例的通知》(国发［2004］13号)规定房地产项目资本金占项目总投资的比例提高到不得低于35%。2009年5月25日，国务院常务会议决定调整房地产开发项目的资本金比例，保障性住房和普通商品房项目的最低资本金比例为20%，其他房地产开发项目的最低资本金比例为30%。

16. 工程施工

开发商在施工阶段的主要任务是控制工程建造成本不超过预算；处理工程变更；解决施工过程中出现的争议；签付工程进度款；保证工程按照预定的进度计划实施等。

17. 工程竣工验收

工程竣工验收包括单项工程竣工验收和综合验收两个阶段。

(1) 单项工程竣工验收是指单项工程完工后，建设单位会同设计、施工、监理、设备供应单位及工程质量监督部门，以设计任务书、设计文件及施工验收规范和质量检验标准为依据，按照规定的程序和手续对单项工程施工和设备安装质量进行全面检查和认证的活动。

(2) 综合验收包括规划验收、消防验收、环卫验收、人防验收等项目。建设行政主管部门在接到开发商综合验收申请报告和有关资料后，应当组成由城建(包括市政、绿化、环卫等公共事业部门)、规划、房地产等有关部门及物业管理单位参加综合验收，审阅有关验收资料，听取建设单位汇报情况，进行现场检查，对房地产项目建设管理的情况进行全面鉴定和评价，提出验收意见并向建设行政主管部门提交综合验收报告，在建设行政主管部门对综合验收报告审查合格后，建设单位方可办理房屋和有关设施的交付使用手续。

18. 选聘物业服务企业

开发商应当通过招投标的方式选聘具有相应资质的物业服务企业，并与其签订《前期物业服务合同》。开发商选聘物业服务企业应在取得《商品房预售合同》(预售项目)之前或商品房销售之前30日完成(现房项目)，而非出售的商品房应当在交付使用前90日完成。

19. 房屋租售

在大多数情况下，开发商为分散投资风险，减轻借贷压力，在项目竣工前就通过预售或者预租的形式落实了买家或使用者，商品房预售必须取得《商品房预售许可证》。但在有些情况下，开发商也有可能在项目完工或接近完工时以现房或准现房的形式进行销售。

20. 交房入住

开发商在商品房交付前应当委托具有房产测绘资格的单位实施测绘，测绘成果报房地产行政主管部门审核后用于房屋权属登记；对于期房来说，还应签订正式的《商品房买卖合同》，并向房地产行政主管部门备案；在商品房交付使用时，应当向购房人提供《住宅使用说明书》及《住宅质量保证书》，并在《住宅质量保证书》或合同中就保修范围、保修期限、保修责任等内容作出规定，保修期从交付之日起计算；开发商应当协助购房人办理所购房屋的产权登记手续。

21. 物业管理

物业管理是房地产开发的延续和完善，可以看成是房地产产品的一种售后服务工作。

房地产项目进入物业管理阶段标志着项目开发工作的基本完成。

如果房地产开发活动遵循一个理论的程序，即项目建成后才进行销售或出租，则开发程序才按照上述流程进行。但如果项目在建设前或建设中就预售或预租给消费者，则销售或出租阶段应该在工程验收之前进行。虽然各个城市在房地产项目的开发流程上有所差异，但是无论程序如何变化，上述这些步骤基本上概括了大多数房地产开发项目的开发流程。

本 章 小 结

房地产是房产与地产的合称，是指土地、建筑物、其他地上附着物及其附带的各种权益。房地产具有不可移动性、独一无二性、寿命长久性、数量有限性、用途多样性、相互影响性、易受限制性、价值高大性、难以变现性及保值增值性等特性。

房地产的类型很多，可以从用途、开发程度、结构形式、权属性质、是否产生收益及经营使用方式等角度进行分类。我国的房地产业包括房地产开发、销售、经纪、估价、咨询及物业管理等不同的行业。

从法律法规的层次看，我国房地产法律、法规及规范体系包括宪法、法律、行政法规、地方性法规、行政规章、最高人民法院有关司法及房地产相关专业的技术规范等内容。

房地产开发流程包括投资机会分析、可行性研究、取得开发用地、取得《建设用地规划许可证》及《国有土地使用权证》、规划方案招标、设计及报批、初步设计及审查、施工图设计及审查、取得《建设工程规划许可证》、开工准备、取得《建设工程施工许可证》、办理银行融资手续、工程施工、竣工验收、选聘物业服务企业、房屋租售、交房入住及物业管理等阶段。

阅 读 材 料

世界历史上的3次房地产大泡沫

20世纪是世界经济快速发展的100年，房地产业的兴盛无疑是刺激这100年间经济增长的重要因素。然而由于各种复杂的原因，在一些国家和地区曾出现过可怕的房地产泡沫，使无数投资者转瞬间一贫如洗。

1. 美国房地产泡沫

20世纪20年代中期，美国经济出现了短暂的繁荣，建筑业日渐兴盛。在这种背景下，拥有特殊地理位置的佛罗里达州出现了前所未有的房地产泡沫。

佛罗里达州位于美国东南端，地理位置优越，冬季气候温暖而湿润。第一次世界大战结束后，这里迅速成为普通百姓的冬日度假胜地。由于佛罗里达的地价一直远低于美国其他州，因此该州成了理想的投资地。许多美国人来到这里，迫不及待地购买房地产。随着需求的增加，佛罗里达的土地价格开始逐渐升值。尤其在1923～1926年间，佛罗里达的地价出现惊人的升幅。例如，棕榈海滩上的一块土地，1923年值80万美元，1924年达

150万美元，1925年则高达400万美元。一股炒卖房地产的狂潮越来越汹涌澎湃。据统计，到1925年，迈阿密市居然出现了2000多家地产公司，当时该市仅有7.5万人口，其中竟有2.5万名地产经纪人，平均每3位居民就有一位专做地产买卖。当时，地价每上升10%，炒家的利润几乎就会翻一倍。在那几年，人们的口头禅就是"今天不买，明天就买不到了"！在这种狂潮的催动下，一向保守冷静的银行界也纷纷加入炒房者行列。

然而好景不长，到1926年，佛罗里达房地产泡沫迅速破碎，许多破产的企业家、银行家沦为乞丐、甚至发病、自杀。据说美国商界大名鼎鼎的"麦当劳教父"——雷·克洛克，当年也因此而一贫如洗，被迫做了17年的纸杯推销员。紧接着，这场泡沫又激化了美国的经济危机，引发华尔街股市的崩溃，最终导致20世纪30年代的世界经济大危机。

2. 日本房地产泡沫

20世纪30年代以后的60年间，世界房地产领域基本上没有出现大的波澜，但进入20世纪90年代后，日本的房地产泡沫再度震惊了世界。

20世纪80年代后期，为刺激经济发展，日本采取了非常宽松的金融政策，鼓励资金流入房地产及股票市场，致使房地产价格暴涨。1985年9月，美国、联邦德国、日本、法国、英国五国财长签订了"广场协议"，决定同意美元贬值。美元贬值后，大量国际资本进入日本房地产业，更加刺激了房价上涨。从1986年到1989年，日本的房价整整涨了两倍。

受房价骤涨的诱惑，许多日本人开始失去耐心。他们发现炒股票和炒房地产来钱更快，于是纷纷拿出积蓄进行投机。到1989年，日本的房地产价格已飙升到十分荒唐的地步。当时，国土面积相当于美国加利福尼亚州的日本，其地价市值总额竟相当于整个美国地价总额的4倍。到1990年，仅东京的地价就相当于美国全国的总地价。一般工薪阶层即使花费毕生储蓄也无力在大城市买一套住宅，能买得起住宅的只有亿万富翁和极少数大公司高管。

然而，泡沫总有破灭的时候。1991年后，随着国际资本获利后撤离，由外来资本推动的日本房地产泡沫迅速破灭，房地产价格随即暴跌。到1993年，日本房地产业全面崩溃，企业纷纷倒闭，遗留下来的坏账高达6000亿美元。

从后果上看，20世纪90年代破灭的日本房地产泡沫是历史上影响时间最长的一次。这次泡沫不但沉重打击了房地产业，还直接引发了严重的财政危机。受此影响，日本迎来历史上最为漫长的经济衰退，陷入了长达15年的萧条和低迷。即使到现在，日本经济也未能彻底走出阴影。无怪乎人们常称这次房地产泡沫是"二战后日本的又一次战败"，把20世纪90年代视为日本"失去的十年"。

3. 东南亚、香港房地产泡沫

继日本之后，泰国、马来西亚、印度尼西亚等东南亚国家的房地产泡沫也是一次惨痛的经历，而其中以泰国尤为突出。20世纪80年代中期，泰国政府把房地产作为优先投资的领域，并陆续出台了一系列刺激性政策，由此促生了房地产市场的繁荣。海湾战争结束后，大量开发商和投机者纷纷涌入了房地产市场，加上银行信贷政策的放任，促成了房地产泡沫的出现。与此同时，大量外国资本也进入东南亚其他国家的房地产市场进行投机性活动。遗憾的是，当时这些国家没有很好地进行调控，最终导致房地产市场供给大大超过需求，构成了巨大的泡沫。1996年，泰国的房地产业已处于全面危险的境地，房屋空置率持续升高，其中办公楼空置率竟达50%。随着1997年东南亚金融危机的爆发，泰国等东南亚国家的房地产泡沫彻底破灭，并直接导致各国经济严重衰退。

东南亚金融危机还直接导致了香港房地产泡沫的破灭。香港的房地产热最早可以追溯到20世纪70年代。当时,李嘉诚、包玉刚等商界巨子纷纷投资房地产领域,香港十大房地产公司也先后公开上市,而来自日本、东南亚和澳大利亚等地的资金也蜂拥而入。在各种因素的推动下,香港的房价和地价急剧上升。到1981年,香港已成为仅次于日本的全世界房价最高的地区。1984—1997年,香港房价年平均增长超过20%。中环、尖沙咀等中心区域每平方米房价高达十几万港元,一些黄金地段的写字楼甚至到了每平方米近20万港元的天价。受房价飞涨的刺激,香港的房地产投机迅速盛行起来,出现了一大批近乎疯狂的"炒楼族"。为了抓住机遇,许多人往往仅凭地产经纪人电话中的描述,就草草决定购买豪宅。一些经纪人甚至会对顾客说出这样的话:"什么?你要考虑一两天?当然不行!有很多人在等,你不买的话,过3分钟就没了!"1996年,香港竟出现买房前必须先花150万港元买一个号的怪事。

就在香港的房地产泡沫达到顶峰时,东南亚金融危机降临了。1998—2004年,香港楼价大幅下跌,如著名的中产阶级居住社区"太古城",楼价就从最高时的1.3万港元每平方英尺下跌到四五千元。据专家计算,从1997年到2002年的5年时间里,香港房地产和股市总市值共损失约8万亿港元,比同期香港的生产总值还多。而对于普通香港市民而言,房地产泡沫的破灭更是不堪回首。在这场泡沫中,香港平均每位业主损失267万港元,有10多万人由百万"富翁"一夜之间变成了百万"负翁"。

可以说,发生在20世纪的3次房地产大泡沫,对当时和后来的世界经济发展造成了深远的影响。它们给世界经济造成了惨痛的损失,也留下了宝贵的经验教训,而这些教训在世界各国房地产热高烧不退的今天显得尤为珍贵。

(资料来源:刘义巧,杨红林. 世界历史上的三次房地产大泡沫[J].
国土资源导刊,2008-1.)

思考与讨论

1. 什么是房地产?房地产由哪些部分组成?
2. 房地产具有哪些特征?哪些特征与土地的特征相联系?
3. 市场上有哪些常见的房地产类型?
4. 与房地产相关的行业有哪些?它们在整个房地产业中所占的地位如何?
5. 房地产销售或策划领域涉及的房地产术语有哪些?
6. 目前房地产市场上还有哪些新的术语?
7. 若有购房者向你咨询挑高阳台是否计算建筑面积,你将如何回答?为什么?
8. 房地产不同层次的法律法规其法律效力有何不同?
9. 房地产的法律、法规有哪些?
10. 房地产项目开发流程与传统的工程项目建设程序有何区别?为什么?
11. 影响房地产开发项目成败的因素主要集中在哪些阶段?
12. 结合阅读材料,分析房地产泡沫产生的原因是什么?
13. 结合阅读材料及当前的房地产市场,你认为目前的房地产市场是否存在泡沫?
14. 如何才能更好地促进我国房地产业的持续健康发展?

第 2 章
房地产策划导论

本章教学要求

1. 了解：策划学的概念、特征与分类；房地产策划学的学科性质、研究对象、研究方法和相关学科；房地产策划产生的背景、发展阶段、现状及趋势；房地产策划师的职业概况及职业前景。

2. 熟悉：策划的概念、对象、原则、方法及程序；房地产策划的特征、地位和作用；房地产策划的常见模式。

3. 掌握：房地产策划的概念；房地产策划的原则。

 导入案例

广州"星河湾"的成功策划

广州星河湾项目位于广州市番禺区华南快速干线出口处，占地1200亩，北邻珠江，东临植被良好的自然山坡，西邻畅通无阻的迎宾大道。开发商为广州宏宇集团，由著名策划人王志纲先生担任总体战略策划，1999年10月开始前期策划，2001年5月开盘销售。

星河湾所处的华南板块当时属于广州近郊区，该板块已经或正在酝酿开发数个千亩以上的大盘，星河湾如何在这种情况下脱颖而出，从而获得市场的认可呢？

经过周密的市场调查，策划机构认为，华南板块不是广州楼市在郊区的简单延伸，而是广州未来的新城市居住中心，是未来最适合广州人居住的区域，也是未来广州房地产竞争的焦点。广州郊区楼盘正处于同质低档化的竞争态势，郊区楼盘处于升级换代的前夜，华南板块呼唤着新郊区住宅的出现。新郊区住宅将不再走低价位、低成本的老路，而将是个性化的高尚住宅。星河湾项目作为华南板块的门户，必须走全面创新的道路。

经过大势分析，策划机构确定了星河湾项目的总体策略："高筑墙"——高起点，高素质，提高华南板块竞争门槛，做市场的领跑者；"广积粮"——用全新的开发理念整合国内一流的合作资源，让它们在统一的总谱下施展才华；"深挖洞"——依托项目自身的地理优势，最大限度地打造和演绎项目的氛围、品味和个性。即将星河湾最终定位为华南板块中的真正高档社区。并且提出项目开发的核心主题和分阶段主题：核心主题为广州第一个个性化、水文化和国际化的社区——回归家本位、做足水文章、打好环境牌、经营泛地产；分阶段主题有休闲主题、商业中心主题、成长社区主题等。

为实现上述策略与目标，策划机构对各种资源进行了整合。比如整合了居住郊区化、大盘化及泛地产等各种理念，地产、园林、水景、教育等各种产业，战略策划、规划设计、景观园林设计、广告推广等各种智业资源，以及夏威夷、墨西哥、西班牙、新加坡、地中海等各种建筑风格。并通过会议等形式与相关机构进行沟通与交流，形成会议纪要及备忘录等提案，对项目的主题风格、规划建筑、景观园林、立面户型、配套服务等进行评估并提出意见与建议，对广告创意、营销推广、物业管理等工作进行推进。

最后，策划机构提交了《星河湾软性文章要点》、《星河湾目标客户群分析》、《星河湾居住理念》、

《星河湾广告诉求内容》、《星河湾前期推广总体方案》等策划成果报告。策划机构与广州3大媒体《南方都市报》、《广州日报》、《羊城晚报》商谈了具体的推广方案,并负责策划、撰写了关键性的软性文章,以及中国房地产界第一份媒体化、杂志型楼书——《星河湾生活杂志》28版,并随《南方都市报》于开盘前一天刊出。

经过周密的策划与准备,星河湾于2001年4月28日,作为番禺并入广州后华南板块的第一个入市楼盘开盘,开始接受认购登记。开盘后受到业内及市场的极大关注和赞誉,被誉为"华南板块第一盘"。2001年五一放假期间,前来参观星河湾的人数达到破纪录的15万人,内部认购超过600套,此时距广告刊出还不到20天。2001年5月28日,星河湾开盘一个月,累计售房达500套以上,实现销售超过3亿元。此后,星河湾连续3年当选为广州市十大明星楼盘;2004年获得"联合国国际花园社区大奖"。

(资料来源:王志纲.星河如此璀璨. http://www.wzg.net.cn/)

2.1 策划的基本知识

2.1.1 策划的概念

1. 策划的含义

"策划"的概念具有悠久的历史,在中国古文中,"划"与"画"相通,因此"策划"又称为"策画"。比如《后汉书·隗嚣传》中,"是以功名终申,策画复得"一句中的"策画"就是指"策划"。随着经济与社会的发展,当前策划活动已经深入到现代社会日常生活的方方面面,比如商业广告策划、企业形象策划、公共关系策划、娱乐演出策划等。但是对于策划的概念一直是"仁者见仁,智者见智",策划专家至今也没有统一的看法。

如果从字面上理解,"策"就是策动、谋略、计策等,"划"是谋划、规划、计划。但侧重于不同学科的专家对策划有着不同的理解和不同的研究重点,目前较典型的说法如下。

1) 事前设计说

这种观点认为,策划是策划者为实现特定的目标,在行动之前为所要实施的行动所做的设计。比如William·H·Newman认为,策划就是在事前决定做什么事情,计划是经过设计后的妥善的行动路线。韩国权宁赞认为,策划是为达成目标寻找最适当手段,对未来采取的行动做决定的准备过程。Marshall·E·Dimock认为,策划使将来的问题与预期的结果连接在一起,为有效地掌握将来问题而展望未来,合理寻找对策。

2) 管理行为说

这种观点认为,策划与管理是密不可分的整体,策划是管理的内容之一,是一种有效的管理方法。Harold·D·Smith认为,策划与管理属于一体,策划不与管理相结合就无法实施,策划就仅是一种意图而不是行动。John·M·Pfiffner和R·Vance·presthus认为,策划在本质上是较好的决定手段,是行动的先决条件,策划包括确定某团体或事业的目标,及达成目标的最佳手段。一句话,策划就是管理。

3) 选择决定说

这种观点认为,策划是一种决定,是在多个计划、方案中寻找最佳方案,是在选择中做出的决定。Harold·Koontz 和 Cyril·O·Donned 认为，策划是管理者从各种方案中，选择目标、政策、程序及事业计划的机能。策划是思维的过程，是决定行动路线的意识，是以目标、事实及缜密思考所做判断为基础的决定。

4）思维程序说

这种观点认为，策划是人们的一种思维活动，是人类通过思考而设定目标以及为达到目标的最基本、最自然的思维活动过程。Herbert·A·smith 等人认为，策划是对将来的一种构想，对此种构想方案予以评价，及达成方案过程的各种有关活动。策划是策划者对于将来会左右其机制的一种理性思维程序。日本的策划大师星野匡认为，所有的策划或多或少都有所谓虚构的东西，从虚构出发，然后创造事实，加上正当的理由，而且要正大光明地去做，这就是策划。

其他说法如下。

美国哈佛企业管理丛书编纂委员会认为，策划是一种程序，在本质上是一种运用脑力的理性行为；几乎所有的策划活动都是关于未来的事物，即策划是针对未来将要发生的事情所做的当前的谋划；换言之，策划就是要找出事物之间的因果关系，分析未来可采取的途径，作为目前计划的依据；策划就是预先决定做什么、何时做、如何做、谁来做的问题；策划如同一座桥，连接着目前之地与未来要经过之处；策划的步骤是以假定目标为起点，然后制定策略、政策及详细的内部作业计划，以求达成预定的目标；最后策划还包括策划成效的评估及回馈，从而返回起点，开始了策划的第二次循环。

苏珊所著的《现代策划学》认为，策划就是人们事先的筹划、计划、设计的思维活动过程，即在综合运用各方面信息的基础上，思维主体（包括个体思维或群体思维）运用自身的知识和能力，遵循一定的程序，并利用现代的科学方法手段，对为了特定目标的实现而事先进行系统、全面地思考、运筹，从而制订和选择合理的、现实可行性的、能够达到最佳成效的实施方案，并根据目标的要求和环境的改变对方案进行调整的一种创造性的思维活动过程。

吴糜所著的《策划学》中将策划定义为，对某件事，某个项目，某种活动进行酝酿、统筹、实施，运用新闻、广告、营销、公关、谋略等手段，综合实施运行，使之达到较好的效果的过程，称为策划。

雷鸣雏主编的《中国策划教程》认为，策划是通过概念和理念创新，利用、整合各种资源，达到实现预期目标的过程。

梁朝晖主编的《TOP策划学经典教程》认为，策划是人类社会活动中，人们为达到某种特定的目标，借助一定的科学方法和艺术，为决策、计划而构思设计、制作策划方案的过程。

综上所述，策划就是策划师在对事物进行充分的调研、论证与判断的基础上，采用各种科学的方法，为了实现某一活动的特定目标而事先进行的系统思考与规划，制订并选择合理、可行的行动方案的创造性的思维活动过程。

2. 策划与计划、创意、决策的区别

1）策划与创意的区别

通俗地说，创意就是创造性的主意，是可以瞬间产生的思维上的突破，是一种灵感，好的创意可以成为成功策划的有力保障。策划必须要有创意，但又不仅仅只是创意，策划是调查、分析、评价、创意、规划、整合、反馈等众多复杂程序的综合过程，是系统的、有序的创造性活动，具有科学性、系统性和规范性。

策划是多个创意的整合，创意只是策划程序中的一部分。如果将创意比喻为思维领域的一颗珍珠，那策划就是一串珍珠项链。

2) 策划与计划的区别

策划是对具有方向性的问题所进行的描述，是一种原则性的指导。策划必须是创造性的，有新的创意，甚至是完全打破常规的纯新设想。策划更多地表现为战略决策，包括发现问题、分析情况、确定目标、制订并优化方案，最后形成具体工作计划的一整套环节。策划具有战略性、全局性、整体性、灵活性及很强的预见性和超前性。

计划一般是对具体处理程序和细节进行安排，它是在策划的指导下，对一件事情实施的细则，很多时候体现为策划活动的最终结果。计划只是一种常规性的工作流程，更多地表现为在目标、条件、战略和任务都已经明确的情况下，为即将进行的活动提供一种可具体操作的指导性方案。计划具有指令性、可行性、具体性及细节性。

3) 策划与决策的区别

策划要解决"怎么做"的问题，其主要任务是制定行动方向、目标和具体方案。策划具有预谋性与创新性，需要运用形象思维与直觉思维。策划活动的成果一般以策划文本或者拟订方案的形式出现，这些方案只有在被决策部门采纳或者付诸实施后才能发生效力。策划活动的主体主要是咨询策划等参谋人员（但是企业或项目的负责人有时候也会参与策划），策划可以影响决策，但是策划主体只有建议权，没有决定权。

决策一般是指决定的策略与方法，主要解决"做什么、不做什么"的问题，其主要任务是选择预先拟订的方案。决策活动的成果以决议、决定和规定等形式出现，具有效力性。决策的主体一般是企业或项目的负责人，对行动具有决定权。

2.1.2 策划的对象

策划的对象是指策划活动所指向的客体，任何策划活动都是有所指向的，指向的对象是策划活动的必要条件，如若不然，就无从进行策划了。策划的对象包括策划服务的对象及策划的工作对象两个。

1. 策划的服务对象

策划的服务对象是指策划成果的受益人，主要包括个人、股东、公司、政府部门等。个人的经营行为具有阶段性和单一性，由于不是长期连续的经营，所以往往缺少决策力，需要策划协助；在有限责任公司中的股东或在股份公司中持股的股民，需要经常转移自己的资本，退出低回报项目，进入高回报项目，由于可选择的投资流动渠道太多，所以需要策划帮助；公司是策划的最大需求者，优选目标或手段都要求策划来创新；政府部门有时也需要策划指导，比如在招商引资活动中为体现出比周边地区更大的优势。

2. 策划的工作对象

策划的工作对象是指策划的成果载体，主要包括组织策划、项目策划、活动策划和行动策划。组织策划的目标是使组织结构、功能和行动方向更优；项目策划的目标是使投入产出形态更优，使一定的投入产出最多，达到一定的产出而投入最少；活动策划的目标是使多人共同的行为效果更好；行动策划的目标是使某个人的行为方式与步骤更奏效。

2.1.3 策划的原则

策划原则是从长期策划实践中总结出来的策划基本要求，是保证策划活动科学有效的基础。在实际策划活动中，不同的策划侧重于不同的原则，常见的策划原则如下。

1. 创新性原则

创新是一个民族进步的灵魂，是一个国家兴旺发达的不竭动力。创新原则可以说是策划的核心、本质和灵魂。能否打破常规、出奇制胜，将决定一个策划的好坏与成败。在策划的观念层面、操作层面和现实层面上，都需要创新，都可以创新。

策划的创新原则具体体现在策划的观念、主题和手段上的不同凡响，策划工作首先是一项充分发挥个人创造性和积极性的思维活动过程。克隆的价值是有限的，只有创新才能保证策划的成功，才能保持组织的竞争优势。

2. 目的性原则

目的性原则对策划而言，意味着两层含意：①策划是实现目标的一个选择过程，必须按照确定的目标进行；②策划工作必须按照目标提出的工作进程和任务细分。失去了目标的策划工作，永远无法达到合理的规划和既定的效果。

3. 客观性原则

客观性原则是指在策划过程中，策划者要使自己的主观愿望和意志自觉能动地符合客观实际情况。众多的策划实践证明，策划符合客观现实的要求就是胜利，否则必败无疑。从宏观方面看，客观原则要求策划方案要顺应历史潮流，合乎民意，把握社会发展大趋势；从微观方面看，客观原则要求策划方案要以策划主体的现实状况为基础，做到据实策划。

据实策划主要体现在两个方面：①策划要以追求科学的态度和精神来排除各种虚假因素的影响，把握问题的实质；②策划者要以对公众、事业和社会负责的精神，排除各种阻力和干扰，把握现实，依据实际情况进行策划构思和策划方案的实施。

4. 可行性原则

策划的可行性原则是指策划方案应该能够被实施并取得科学有效的结果。这一原则是策划活动各要素的综合要求。因为任何行动计划都必须是可行的和有效的，否则，任何计划都将是无意义的。一个切实有效的策划方案，必须具有可操作性，不具有可操作性的策划方案，无异于痴人说梦。

5. 效益性原则

在市场经济中，任何策划活动都涉及投入与产出的比率及效益问题。效益包括经济效益、社会效益和环境效益等，从某种程度上说，它既是策划的起点，也是策划追求的目的。策划是基于整合现有的资源基础上，以较少的投入获得较大的收益。

6. 应变原则

所谓"应变"就是随机应变。应变原则要求策划者在动态变化的复杂环境中，及时准确地把握事物发展变化的信息，预测事物可能的发展变化的方向、轨迹，并以此为依据来调整策划目标和修改策划方案。古人讲"时移则势异，势异则情变，情变则法不同"，策划也要依据此原则，根据变化的客观实际及时调整，不断完善策划方案。

2.1.4　策划的方法

策划方法具有层次性，可以分为一般方法和具体方法两大类。

1. 一般方法

一般方法是指从各种策划方法中概括出来，渗透于各个方法之中，带有一定普遍意义，适用于许多相关领域的策划方法。一般策划方法包括归纳法、演绎法、分析法、综合法、排除法、推理法等。其中，策划工作中最常用的是分析方法，分析方法又可分为系统分析、综合分析、逻辑分析等。

1）系统分析法

系统分析法是把将要研究的目标策划问题当作一个统一的整体，并把这个整体分解为若干子系统，在揭示影响子系统的环境、社会、经济、文化等各项因素及相互关系，并对获取的信息进行综合整理、分析、判断和加工的基础上，选择出最优方案的策划方法。

系统分析法的主要特征是从整体的角度中揭示出整体下各局部所决定的影响和相互关系，从而找出系统整体的运动规律，并分析达到目的的途径。它是通过明确一切与问题有关的要素（目的、替换方案、模型、费用、效果、评价标准）同实现目标之间的关系，提供完整的信息和资料，以便策划者选择最为合理的解决方法。

2）综合分析法

综合分析法是策划主体全面、完整地认识策划目标客体的各种关系、各个方面，从而真实地把握策划客体的策划基本方法。要真正地认识事物，就必须把握、研究它的一切方面、一切联系和中介。这就是综合分析策划法的主要内容。

综合分析法是在系统分析法基础之上，是对系统分析法的综合运用，但综合分析法具有全方位的特点，它能够使策划主体更加接近、更加真实客观地掌握策划客体，所以它是策划者必须掌握并且将其真正贯穿于策划活动始终的一般策划方法。

3）逻辑分析法

逻辑分析法是把策划客体的发展进程在思维中以逻辑的形式表现出来，从而制定策划方案的方法。用这种方法考察策划客体，就是从对象的、纯粹的、概括的状态上考察策划客体发展的必然性，在揭示其内部逻辑的基础上再现其发展。

逻辑分析法具有两个特征，其一是典型性，它可以摆脱策划客体发展的自然线索，从最能体现策划客体发展本质和规律性的东西入手，对其进行研究，也就是从其成熟的和典型的发展阶段上对事物进行研究。任何事物都有一个从萌芽状态到成熟阶级的发展过程。当事物处于萌芽状态时，它的本质还没有充分展开，因而也就很难认识它的本质和规律。只有事物发展到成熟阶段，由于它发展得比较完善，比较典型，它的本质才充分地展开，所以从策划客体发展的成熟的、典型的阶段上来研究它，就比较容易发现它的本质及其规律。其二是抽象概括性，逻辑分析策划法是以抽象的、理论上前后一贯的形式对策划客体发展进行概括研究。事物的发展是曲折的，它的必然性是通过无数偶然性开辟其前进道路的，它的本质常常为纷繁的现象所掩盖。逻辑分析策划法就是从纯粹的、抽象理论的形态上来揭示策划对象的本质，通过概念、判断、推理等思维形式完成策划。

2. 具体方法

策划师在长期的策划实践中总结出了多种具体的策划方法，常见的策划方法如下（苏珊，《现代策划学》，2002）。

1）头脑风暴法

头脑风暴法又称智力激励法，它是由美国创造工程学家 A·F·奥斯本在 1939 年创立，开始主要用于创造发明学上，后来逐步引进策划领域，成为重要的群体策划方法之一。

头脑风暴法是一种专家会议形式，目的是进行决策预测和策划方案设计。这种专家会议是在一种非常融洽和轻松的气氛下进行的，人们可以畅所欲言地发表自己的看法。头脑风暴法的心理基础是一种集体自由联想而获得创造性设想的方法，它可以创造知识互补、思维共振、相互激发、开拓思路的条件，因此，可收到思考流畅、思考领域扩大的效果。

头脑风暴法一般适用于研讨战略性决策问题，可以从中产生出新思想、新观念、新方法、新成果。但这种方法受与会者主观素质条件限制，整理分析要花相当长的时间，甚至会延误决策，这也是这种方法的局限性。

2）德尔斐法

德尔斐法又称规定程序调查法，它是对群体中成员的意见进行统计处理、归纳和综合，经过多次信息反馈，使意见逐步集中，从而做出群体判断的策划方法。

德尔菲法的特点有：①匿名性，即在整个调查过程中不暴露参加成员的姓名和人数，目的在于只依照意见本身的价值去判断意见，而避免受发表意见人的声誉、地位等的影响；②反馈沟通性，德尔斐法是逐步进行的，要经过几次迭代即几轮询问，每一轮都把收集到的意见经统计处理后反馈给群体中的成员，经过这种信息反馈，使成员的意见逐步集中；③对群体的回答进行统计处理，形成群体的意见，这种意见中包括了每位成员的意见。

德尔斐法是建立在专家们主观判断的基础上，它特别适用于在客观材料和数据缺少情况下进行策划。它是系统分析方法在意见和价值判断领域内的一种有益延伸，突破了传统的数量分析限制，为更科学地策划开辟了新的道路。由于能够对未来发展中的各种"可能出现"和"期待出现"的前景做出概率估价，德尔斐法为策划者提供了多方案选择的可能性。

3）创意策划法

创意即灵感，是指人们在科技、文化、商业等活动过程中，在特定环境或气氛下，以个人或群体知识、经验、判断为基点，通过亲身的感受和直观的体验而闪现出的智慧之光。创意是一种创造性的思路，实际上是因思想集中、情绪高涨而突发表现出来的一种创造能力，有时可以很全面地揭示事物或问题的本质。

创意的 3 个源头是天赋、训练和实践。天赋是先天的基础，是任何人也决定不了的。但进行良好创意的关键在于后天的训练和实践，通过训练掌握创意的策划技术，用它来指导策划实践。要想掌握创意策划技术，必须运用各种思维方法对创意的基本要素进行分类、罗列、排除、归纳，进行创造性的思维活动，最终确立一种创意。

创意策划被称为出点子，但又不完全等同于出点子。虽然创意策划与出点子一样都是针对某一件事情而言的计谋与对策，但创意策划比出点子要完整、系统得多，创意策划不仅可以是一个点，而且可以是一条线、一个面，适用于社会、经济、文化、科技等众多领域。

4）逆向策划法

所谓逆向策划法即从现有事实或传统理论的对立面出发，用从一种事物想到相对的事物，从一种条件想到相反的条件，从结果想到原因的思维方法探求新事物、新理论的一种策划方法，他称反面求索策划法。这种方法采用与已有的思维对象、思维过程、思维结论相反的方向进行思维，常常能导致新的发现。

事物内部和事物之间的对立统一的内在关系法则是逆向策划法的基础。不仅事物内部有对立的两个侧面，而且事物与事物之间也存在对立的关系。事物的对立面常蕴涵着事物的本质属性，或是对事物本质属性的重要补充。逆向思维的宗旨就是要打破传统的思维定式，摆脱传统观点的束缚，把人们研究问题时通常所循的思路"反过来"进行思考，另辟蹊径，从事物的对立面入手去探索事物的本质和联系，从而做出新的发现、发明和创造。

逆向策划方法主要有3种方式：①根据某一条件产生的某种结果，思考在相反条件下将会得到什么结果；②从甲事物对乙事物的作用出发，思考乙事物对甲事物的作用；③从一事物的作用过程思考相反的过程。

5）策划树方法

所谓策划树就是策划过程的一种有序的概率图解表示，策划树将一系列具有风险性的抉择环节联系成为一个统一的整体，为策划者提供了一种统观全局的见解。策划树方法从一个基点出发，将各种可能性全部标注在一个树状的图示中，从而对在策划过程中由于主观或客观条件所能造成的各种可能性进行分析，在此基础上再对最终的策划方案做出选择。

策划者根据策划树所构造出来的策划过程的有序图示，不但能纵观策划过程的全局，而且能在这种统观全局的基础上系统地对策划过程进行合理的分析，从而得到良好的策划结果。策划树方法适用于策划过程中带有不确定性的风险型策划问题的策划分析。

2.1.5 策划的程序

策划是一个思维创造过程，要求策划者提出新颖的、独特的、适当的方案，解决所面临的问题，这个过程一般包括以下几个步骤（胥和生，沈蕙帼，《房地产策划》，2006；苏珊，《现代策划学》，2002；张敏莉，《房地产策划》，2007）。

1. 发现问题，分析问题

在实际工作中，人们之所以要进行策划活动，主要是因为面临着困难与问题。首先，策划者需要在面临的众多问题中找出对全局起着制约作用的主要问题，把精力放在解决主要问题上；其次，对找出的问题进行科学的分析与界定，即弄清楚该问题属于什么性质，要抓住问题的本质；第三，要分析问题产生的原因，只有这样才能进行有针对性的策划。

2. 明确任务，确立目标

把面临的问题分析清楚以后，接下来就是要明确需要解决哪些问题。应该解决哪些问题就是策划的任务,而问题解决后达到的预期状态就是策划的目标。目标的设定是整个策划活动的前提与基础。从明确任务到确立目标是一个由粗到细,由抽象到具体的过程,需要策划者和决策者共同探讨制定,策划者必须根据决策者的真实意图去确立目标。

确定目标一般应满足 4 个条件:即目标的唯一性、具体性、标准性和综合性。

(1) 目标的唯一性指的是对目标含义的理解必须是唯一确定的。对目标的表述要求尽可能采用定量的数字语言,避免采用定性的自然语言。

(2) 目标的具体性是指达到策划目标的各项措施要具体。具体性可以通过"目标结构分层"的办法来实现。即理清上一级总目标下一级分目标之间的层次体系和各层次的范围。通过层层分析构成一个完整的分层目标结构体系,制定出落实各级目标的具体措施。

(3) 目标的标准性是给目标规定一个达到某种程度的标准,以便了解目标实现的程度。

(4) 目标的综合性主要针对多目标的选择而言。由于现实的科技、经济、社会因素复杂,策划目标往往不止一个而有多个。有时各目标之间相互联系,甚至重叠,若不妥善处理,可能会主次不分或顾此失彼。因此,要求从整体的观点对多目标进行综合处理。

3. 拟订方案,编写报告

方案是为解决问题、实现目标服务的,策划方案是策划目标能否实现的关键环节。设计解决问题的方案实际上就是寻找实现目标的最佳途径。以过河为例,到达彼岸是目标,船或桥是手段和途径,设计过河的方案就是造船或架桥。

方案设计是策划者综合能力的集中表现,设计一个好的策划方案需要把握如下原则。

(1) 尊重条件,把握条件。任何策划都是在特定的环境下进行的,主、客观条件对于策划方案具有很强的约束性。策划者必须以此时此地的条件为依据,不能做"有条件要上,没有条件也要上"的蠢事。在设计策划方案时,必须将受到影响的所有环境因素进行总体考虑,只有在尊重条件的基础上,才能设计出具有可行性的策划方案。

把握条件就是在充分尊重条件的基础上,对条件进行认真的分析。围绕目标而进行的方案设计,实际上是人们对各种现实的或未来的条件的构想或整合,都是在对条件分析把握的基础上,运用不同的方式,把不同的条件组合成不同的方案的策划过程。

(2) 大胆设计,精心策划。尊重条件,把握条件是为精心构思方案服务的,构思方案是整个策划活动的中心环节,是策划的核心。构思方案一般遵循由粗到细的过程,先构思大的框架,在进行细部设计。

构思大的轮廓时,一要胸有成竹,从长计议,不要被枝节问题所左右;二要打开思路,大胆设想。这是一个运用创造性思维的积极创意过程。

方案的轮廓构思阶段往往比较粗糙,需要进一步细化和落实。细部的策划同样需要谋略,它不是海阔天空、天马行空地设想,而需要冷静的头脑和细心的推敲精神。比如在一块新获取的土地上进行房地产开发,建设项目已有初步方案,但对项目细化过程,包括项目的融资方案、建筑设计、景观规划、建筑材料、施工安装、价格定位、营销策略等都需要精雕细琢。在这个过程中,既要防止粗糙,又要防止"只见树木,不见森林"。

策划者精心设计的方案,要符合以下条件。

(1) 方案要有选择性。即应该提供两个以上备选方案。设计多种方案主要是为了让不同的方案有所比较,以便为用户提供科学、客观、公正而全面的策划建议。

（2）方案要有齐全性。所谓齐全性是指应该把所有可供选择的方案周全地策划出来。如果遗漏了某些可供选择的方案，就有可能把最好的方案遗漏掉。通常说方案具有上策、中策、下策，就是指方案周密、齐全时，才能比较其好坏。

（3）方案具有排他性。排他性是指在多个方案情况下，各方案之间要具有相互排斥性，不能互相替代，只有这样才能进行比较和区别。如果方案雷同，实质就上是同一个方案。但应该注意的是方案的排他性必须是在实现同一目标的前提下采取的不同途径。

拟订策划方案后，还需要将策划方案编写成正式的文字报告。

4. 方案评价，方案优选

1) 方案评价

方案评价即运用各种方法对提出的各种备选方案进行比较和评估，以区分各种方案的优缺点。

评价方案的常用方法有：经验判断方法、数量化方法和模拟方法。经验判断方法如淘汰法、排队法、归类法等，适用于策划目标多、方案多、变量多、标准不一的情况。数量化方法是用数学、运筹学等方法对可供选择的多个方案进行定量分析和测算，提出数据结果，供策划者加以权衡和选择。模拟方法是通过设立模型来揭示原型的性质、特点和功能，通过结构或功能的模拟寻找出最佳的方案或对已经产生的方案做出修订或调整。

在对诸多方案进行分析评价时，应掌握策划方案的价值标准、满意程度和最优标准。策划方案的价值标准指一个方案的作用、意义和收效。确定价值标准同确定策划目标一样，完全取决于策划的需要，受客观条件的限制，又具有一定主观选择的因素。

策划方案满意程度和最优标准的条件应包括：①策划目标的量化性；②策划备选方案的完全性；③策划方案执行结果的预测性。

2) 方案优选

通过上面综合分析、比较和计算，从诸多备选方案中，选择出最优化的方案。根据系统局部效益与整体效益相结合，多级优化和满意性等原则，策划师应该向策划委托部门提出书面策划报告，由策划者根据报告中提出的若干方案或建议权衡利弊，决定最终方案，同时由委托部门开始组织实施。

策划方案的选择要遵循以下原则：①目标原则，即选择方案首先要考虑目标能否实现以及实现目标的难易程度；②可行性原则，即应该选择具有现实可行性的方案；③价值原则，即方案实施以后将会产生的作用和效益，包括经济价值、社会价值和审美价值等；④择优原则，即按照"利取最大，弊取最小"的原则选择方案。

5. 跟踪实施，调整方案

这是策划活动的最后一个步骤。在实际工作中，由于策划从性质上说是预测性的活动，方案在实施时不可避免地会遇到在策划时所无法预见的问题，所以，策划委托部门一般还要求策划者协助，继续跟踪方案执行情况，以便及时发现问题，修改或补充原方案，使对方案的实施结果能始终朝着策划的目标前进，最终实现策划目标。

2.1.6 策划学的概念、特征与分类

1. 策划学的概念

策划是人类有意识的实践活动，策划学是研究策划活动规律的科学。策划学是在长期策划实践的基础上形成的一门综合性的新兴应用学科，它以各种策划活动及其过程、关系为研究对象，以揭示策划活动的规律、总结策划的原则和研究策划所需要的方法和技术为基本内容，是有关策划活动的完整、系统、全面的理论体系。但是作为一门新兴学科，策划学的理论体系、原理与方法都有待逐步完善。

2. 策划学的特征

作为一门学科，策划学具有综合性、实践性和系统性等特征。

1）综合性

策划学涉及自然科学、运筹学、预测学、心理学、管理学、法学、系统论、控制论、信息论，以及古代的谋略学说和现代的市场竞争理论等多学科的知识，具有很强的综合性。策划学将科学的认真严谨和艺术的创意创造巧妙地统一在一起。

2）实践性

策划学本身是在策划实践的基础上总结出来，并根据客观环境和实践条件的改变而发展进步，是一门集理论性和实践性为一身的科学。策划理论离开了策划活动就会变成无本之木、无水之源。策划学作为一门学科，对人类策划活动的正反两方面的经验进行总结，不断使感性认识上升到理性认识，并进而将理论用以指导实践活动。

3）系统性

策划学作为一门学科，具有内在的逻辑性与系统性。比如，对于商业策划，策划者不应该只考虑某个方面的因素及实施过程的单一手段，而是要求生产、销售、广告、公关、人员、资金、战略、管理等必须一起配套、综合实施，这样才能得到最好的效果。

3. 策划学的分类

策划学是一个庞大的系统学科，从不同的角度可以将策划学进行不同的分类。

1）按照学科层次划分

按照策划涉及的宏观的学科层次来看，策划学可以分为策划哲学、策划学原理、策划工程学3个部分。这3个部分分别研究策划活动所涉及的哲学问题、策划的基本原理和一般方法论、各策划学分支学科的策划程序、步骤、方法及应用案例等。

2）按照策划内容划分

按照策划活动内容的不同，策划学可分为政治策划学、军事策划学、经济策划学、文化策划学、科技策划学、心理策划学、行为策划学、企业形象策划学、公关策划学等。

3）按照策划范围划分

从策划的活动区域来看，有全球性的策划，有某一大洲范围的策划，有国家区域内的策划，有地区内的策划，有社区内的策划等。

4）按照策划行业划分

按照策划活动涉及行业来划分，策划可分为旅游策划、体育策划、新闻策划、教育策

划、科技策划、文艺策划、商业策划、影视策划、书刊发行策划等。

5）按照策划主体划分

从策划活动的主体来看，策划可分为群体策划和个体策划。群体策划又可具体分为关于国际组织的策划，关于国际间的策划，关于国家大型活动的策划，关于团体活动的策划，关于地方政府的重要活动的策划，关于企业集团的策划。个体策划也可具体分为很多方面，如个人成长的自我设计，明星的包装策划等。

2.2 房地产策划概述

2.2.1 房地产策划的概念

房地产策划是策划学基本理论在房地产领域的运用。具体地说，房地产策划是房地产策划师根据房地产项目的具体开发经营目标，在充分的市场调研和科学的市场定位的基础上，以独特的主题概念为中心，综合运用各种策划手段，按照一定的程序对房地产项目进行创造性的规划，制订具体可实施的计划方案，并可根据策划目标和市场环境的改变对方案进行调整，最后以具有可操作性的房地产策划文本作为结果的活动。

房地产策划的概念包含了如下几层含义。

（1）房地产策划是策划学理论在房地产领域的综合运用。

（2）房地产策划是为特定的房地产开发经营目标服务的。

（3）房地产策划是在市场调研和市场定位的基础上进行。

（4）房地产策划是围绕项目的主题概念展开的。

（5）房地产策划是按照特定的程序运作的系统工程。

（6）房地产策划是创造性和可行性的统一。

（7）房地产策划需要运用多种策划手段。

（8）房地产策划是可根据条件的改变而调整的动态过程。

2.2.2 房地产策划的特征

1. 地域性

建筑物必须附着在土地上，由于土地不可移动，因此房地产往往又称为不动产。房地产在空间上的不可移动性决定了房地产开发经营活动的地域性，而房地产开发经营的地域性又决定了房地产策划也具有地域性，不考虑地域性而照搬策划方案是不能成功的。

房地产策划的地域性可以从区域、城市、城市中的地段3个层次来体现：①房地产策划需要考虑房地产项目所在区域的地理位置、自然环境、文化传统、消费习俗等情况；②房地产策划需要考虑房地产项目所在城市的城市定位、消费水平及供求状况等情况；③房地产策划需要考虑房地产项目所在的地段情况，如项目所在地段功能区位等。

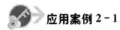 **应用案例 2-1**

住宅户型设计中的地域性问题

杭州××花园项目位于中北桥京杭运河北岸，由 3 栋 20 层以上的高层住宅组成，一期工程于 1994 年完工，是杭州当时最早的高层住宅之一。由于高层住宅在当时的杭州房地产市场上才刚刚开始出现，本地市场没有成熟的高层住宅开发经验，于是开发商在该项目的规划设计过程中照搬了香港地区的设计经验，项目开盘以后销售情况很不理想。

该项目在开盘以后得不到市场认可的原因除了当时的消费者还没有完全接受高层住宅的观念以外，更重要的是由于忽视了香港与杭州两地之间的地域性差异而造成的户型设计问题。香港地区由于地价高昂，高层住宅普遍采用"点式结构"、一梯多户设计（即围绕电梯井布置 4～12 个户型）。此外，香港地区全年气候温暖，对冬季采光要求不高，部分户型可以完全朝北设置。而杭州地区属于典型的亚热带季风气候，夏季炎热，需要通风，冬季寒冷，需要采光，所以目前杭州地区的高层住宅多采用一梯两户、南北通风的单元式结构设计。该项目由于照搬香港地区的经验，一半户型是朝北布置，通风及采光情况差，不能满足当地消费者的居住需求，所以说这是房地产开发及房地产策划忽视地域性带来的严重后果。

2. 政策性

房地产开发经营受宏观政策的影响很大，原因在于两个方面：①房地产业是我国国民经济的支柱产业，政府往往通过调节房地产业的发展来实现宏观调控的目的，因此房地产业的发展与国民经济整体走势一样呈现出很强的周期性和波动性；②由于我国现代意义上的房地产业发展时间不长，市场发展还很不规范，政府或者行业主管部门会运用各种政策或法规来规范房地产业的发展。因此房地产策划必须关注政策、法规及规范的变化。

 **相关知识**

我国房地产业发展的几轮周期

改革开放以来，我国房地产业的发展大致经历了 3～4 个周期（图 2.1）：①1981—1985 年，房地产的逐步复苏时期，但还不具备真正意义上的房地产市场；②1986—1991 年为一个周期，本轮周期的启动开始于城市国有土地使用制度和城镇住房体制的改革，结束于为期 3 年的治理整顿时期；③1992—1997 年为一周期，本轮周期开始于邓小平南巡讲话以及社会主义市场经济制度的确立，在东南亚金融危机爆发后结束；④1998 至现在为一个周期，本轮周期的启动源于政府提出要将传统的福利性实物分房制度改为货币化分房制度，并提出要将房地产业作为国民经济新的增长点，而随着 2005 年开始的宏观调控政策的实施，从投资增幅来看，本轮周期也逐渐趋于尾声。从房地产业发展的几轮周期来看，

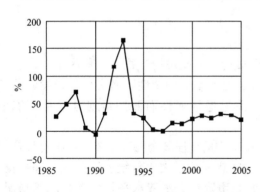

图 2.1 "七五"～"十五"期间房地产开发投资增幅

房地产业的政策性非常强。

（资料来源：根据房地产统计年鉴相关数据整理而成）

3. 市场性

房地产具有的不可移动性、价值高大性等特点，一旦实施就很难改变，因此要求房地产策划必须考虑市场性，即房地产策划要能发现市场需求、适应市场需求、引导市场需求。

房地产策划的市场性体现在3个方面：①房地产策划自始至终要以市场为导向，以市场的需求为依据；②房地产策划要随市场的变化而变化，房地产市场情况变了，策划的思路、定位都要随之改变；③房地产策划不能被动盲目地迎合市场需求，而要善于引导市场、甚至创造市场。

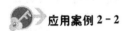

"非典"时期的"健康住宅"

2003年夏天，"非典"肆虐，香港是重灾区之一。其中，淘大花园由于其楼宇结构中的天井设计、下水管道存水弯封水干涸引起的空气倒流，以及空调带来的室内通风不畅等问题造成短时间内321人集体感染"非典"的案例引起了人们对"健康住宅"的极大关注。

在这种市场情况下，北京锋尚国际公寓适时提出"健康住宅"的概念，采用了外墙保温、置换式新风系统、干式厨卫设计等30余项建筑新技术，比如厨房、卫生间不设地漏，加深坐便器、洗脸盆等存水弯，有效地杜绝了病毒在不同单元之间的传播。这些设计迎合了当时市场对"健康住宅"的需要，取得了很大的成功。

（资料来源：史勇．"非典"时期看锋尚［EB/OL］．http://www.topenergy.org/）

4. 创新性

由于房地产市场竞争激烈，房地产策划必须要有新意与独创，创新是房地产策划的灵魂。房地产策划的创新首先表现为主题概念的创新，主题概念是房地产项目开发的指导思想，只有主题概念有了新意，才能使项目具有个性，才能使产品形成与众不同的内容、形式和气质，才能形成差异性。房地产策划创新还体现在产品的创新、方法和手段的创新等方面，策划的方法与手段虽有共性，但运用在不同的场合、不同的地方，其所产生的效果也是不一样的，策划师要通过不断地策划和实践，创造出新的方法和手段。

广东顺德碧桂园的系列策划创新

广东顺德碧桂园项目的策划创新体现在很多方面。在主题理念上，大多数开发商还在为卖房子而建房子的时候，碧桂园率先提出"房地产不等于钢筋加水泥"、"品牌的背后是文化"、"构建一个五星级的家"的思想，并将这一开发理念逐一分解到豪华会所、星级物业、社区学校、社区医院及住宅等几个方面予以落实，体现了策划主题的创新。

碧桂园在策划手段与方法上的创新体现在：①改变过去先建房子再建配套的传统思路，改为先建配套再建房子，首创教育与地产结合的先河；②在社区服务方面，引入五星级酒店的管理模式；③在营销推广上的悬念广告、淡季入市、全现房销售等。

（资料来源：谭启泰. 谋事在人——王志纲策划实录［M］. 广州：广州出版社，1996.）

5. 前瞻性

由于房地产开发经营具有很强的政策性及风险性，加上房地产项目的开发周期少则二三年，多则三五年甚至更长，因此房地产策划必须密切关注并预测国家宏观政策的走势及其影响，策划方案必须具备前瞻性，策划创意及手段应具有超前性和预见性。

房地产策划的前瞻性在房地产开发经营的各个阶段都要体现：在市场调研阶段，要预见到若干年后房地产的发展趋势及市场供求情况；在投资分析阶段，要对未来房地产的开发成本、售价水平、融资渠道、财务成本等具有预见性；在规划设计阶段，要在项目整体规划、户型、车位等方面预测未来的发展趋势；在营销推广阶段，要弄清当时的市场状况，并在销售价格、推广时间、楼盘包装、广告发布等方面要有超前的眼光；在物业管理方面，要预计到业主入住后可能会遇到的问题，想业主之所想，提前将问题解决在物业交付之前。

 应用案例 2-4

万科涉足廉租房建设

2006年下半年，万科开始在广州建设首个廉租房项目，据万科相关人士表示，万科还会在北京、上海、天津等其他城市建立面向城市中低收入阶层的廉价住房。万科涉足廉租房建设的举动引起了市场的极大关注。万科为何在能够开发利润高昂的商品房的土地上开发利润微薄的廉租房项目？除了万科自称的为了回报社会、尽"企业公民"义务、体现企业的社会责任感以外，市场人士分析，万科涉足廉租房建设还基于以下几个方面的考虑：①万科正在向全国大举扩张，响应政府"解决中低收入住房问题"的号召，在满足了地方政府政绩的同时，万科也期望获得廉租房、经济适用房、旧城改造及其他公建项目的开发权及政策优惠；②参与政府公益项目，更容易获得银行融资；③增加租赁收入，改善企业自身的经营结构；④万科预测企业参建廉租房建设的相应配套措施将会出台，廉租房开发将成为一个很大的市场。因此，万科在策划建设廉租房项目上体现了很强的前瞻性。

（资料来源：万科建廉租房的真正目的［EB/OL］. http://www.zifo.net/archires/22037.htm）

6. 系统性

房地产策划是一个系统工程，各个策划子系统组成一个大系统，各个策划子系统之间有机统一，缺一不可。自从房地产全程策划的理论被广泛接受以来，房地产策划范围就包括了从项目开始到完成需要经过的市场调研、市场定位、投资分析、规划设计、营销推广、物业服务等阶段，每个阶段构成策划的子系统，各个子系统又由更小的子系统组成。比如规划设计策划又可以分为规划策划、建筑策划、景观策划、公建配套策划等子策划，营销策划又分为销售策划、形象策划和广告策划等，广告策划又可分为平面广告、电视广告、户外广告等。

对于策划机构来说，各个策划系统的策划内容、策划深度、策划手段、策划机构的参与方式等均有所不同。比如市场调研、营销推广等阶段的策划工作不仅是策划的重点,而且一般还需要策划机构具体执行,而对于可行性研究、投资分析、规划设计及物业管理等策划工作则主要以检查、监督、建议的形式参与其中,具体工作由专业机构完成。

7. 程序性

房地产策划是一门科学,具有自身的规律性和逻辑性。要保证房地产策划活动的成功,必须按照房地产开发的客观程序及策划活动自身的规律来进行。房地产策划的程序性保证了房地产策划各种活动的逻辑性与有序性。

程序性要求房地产策划活动要遵循一定的先后顺序关系。房地产全程策划需要按照市场调查、市场分析、市场定位、投资分析、规划设计、营销推广、物业管理等环节来进行策划,不同策划环节之间必须遵循一定的先后顺序,比如在制定营销方案之前必须明确市场定位,而市场定位之前必须进行市场调查和市场分析。

8. 多样性

房地产策划本质上是一个建立在市场调查研究基础上的思维创新活动过程,思维具有多样性的特点。房地产策划的多样性体现在3个方面:①房地产策划需要拟订多种方案,以便让决策者进行抉择;②房地产策划方案需要根据房地产市场的变化不断地进行调整和变化;③房地产策划理念、策划模式及策划手段是多种多样的。

2.2.3 房地产策划的地位

1. 从经济形态看,房地产策划属于新兴的智力产业

房地产策划活动既不需要庞大的资金,也不需要众多的机械设备,对劳动力数量的要求也不多,房地产策划最主要的资源是具有创新意识的头脑,因此,房地产策划属于一种智力产业。智力产业是以脑力劳动和智力服务为基础的经济形态,是知识经济时代的支柱产业,包括教育、信息、咨询服务等产业。智力产业的特点是以知识和智力为最大的生产要素,即人的素质和技能将起决定性的作用,而对传统生产要素的需求将大大降低。因此房地产策划特别适合于思维活跃、具有创造性的年轻人从事。

智力与资本的结合将爆发出巨大的能量,能够为房地产企业创造巨大的经济和价值。随着知识经济时代的来临及房地产策划本身水平的提高,房地产策划必将为更多的房地产开发企业所接受,创造出更大的社会价值。

2. 从行业分工看,房地产策划属于房地产中介服务业

随着房地产业的发展,房地产业的专业分工越来越细。整个房地产业可分为房地产开发和房地产服务业,房地产服务业又分为物业管理和房地产中介服务业,房地产中介服务业又包括房地产估价、房地产经纪、房地产咨询业等。房地产策划从其行业特点来看,属于房地产咨询业的一部分,因此也属于房地产中介服务体系的一部分。

目前,房地产策划已经渗透到市场调研、投资分析、市场定位、规划设计、营销推广、物业服务等一系列房地产开发经营的环节中,已成为一个相对独立的专业化服务体系。

3. 房地产策划是房地产项目和企业决策的助手

房地产策划机构是一个专家集体，他们思想活跃、知识面广、经验丰富，不受房地产开发商的惯性思维所约束，因此能够成为房地产开发商尤其是中小开发商的智囊团与思想库，是项目和企业决策的得力助手。

目前，房地产开发正呈现出产品多元化、地域扩大化的发展趋势。在这种情况下，进入新的开发领域和开发地域的房地产企业迫切需要经验丰富的策划咨询机构的支持与服务。但从另一方面来说，房地产策划也只能是参谋和助手，不能代替开发与决策。

2.2.4 房地产策划的作用

1. 房地产策划能够防止并纠正项目运作出现的偏差

房地产策划作为一种具有前瞻性的思维活动，实际上是模拟房地产项目开发经营的过程，它的作用在于形成一个"影子项目"，即观念上的项目。房地产策划活动一般在项目开始实施之前进行，其策划成果要求建立在充分的市场调研和科学的市场定位的基础上，在此基础上形成的策划成果对项目开发具有指导性和预见性，能够防止项目决策出现失误。当项目开始实施以后，房地产策划作为房地产项目的参谋和顾问，通过跟踪项目的实施过程，能够及时纠正项目运营过程中出现的偏差，使项目实施回到预先确定的轨道上来。

2. 房地产策划能够为企业提供各种专业的咨询服务

房地产开发涉及土木建筑、财务、金融、项目管理、法律政策、广告营销、景观环境等许多相关专业，希望房地产项目的操作人员成为各专业的专家是不现实的，因此开发过程中需要各方面的专业服务。房地产策划咨询机构作为一个专家群体，能够为企业提供房地产开发过程中的相关专业服务。随着房地产业专业化程度的不断提高，策划机构也从原先偏重于概念策划向专业化方向发展。对于房地产开发经营过程中的几乎每个环节，市场上均有专业化机构能够提供相应的咨询服务。比如，市场调查、广告推广、销售代理等服务。

3. 房地产策划师能够与开发商实现思维上的优势互补

开发商习惯于从企业和项目的现实出发，按部就班地进行项目的规划设计和管理控制，擅长于逻辑思维。但是房地产策划师由于不受房地产企业惯性思维的约束，能够进行发散性、创造性的思维活动，打破开发商的思维定式，为项目开发、企业决策提供全新的思维方式。因此，成功的房地产策划是开发商和策划师之间的双向互动和共同思维的结果。比如，一般的开发商均会按照先建房子再建配套的程序进行房地产开发，但作为策划人的王志纲就能提出先建配套再建房子的逆向思路，真正做到"跳出房产做房产"的目的。

4. 房地产策划能够有效地整合房地产项目各种资源

房地产开发经营需要调动各种社会资源，由于房地产策划贯穿于房地产开发的全过程，因此成为开发商、规划设计单位、建设施工单位、广告营销单位，以及物业管理单位之间的桥梁和纽带，这种纽带作用赋予房地产策划整合项目各种资源的职能。

2.2.5 房地产策划的原则

1. 创新原则

房地产策划创新原则就是要求策划时不墨守成规,要勇于和善于标新立异、独辟蹊径,讲求策划方案的独特性和原创性。创新是房地产策划最重要的原则之一,尤其是在信息化、产品同质化的今天,为了不使房地产项目淹没在铺天盖地的房地产广告中,房地产项目开发和策划必须要有创新。房地产策划的创新原则应该贯穿于市场调查、规划设计、广告营销等各个环节,在竞争激烈的房地产市场上体现出本项目的独特个性。

房地产策划的创新原则体现在以下几个方面:①房地产的主题、概念及理念创新;②房地产产品的创新;③房地产营销手段与方法的创新。

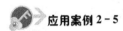

应用案例 2-5

居住郊区化的理念创新

当大多数开发商还均热衷于在市中心开发住宅的时候,祈福集团率先提出了居住郊区化的新理念,开发了国内最大的郊区楼盘——祈福新村。该项目占地 6500 多亩,规划居住人口 15 万人,开创了国内郊区大盘建设的先河。为解决郊区楼盘交通不便、配套设施匮乏的问题,祈福新村配套建设了医院、酒店、球场、游泳池、银行、邮局、公安、消防等设施或机构,并每天开通了小区与广州、香港、澳门等地多达 700 多个班次的公交车。

居住郊区化理念创新迎合了大众希望重返大自然的心态,取得了很大的成功。在祈福新村的带动下,华南板块出现了星河湾、华南新城、锦绣香江、华南碧桂园、南国奥园、雅居乐等 10 多个郊区大盘,成功地实践了居住郊区化的理念,开创了居住郊区化的新时代。

(资料来源:中国第一村——祈福新村[M].中国建设报,2003-03-19.)

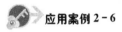

应用案例 2-6

现房试住的营销手段创新

20 世纪 90 年代末,当大多数开发商还在进行期房销售的时候,广州翠湖山庄推出精装现房试住营销手段,成为当年广州楼市的一个热点话题。这一营销策划本身就包含了全新的经营理念,现房销售不仅能给购房者对工程质量、环境、户型等有一个感性的认识,而且更可以体现开发商的雄厚实力,更重要的是,它反映了开发商真正站在消费者的角度,给消费者提供了更充分的选择依据,因此被认为是一个比较有竞争力的营销手段。实践也证明这一营销手段受到了购房者的极大认可和欢迎,取得了显著绩效。

(资料来源:黄福新.房地产策划[M].北京:中国建筑工业出版社,2004.)

但是需要强调的是,虽然有些主题概念的推广离不开炒作,但是房地产主题概念的创新与概念炒作本质上是两回事情,主题创新必须要有产品品质的支撑,否则就是炒作。房地产策划强调主题创新,但是反对概念炒作。根据广告学的原理,消费者对于商家的宣传有一种本能的、潜意识的抗拒和怀疑心理,如果只有炒作而没有货真价实的产品品质作为支撑,炒作的效果可能会适得其反。比如应用案例 2-5,居住郊区化主题的创新就没有停留在炒作上,而是通过解决郊区楼盘的主要问题——配套和交通实实在在地提升了郊区楼盘的品质。

2. 客观原则

客观原则是指在房地产策划运作的过程中,策划师通过各种努力,使自己的主观意志自觉能动地符合策划对象的客观实际,即要求房地产策划方案必须实事求是、量力而行。房地产策划方案不是策划人的主观臆想,任何一个成功的应用案例的背后都隐藏着某种客观性与必然性。房地产策划获得成功的关键是准确的市场定位,而客观的、科学的市场调查和市场分析是项目准确定位的基础。客观原则也是房地产策划最重要的原则之一。

遵循客观原则必须注意以下几点:①必须重视客观市场的调研、分析与预测,提高策划方案的准确性和预见性;②策划主题概念要有好的产品品质,避免炒作之嫌;③策划观念、理念既符合实际又应适度超前。房地产策划理念太超前了不会被市场接受,不超前又要被市场淘汰,因此要适度超前,恰到好处。

应用案例 2-7

珠海西区的城市策划问题

20 世纪 80 年代末到 90 年代初,珠海西区的开发宣传曾经轰动国内外,其宣传口号为"今天借你一杯水,明天还你一桶油"、"大经济、大港口、大思维、大发展",并大规模举债开发。但是珠海本身的人口规模和经济总量以及其所依靠的澳门地区均难以与深圳及香港相提并论,难以吸引大量投资并提供充分的就业机会,使得珠海西区的开发一直鲜有起色,比如珠海机场目前的旅客吞吐量仅为原设计的 10%左右。珠海西区城市策划的问题主要在于没有坚持策划的客观原则,一味地图大、图新、图超前,而忽视了城市本身的实际情况。

(资料来源:反思珠海[N]. 南方都市报,2005-9-13.)

应用案例 2-8

SOHO 住宅概念的适时性

20 世纪 90 年代末,一个以"小型办公,居家办公,亦住亦商"为内涵的 SOHO 住宅(Small Office, House Office)概念开始出现并获得巨大成功,北京第一个 SOHO 项目——SOHU 现代城曾连续两年获得北京市房地产单体项目的销售冠军。随后 SOHO 概念流传至全国,一度成为时尚白领生活的代表。从住宅性质来看,SOHO 住宅属于商住两用住宅的范围,但为什么市场上早就存在的商住两用产品的市场反映平平呢?除了 SOHO 项目的开发商包装手段高明外,更重要的是 SOHO 概念提倡的灵活多功能的空间布局刚好满足了当时网络信息技术快速普及后人们渴望弹性办公、居家办公的潜在市场需求。而之前的商住两用概念的住宅由于没有网络等相应技术支持而默默无闻。因此,SOHO 住宅的推出在当时正当其时。

3. 定位原则

定位原则就是要求根据房地产企业和房地产项目自身的特点，确定企业经营和项目开发的具体目标和方向。房地产市场很大，但房地产企业和项目的人力、物力和财力均有限，企业和项目必须准确定位，集中优势资源才能在激烈的竞争中脱颖而出。

房地产策划的定位原则具有层次性，上一层次的定位决定下一层次的定位，下一层次的定位体现上一层次的定位。定为原则一般可分为3个层次：①房地产企业的经营定位，包括企业的战略、品牌、文化等；②房地产项目的总体定位，包括项目的主题定位、市场定位、目标客户等；③房地产策划手段的定位。例如，对于小规模的楼盘，由于其目标客户群比较单一，进行大面积、全方位、高强度的广告推广可能并不是很合适，一方面是由于小楼盘无法承受太高的营销成本，另一方面让所有受众接受项目信息也是不必要的，只要能够将该项目信息传达到潜在消费群体就可以了，因此有些高端物业选择淡季入市却能取得较好的效果。又如，现房销售是一种比较有效的营销手段，但是对于那些管理很不规范、工程质量粗糙的项目而言，现房销售反而有可能成为不利因素。

 应用案例 2-9

万科公司的企业定位

著名房地产企业万科集团曾经很早就扩张到全国13个大中城市进行房地产开发，涉足的行业除房地产以外还有制造、零售等行业。但是由于种种原因，万科的多元化经营并不成功，比如万科1995年在武汉开工建设的商业地产项目——武汉万科广场由于定位失误，导致该项目停工近十年并最终以"炸楼"结束，2004年开始改为建设宜居型住宅项目——"香港路8号"，前后损失逾亿元。经过一系列失败的教训，万科认识到凭借其当时的管理水平、资金实力和人才储备等不可能长久支撑公司的多元化扩张。

从1996年开始，万科改变过去全面扩张的战略，剥离了30多家非房地产下属企业，从多元化经营改为专做房地产，而房地产开发地域也从全国13个大中城市退缩到京、津、沪、深四大城市，房地产产品从公寓、别墅、商场、写字楼到只做公寓，从高、中、低档公寓到只做中档公寓。经过几年发展，万科成为了国内房地产领域专业化程度最高的公司之一。经过多年的专业化经营，万科的企业管理水平、房地产开发水平及企业实力等方面都得到了长足发展，此时的万科又重新走上了谨慎扩张的道路。

（资料来源：炸掉武汉万科广场是个失误[EB/OL]. http://finance.sina.com.cn/f/200/0817/96921.html）

4. 可行原则

房地产策划的可行原则要求策划方案必须达到切实可行的策划目标和效果。房地产策划方案要求具有经济性和易于操作性。

贯彻房地产策划的可行原则需要注意以下几方面：①策划方案本身是否可行，是否具有可操作的条件和方法；②策划方案在经济上是否可行，尽可能以最小的投入实现最好的策划目标；③策划方案的有效性如何，即方案实施后能达到怎样的效果。

5. 全局原则

全局原则又称为整体原则，要求在房地产策划过程中注重项目运作的整体性，避免因局部利益、眼前利益而影响全局利益和长期利益。

房地产策划的全局原则要求：①从项目的整体性出发，处理好局部利益和全局利益的关系，要求部分服从整体、局部服从全局；②从长期性出发，处理好项目眼前利益和长远利益的关系。

 应用案例 2-10

杭州×××花园的成本控制与销售问题

杭州×××花园有多层和小高层住宅，多层建筑为坡屋顶结构。在项目开发过程中，策划机构根据开发商控制建造成本的要求，提出取消顶层阁楼楼板的建议并得以实施。但阁楼楼板取消以后产生了不少问题。已经购买顶楼物业的业主认为这是开发商在搞欺诈，没有诚信，因为他们在购房时被告之阁楼是有楼板的。而那些取消阁楼楼板的顶楼物业的销售也成了问题，因为购房者认为购买这样的顶楼物业会增加今后改造的成本。为实现销售，开发商无奈之下又决定重新搭建阁楼楼板，但此时房屋已经结顶，无法建造钢筋混凝土楼板，而不得不采用装修手段来施工，这大大增加了建造成本，甚至超出了原先的预算造价。

6. 整合原则

房地产项目开发涉及各种资源，比如社会资源、客户资源、人力资源等，整合原则就是要求通过策划师的分类、整理、组合以及提升，把不同的资源集中在一起，形成围绕主题中心的有效资源，为项目发展的共同目标服务。

整合原则是房地产策划中一个比较独特的原则。把握房地产策划的整合原则必须注意以下几点：①要将各种客观资源紧密围绕项目的策划主题展开；②要善于挖掘、发现隐性资源，比如很多项目都坐等客户上门，也有一些公司会主动地去发掘潜在的目标客户；③要把握整合各种资源的技巧。

 应用案例 2-11

万科通过万科会来发掘隐性的客户资源

万科会是由万科于1999年成立的客户联谊组织，也是具有购房俱乐部性质的组织。万科通过万科会这一平台来整合社会资源，提高客户对万科品牌和楼盘的满意度，在为客户提供优质服务及为会员搭建一个相互交流、沟通、资讯平台的同时，也为提升公司和项目品牌的市场认知度和客户忠诚度打下基础。万科会目前在全国共有近10万多名会员，这些会员包括万科的业主、准业主、潜在客户及万科需要维系的各类社会关系。

万科会的主要职能有：①对会员提供实效服务，比如在全国建立万科会商家联盟，让会员一卡在手，全国受益，对老业主介绍新客户提供奖励，如购房折扣、减免物管费等；②对准业主、潜在客户进行长期的感情投资，比如开展登山、球赛、社区活动等，直至让他们成为业主，据调查有92%的会员已经是万科的业主。

该模式已经被很多开发商所模仿，如中海地产的"中海会"、奥园集团的"奥园会"、珠江地产的"珠江会"，绿城房产的"绿城会"等。

7. 人文原则

人文原则强调在房地产策划中要把握人文精神。社会学中的人文精神一般是指人类所公认的精神文明的总和，其内涵包括人道主义、平等与自由、民主与法制等概念。本节的人文原则是指房地产策划要遵循以人为本的原则及房地产策划强调文化的原则。

建筑大师贝聿铭认为"建筑的最终目的是提升人类的生活品质而不仅仅是空间中被欣赏的物体"，因此房地产开发与策划必须以人为本、体现人文关怀。以人为本的原则就是要求房地产策划师在进行房地产项目的定位、功能、布局、环境、设施等策划时要以满足人的需求、实现人的价值、追求人的发展、体现人文关怀、最大限度地满足居住者的需求为出发点和归宿点。目前房地产开发在以人为本、人性化设计方面做得还很不够，对不同消费群体的需求没有区别对待，人和居住空间的关系处理不恰当，常常是要人去适应空间，而不是让空间适应人的需要。很多住宅产品片面追求舒适度，认为空间越大越好，以至于在套内面积越来越大的同时居住功能并没有提升多少。对人们生活的实际需求研究不够，比如厨房和餐厅离得很远，客厅成为室内交通要道，空调机位不够却不准外挂等。

建筑不仅仅是一个"遮风挡雨"建筑物，更是一个文化的载体。随着现代生活节奏和生活压力的不断增大，人们更加追求居住环境的文化内涵。强调文化的原则就是要求在房地产策划时将文化的因素渗透到房地产项目中，使房地产项目体现出特定地区的传统文化、风俗习惯、价值观念及行为准则等，在当前尤其要强调房地产开发与中国优秀传统文化相结合。

应用案例 2-12

传统中式别墅的兴起

我国的房地产市场曾经欣起过一股"欧陆风潮"，尤其在别墅领域几乎全部是欧陆风格。比如采用一些欧洲新古典主义的建筑风格和符号：立面和屋顶复杂；室内通透感强；开放式院落、大草坪；屋顶大烟囱；客厅里的壁炉以及其他一些细部构造。

但近几年来，随着中国经济的高速发展，人们对传统文化的兴趣与自信正在恢复。一些具有创新精神的发展商敏锐地预见到建筑文化的自省和回归也是大势所趋，于是便开始尝试如何在现代化的高档别墅中回归传统的建筑文化，使中国古典建筑文化的精华及优美的建筑符号与西方先进的空间优化原理相结合，使中式别墅成为一种新的潮流。比如，北京的观唐、易郡、优山美地、运河上的院子等，成都得清华坊、芙蓉城等均为中式别墅的成功代表。

比如，北京观唐别墅就具有明显的中国传统建筑风格：①为强调私密性，设置 3m 的高围墙使私家院落真正成为户外起居空间；院落分为两进——前院和后院；②院落围墙采用灰、白墙黛瓦；③大门为中式建筑中典型的深朱红色；④院内采用古典园林布局。整体风格沿袭了中国北方民居四合院的特点，给人的感觉像是明清时代的院落。

（资料来源：中式别墅，林荫深处好人家 [EB/OL].
http：//photo.zhulong.com/renwu/readarticle. asp?m=15&id=390236）

8. 应变原则

应变原则要求房地产策划要在动态变化的市场环境中，及时准确地把握房地产市场的发展变化，预测市场变化的方向与轨迹，并以此为依据来调整策划方案与目标。遵循应变的原则是完善房地产策划方案的重要保证。

　　房地产策划遵循应变原则需要注意以下几点：①在思想上树立动态意识和应变观念；②全面掌握房地产市场及政策环境的现状；③准确预测市场与政策的未来走向；④及时调整策划方案与策划目标以适应策划对象。

应用案例 2-13

阳台建筑面积计算规范的变化

　　过去对于阳台的销售面积一般根据其是否封闭分别进行计算：封闭式阳台按照其水平(1)投影面积的100%计算；敞开式阳台则按其水平投影面积的50%计算。由于房地产市场的不规范，这个规定为开发商减少规划报批面积，但事后增加销售面积提供了可能。开发商通常的做法是，在规划报批的时候将阳台设计成敞开式，尽量增大其他部位的面积，使容积率做到最大，而在销售的时候将阳台封闭起来，然后通过各种攻关手段通过规划验收，这样每套住宅就增加了一半的阳台销售面积。2005年7月1日开始实施新的《建筑工程建筑面积计算规范》，规定所有阳台均按照水平投影面积的一半计算建筑面积。从这时起，房地产市场上就很少出现封闭阳台的商品房了。房地产策划如果不能适应上述规范的变化而继续按照原先的开发政策环境进行策划必将给开发商带来不必要的损失。

2.2.6　房地产策划的模式

　　房地产策划模式是指房地产策划时所依照的具体策划样式，策划模式体现了房地产策划活动的一些基本规律。根据房地产项目的具体情况并灵活运用各种策划模式，可以提高房地产策划的科学性和规范性。经过多年的实践，房地产策划界总结出了各种不同的策划模式。比如概念策划模式、全程策划模式、点子策划模式、产品策划模式、战略策划模式、等值策划模式等。这些策划模式从不同角度反映了房地产策划的基本规律。由于行业发展的时间不长，房地产策划模式还存在各种各样的问题，比如模式种类繁多，内容不完整，理论基础薄弱等，房地产策划界对各种策划模式也存在不同的看法甚至争议。但不管如何，运用这些策划模式创造出了不少成功案例却是不争的事实。本节将介绍几种在房地产策划领域影响较大，实践中创造了不少经典项目案例的策划模式以供参考。

　　舒立将房地产策划大致分为(概念)卖点策划、卖点群策划以及等值策划3种模式。

　　(1) 卖点策划模式。卖点策划模式就是要突出强调项目某一个方面的优势，比如有的强调物业管理，有的宣传环保，有的突出智能化，有的注重环境设计等。卖点策划就是要使消费者在众多楼盘中，比较容易选择到自己偏好的产品，从而达到促销的目的。

　　但卖点策划明显带有卖方市场的痕迹。依靠突出的某个特征而实现销售，就像某餐厅靠某种有特色的招牌菜招揽生意一样。招牌菜对餐厅经营的好坏只能起到相对作用，而不是起到决定性的作用，楼盘的突出特点亦如此。在卖方市场情况下，供应量相对不足，发展商靠某项优点而实现销售意图，只是解决了买家的识别选择，而未能达到理性选择的境地。

(2) 卖点群策划模式。随着房地产买方市场的出现，开发商必须快速适应购买者的挑剔，因而往往采取"人有我有"的经营策略。为满足消费者挑剔的眼光，开发商不得不在短期之内对购买者做出更多的承诺。这就要求策划机构应该有意识地收集众生之长而集于一者，尽可能地向市场罗列更多的卖点，从而形成卖点群策划模式。

每一个卖点都凝聚着开发商的心机；每一个卖点的后面都是智慧的凝结；每一个卖点的成型都似一根根钢筋对大厦起着更为牢固的支持；每一个卖点的后面通常都是成本的发生。随着卖点数量和质量的增加，楼盘品质不断得到提高，但不少楼盘的"富贵病"也随之产生。卖点群策划模式对提高项目的品质起到了非常积极的作用，但同时也使许多楼盘的成本处于高处不胜寒之境。

(3) 等值策划模式。卖点群策划如炽之时，人们开始发现，一些楼盘成本攀升而并未获得同比的售价，而一些曾被人忽视的项目却得到极大的商业回报。这种差异的后面，其实存在着投资商和策划机构对土地、对项目价值发现和价值兑现的能力差异。一块土地就像一副桥牌，它本身的价值实际上已基本确定，作为桥牌大师该拿满贯的牌就不能放弃，如属于一个无将的牌型也得争取多拿一些小分。桥牌失误记分法启发着人们，房地产策划卖点永远都不能穷尽。优点竞争往往会导致冒进超叫而失分。成本高于售价的地产项目形同于此。

等值策划要求策划人能对该项目的价值因素具有充分的认知能力，并能在多因素之中进行权重取舍，而且需具有驾驭和实现经营意图的综合能力。充分发挥土地的价值，而进行等值策划，从而兑现其最大价值，可视为房地产策划的理想模式。

黄福新根据策划过程中侧重点的不同将房地产策划模式分为战略策划模式、产品策划模式、品牌策划模式、全程策划模式及发展商策划模式等。

1. 战略策划模式

房地产战略策划模式就是从宏观战略的高度来对房地产企业或项目进行总体规划和设计的一种策划方式。房地产战略策划模式能够从企业或项目的全局需求出发，有效地整合房地产开发过程中的各种专业性操作，使其在统一的平台上实现总体目标。

房地产战略策划模式是由著名策划人王志纲所倡导，并在房地产策划实践中证明可行的策划模式。经过多年的研究和探索，王志纲的战略策划理论逐渐形成并具有独特的策划风格。"精确的市场定位是成功策划的核心，而对社会大趋势的精妙把握是能否定位准确的前提"、"思路决定出路"等均为王志纲对战略策划理论的精辟论述。

按照王志纲工作室的说法，他所提供的战略策划与一般的房地产策划具有很大不同：①他的策划服务属于中上游的策划活动，其工作室是平台设计性质的机构；②他的策划服务能够起到承上启下（承学术之上，启实战之下；承战略之上；启战术之下）的作用；③能够把许多不同的行业整合在一起，创造新的市场需求。

战略策划模式的特点：①强调对宏观大势的把握与预测及项目大环境的调研，准确进行项目的市场定位，找到项目最合适的发展思路，这是战略策划模式最大的特征；②强调对项目主题概念和理念的策划与创新，从而实现房地产产品的个性化与差异化，加深市场对企业和项目的印象，提升企业和项目的品牌；③强调从全局和战略的高度出发整合并协调各个专业公司的职能，围绕项目的主题进行操作，最终实现项目的总体目标。

由于是从宏观战略的高度来把握和分析项目，因而房地产战略策划模式比较适合于两类项目的策划活动：①大型楼盘项目的策划；②项目的前期总体策划。战略策划模式对策划人的综合素质要求很高，具有哲理型、思想型、创新型素质的策划人才能胜任。

战略策划模式的流程如下。

（1）大势把握——出思路。在把握宏观大势的前提下，根据企业自身特点，找到其适合的发展思路。所谓"大势把握"是指对中国经济与区域经济的总体走势、区域市场的需求状况、区域行业的竞争状况及区域板块文化等方面的把握。

（2）理念创新——出定位。确定项目的总体思路后，为摆脱产品同质化竞争的迷局，需要按照扬长避短、度身定造的原则，总结、提取出一个能够体现并统帅企业或项目发展的灵魂和主旋律，即主题概念，实现房地产产品的差异化。

（3）策略设计——出方案。针对企业自身的特点设计一套科学、独创、具有前瞻性和可操作性的方案，包括项目总体定位、运作模式、经营思路以及推广策略等。

（4）资源整合——出平台。帮助企业整合内外资源，包括各种专业化公司，创造一个统一的操作平台，让各种力量发挥应有的作用。资源整合包括企业内部资源整合、企业外部资源整合、行业内部资源整合和行业外部资源整合等。

（5）动态顾问——出监理。策划的具体操作过程主要由专业公司完成，策划人作为顾问起参谋的作用，主要关注项目重大事件、重要环节、节奏把握、品牌提升等方面。

房地产战略策划模式创造了不少成功的应用案例，比如广州星河湾、昆明世博园、广州奥林匹克花园、杭州乐园等。

但是，战略策划模式如果过于强调宏观战略的重要性，可能会忽视对产品品质与细节的关注。此外，战略策划还应该避免陷入城市策划和城市经营的误区。

2. 产品策划模式

房地产产品策划模式主要围绕产品本身进行调研、定位、设计、营销以及物业管理等工作，以适应市场对房地产产品不断变化和提高的要求。目前房地产产品策划模式受到许多策划人和策划机构的推崇，原因在于三个方面：一是房地产一般是居民最重要的资产，价值量大、使用年限长，其位置、质量、形象等普遍受到人们的关注；二是房地产市场的同质化竞争比较明显，产品策划有助于实现产品的个性化和差异化；三是随着社会的发展和生活水平的提高，人们对房地产产品的要求随之提高。

产品策划模式的策划特点：一是一切围绕市场的需求来策划产品；二是产品策划的重点是产品定位和产品设计阶段；三是强调产品本身的品质与细节，而不是主题概念；四是产品策划模式对策划师的专业素质要求较高。产品策划模式适用于所有的房地产项目。周勇的《产品主义——北京康堡花园审美解读》一书是房地产产品策划模式的代表作。

产品策划模式的流程如下。

（1）产品调研。产品策划模式的前期工作最重要的是市场调研，包括对区域楼盘竞争状况的调研，对购房者消费需求的调研，目的是了解需求和供应状况，为产品定位做好准备。

（2）产品定位。在产品调研的前提下，对产品进行恰如其分的市场定位，包括目标客户定位和产品本身的定位。产品本身的定位包括风格定位、品质定位、功能定位、户型定位、规模定位、形象定位等。

(3) 产品设计。这是产品策划模式的中心，也是房地产开发过程中的"研发阶段"，包括规划设计、建筑设计、环境设计、户型设计、配套设计、物业服务等。对产品品质与细节的提高主要在这一步完成。目前国内几家发展较好的品牌地产公司都非常注重产品设计，多数公司通过成立自己的设计公司来追求产品的精益求精。

(4) 产品营销。产品策划模式的营销工作虽然也包括产品的包装与推广，但相对而言更强调产品本身的功能与价值等方面。

(5) 产品服务。这里主要是指售后服务，即物业管理阶段，目的是提升和延长产品的价值。

虽然房地产开发必须注重产品品质，但是在市场竞争激烈、产品同质化严重的今天，"酒香也怕巷子深"，如果只强调项目本身产品的品质，而对市场大势的把握、周边环境的调查、全程策划的参与、品牌价值的推广等工作不屑一顾，产品的销售也会受到很大的影响。

3. 品牌策划模式

现代营销学意义上的品牌是产品或服务有形的标志和功能、质量、信誉、形象等方面的综合体现，其目的是用以区分与识别不同竞争者之间的产品与服务。品牌的作用在于两个方面：对于消费者而言，品牌代表着一种归属感和安全感，它是企业和消费者沟通的重要手段，保证了企业对消费者信息的准确传达；对企业自身来说，品牌意味着一种文化和纪律，是企业文化和企业竞争力的重要组成部分。

房地产品牌就是房地产项目具有区别于其他项目的个性，有较高的知名度、美誉度和忠诚度。房地产品牌策划是对房地产品牌的内涵进行挖掘、发现和推广，建立项目和公司品牌的知名度、美誉度与忠诚度，最终赢得人们信赖的一种策划模式，简单地说房地产品牌策划就是建立一流的产品品质和一流的营销推广。著名策划人曾宪斌是品牌策划模式的倡导者之一，强调应该从项目品牌的挖掘、塑造来提升楼盘的价值，《品牌旋风》是其代表作。

品牌策划的特点：房地产品牌策划必须要建立在成功的产品策划的基础上，没有品质支撑的品牌无法持久；房地产品牌策划强调包装与推广；房地产品牌策划包括项目品牌和企业品牌等不同的层次；相对于其他的策划模式来说，品牌策划的周期更长。

由于房地产品牌的建立需要两个基础：一是产品的内在品质需要提升；二是需要长时间的包装与推广。因此品牌策划模式适用于管理规范、开发水平相对较高，实力相对雄厚的项目和企业。对于那些品质稍差的项目来说，还是应该先立足于产品策划。

品牌策划的流程如下。

(1) 确定品牌内涵。品牌内涵可以理解为品牌所倡导的或在消费过程中所形成可以为消费者带来某种利益的理念，代表品牌的核心价值，通过产品性能、包装、形象等体现出来。比如浙江绿城房产宣传的"真诚、善意、精致、完美"品牌内涵。确定品牌的内涵其实也是品牌定位的问题。策划人需要首先进行市场调研，收集市场竞争信息，再根据自己项目或公司的特点确定合适的品牌内涵。确定品牌内涵也要强调差异性，避免模仿跟风。

(2) 寻求品牌支撑。品质是品牌的基础，要依据品牌的核心内涵寻找产品品质上的支撑，从规划、设计、景观、配套等各方面来体现品牌的内涵，避免品牌内涵与产品及服务的错位，比如有些定位为中低档的项目却要宣传豪华配套是不合适的。

（3）品牌推广。品牌内涵确定以后，需要制定合适的方案进行品牌推广，建立项目品牌的知名度，广告是目前主要的推广手段。策划时需要对广告主题、广告目标、广告诉求、广告计划、广告机构、广告预算、广告媒体、广告节奏等环节进行策划。

（4）品牌提升。通过新闻、公关、广告等营销手段，市场上的口碑效应和产品与服务的创新来提升项目和公司的品牌，建立并维护项目和公司品牌的美誉度和客户忠诚度。同时也要根据市场需求和客户的需要进行品牌创新。

品牌知名度的提高需要广告与包装，品牌美誉度和忠诚度的建立则取决于项目的品质。但目前市场上的不少"品牌策划"往往片面强调快速推广，追求广告造势，忽视产品内在品质的提高。如此，虽能够在项目开盘时取得成功，但后续的销售推广却很困难。很多时候项目或者公司具有很高的知名度，但却没有什么美誉度，更别谈客户的忠诚度。

应用案例 2-14

深圳万科房产的品牌策划

1. 确定品牌内涵

为了确立企业和项目品牌，万科曾委托专业市场调查公司对房地产市场的品牌现状、消费者偏好、万科现有品牌资源进行了深入的调查和研究，在此基础上形成了万科的企业品牌定位及其全国性的品牌管理体系。

万科对不同的对象确立不同的品牌内涵：对客户，万科品牌意味着了解你的生活，创造一个展现自我的理想空间；对投资者，万科品牌意味着了解你的期望，回报一份令人满意的理想收益；对员工，万科品牌意味着了解你的追求，提供一个成就自我的理想平台；对社会，万科品牌意味着了解时代需要，树立一个现代企业的理想形象。

除了企业品牌外，万科还致力于项目品牌的建立与推广。万科的项目品牌有：四季花城系列（郊区大规模楼盘，针对工薪阶层）、城市花园系列（城乡结合部或城市副中心，面向35岁左右相对成熟的白领）以及金色家园系列（市中心区域高端产品，主要针对富裕阶层），不同的产品系列适合于不同的区位、不同的消费群体以及不同的产品功能。

2. 寻求品牌支撑

为了使万科的企业品牌与项目品牌得到品质的支撑，万科在房地产产品与服务方面进行了许多的创新。在服务品质方面，万科在国内首创物业管理模式，建立了国内第一个业主委员会，成立客户交流平台——万科会等，这些创新是万科品牌树立的强大基础。

在产品品质方面，除了强调项目总体规划、建筑风格、户型设计等方面外，万科对其产品的细节同样精益求精。比如在社区道路设计方面，对于道路的布局与曲折度、路面材料与颜色、路边的花草树木以及休闲设施都很讲究，在每一个道路交汇点都有一个明确的做工精致的指示牌，在人车交汇点装有凸面镜。虽然很多社区也有这些，但由于在选材、造型及颜色等方面考虑不周，最终取得的效果确大不一样。

3. 品牌的推广与提升

万科非常注重品牌的推广与提升，不管是企业品牌、项目品牌甚至是其董事长王石的个人品牌，万科都是倾心打造。在万科，品牌推广是与规划设计、工程施工、广告营销、物业管理并驾齐驱的第五部门，属于企业重要的业务部门。2004年开始，万科正式启动"建筑无限生活"品牌战略，将品牌的推广与提升纳入专业化和规范化的管理轨道。

除了广告媒体外，万科非常注重企业刊物和企业网站在品牌推广与提升中的作用。万科的企业刊物有3种：对外公开发行的《万科周刊》外部版，被称为万科精神的名片，房地产界、经济学界、新闻界等对万科的认识很大程度上得益于《万科周刊》，是很多地产公司创办内部刊物的样本；《万科周刊》员工版的主要作用在于员工之间的交流与沟通；第三种是各下属公司创办的服务于本地业主和客户的《万科会》。万科将网站作为企业对内交流沟通的平台、对外展示形象的窗口以及品牌推广的载体，在网站建设方面的投入毫不吝啬。并且建立了据说是全球唯一的专供业主、客户投诉的公开论坛，不仅为业主提供了一个宣泄情绪的渠道，同时也为万科了解客户心态及其问题的重要途径，也是加快问题解决的有效手段。

据测算，品牌策划给万科带来的效益占公司总效益的20%。万科进入2005年中国100最具价值驰名商标的前10名，品牌价值达36.23亿。

4. 全程策划模式

房地产全程策划简单地说就是对房地产项目进行"全过程"的策划，即从项目前期的市场调研开始到项目后期的物业服务等各个方面都进行全方位策划。全程策划强调为投资者提供标本兼治的全过程策划服务，每个环节都以提升项目的价值为重点，围绕提升项目的价值来运用各种手段，使项目以最佳的状态走向市场。由于全程策划的策划理念和内涵既实用又丰富，而且创造了不少经典项目，深受众多房地产开发企业及策划机构的推崇。

房产全程策划的流程如下。

(1) 市场研究。对项目所处的经济环境、项目当前房地产市场状况、项目所在区域同类楼盘进行调研分析。

(2) 土地分析。挖掘土地的潜在价值，对土地的优势、劣势、机会和威胁进行分析研究。

(3) 项目分析。通过对项目自身条件及市场竞争情况进行分析，确定项目定位策略，决定目标客户及楼盘形象，决定项目市场定位、功能定位及形象定位。

(4) 项目规划。提出建议性项目经济指标、市场要求、规划设计、建筑风格、户型设计及综合设施配套等。

(5) 概念设计。做好规划概念设计、建筑概念设计、环境概念设计、艺术概念设计。

(6) 形象设计。开发商与项目的形象整合，项目形象、概念及品牌前期推广。

(7) 营销策略。分析项目环境状况，突现其价值。找准项目市场营销机会点及障碍点，整合项目外在资源，挖掘并向公众告知楼盘自身所具有的特色卖点。

(8) 物业服务。与项目定位相适应的物业管理概念提示，将服务意识传播给员工，构建以服务为圆心的组织架构。

(9) 品牌培植。抓住企业和项目培养品牌，延伸产品的价值。

2.2.7 房地产策划学

房地产策划学是以策划学理论为基础，与房地产投资、开发、营销、物业以及房地产法律法规等学科知识相结合，并应用于房地产项目实际运作过程的一门新兴的边缘学科，是我国近十几年来房地产策划理论与实践的系统总结。

1. 房地产策划学提出的背景

1) 丰富的房地产策划实践

自从1993年房地产策划开始出现以来，房地产策划界已经积累了许多成功的应用案例，丰富的房地产策划实践为建立房地产策划学提供了前提条件和坚实基础。

2) 房地产策划理论研究的深入

伴随着房地产策划实践的进行,房地产策划理论的研究也蓬勃发展。尤其是20世纪90年代后期以及21世纪初的几年,随着我国房地产业的复苏与繁荣,房地产策划理论的研究也进入了一个高潮。房地产策划理论研究的不断深入和发展,为房地产策划学的提出和建立提供了可靠的理论保证。2001年,黄福新发表了《建立〈房地产策划学〉的几个理论问题》一文,首次提出把房地产策划作为一门学科的思想。

3) 房地产策划实践需要理论指导

在房地产项目的运作中,迫切需要科学、规范的房地产策划理论来指导策划实践。这些客观需要在房地产界得到广泛支持,从而推动了房地产策划学的产生。

2. 房地产策划学的学科性质

根据黄福新等人的论述,房地产策划学具有如下的学科性质。

1) 房地产策划学是一门应用科学

房地产策划学与其他通过假说、推理、证明建立起来的基础性学科不同,它是在房地产策划实践中产生并发展的一门应用型科学。房地产策划实践是其产生与发展的基础,这表现在:第一,房地产策划从实践中来,策划实践的不断深入使房地产策划理论更加成熟;第二,房地产策划不但要有好的思路和谋略,而且要有切实可行的操作性;第三,房地产策划需要在实践中不断修正策略,才能使之适应市场竞争的需要。

2) 房地产策划学是一门思维科学

房地产策划作为一项创造性的思维活动,实质上是一门思维科学。房地产策划"本质上是运用脑力的行为",从思维特点、思维方法、思维习惯、思维创意等都体现了思维科学的基本特征。特别是创意策划,要靠各种科学的思维方法,如逆向思维、灵感思维、发散思维、超常思维等来综合完成,没有经过长期的策划实践和艰苦的创新训练是很难达到的。

3) 房地产策划学是一门整合科学

在房地产策划的过程中,要面对各种不同的社会资源。这些资源在策划没有介入之前是零乱和无绪的。房地产策划就是要参与到这些资源中,理清它们的关系,分析它们的功能,分辨它们的主次,帮助它们团结一起,围绕中心,形成一个共同的目标,促使成功地开发房地产项目。从这个意义上来说,房地产策划学也是一门整合科学。

4) 房地产策划学是一门策略科学

策略是思维活动的一种重要表现形式,它作为人类的高级思维活动,是个体实现意志行动的智慧保证。房地产策划实际上是给房地产开发项目出谋划策,在出谋划策过程中,策略运用的成功与否,将影响房地产开发项目的成败。策略的研究和探索,是房地产策划不可缺少的内容之一,因此房地产策划学实际上也是一门策略科学。

5) 房地产策划学是一门艺术科学

房地产策划是一项创造性的思维活动,房地产策划灵感、创意与创新的产生规律类似于艺术创造的过程。因此,房地产策划既是科学也是艺术,可以说是科学与艺术的完美结合。

3. 房地产策划学的研究对象

从房地产策划理论界的情况看,对房地产策划学的研究对象主要有以下3种观点。

1) 房地产策划学的研究对象是项目营销

这是对房地产策划学的早期认识,虽然也强调项目营销贯穿于房地产开发经营的整个过程，但是随着房地产全程策划理论的广泛传播，这种观点呈现出一定的局限性。

2）房地产策划学的研究对象是项目开发的全过程

房地产策划学的研究对象涉及房地产开发的整个生命过程，即市场调研、市场定位、规划设计、项目管理、广告营销、物业管理等各个方面，这是房地产项目全程策划的观点。但是也有学者认为这种观点的研究对象过于宽泛，不利于抓住房地产策划的研究重点，比如建筑施工、项目管理等方面应该由相应的学科来研究。

3）房地产策划学的研究对象是前期的项目策划和后期的营销推广

这种观点认为房地产策划主要针对前期的项目策划和后期的营销推广，因此房地产策划学的研究对象相应的也应该是前期的项目定位和后期的营销推广，中间项目实施阶段的工作涉及较少。这种观点比较符合目前的房地产策划行业的实际情况。

4. 房地产策划学的研究方法

1）科学抽象法

科学抽象法是从大量的客观事物中通过分析抽取出普遍的、一般的、本质的属性，从而形成各种抽象概念的方法。房地产策划学之所以采取科学抽象法，原因在于：①房地产策划实践中的一些概念、规律纷繁复杂，只有通过科学抽象法才能理出本质的规律性的东西；②房地产策划贯穿于房地产项目开发的全过程，但房地产项目生命周期中的哪些环节是房地产策划研究主要的或次要的对象，要依据科学抽象法进行分析才能得到正确的结论；③房地产策划与企业策划的关系是一般和个别的关系，房地产策划具体规律和企业策划的一般规律需要科学抽象法来界定。

2）定性、定量结合法

房地产策划本质上是一种创造性的思维活动，这种思维活动可以用定性的方法来研究。但是定性的研究无法确定一些规律的数量关系，也就很难给决策者在判断时提供一个量的界限，从而造成决策方向的模糊。而定量方法正好能够弥补这一缺陷。因此房地产策划时将定性与定量的方法结合起来，就能够给决策者提供一个明确的决策方向。

3）系统论方法

系统论方法就是从系统观念出发把握房地产策划的对象，运用综合性、整体性、层次性等要素来对它进行考察。综合性就是要求房地产策划任意一个对象的研究都必须从它的成分、结构、功能、相互联系以及历史发展等方面进行综合的考察；整体性就是始终把策划对象作为整体对待，从整体与部分的相互制约关系中揭示房地产策划系统的特征与运动规律；层次性指的是房地产策划是一个大系统，它是由许多子系统组成的层次结构，子系统又由更小的子系统组成，它们之间以一定的结构方式组成有机的整体。

4）动态分析法

用动态分析方法来研究房地产策划可以从两方面来把握：一是要把房地产策划放到房地产经济发展的动态运动中去研究，研究房地产策划与房地产经济发展的演变过程，从中找出其动态的规律；二是要把房地产策划放到房地产市场需求变化的动态运动中去研究房地产策划与房地产市场需求变化的动态规律。

5. 房地产策划学的相关学科

1）现代策划学

现代策划学是从管理科学分离出来的经济决策理论的一个分支。现代策划学是房地产策划学的理论基础，对房地产策划学具有理论指导意义。从这个意义上说，房地产策划学也是现代策划学的一个分支。但房地产策划学也有自己的内在理论框架和特有发展规律，房地产策划理论的发展将进一步丰富现代策划学。

2）房地产经济学

房地产经济学包括房地产市场、房地产价格、房地产企业、房地产开发、房地产投资、房地产金融、房地产经营、房地产制度等理论，它揭示了房地产经济的一般规律。房地产策划是在房地产领域运用科学规范的策划行为，因此，房地产经济学理论是房地产策划学的另一个理论基础，它的基本规律影响了房地产的策划行为。

3）市场营销学

房地产产品经过设计、建设以后，最终要推向市场。在将房地产产品推向市场的过程中，没有市场营销理论的指导是难以实现的。市场营销理论是房地产策划，尤其是房地产营销策划的理论基础，房地产策划学离不开市场营销理论的指导。

4）项目管理学

项目管理学是近年来从国外引进的一门学科。项目管理理论的最大特点是以项目的寿命周期来进行的管理。项目管理理论对房地产策划学影响较大，房地产策划学的子学科——房地产项目策划学实际上也是项目管理理论的一个分支。

5）社会学

房地产策划的对象是一种特殊的消费品，策划时需要涉及众多具体的社会问题，比如社区生活方式、群体倾向、文化需求、家庭爱好等。社会学理论强调社会关系、社会群体、社会生活、社会人口、社会文化以及社区发展等问题，这些都是房地产策划的理论依据。没有社会学理论的有力支持，房地产策划是空洞而无力的。

2.3 房地产策划的发展历程

2.3.1 房地产策划产生的背景

作为房地产行业一个相对独立的专业化的服务体系，房地产策划的产生与发展具有其深刻的历史原因。

建国以后很长一段时期内，城镇国有土地的所有权与使用权不能分离，土地使用权也不能转让，因此也就不存在房地产业及房地产市场，也更谈不上有房地产策划。

20世纪80年代开始，我国开始进行土地使用制度和房屋产权制度的改革。1987年，深圳首次进行了国有土地使用权有偿出让的试点；1988年，七届全国人大一次会议修改了《宪法》，规定"土地使用权可以依照法律的规定转让"；同年12月通过《土地管理法》的修改议案，规定"国家依法实行国有土地有偿使用制度"，土地使用权可以依法出让、转让、出租、抵押。这些改革措施的出台为建立房地产市场扫清了制度障碍。

但是整个20世纪80年代，我国基本上仍处于短缺经济时代，房地产行业也不例外。消费者对房地产产品的需求远大于供应，房地产市场处于卖方市场阶段。而且限于当时的经济发展水平，消费者满足于房地产的基本居住功能，对房地产产品的质量与品质要求不高。因此即使局部房地产市场存在竞争,但只要项目存在一个优点或卖点,就可以实现销售,开发商可以说是"一招鲜、吃遍天",此时房地产策划缺乏必要的市场空间和生存条件。

邓小平南巡讲话以及党的十四大以后,我国确立了社会主义市场经济体制。市场经济体制的确立极大地促进了房地产业的发展,1992年、1993年全国房地产开发投资增幅分别高达117%和165%,房地产业的快速发展迅速改变了供不应求的市场状况,使得房地产市场的供求关系迅速进入买方市场阶段。消费者有从容的时间和足够多的选择机会来"货比三家",消费者的"吹毛求疵"使得任何一个小问题都有可能导致买卖不能成交。为适应消费者的挑剔,开发商必须采取"人无我有"、"人有我优"、"人优我变"的开发与经营策略,有意识地集各家所长于自身,尽其所能地向市场展现项目的卖点,这就为房地产策划提供了广阔的舞台空间。因此,市场经济体制的建立为房地产策划的产生提供了前提条件。

但是这股前所未有的房地产投资热潮催生了巨大的房地产泡沫,过快的投资增幅给经济发展造成了很大的通货膨胀压力,给国民经济的持续健康发展带来了隐患。尤其是在珠江三角洲、海南以及广西的北海等地,房地产项目遍地开花,投机现象层出不穷。

从1993年7月开始,国家开始对国民经济进行宏观调控,紧缩银根,控制投资规模,清理开发区,对房地产开发进行了严格的限制,房地产业从此进入低潮。许多开发项目销售困难,甚至处于停工状态,陷入了进退两难的境地。开发商为了从已经"死火"的项目中解套,不得不引入"外脑",开启全新的开发理念和运作模式,房地产策划应运而生。因此,可以说特定时期的房地产低潮成为房地产策划产生的导火线。

2.3.2 房地产策划的发展阶段

从1993年算起,我国房地产策划从萌芽、起步直至发展到现在,已走过10多年的历程。学者兼房地产策划人黄福新从房地产策划技术手段的角度将房地产策划分为如下几个阶段:单项策划阶段、综合策划阶段、复合策划阶段和整合策划阶段。虽然上述阶段划分还有值得探讨的地方,但从中也可以看出我国房地产策划的发展轨迹。

1. 单项策划阶段

单项策划阶段的策划师以各地的"自由策划人"为主,他们各具专长,基本上独立开展策划业务。由于单个策划人的专业知识及策划手段不可能面面俱到,因此此阶段房地产策划的主要特点是运用各种单项策划手段来进行。比如,顺德碧桂园的星级配套策划、广州文昌广场的前期投资策划、广州天河名雅苑的设计策划、广州天河城广场的市场策划等。从整个市场看,这一时期的房地产策划卖点主要还是以地段、价格等最基本的房地产要素来体现。

1993年,王志纲主持策划的广东顺德碧桂园项目取得了巨大成功,开创了房地产策划实践成功的先河,王志纲也因此成为国内房地产策划界的先驱。

但由于王志纲这一阶段忙于房地产策划的实践,系统的理论总结并不多,他的策划思想体现在口号式的只言片语中,但仍具有一定的理论意义。比如他指出:"好项目不是找来的,而是策划出来的",强调策划在项目开发中的重要性;"房地产不是钢筋加水泥",

强调应该给房地产产品赋予更多的附加值;"名牌的背后是文化",强调项目蕴涵的文化对创建"名牌"项目主导作用;"精确的市场定位是成功策划的核心,对社会大趋势的精妙把握是能否定位准确的前提";"思路决定出路";"智力创造出生产力的思想"等。

房地产策划在实践中创造出典范项目,并为企业创造可观的经济效益,引起了人们的极大兴趣和关注,以致社会上出现无限夸大策划作用的思潮,某些策划人也动辄以"大师"自居,这给以后地产策划业的健康发展造成了一定的消极影响。另外,这一时期房地产策划业的从业人员良莠不齐,个别策划人利用市场对房地产策划的极度需求,不是进行实事求是的、脚踏实地的市场调研和创造性劳动,而是通过大玩概念、点子等虚无飘渺的东西来招摇撞骗,损害了策划业的整体信誉。

2. 综合策划阶段

综合策划阶段的主要特点是各项目根据自己的情况,以主题策划为主线,综合运用市场、投资、规划设计、广告、营销、物业管理策划等各种策划手段,使销售达到理想的效果。

广州锦城花园堪称房地产综合策划的典范。它以主题策划为主线(品质、价格、舒适与和谐),贯穿于投资策划(写字楼变更为住宅)、市场策划(占领12层带电梯小高层住宅的市场份额)、设计策划(欧陆立面设计、集中共享绿地、合理安排建筑户型、结构设备满足建筑功能及美观要求)、营销策划(淡季入市、显示身份的高尚住宅)、广告策划(连登悬念广告、积聚人气)、形象策划(寓意深刻的标识、标志),整个策划手段整合得十全十美,一气呵成。

自此之后,以主题策划为主线的综合策划手段在广州、深圳乃至全国各地流行起来,出现综合策划成功的不少典范楼盘,如以"成功的白领人士"为主题概念的广州碧桂园,以"和谐社区文化"为主题概念的番禺丽江花园等。在各种策划手段的整合中,各项目还根据自己的特点有所侧重、创新。广州翠湖山庄主题概念是"一般度假或生活居所",其他手段则是园林设计策划(万象翠园)、独特营销策划(搭单大行动、试住大行动、减价大行动)、公关活动策划(目标品酒会、万象翠园开放日);广州颐和山庄的主题概念是"绿色、空气、空间加文化",其他手段则侧重自然环境策划(山顶公园)、山庄文化策划(电影浪漫音乐会、科技记者学术交流会)、人文活动策划(专家聚会评定楼盘、重阳节登高);广州中旅广场则侧重建筑设计策划(古典风情与现代韵味于一体)、商业功能策划(商业形式选择和布局)、销售推广策划(实实在在营销)、楼盘形象策划(大型电脑喷画包装整个楼盘)。

随着房地产策划实践的不断深入,各种策划思想、策划理论、策划流派层出不穷。最具代表性的房地产策划理论主要有王志纲的"概念地产"理论和冯佳的"全程策划"理论。

"概念地产"理论认为首先应给房地产项目一个概念,当这个概念被社会接受以后,该概念所支持的硬件就能很快被消费者所接受。"概念地产"理论要求房地产开发项目应该进行概念(理念、主题)设计(策划),使"概念设计"成为贯穿项目开发的全过程。"概念地产"理论对整个房地产策划领域产生了很大的影响,不少房地产项目就是在"概念地产"思想的指引下,通过独特的概念(理念、主题)设计(策划)获得成功的。

房地产"全程策划"理论主要强调两方面:一是房地产策划应从市场调研、项目论证、概念设计、规划布局、建筑设计、工程控制、营销推广、售后服务等一系列环节中进行"全过程"策划，各个环节相互连贯，缺一不可；二是在每一策划环节中以提高产品价值为主要目的，强调提升项目价值的手段和空间。"全程策划理论"是综合策划阶段理论成果，为房地产策划领域提供了一种全新的策划模式，影响深远，目前正被广泛采用。

房地产策划实践的总结方面，《成事在天》、《策划旋风》两书总结了王志纲在此阶段的房地产策划实践；冯佳的《现代房地产经典营销全录》收录了港、穗、沪、深、京等地房地产策划的经典案例；周勇在《房地产开局与残局策略》书中对其房地产策划实战进行了总结。

但是，在这一阶段中，由于房地产策划的概念与界定还不是很科学与规范，业内人士对房地产策划的作用与地位认识也不统一，房地产策划理论的发展滞后于房地产策划实践的需要。还有不少人对房地产全程策划理论提出质疑，认为在专业分工越来越细的情况下，包打天下的全程策划模式是行不通的。

3. 复合策划阶段

复合策划阶段的主要特点是狭义地产与泛地产相复合，即房地产策划除了在房地产领域运用各种技术手段外，还可以运用房地产领域以外的其他手段。比如，房地产与体育文化产业、健康养生产业、旅游休闲产业、IT数码产业等嫁接。

广州奥林匹克花园是房地产业与体育业嫁接成功的复合地产典范。广州奥林匹克花园在运用房地产领域内各种策划手段的同时，吸收体育业的最新理念和手段，将两者成功嫁接、融合，广州奥林匹克花园"运动就在家门口"的主题设计，体现"运动型、健康型"的生活方式，迎合消费者购房就是购买"健康"消费心理。1999年7月8日，广州奥林匹克花园正式推出首期，引起业内轰动，有许多顾客提前3天开始排队购买，一举成为广州乃至全国的超级楼盘。广州奥林匹克花园的销售成功，被誉为"复合地产"策划的里程碑，它使人们对房地产策划领域内的传统手段进行反思，从而获得启迪，即房地产开发可以不用局限于房地产本身，还可以有更广阔的领域等待人们去开拓、探索。此后，房地产与IT业相复合的南海东方数码城、房地产与自然山水相复合的广州山水庭院和江南世家、房地产与旅游业相复合的杭州千岛湖开元度假村等"复合地产"策划均获得成功。

与"复合地产"概念对应的是王志纲的"泛地产"策划思想。所谓泛地产就是不局限于以房子为核心，是在某一特定概念下营造一种人性化的主题功能区域，这种功能区域的主题各有不同，如生态农业度假区、高科技园区、高尔夫生活村、观赏型农业旅游区等。王志纲的"泛地产"思想是对其"概念地产"的进一步发展，对房地产策划影响巨大。

4. 整合策划阶段

整合策划阶段的特点是以客户的市场需求或潜在需求为中心，整合各种产业、理念智力和手段，使推出的楼盘升级换代，在市场竞争中赢得消费者的信赖。

整合策划阶段以广州星河湾的成功推广为标志。广州星河湾位于华南板块华南快速干线出口处，占地面积1200亩。星河湾基于"买家选择住宅的首要标准正由价格因素向环境因素转变"这一预测，在项目开发中整合了各种理念(战略、郊区化、大盘化及泛地产理念)、各种产业(房地产、园林、教育、水景)、各种智业(策划、规划、设计、园艺等公司)以及各种风格(夏威夷、墨西哥、西班牙、新加坡及地中海风格)于一体，博采众长，创造出"高尚住宅要有高尚环境的"策划主题。星河湾项目于2001年5月1日开盘，"五一"期间的参观人数超过18万人次,开盘一个月的销售额即超过3亿元。

在整合阶段比较突出的还有广州华南新城、广州南国奥园、深圳阳光棕榈园等项目。

在这一阶段,房地产策划出现如下几个趋势:一是大盘策划;二是连锁策划,比如广州奥园开发成功后,奥园系列已拓展至全国30多个城市;三是房地产策划有从"泛地产"论向"城市经营"方向发展的趋势。

在房地产策划理论研究方面,贾士军于2002年出版的《房地产项目全程策划》一书对房地产策划的系统研究做了有益的探索,黄福新于2004年出版的《房地产策划》一书对房地产策划的基本理论、学科体系等进行了系统的探索与总结。

经过多年的房地产策划实践,房地产策划在此阶段总结出了几种具体的策划模式。如以王志纲为代表的"战略策划模式",强调房地产项目需要从大势上进行战略把握与定位,代表著作是《才智时代——王志纲观点》;以冯佳为代表的"全程策划模式",倡导对项目提供标本兼治的全过程策划服务,代表著作为《现代房地产经典营销全录》;以曾宪斌为代表的品牌策划模式,强调应该从项目品牌的挖掘、塑造来提升楼盘的价值,代表著作为《品牌旋风》;以周勇、童渊等为代表的产品策划模式,强调房地产产品的细节和细部的完美与舒适,代表著作为《产品主义——北京康堡花园审美解读》;以黎振伟为代表的投资策划模式,强调项目的市场调研和投资论证在项目策划中的重要地位等。

这一阶段的主要问题是房地产策划界对"城市策划"、"经营城市"等概念存在不同看法。认为"经营城市"是政府的责任,开发商参与"城市经营"是角色错位。开发商由于其资本追逐利润的本性,在"城市运营"过程中必然将自身的利益放在第一位,一旦城市发展与开发商的利益发生冲突,开发商会毫无疑问地以牺牲公共利益来保护自身的局部利益。因此过分强调"城市策划"的概念对房地产策划及房地产业的发展具有负面影响。

2.3.3 房地产策划的发展现状

1. 房地产策划的价值已基本得到市场的肯定

房地产策划是伴随着人们的争议成长、发展起来的。但经过多年的发展与实践,房地产策划的经济与社会价值、地位与作用已基本得到市场的肯定。房地产策划作为房地产开发经营过程中一个相对独立的专业化的服务体系地位已经基本确立。

《2006中国房地产策划代理百强企业研究报告》显示,2004年和2005年全国策划代理百强企业的平均策划楼盘面积分别比上年增长64.9%和113.4%;平均策划楼盘个案数分别比上年增长24.7%和40.2%。策划代理面积及策划项目数量增速较快,策划代理百强企业纳税额逐渐提高,策划代理行业整体处于高速增长期,策划代理行业的社会价值正逐步得到体现,涌现了一批以上海房屋销售、世联地产、合富辉煌、上海天地行、北京伟业等为代表的优秀策划代理机构。

2. 房地产策划的理念与策划模式呈现多元化

房地产策划已经告别了一种理念、一种模式统一天下的局面,各种策划理念、流派,以及模式多姿多彩、精彩纷呈。比如住宅郊区化、大盘化、国际化理念和复合地产理念,尤其是在"泛地产"论提出以来,房地产策划真正"跳出地产做地产",教育地产、体育地产、生态住宅、山水城市等策划理念正在得到实践；在策划模式上也总结出了诸如"战略策划模式"、"全程策划模式"、"品牌策划模式"、"产品策划模式"等。

在住宅开发类型上出现诸如教育地产、旅游地产、体育地产、生态住宅、山水城市等"复合地产"和"泛地产"理念，有些理念还正在上升为技术标准规程，如2001年建设部组织专家出台了《中国生态住宅技术评估手册》，2003年上海开始实行《生态型住宅小区建设管理办法》和《生态住宅小区技术实施细则》，2005年建设部与科技部联合发布了《绿色建筑技术导则》；在开发理念上出现居住郊区化、大盘化及新都市主义等。

3. 地区间的房地产策划水平很不平衡，"克隆"现象比较普遍

我国的房地产策划最先是在广州、深圳、上海等沿海发达城市兴起的。相对而言，沿海尤其是南方的策划实践与策划理论水平较高。近年来，随着南方及沿海地区的开发商纷纷向北方及内地扩张，沿海城市先进的房地产策划理论与经典案例也随之向上述地区传播。由于存在发展水平的巨大落差，内地众多项目在策划理念和手段上不可避免地出现了"克隆"现象。这种"克隆"现象虽然能够快速提高内地房地产策划的水平，但也需要引起房地产策划界的关注，因为创新才是房地产策划实现可持续发展的根本所在。

"克隆"的后果应该从两方面来看：一是能够快速提高内地房地产策划的水平；二是房地产开发具有很强的地域性与特殊性，盲目照搬会导致开发的失败。

4. 房地产策划过程以定性分析为主、定量分析为辅

房地产策划偏重于宏观大势的把握及对开发与营销理念的宣传与推广，策划结果以定性为主，没有建立在大量数据分析以及严谨逻辑推理的基础上，策划人的主观因素影响较大。

由于我国房地产业的发展时间不长，房地产行业管理的信息化工作比较滞后，还没有一个统一的可以共享的房地产信息平台，因此必须针对具体项目进行有针对性的市场调研。但是目前在市场调查、信息收集等方面还不够成熟与规范，影响了市场调查和市场定位的准确性。比如现在的项目可行性研究报告基本上只是一个形式，只要老板决定了的项目几乎都是可行的；有些策划机构在房交会进行调查，甚至让大学生来回答问卷问题等。

5. 房地产策划领域的名人效应比较显着

一些策划人经过艰辛的努力和不断的探索，创造出许多经典的房地产策划成功案例及营销经典，赢得房地产开发企业的认同。随后这些策划名人纷纷成立各种房地产策划咨询公司，并以知名策划人领衔为主（出思想）、其他人员为辅（重操作）形式进行策划活动。

房地产开发和相应的房地产策划工作是一项系统的复杂程序，随着房地产开发规模的扩大、开发理念的更新、新材料新技术的应用以及策划范围的扩大，房地产策划对专业化、规范化提出更高的要求。房地产策划更需要一个专家团队而不是单个策划名人，现在这种策划形式实际上也是我国房地产策划咨询业还不够规范与成熟的体现。

6. 房地产策划的专业水准参差不齐、整体素质不高

房地产策划是一个新兴行业，高等院校一般没有开设相关专业课程。目前房地产策划的从业人员一般从营销、广告、新闻、中文、土建等专业转行而来，专业素质参差不齐，

既懂营销策划知识，又熟悉房地产行业运作规律的专业人才很少。此外，由于从业人员鱼龙混杂，房地产策划行业的职业道德亟待规范，资格准入制度有待加强。相对其他房地产中介服务业而言，房地产策划的资格准入很低。"策划大师"有可能也是骗子，更不必说一般的从业人员。

7. 房地产策划业仍未建立行业协会组织与行业规程

房地产策划咨询行业有不少需要规范的专业行为，如技术规程、洽谈程序、咨询守则、职业操守、收费标准等。为给客户提供专业、规范、完善、满意的策划咨询服务，有必要成立行业协会来对上述专业行为进行规范，制定统一的房地产策划咨询规程。但由于种种原因，目前成立房地产策划行业协会仍没有被提上议事日程。

2.3.4　房地产策划的发展趋势

1. 房地产策划理念将从概念策划向概念与产品品质并重方向转变

主题概念策划是当前房地产策划的一大特色，但仅有概念策划是不够的，概念与细节都是房地产策划应该强调的。

在一个资讯发达、信息爆炸的时代，一个具有创意的概念策划能够在竞争激烈的市场上迅速吸引买家的关注，因此概念策划主要在于造势。但是房地产品牌的建立必须建立在产品品质不断提高的基础上，也是维持房地产品牌美誉度和忠诚度的基础。因此必须强调先进理念（概念）与产品细节的虚实结合，既有美好的创意，又有完善的产品品质。

2. 房地产策划手段将向多元化、立体化方向发展

随着房地产市场竞争的日趋激烈，对房地产项目的差异性要求也越来越高。既要有宏观把握，又要有微观切入；既要战略引导，又要有实战操作；既要有人文参与，又要有科技配合。只有构筑庞大的房地产策划技术服务体系，才能塑造品牌的差异化，避免同质化。

房地产策划从单一的广告营销策划向全程策划发展，从宏观的概念策划向产品策划扩展，产品销售从期房销售向样板房甚至全现房发展，营销策略从单一的价格策略向产品策略、价格策略、渠道策略、促销策略等多种营销手段的综合运用发展。

3. 房地产策划过程将从定性分析向定性与定量分析相结合方向发展

市场的发展并不以人的意志为转移，房地产策划的结论必须建立在定量的市场调查和市场分析及严谨的逻辑推理基础上，策划人必须避免主观臆断。策划过程应该更加注重定量的调查与分析，强调用数据事实说话，才能达到信息处理的科学化。

房地产策划本质上是一种创造性的思维活动，因此定性分析是重要的。但是定性的研究无法确定一些规律的数量关系，也就很难给决策者在判断时提供一个量的界限，从而造成决策方向的模糊。而定量方法正好能够弥补这一缺陷。因此房地产策划时将定性与定量的方法结合起来，就能够给决策者提供一个明确的决策方向。

房地产策划的定量分析方法主要运用于市场调研、可行性研究、投资分析，市场定位

阶段；而定性分析方法主要运用于创意策划过程中。

4. 房地产策划组织将从自由策划人向群体组织转变

随着房地产策划范围的扩大、策划深度的加深、策划手段的多样化及专业化的分工越来越细，房地产策划将涉及更多学科的专业知识；随着市场竞争的加剧，房地产策划所需要的市场信息越来越多。在这种情况下，自由策划人将难以胜任复杂的策划任务，必然要走上专业分工、相互协作的专业化、规范化、组织化的道路。

5. 房地产策划理论将形成全面的、科学的理论体系

近年来，经过众多房地产策划人的不断实践与探索，房地产策划的成功案例不断涌现，策划思想与策划理念不断丰富与成熟。随着房地产策划实践与理论研究的继续深入，全面、科学的房地产策划理论必然会呈现在人们的面前。

2.4 房地产策划师职业概况

房地产策划师是指通过房地产策划师统一认证考试，取得房地产策划师职业证书，并经登记后从事房地产行业的市场调研、方案策划、投资管理、产品营销和项目运营等工作的专业人员。房地产策划师的主要工作包括：房地产项目的市场调研及市场定位；整合规划、设计、建设、营销、广告、物业等资源，制定策划方案；房地产项目的产品营销工作；房地产项目的运营和物业管理工作等。

经过十几年的发展，我国房地产策划行业已经取得了长足进展，并且已经形成了一个专门的产业，直接和间接从业人员数以百万计，其中从事项目策划的各级管理人员约10万人。2005年3月31日，劳动和社会保障部公示了第三批共10个新兴热门职业名单，其中房地产策划师榜上有名；2006年1月17日，劳动和社会保障部发布了房地产策划师国家职业标准，标志着房地产策划师作为一个新兴职业正是受到社会的认可。房地产策划师职业的确立，不仅可以培养大批专业人才，解决房地产行业对人才的迫切需求，而且可以扩大社会就业途径，保证房地产行业的健康、持续、高速发展。

本职业共设4个等级，分别为：房地产策划员（国家职业资格四级）、助理房地产策划师（国家职业资格三级）、房地产策划师（国家职业资格二级）、高级房地产策划师（国家职业资格一级）。

2008年12月15日，由中国房地产及住宅研究会主办、凌志通成承办的"首届中国房地产策划师年会"在北京大学隆重举行。此次大会作为中国房地产策划师第一次全国性的行业聚会，是国家推行房地产策划师职业资格认证制度以来的首次年会。标志着"房地产策划师"这一中国房地产业服务群体进一步朝着职业化、规范化方向迈进。

房地产业已经成为我国国民经济的支柱产业和新的经济增长点，中国的房地产市场是世界上发展最快、规模最大的房地产市场，中国的房地产业已经进入一个充满机遇的时代。房地产行业的职位需求近几年来始终位居前十位，市场需求量巨大，职业前景看好。2005年，上海市紧缺人才办公室已正式将房地产营销策划列为上海市紧缺人才岗位。

本 章 小 结

　　房地产策划是策划学基本理论在房地产领域的综合运用。房地产策划是房地产中介服务业的重要组成部分，属于新兴的智力产业，能够为房地产开发提供各种专业的咨询服务，与房地产开发实现优势互补，成为房地产企业及项目决策的助手。

　　房地产策划具有地域性、政策性、市场性、创新性、前瞻性、系统性、程序性及多样性的特征。房地产策划要求遵循创新原则、客观原则、定位原则、可行原则、全局原则、整合原则、人文及应变等原则。通过策划人的总结与实践，房地产策划形成了不同的策划模式。随着我国房地产业的蓬勃发展，房地产策划必将迎来更广阔的发展空间。

阅 读 材 料

碧桂园神话——一个轰动南国的战例

1. 房地产不等于钢筋加水泥

　　1993年6月，银根突然紧缩，宏观调控加紧，失控的经济列车被重新拉回轨道，耀眼的"经济泡沫"在阳光下开始破灭。曾经一度炒得火爆的房地产大势转弱，走向低潮。当鼓声停下来的时候，不祥之花正好落在碧桂园这个地盘之上。碧桂园以位于顺德市碧江之畔桂山之侧得名，它坐落于顺德与番禺的交界地，前不着村，后不靠镇。尽管投资逾亿的开发商反复宣传此地为"金三角的交汇点"，可前来看楼买房的人仍是伶仃可数。为了"救市"，发展商曾多次邀请一些专家、学者实地考察，希望出奇制胜，但也没有什么高招。

　　1993年8月的一天，当碧桂园的老板送孩子来到离广州两个小时车程的"贵族学校"报名上学时，他发现在这里偏乡僻壤，学校建在水田鱼塘之上，但却有那么多"大款"争先恐后把自己的孩子往这儿送，尽管每个学位要交教育储备金15万元。为什么不在自己的楼盘建一所学校呢？可是一帮农民出身的建筑商，怎么办起一个高档次的贵族学府呢？如何吸引大都市的有钱人？如何取信于民，取信于社会？当时，有人向老板建议请新闻界的"大腕"出山，写一篇大手笔的文章为办学推波助澜，并向老板推荐了王志纲。

　　1993年10月，王志纲悄悄地来了。在看了楼盘后，王志纲说："这不是一篇文章就能做好的。现在的情况是，就房地产搞房地产肯定死火，要跳出房地产才能开发房地产。"他强调："房地产不等于钢筋加水泥，名牌的背后是文化，地产也要用文化的方式去运作。办学不是权宜之计，而要把它当作一个系统工程的部分，一种全新的生活方式，用全新的策划思路去做。如果仅仅把它当作一种住宅配套，那就注定要失败。"如雷贯耳，心灵相通。碧桂园老板当场拍板："大策划要有大师傅，王老师，碧桂园请你当总策划！"

2. "可怕的顺德人"奇袭

　　1994年1月3日，广州《羊城晚报》上刊出了一则引起轰动的广告：昨天，顺德人撑起了广贷北伐主力军团的大旗。今天，顺德人要用财富栽培出智慧之果。在珠江三角洲的黄金点——碧桂园，可怕的顺德人将要搞一项跨世纪、超国界的文化工程。一夜之间，"可怕的顺德人"刮起了一股"悬念旋风"，掀起了几百万读者的探奇欲，那神秘的"智慧果"之后又有什么？人们急不可耐地等待着后续的报纸。

1994年9日，"可怕的顺德人"再次出击：广东碧桂园学校成功三大见证，天时、地利、人和，由"智慧果"引出了"博士帽"。9月13日，"可怕的顺德人"第三次亮相：富不过三代，要使事业有续，最明智的投资莫过于投资子女。9月25日，"可怕的顺德人"全面揭开谜底，在《羊城晚报》的一整版套红广告中，"儿女需要什么？孩子呼唤什么？做父母的最明白。"并和盘托出了"21世纪经济大潮的黄埔军校"——碧桂园学校的办学方案与招生条例。1995年2月8日，"可怕的顺德人"摆了一架意味深长的社会天平——左边是别墅、轿车、美金，右边是一个小学生。财富积累或儿女成才？两相权衡，谁重谁轻？钱财身外物，儿女千秋业，留得青山在，不怕没柴烧，子女成才最重要！"为什么不去碧桂园学校？""可怕的顺德人"悬念系列制造了一个轰动一时的社会追踪热点。据统计，在广告刊出的一个月中，"碧桂园"就收到了来自全国各地的应聘教师来信8000多封。

王志纲策划的其他"奇袭"行动同样取得了出乎意料的成功。几个月后，草创而成的碧桂园学校人头涌涌、车水马龙。从公路边蜿蜒而入两公里内，陈列着"奔驰"、"宝马"、"丰田"、"凌志"、"皇冠"、"标致"……数来竟有上千辆之多，简直成了"世界名车大展"。学校原担心招生难达到1000人，结果报名者突破1300人，教育储备金也由最初的一个学位18万涨到23万元至30万元。"碧桂园"一跃成为广东高价学校的"龙头大哥"。

3."超级社区"启动

学校这步"生死之棋"活了，下一步就是楼盘策划。王志纲建议："碧桂园的人推思想，一句话，叫'一个中心，两个基本点'。一个中心就是'碧桂园生活方式'的营造，两个基本点，一个是国际学校，一个是建设五星级的国际俱乐部。""碧桂园的策划，一定要跳出房地产概念，加大文化内涵，上升到'全新的生活方式'的高度，才能令人耳目一新。"他的广告是："三年不鸣，一鸣惊人，三年不飞，一飞冲天；碧桂园给你一个五星级的家，碧桂园，成功人士的家园。"

4."白领精英"下乡

仿佛是无意中的安排，一批前来采访的记者在碧桂园物业管理公司的工作午餐上，居然撞见了广州五星级大酒店的一批"白领精英"。物业公司总经理为中国大酒店副总经理，餐饮部经理来自白天鹅酒店，管家部负责人在中国大酒店当部长，采购部、培训部经理分别来自国际大酒店与花园酒店。广州的"五星"白领在这里竟有20人之多！吸引白领精英们从都市五星级会所来到碧桂园社区的秘密，就在于碧桂园的缔造者在这里进行一场史无前例的试验：把五星级酒店的管理模式引进屋村管理，把这里的每一幢当作五星级酒店的一套客房，使每一位住客享受到五星级的全程服务。与一般的小区管理截然不同，碧桂园成立了物业管理公司，下设公关部、维修部、饮食部、管家部、采购部、人事培训部、基建工程部、康乐部等11部门，管理人员达150多人，其主要骨干均为广州酒店管理的"精萃"。

5."碧桂园生活方式"之谜

在王志纲的策划下，广东大小媒介爆炒这样一个新名词："碧桂园生活方式"，称为未来中国人的理想生活方式。然而，这种模式一推出，就引起社会各阶层的广泛争论，有人说这是"富人的特区",穷人止步;也有人说这是一种生活理想,但思维超前,人们消费不起。在针锋相对、坦诚以待的对话之中,社会各阶层都不知不觉卷入了讨论与思考,"碧桂园生活方式"之谜成为待破解的对象。王志纲认为,争论正好把"生活方式"炒热,一旦这种比较超前的未来生活方式为大众所接受。就能开创出一个崭新的市场,引导人们的消费理想。

6. 名牌的背后是文化

王志纲有一句名言——名牌的背后是文化。文化承载量越大的项目,其效益释放量越大。效益的增长不是算术级数,也不是几何级数,而是原子裂变极数!

从1995年3月起,以"'碧桂园生活方式'之谜"为总攻口号,围绕着"给你一个五星级的家"和"成功人士的家园",碧桂园又展开了全方位的广告攻势。众说纷纭的"碧桂园生活方式",被定为"天时、地利、人和"三位一体。"花园式别墅区、新型国际学校、国际俱乐部"三位一体的全新的系统工程理念——理想型生活社区的典范。

(资料来源:谭启泰. 谋事在人——王志纲策划实录[M]. 广州:广州出版社,1996.)

思考与讨论

1. 什么是策划?策划与计划、创意、决策有何异同?
2. 策划有哪些原则和方法?
3. 策划一般程序是什么?
4. 什么是房地产策划?房地产策划与一般策划活动有何区别?
5. 当前房地产策划活动主要集中在房地产项目开发过程中的哪个阶段?
6. 房地产策划有哪些特征?在实际策划中哪些特征表现得更为明显?
7. 房地产策划与房地产开发在作用、地位及思维模式上有何差异?
8. 房地产策划有哪些原则要求?这些原则的重要性有何不同?
9. 房地产策划有哪些模式?这些模式有何区别?
10. 房地产策划学产生的背景是什么?
11. 房地产策划学的学科性质、研究对象、研究方法及相关学科是什么?
12. 房地产策划为什么会在20世纪90年代初在我国南方出现?
13. 房地产策划行业的现状是什么?今后的发展趋势如何?
14. 房地产策划师需要具备哪些素质?
15. 结合我国房地产业的发展情况,探讨房地产策划的职业前景。
16. 结合阅读材料,分析碧桂园项目成功的原因。

第3章 房地产项目主题策划

📖 **本章教学要求**

1. 了解：房地产项目主题策划的类型；房地产主题策划的作用。
2. 熟悉：房地产项目案名的作用、命名方式及应注意的问题。
3. 掌握：房地产项目主题和主题策划的概念；房地产主题策划的步骤。

 导入案例

广州奥林匹克花园的主题策划

针对现代都市人生活节奏加快、运动时间减少、生活压力加大、身体素质下降的特点与问题，为让小区未来的业主能够享受健康的生活方式，广州奥林匹克花园的开发商策划了"科学运动、健康生活"及"运动就在家门口"项目主题，并将健康、体育、奥林匹克等理念贯穿于项目开发的各个环节，使项目处处体现出极力追求健康生活方式的主题。

广州奥林匹克花园将体育健身设施充分融入项目的规划设计，如在小区内设置了上万平方米的体育会所，内设网球场、篮球场、小型足球场、棒球训练场、乒乓球馆、游泳池等，并设置了近4000平方米的泳湖。奥林匹克花园将体育文化与运动氛围融入社区文化建设，设置奥运文化长廊与体育雕塑，定期为每位业主进行体质健康监测，并在此基础上提供科学运动和健康生活方式的指导。奥林匹克花园在营销推广上也与体育紧密结合，如邀请奥运明星和奥运官员（如萨马兰奇）参与宣传等。

广州奥林匹克花园"科学运动、健康生活"的项目主题不仅满足了现代都市人追求健康生活的迫切需要，而且该项目主题通过规划设计实现后，确实为小区业主就近运动、提高运动效率创造了条件，因此获得了巨大的成功。此外，该项目还开创了房地产与其他产业（体育）成功嫁接及房地产品牌连锁经营的先河，目前奥林匹克花园系列在国内发展非常迅速，已在国内40多个城市成功开发了50多个奥林匹克花园项目。

（资料来源：黄福新. 房地产策划［M］. 北京：中国建筑工业出版社，2004.）

随着我国房地产业的快速发展，房地产竞争越发激烈。为避免陷入产品同质化竞争的陷阱，开发商除了要考虑传统的地段、价格、户型、环境等竞争因素外，还应该重视项目的开发理念及居住文化等精神层面的因素，后者正是主题策划所需要考虑并解决的问题。

3.1 房地产项目主题策划的概念

3.1.1 房地产项目主题

人们在日常生活中会经常接触到"主题"这个概念，如会议主题、演讲主题、论文主题及主题晚会、主题公园、主题歌等。主题也叫"主题思想",是某一活动或事物所体现和反映的中心思想与主要特色。主题是项目实体的外显,是实体形象、感性的表达。

正如一部文艺作品需要一个特色鲜明的主题一样,在竞争激烈的市场上,房地产项目同样需要一个能够展示项目特点与优势,鲜明的、独特的主题以及统一的"中心思想"。房地产项目主题就是开发商所倡导的独特的开发理念、居住文化和生活方式,是项目的主要特点和特殊优势,是贯穿于房地产项目规划设计、营销推广等各个环节的总体指导思想。

房地产项目主题具有层次性,有宏观主题和微观主题之分。宏观主题主要针对项目整体而言,是贯穿于整个项目的中心思想;微观主题则针对项目的不同组成部分或者同一个项目的不同阶段,是在项目开发的各个环节表现出来的次中心思想。宏观主题与微观主题关系密切,宏观主题统领微观主题,微观主题则体现宏观主题。房地产项目宏观主题一经确定,就应该通过各种途径充分展示,长期宣传,主题概念的频繁变更不仅浪费宣传成本,也不利于项目品牌形象的积累;而微观主题则有所不同,一个项目不同的部分或者同一个项目不同的开发阶段可以策划不同的微观主题,但各微观主题之间应该具有一定的延续性。

在实际策划中,主题概念常常通过项目案名或广告标语表现出来(表3-1)。

表3-1 房地产项目的广告标语与项目主题

项目案名	广告标语	项目主题
广州奥林匹克花园	运动就在家门口	科学运动、健康生活
广东顺德碧桂园	给你一个五星级的家	高质量的社区生活
广州雅居乐	体验国际化的生活	国际化社区
广州华南新城	江山湖泊共同拥有	景观环境好
广州中海名都	都市生态园,岭南新加坡	都市、生态、家园
杭州中大吴庄	曾经是帝王的家	地段的历史文脉积淀深厚
杭州阳明谷	一山,一水,一世家	景观环境优越的豪宅别墅

3.1.2 房地产项目主题策划概述

主题策划又称为主题设计或者概念策划、概念设计,是指策划师根据房地产市场及消费者的需求状况以及房地产项目本身的特点来提炼并确定项目的主题思想,通过规划设计来体现项目的独特优势以及开发理念,并通过主题概念将这种独特优势及开发理念准确地传达给市场与消费者,树立项目特定市场形象的过程,主题策划是一个思维创意过程。

主题策划虽然属于思维创意过程,但房地产项目的主题并不是由策划师凭空想象出来的,策划师在提炼项目主题时必须要反映房地产市场与客户的需求。从上述这个角度来讲,项目主题也要根据市场调研来确定,因此房地产项目的主题策划本质上是一个反映消费者需求与居住理念的动态过程,它不仅仅限于策划几句简单的广告标语,还应该包括如何正确理解消费者需求、获取并提炼主题思想等诸多方面。因此,房地产主题策划活动可以认为贯穿于房地产项目市场调研、规划设计、营销推广等全过程。

3.2 房地产项目主题策划的作用

主题策划是项目开发理念的抽象概括，是房地产项目市场定位、规划设计、营销推广等各方面的综合体现。一个成功的主题策划对整个房地产项目的运作起到纲举目张的作用。

1. 主题策划能统率项目开发的各个环节

房地产项目开发建设需要经过很多环节，主题策划通过树立项目的开发理念和中心思想，能够统率、贯穿房地产项目开发的各个环节，保证房地产项目的规划设计、营销推广、物业管理、社区文化建设等环节始终围绕着预定的目标和方向进行而不致产生偏差。

应用案例 3-1

广州中海名都的主题概念与项目开发理念

广州中海名都项目位于广州海珠区，附近有"东山雅筑"、"南国花园"、"珠江湾"等竞争性楼盘项目。策划师考虑到该项目位于闹市区的特点及消费者向往便捷、雅适、环保的生活方式，确立了"都市，生态，家园"的策划主题，并在后续的开发过程中贯彻了这一策划主题与开发思想，使中海名都项目从众多竞争对手中脱颖而出。比如，在规划设计中取消了多层与小高层的设计构想，全部采用高层建筑，通过提高绿地率以便最大限度地营造社区环境；在小区布局上，由于一期地块靠近珠江，这一期的主题确定为"都市"，即新加坡式的花园城市；二期保留了十多棵大树，该区重点引入一些能吸引鸟类的果树和特色植物，减少车流入口对小区环境的影响，营造出一个"生态园"；三期位于空间环境相对较为封闭、尺寸较小的小区南部，引入岭南文化元素，营造一个具有文化气息的"家园"；在建筑风格及建筑造型方面，借鉴了新加坡住宅项目 Hillington Green 的建筑风格；在住宅设计上，借鉴新加坡高层住宅的设计手法，加强绿意、安全性、私密性等方面的设计；在车库设计上，也因地制宜借鉴了新加坡住宅车库通透开阔的设计手法，突出其生态与新加坡特色。

（资料来源：都市生态园，岭南"新加坡"[EB/OL]. 南方网房产频道.
http://www.southcn.com/estate/nflsh/zhuanti/e33-3.htm）

2. 主题策划能突出项目的竞争优势

在竞争激烈的房地产市场上，每个项目都应该具有自己的独特优势，这些优势需要通过主题策划表现出来，从而引起市场的注意，得到消费者的认可。

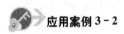
应用案例 3-2

广州光大花园的主题概念与项目优势

光大花园项目位于广州市工业大道，占地面积 43 万 m²，总建筑面积超过 100 万 m²，该地块原先为广州市重型机械厂厂区。该项目尚未推出即已陷入周边楼盘的包围之中，北有富泽园、金沙花园等老牌劲旅，南有金碧花园大盘压境，更有大片旧厂改造项目即将推出。光大花园如何突围而出？成了当时开发商和策划机构面临的严峻挑战。

经过调查发现，与周边其他项目相比，该项目最大的环境优势是拥有1000多棵四五十年树龄的大榕树。策划机构认为，应当充分利用该地块已积累了几十年的绿化成果，塑造该项目的竞争优势——低密度、高绿化、环保型的大型健康社区，从而抛离竞争对手。开发商采纳了策划机构的建议，保留了原有的大榕树及强化园林绿化的营造，确立了"大榕树下，健康人家"的项目主题。该主题既突出了项目健康社区的项目特点与竞争优势，同时也满足了广州市民的榕树情节，是一个非常成功的房地产项目主题策划。

（资料来源：大榕树下，健康人家——光大花园全程策划解码 [EB/OL]. [2008-11-7].
恒昌房地产顾问有限公司. http://www.erec.com.cn/details.asp? NewsID=306)

3. 主题策划能展示项目的独特个性

房地产主题策划能够赋予项目鲜明的特色与个性，加深市场对房地产项目的印象，满足消费者对房地产产品个性化的追求。主题策划所体现出来的项目个性，无论在内容、气质，还是在形式、手段上均应独具一格，使得别人难以模仿与抄袭。

应用案例3-3

北京今典·苹果社区的个性案名

北京今典·苹果社区位于朝阳区国贸桥东南，紧临北京CBD核心区，占地240亩，建筑面积约60万m^2，是一个集居住、办公、休闲、娱乐为一体的大型、高档现代化社区。2002年年底，开发商通过案名征集活动获得"苹果社区"这一极具个性的项目案名。项目的英文名称"PINGOD"，既是苹果的谐音，同时"PIN"又是手机SIM卡的个人密码，象征着独一无二，"GOD"是上帝，这个连词表达了"你就是上帝，上帝就是你"的寓意。

苹果社区将项目不同定位及功能的区块以不同类型的苹果来命名。"青苹果区"定位为小资公寓，面积在50~100m^2，以年轻白领为目标客户；"红苹果区"定位为中产住宅，面积在130~180m^2，以成熟的商务人士为目标客户；"转基因苹果区"（转基因作物具有产量高、抗病力强等特点，暗示项目投资回报率高、抗风险能力强、产品具有多样性的特点）定位为现代商务传媒港，由酒店式公寓、蒙太奇公寓、LOFT公寓及苹果商业街等业态组成，其中苹果商街有电影院、小剧场、咖啡吧、手艺坊、健身俱乐部等。

个性化的项目案名及规划设计吸引了市场的很大关注，开盘前即有3000多人预约登记了苹果社区。虽然这一项目案名曾被许多外地开发商所模仿，但是该项目所表现出来的个性与气质是独一无二的，也是其他房地产项目无法模仿的。

（资料来源：苹果社区 [EB/OL]. [2008-11-7]. http://www.pingod.com.cn/）

4. 主题策划能满足住户的精神需求

房地产产品与其他商品相比，具有物质功能复杂、精神内涵丰富的特征，特别是住宅产品更是如此。房地产产品在物质形态上由土地与建筑物构成。土地原本只是一种自然物质形态，但由于有了漫长历史过程中的人类活动，人与土地之间建立了一种潜意识的情感关联，使土地具有某种精神价值。同时，建筑既是技术又是艺术，随着经济的发展和人民生活水平的提高，人们对建筑物也已不仅仅满足于物质层面的居住与办公需求。

优秀的主题策划通过对项目所处区段的历史与文脉的发掘，对建筑文化和艺术的发扬与光大,可以赋予房地产项目以文化、理念以及其他精神层面上的内涵,使房地产项目充满活力,具有生命与灵魂,使居住者获得精神上的满足与享受。

优秀的主题策划在文化内涵上赋予人们精神上的愉悦和满足,在功能品质上给予人们舒适和满足,这是因为主题能体现房地产产品的文化内涵、科技内涵和服务内涵。广东顺德"碧桂园"的主题是"给你一个五星级的家",住户入住后享受五星级酒店的待遇,有"宾至如归"的感受,这种感受无论在精神上还是在物质上都是相当明显的。

 应用案例 3-4

杭州六合·天寓的"另类"住宅

天寓项目被称为杭州现代主义住宅的代表作,其大胆简洁的建筑风格、不拘一格的整体布局令人叹为观止,是杭州公认的、颇具争议的"另类"住宅(图3.1(a)、图3.1(b))。

"天寓"之名取自《大学》中"天寓乎人,人寓乎天",暗合了天寓项目所向往的"天人合一"的境界,又传达了百米高楼的项目形象。天寓的广告语是"设计改变生活"、"简于形,精于心",体现的是"重设计重品质"、"简洁、时尚、酷"等项目主题。

对天寓项目最大的批判集中在住宅功能方面,批评者认为天寓"为了设计而设计"、"为了外形而牺牲功能",暗厨房、暗卫、没有阳台、进深长、非人性化等。同时其小区独特的"X"布局、方正的外观也受批评,被认为适合于做写字楼,不适合做住宅。

但是,天寓以其简洁的造型、硬朗的线条、冷峻的色调形成极富美学意念的构图,其所具有的艺术气质吸引了一大批拥护天寓设计思想的客户,满足了其追求简洁、时尚生活方式的精神需求。欣赏天寓的人认为天寓的设计和居住理念开创了当地现代主义住宅设计的先河,在房地产市场上具有里程碑的意义。天寓的业主大概是对自己楼盘最忠实的拥护者,他们参与项目的热情超乎人们的想象,如可以每周去项目现场两、三次,可以在销售人员不够时客串营销,可以很激情地在朋友中推荐天寓,并且确实帮助卖出了不少房子,以至于有人认为这些业主是开发商雇佣的"房托"。天寓的业主由于具有非常接近的价值观念而很快聚集到一起。由于对天寓后期的形象广告不满意,业主们主动向开发商要求并帮助其调整天寓的市场形象,这也是从来没有先例的。在天寓项目的开发与销售过程中,业主和开发商不断地交流,互相理解,业主不仅对天寓的实体不断地深入了解,也开始从思想上和项目开发理念融合,天寓的实体和业主的精神成为一体。

(资料来源:一壶. 艺术与生活——天寓批判[EB/OL]. [2008-11-7]. http://zzhzbbs.zjol.com.cn/viewthread.php?tid=259008)

图3.1(a) 杭州六合·天寓项目效果图

图3.1(b) 杭州六合·天寓项目实景图

5. 主题策划能塑造项目的品牌形象

主题策划能够展现项目的竞争优势和独特个性，有助于加深消费者对房地产项目的印象，长此以往便能塑造房地产项目和企业的品牌形象。

应用案例3-5

浙江金都房产集团的项目主题策划和品牌形象

从1998年开始，浙江金都房产集团对其开发的几乎每个项目均进行人居环境、住宅科技、节能与环保等相关主题策划，采用新技术、新材料、新科技提升产品品质和住宅舒适度。如新金都城市花园为"建设部城市住宅建设优秀试点小区"，金都华府为"建设部科技示范工程项目"，金都景苑为"国家康居示范工程项目"，金都佳苑为"中国人居环境金牌建设试点项目"，金都富春山居以"节能与环保"为主题（采用外墙自保温系统、隔热阻断式铝合金型材、单户式新风系统、变频变压供水系统及小区智能化系统等），金都城市心宇以"打造科技豪宅"为主题。经过10多年的探索与积累，金都房产逐渐树立了注重人居环境和住宅科技含量的企业品牌形象，2002年获建设部"中国人居环境范例奖"。

（资料来源：金都房产集团［EB/OL］．［2008-11-7］．http：//www.jindu-group.com/）

6. 主题策划能提升项目的市场价值

建筑从物质形态上看是钢筋水泥等合成体，主题策划通过赋予没有生命的建筑个性鲜明的、富有文化及鲜活生命力的内涵与形象，从而增加房地产产品的附加值，甚至有些时候还能掩盖产品本身的某些缺陷，最终实现提升项目经济价值的终极目标。

3.3 房地产项目主题策划的步骤

1. 准确理解消费者的需求

主题策划必须要契合消费者的需求状况，因此进行主题策划的前提是要能准确理解消费者的需求，而这必须建立在充分市场调研的基础上。比如，市场需要的是小户型住宅，而项目的主题定位为奢华豪宅，这样的主题必定与市场需求背道而驰，是注定要失败的。又如随着信息及网络技术的发展，开发商适时推出的"SOHO"主题，满足了部分自由职业者、IT白领及一些小规模公司对弹性办公、居家办公的潜在需求，获得了很大的成功。

2. 策划主题的发掘与提炼

在准确理解消费者需求的基础上，策划师应该根据项目自身的优势与特点进行主题概念的发掘、设计与提炼。主题的发掘与提炼需要通过策划师的思维创意来完成，这要求策划师掌握丰富、广博的房地产及其他相关学科知识，具备较强的理念创新能力。

在房地产策划实务中，主题概念可以从以下几个方面来发掘。

（1）从项目所在区块的历史文化积淀中发掘。

(2) 从与竞争性项目的对比中去发掘。
(3) 从市场及消费者的需求中去发掘。
(4) 从项目自身的资源优势中去发掘。
(5) 从社会、经济及房地产市场发展变化中去发掘。

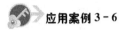 应用案例 3-6

杭州中大·吴庄项目主题的发掘与提炼

中大·吴庄位于杭州吴山广场西侧，所处区块紧邻西湖，同时又是吴越文化的发源地，具有深厚的历史文脉积淀。中大·吴庄以"蕴涵杭州自然山水，凝聚吴越文化精华，营造高贵优雅的生活方式"为主题，主题来源于吴山和西湖的自然景观、历史文脉及文化背景。以其项目案名为例："吴"既明确了吴山风景区的地理位置，同时又表现了"吴越"的自然环境和历史文脉；"庄"则彰显出厚重矜贵的建筑风范，最重要的是"吴庄"的构词方式效仿了著名的西湖"四庄"——刘庄、郭庄、汪庄和蒋庄，都是在姓氏后面冠以"庄"字，西湖"四庄"以往都是尊贵非凡的私家园林，"吴庄"的命名成功地借用了它们的尊贵感。广告语——"曾经是帝王的家"也是从项目所处区块的历史文脉中提炼出来的。

(资料来源：如何给楼盘命名成了一道营销难题 [EB/OL]. [2008-11-7]. 住在杭州网. http://www.zjol.com.cn/05zzhz/system/2005/09/08/006296372.shtml)

提炼房地产项目主题时需要注意以下几个问题。
(1) 主题的立意要新颖、概念要独特，在符合市场需求的基础上充分展示个性，避免主题陈旧并流于形式。
(2) 主题的内涵要丰富、含义要深刻、外延要宽广，便于后期的深入挖掘和展开。
(3) 主题的形式要简洁、表达要流畅，广告语要朗朗上口，易于流传、便于传播。

 应用案例 3-7

"新西湖花园"与"诺丁山郡"

新西湖花园项目位于杭州之江国家旅游度假区五云山下，占地面积 180 亩，总建筑面积 5.3 万 m²，由单体别墅、多联别墅、花园洋房等组成。新西湖花园项目尽管地理位置优越，设计、施工、选材等均属上乘，预订率也较高，但最终销售却不尽如人意。原因之一就在于"新西湖花园"的项目案名毫无个性特色，无法引起市场的共鸣。

开发商后来采纳了某策划机构的意见，将项目案名改为"诺丁山郡"，此后项目很快顺利售罄(曾创造了月销售1亿的业绩)。虽然售罄是多方面因素共同作用的结果，但不可否认，项目案名的包装在其中所起到的作用，毕竟"诺丁山郡"比"新西湖花园"更清晰地传达该项目依山而筑的尊贵气质，更符合项目作为"花园洋房"的规划设计和生活方式，也更具有个性特色。该项目是杭州首例非烂尾楼更名包装销售的项目，该案例说明，陈旧的、平庸的案名(案名是主题的核心体现)使得项目默默无闻，而出色的、具有鲜明特色与个性的策划案名不仅能创造丰厚的品牌价值，有时甚至能使项目起到"起死回生"的效果。

(资料来源：如何给楼盘命名成了一道营销难题 [EB/OL]. [2008-11-7]. 住在杭州网. http://www.zjol.com.cn/05zzhz/system/2005/09/08/006296372.shtml)

 **应用案例 3-8**

广州中海名都项目主题概念的发掘与提炼

中海名都项目位于广州市海珠区珠江河畔，占地 150 亩，总建筑面积 40 多万 m^2，由 16 栋围合成 3 个相互独立又具有一定联系的高层住宅组成。中海名都项目的主题是"都市生态园，岭南新加坡"，该主题概念来源于开发商对居住郊区化运动的反思和对新加坡建筑风格和社区管理的借鉴。"都市生态园"通过"都市"与"生态"一般意义上的强烈反差，力图表现一个既能享受繁华都市的完善配套，又能拥有郊区优美自然环境的理想居住形态；"岭南新加坡"既表达了项目位于岭南的地域文化概念，又隐喻该项目具有像新加坡一样现代、文明、整洁、秩序的花园式社区。同时该项目的策划主题形式简洁流畅，朗朗上口，易于传播推广，因此是一个成功的策划主题。

（资料来源：都市生态园，岭南"新加坡"[EB/OL]．[2008-11-7]．南方网房产频道．http://www.southcn.com/estate/nflsh/zhuanti/e33-3.htm）

 **应用案例 3-9**

杭州理想·伊萨卡项目的多主题策划

杭州理想·伊萨卡项目位于杭州下沙大学城东南面钱塘江畔，占地 325 亩，总建筑面积约 50 万 m^2，以排屋、小高层、高层组成一个低密度、现代化、高品质、原生态的人文生态住宅区，该项目的主题是"家园·自然·文化"。

"家园"的主题首先从项目案名中体现出来。"伊萨卡"一词来源于希腊荷马史诗《奥德赛》，它描写特洛伊战争英雄奥德修斯经过 10 年海上漂泊，历经艰辛最终回到美丽的故乡伊萨卡的传奇历程。此后"伊萨卡"便成为故乡、家园的代名词，体现了一个永恒"家园"的概念，项目的广告语——"伊萨卡，带你回家"就是"家园"主题的具体体现。

同时，"伊萨卡"作为一个地名又是美国纽约州一个风景秀丽的大学城，是美国最年轻、规模最大的常青藤名校之———康奈尔大学的所在地，因此"伊萨卡"又反映了该项目毗邻杭州下沙大学城的人文背景，体现了"文化"的主题。

由于项目所在地的天然生态环境，伊萨卡增加了"自然"的主题概念。为体现景观、生态、自然的主题，在景观设计方面，开发商将原本单调生硬的钱塘江大堤进行处理，形成一条近 150m 宽、1700m 长的沿江景观绿化带，通过植入一些景观要素引导城市景观向社区内部景观的自然过渡，并规划设计了 20 万 m^2 的绿岛及生态湿地公园等，在建筑上设计了入户花园、挑高阳台、270 度景观窗及调高建筑基座标高以利观景等。

3. 策划主题的体现与支撑

主题概念是项目实体的外显，是实体抽象、感性的表达，主题与实体是房地产项目的两个方面。在进行项目主题策划时，策划师需要深刻理解项目主题与项目实体之间的密切联系，即房地产项目实体所具有的独特个性与竞争优势需要通过高度概括和精练的主题概念表现出来，而主题概念也必须在项目实体中得到具体的体现与支撑，实体是主题的载体，实体完善的支撑是主题概念得以"表里如一"的有力保证，否则主题策划仅仅是一种包装。

为不使主题概念流于虚泛与形式，房地产开发的各个环节均需要围绕项目主题展开，或者说项目主题需要在项目实体中得到体现与支撑，这是目前房地产策划中非常重要而又容易被忽视的一项工作，主题的体现与支撑主要通过规划设计来落实。不少开发商在项目前期以及规划设计阶段不重视主题策划，项目开发过程中没有一个中心主题思想与开发理念，等到销售出现问题时才来考虑进行主题设计，此时主题概念往往无法在项目实体中得到体现，这不是真正意义上的主题策划，只能算是为推广而策划的概念炒作。

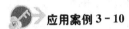 应用案例 3-10

杭州东方润园项目主题的体现与支撑

钱江新城作为杭州从"西湖时代"进入"钱塘江时代"的标志性工程，是杭州未来的政治、文化新中心和CBD，东方润园项目正位于钱江新城CBD核心区域，紧邻钱塘江。交通便捷，地理位置优越，景观环境稀缺。东方润园项目的主题是"核心地段、江景豪宅"，为体现和支撑这一主题，该项目实体在以下几个方面进行了策划。

(1) 调整建筑物朝向(从正南向东南偏转30度)，保证江景视线的最大开阔度与每户景观的均好性(80%住户均能将江景尽收眼底)，使"江景"主题得以充分体现。

(2) 全部为200m²以上的大户型单元，整个项目仅设置700余户住宅单元，主力户型为210~360m²，户型面宽最宽达21m，主卧开间最宽近7.2m，采用大开间、短进深平面设计，充分体现"豪宅"主题。

(3) 采用多套间设计，每套均有3个以上的卧室设有独立卫生间，形成功能完备的独立套房，其中主人房近50m²，弧形园角采光区宽敞气派。

(4) 将传统住宅功能区进行了细分，保姆间、厨房间为服务区，客厅、餐厅、家庭厅(首创)为公共区，卧室为私属区，各区块互相独立、互不干扰，避免接待来宾时家人的不便。

(5) 设计中西组合厨房，革新传统灶间，最大限度地满足住户的饮食需求。

(6) 所有门窗均可通风采光，保证室内通风和采光。

(7) 在项目四周设置三条绿化带形成社区的绿色氧吧。

(8) 打破传统的"一梯多户"格局，引入了"多梯一户"的概念和"三梯两户"的设计，专设独立保姆工作电梯直达阳台、厨房，使得高层公寓也像别墅一样拥有私密性。

(9) 投入巨额成本为业主配置四大中央系统：户式中央新风系统、单元式中央吸尘系统、户式中央空调系统、户式中央燃气热水系统及双层LOW-E中空钢化玻璃、铝板幕墙。

(10) 全力建造杭州首个数字化家居智能高档社区，可实现远程家居控制、电梯身份认证、数字门锁控制等功能，意味着住户可以通过电话或网络远程控制空调等网络家电。

(11) 引入顶级私人会所，为业主提供一个专享的交际空间。

(12) 提出了管家式服务，选送高级物管人员到荷兰接受最严格的专业英式管家培训。

(13) 邀请名人(陈鲁豫)主持开盘仪式，引起新闻媒介的关注。

由于东方润园项目在实体开发上处处体现"江景豪宅"的策划主题，使得主题概念名副其实，因此得到了高端房地产市场的广泛认可，是一个较为成功的主题应用案例，项目开盘后在很长一段时间内保持杭州房地产市场的月销售冠军。

4. 策划主题的推广与传播

在确定项目主题并且通过项目实体的规划设计将主题得到定位后，接下来的工作重点就是将策划主题进行推广与传播，也就是说在消费者心目中树立项目主题的知名度及美誉度及项目品牌形象,这一步工作主要通过广告宣传等手段来完成。

5. 策划主题的检验与修正

主题策划属于思维创意过程,要求策划师的主观判断必须符合市场客观的需求状况。但是在实际策划工作中,这样一个主观反映客观的过程往往由于市场供求变化剧烈或者市场调研不够充分或者策划师缺乏经验等原因,使得项目主题与市场客观情况有时难免会存在一定的偏差,无法实现主题策划的预期效果。

主题策划能否达到预期效果需要通过市场的检验,根据市场检验和反馈的结果,策划师应该对项目主题进行及时修正与调整,以便使项目主题符合消费者的需求。

应用案例 3-11

广州远洋明苑项目的主题调整

广州远洋明苑项目位于广州天河区东圃板块,距离天河商业中心 10km,是一个占地仅 50 亩左右的市郊住宅区。该项目最初定位为以天河商业中心的 IT 精英和白领阶层为目标客户的中档民居,并判断白领阶层具有逃避大城市"钢筋水泥森林"、重返乡间民居的心理特征,于是该项目的主题确定为"IT、精英、民居",广告语是"IT 精英,到新家看看"。为体现这一主题,该项目取名为"竹园民居",采用了具有民居特色的建筑风格(深灰色立面),户型以中小户套型为主,提供智能化网络系统等居家办公条件。

然而,项目一期开盘后的销售情况却出乎策划者的意料。购买者大多是周边的商贩、想享受城市生活的村民及部分打工族而不是原先预计的 IT 精英及白领。他们大多对价格非常敏感,甚至宁愿降低公共部位的装修标准。因此策划机构根据目标客户的变化情况对项目二期的策划主题进行了调整,调整后的策划主题是"都市白领家园"并提出"成功人士,到新家看看"的广告语,使主题内涵更加丰富,取消为 IT 白领设置的网络智能化系统,尽量降低装修标准和价格,将立面改为浅白色并将项目案名改为"远洋明苑"以淡化民居色彩等。项目主题及营销策略调整以后,一、二期 500 多套住房在不到半年内全部售罄。

(资料来源:黄福新. 房地产策划 [M]. 北京:中国建筑工业出版社,2004.)

3.4 房地产项目策划主题的类型

在当前的房地产策划实践中,主题概念的类型多种多样。随着房地产策划的发展,各种策划主题与开发理念也层出不穷。为了更好地了解丰富多彩的房地产策划主题,可以按照不同的角度将房地产项目策划主题的类型进行简单划分。

1. 从复合地产角度划分

(1) 旅游地产主题。如杭州乐园、杭州千岛湖度假村、海南陵水清水湾综合度假区等。

(2) 体育地产主题。如广州奥林匹克花园、北京万科星园、杭州南都西湖高尔夫别墅等。

(3) 商住两用主题。如北京 SOHO 现代城等。

(4) 教育地产主题。如广东顺德碧桂园、广州星河湾等。

2. 从人文历史角度划分

(1) 文化主题。如北京耕天下(京华名邸、朱雀门)、杭州翰林花苑等。
(2) 历史主题。如杭州中大吴庄、杭州宋城等。

3. 从人居角度划分

(1) 康居工程主题。如杭州金都景苑、广州保利花园、广州光大花园等。
(2) 建筑节能主题。如北京锋尚国际公寓等。
(3) 绿色环保主题。如浙江金都房产的系列房地产项目等。
(4) 住宅科技主题。如杭州朗诗国际街区等。

4. 从景观角度划分

(1) 山景主题。如南京香山美墅、杭州富春山居、广州林语山庄等。
(2) 江景主题。如上海世茂滨江花园、杭州金色海岸、杭州东方润园等。
(3) 湖景主题。如杭州西湖名珏公寓、扬州水岸泓庭等。
(4) 海景主题。如深圳十七英里、深圳海景花园、海南文昌白金海岸、青岛山水名园等。

5. 从建筑风格角度划分

(1) 传统民居主题。如北京宣颐家园、杭州白荡海人家等。
(2) 传统园林主题。如北京观唐、北京易郡、杭州颐景山庄等。
(3) 现代建筑主题。如杭州天寓等。
(4) 异域风情主题。如广州中海名都(新加坡风格)、杭州德加公寓(法国风格)、杭州天都城(法国风格)、杭州星洲花园(新加坡风格)等。

6. 从社区配套角度划分

(1) 豪华会所主题。如广州碧桂园系列项目等。
(2) 星级物管主题。如广州碧桂园系列项目、杭州东方润园等。

7. 从生活方式角度划分

(1) 体育运动主题。如广州奥林匹克花园系列等。
(2) 单身公寓主题。如杭州双牛大厦等。
(3) 商住两用主题。如北京SOHO现代城等。
(4) 白领生活主题。如杭州戈雅公寓、北京炫特区等。
(5) 富豪生活主题。如上海紫园别墅、上海汤臣一品公寓、上海世茂滨江花园等。
(6) 老龄生活主题。如杭州金色年华等。

其他的主题类型有：区位主题(CBD、中心区、地铁、商业区等)、户型主题、价格主题、物管主题、形象主题、品质主题、亲情主题、爱情主题等。

在房地产策划实践中，为了使项目主题更加丰富，对同一个项目经常运用多个主题进行策划。多主题策划的形式主要有以下两种。

(1) 以一个主题为中心，以其他主题(副主题)为烘托。副主题对中心主题起到加强、丰富的作用，中心主题与副主题之间联系紧密。比如，广州奥林匹克花园项目在"体育运动"的主题下设置了"健康"、"生态"等多个副主题来强调与烘托,中心主题与副主题都与健康有关,非常契合消费者的心理需求,其所达到的效果比单主题要好。

(2) 多个主题不分主次,齐头并进,相互补充,互相映衬。比如,广东顺德碧桂园就是一个成功的多主题应用案例,开发商将教育主题(国际学校)、配套主题(豪华主题)、服务主体(星级管理)等主题糅合在一起,与消费者的需求非常吻合。

多主题策划需要注意两个问题:①各主题之间的融合与互补,不能相互矛盾;②要避免主题过多而导致中心分散。多主题策划具体如何操作要根据项目本身的情况决定。

3.5 房地产项目案名策划

房地产项目案名(项目名称)作为楼盘最重要的识别符号,是楼盘广告及形象的一种文字载体,是广告推广中使用频率最高的楼盘文字,也是消费者接触最早、最多的楼盘要素,是楼盘寓意与开发理念的象征,也是房地产项目主题的核心体现,因此项目案名策划是房地产项目主题策划的重要内容。

1. 房地产项目案名的作用

项目案名能够反映项目的独特个性与居住理念,是项目主题的核心体现;好的项目案名能够引起市场的关注,起到先入为主的作用;项目案名能够给消费者以心里暗示,是联系消费者和房地产项目之间的桥梁;项目案名是展示项目品牌的重要手段;开发商具有代表性的系列案名可以反映另一种意义上浓缩的房地产演进史。

相关知识

项目案名的作用

营销学理论认为,对于一个陌生的商品,人们最先接触的不是产品的性能、品质,而是产品的名称。因此一个贴切而绝妙的名字将在消费者的头脑里占据一个不可取代的位置。艾·里斯所著的《定位》认为:"称之为玫瑰的才是玫瑰"、"玫瑰如果叫别的名字就不会那么芬芳",他认为语言不仅仅是代号,它们本身就具有某种象征意义,合理的音节、声调和构词组合具有美感。的确,有的名字听起来就令人心旷神怡、一鸣惊人,而有的则令人垂头丧气、默默无闻,这与中国古语"名不正则言不顺,言不顺则事不成"有异曲同工之妙。

(资料来源:崔书颖. 称之为玫瑰的才是玫瑰——以郑州房地产为例探析房地产案名的命名规则 [J]. 广告大观,2005-2)

2. 房地产项目命名的方式

房地产项目的命名方式一般可分为两种:通用命名(简称通名)和自由命名。通名由"修饰语+中心语"构成,自由命名则不受一般通名构词规则的限制。

3. 案名策划应注意的问题

1) 项目通名应该符合现代汉语词汇的构词规则

项目通名中的中心语可分为现代式和传统式两种。现代式的中心语有:"花园"、"公寓"、"别墅"、"广场"、"大厦"、"街区"、"社区"、"中心"、"海岸"、"国际"、"城"、"村"、"山庄"等；传统式的中心语有："苑"、"庭"、"湾"、"邸"、"居"、"馆"、"阁"、"坊"、"轩"、"筑"、"庐"、"座"、"第"、"都"、"谷"、"府"、"园"、"人家"等。

在选择项目通名的中心语时应该尽量避免流于俗套或者与其他项目雷同，如"花园"、"广场"、"大厦"、"小区"等。目前房地产项目采用传统式通名中心语的命名方式有逐渐上升趋势，如"庭"、"居"、"阁"、"轩"等名称虽然古老却无腐朽之气，给人以古朴飘逸感，具有一定的文化品位，"庭"给人以高尚独立感，适宜大型住宅区，"某某居"则有悠闲潇洒的空感，"居"、"阁"、"轩"较适合于组团命名或独立、小型楼盘。

通名中的修饰语一般采用地名、开发商名、植物名（如玫瑰、桂花、丁香、香樟、梧桐、百合、苹果等）、自然现象（如彩虹、春天等）及传统吉祥语（福、富、华、金、锦、帝、皇、御等）、欧美地名（如奥兰多、香榭里、加州等）、时尚式用语（如 SOHO、世纪）等。

2) 项目自由命名应该具有个性、别具一格

过于普通的命名易于同别的产品混淆，就会给消费者认购造成困难，势必影响产品的市场推广与品牌创建。比如，"长城"、"熊猫"、"西湖"等命名的区别性、易记性、寓意性不强，易于被同名而非同类的产品所混淆。

自由命名的方式别具一格。如春江花月、西城年华、七里香溪、枫丹白露、岸上蓝山、风雅钱塘、倾城之恋、天元2005、凯德视界、家时代、岭上、尚筑MOHO、阳光100、青山湖81号、第6大道、十六街区、梦想家。

但自由命名也不能过于标新立异、华而不实，否则不仅不能起到推广的作用，还会对消费者构成误导。目前有许多洋味十足、哗众取宠、不知所云的楼盘名字如雨后春笋般出现在市场上，如斯坦福、亲爱的 VILLA、Nolite 那里、你好！My life!、飘 HOME、SM广场、MINI阁调、阳光星期八、非中心、北纬18度、1+1大厦等。

3) 项目案名应该简洁、明确、易于记忆

简洁、明确的案名容易形成较强的冲击力，能够给人留下深刻的印象。比如，吴庄、天寓、朗郡、奥林匹克花园、青山湖畔、湘湖人家、魅力之城等。

4) 项目案名应该在音、形、意方面追求和谐统一

音律和谐、朗朗上口，如枫华府第、西城年华、香格里拉、中海名都、芳满庭等，而波托菲诺（意大利著名滨海旅游小镇 Portofino 的译音）等则显得拗口难记。

结构匀称、书写美观（可将项目案名字体设计成抽象的 Logo）。

寓意温馨、美好、舒适，具有一定的亲和力和感染力（如亲亲家园），不能拒人于千里之外、避免歧义（有些项目案名与地方不雅的谐音相近）。

调查发现，房地产项目案名的字数一般在 3~6 个之间，4 个字的案名约占一半左右。大多数项目案名采用双音节词汇且末位音节选用高声调，符合汉语使用者的语言习惯，从而使得案名听起来抑扬顿挫、悦耳动听。

5) 项目案名应该与项目所在地的地理环境、文化背景及项目的产品定位、建筑风格等相吻合，反映项目的核心价值与主题

房地产具有地域性，其销售区域一般限于当地居民，能够反映地方文化特色的案名无疑是拉近与当地消费者距离、获得认同的好方法。比如，"青山湖81号"位于杭州青山湖畔81号、墨香苑为原墨水厂所在地、德迦公寓浓郁的建筑色彩体现印象派画家的风格等。

项目案名的内涵要丰富，外延要宽广，要求能够反映项目的核心理念、价值与主题，最终成为开发商为消费者创造一种核心价值，构筑一种富有特色的生活方式。

项目案名要名副其实，但目前房地产市场上还存在着项目命名"假、大、奇、古、洋"等怪现象。比如，住宅小区周围明明是一片开阔的平原却取名为"某某山庄"，号称"某某花园"的楼盘里面却看不到多少绿意，只有四五层高的房屋却敢打出"某某广场"的旗号，没有任何山水景观的叫"山水××"，但凡项目附近一定范围内有水的，楼盘名称不是什么"水岸"就是什么"湖畔"，稍近一些的就是所谓的"岛"，有一条水沟就叫"临河人家"，有几株大树就叫"××森林"，有若干个停车位的就是所谓的"××广场"。

6）项目命名要符合当地法律法规的规定

项目命名要符合当地地名管理的相关法律法规。比如，上海市规定："不得使用有损于国家主权、领土完整、民族尊严和人民团结的词语，不得使用封建帝王称谓、官衔和职位等词语，不得使用有违社会道德风尚的词语，不得使用不规范的文字，国内通用的外国著名城市或名胜的译名也不得用来命名"。因此"总统公寓"、"太子新城"、"外滩18号"、"纽约大厦"、"周恩来大厦"等被勒令改名。又如，杭州市规定："建筑物（群）一般禁止用人名和外国地名及其谐音命名"，如普希金花园、维也纳春天花园被勒令改为普金花园和春天花园。

7）好的案名是项目不可多得的品牌资源

在项目营销推广过程中，开发商在项目案名的策划、推广及形象维护上往往要投入巨大的人力、物力和财力，项目案名往往成为项目甚至开发商不可多得的品牌资源（有些公司在开发了一个非常成功的项目后，考虑到项目名称巨大的品牌效应，甚至采用项目名称来作为公司名称，如碧桂园、SOHO等），因此一个好的项目案名如果在项目销售结束后就弃之不用是非常浪费和可惜的。

近年来，不少开发商采用系列项目案名的形式进行品牌连锁经营，使得前期积累的品牌资源能继续发挥作用，如奥林匹克花园系列、万科城市花园系列、绿城桂花城系列等。

本 章 小 结

房地产项目主题是项目的主要特点和特殊优势，是贯穿于项目规划设计、营销推广等环节的总体指导思想与开发理念。

主题策划是策划师根据消费者需求状况及项目本身特点来发掘并提炼，通过规划设计来体现，通过推广将主题概念传达给市场，在消费者心中树立特定形象的思维创意过程。

主题策划能树立项目的开发理念、突出项目的竞争优势、展示项目的独特个性、满足住户的精神需求、塑造项目的品牌形象、提升项目的市场价值。

主题策划需要经历准确理解消费需求、主题发掘与提炼、主题体现与支撑、主题推广与传播以及主题检验与修正等几个步骤。项目主题的类型多样，可从不同角度来进行划分。

房地产项目案名是楼盘最重要的识别符号，是广告推广中使用频率最高的楼盘文字，也是消费者接触最早、最多的楼盘要素，是房地产项目主题的核心体现。

阅读材料

地产商借模糊概念炒作天价房

中国房地产业的低碳秀其实始于 2009 年年末的哥本哈根全球气候大会，当哥本哈根气候峰会还在吵闹声中举步维艰时，由万科董事长王石、万通董事长冯仑、锋尚国际董事长张在东等企业家组成的中国企业家代表团也来到哥本哈根，发布了一个推动节能减排、旨在保护生态、保护地球家园的联合声明《我们的承诺与希望》。在这之后，地产低碳风开始流行，首个中国房地产低碳公益基金诞生、中国房地产低碳行动联盟成立……

在低碳地产的概念刚刚起步，标准尚未制定、技术尚未成熟、低碳地产真假难辨的情况下，各种低碳地产论坛相继召开，甚至中国低碳地产先锋排行榜也已经出炉。

但是，张宏伟认为房地产行业对于低碳建筑的热炒有增无减，仿佛楼市已经进入"低碳时代"，其实未必。"在付出行动和实践上，当下房地产行业内部对于低碳的热情远远没有想象得那么高。尤其是开发商，对于低碳的呼声较高，行动较少。"张宏伟透露。

王文曾经直面沪上某低碳地产公司的老总，对方坦言，"低碳地产现在有点曲高和寡的味道。由于低碳技术不成熟，需要从国外引进，直接导致地产成本增加，本土技术由于不成熟，后续维护也成为问题。开发商是现实的，他更倾向于投资少、收益快的产品。"张宏伟发现，相当一批开发商对于低碳、节能的意识还比较薄弱，竭力迎合部分高端客户的需求，打造奢华的住宅产品，奢华，往往意味着高碳。

王文与张宏伟都注意到了目前"低碳地产"高昂的售价。王文说，低碳地产的售价往往都是周边楼盘的两三倍，以中鹰黑森林为例，"售价 4 万多元每平方米，而周边的房价不过 2 万多元。"她专门到中鹰黑森林这个项目的车库去考察了一番，里面停了不少宝马和奔驰，说明这类低碳房产还只是高端消费人群能够承受。

王文认为，在基本住房问题尚未有效解决时，所谓高成本的低碳地产就如同 IT 领域内的概念型产品，只可远观不可亵玩！

"普通购房者对于低碳产品的认知度并不高，即使一些有能力的购房者也会考虑到低碳房产的价格、未来升值空间、未来房屋质量及维修费用、物业管理费等多方面因素。"张宏伟调研发现，低碳产品的推广目前基本上还处于示范区的阶段。比如，以政府为主导在进行规划、建设的低碳项目，以上海为例，上海市拟在临港新城、虹桥商务区、崇明建设三大各具特色的低碳经济实践区等。

低碳产品技术的应用基本上还是掌握在个别开发商手里。如朗诗地产、中鹰置业。此外，万科等大型房企在倡导低碳产品开发及产业化方面走在了前列。但是房地产行业要真正实现低碳产品开发产业化，让普通购房者接受低碳产品的理念、价格还有相当长的一段时间。

对于多数人而言，需要低碳，更需要低廉。他相信，随着低碳技术应用的成熟，低碳房产势必走向产业化的道路。一旦产业化道路实现，那么，低碳房产的价格将相对更加平民化。"但显然，这是一个长期的过程。"张宏伟认为。

"老实讲，我不太愿意参加这种研讨会，因为目前大家对低碳都说不清楚。虽然说法很多种，但绝大多数人对低碳的理解存在误区。"1月16日，在中国房地产2010北京峰会上，中国建筑科学研究院空气调节研究所所长、建筑环境与节能研究院院长徐伟坦诚地说。

"中国的低碳建筑还处于起步阶段。我们没有统一的碳排放量计算方法，也没有清晰的低碳建筑发展规划。"徐伟透露。他认为，目前应尽快确定碳排放量计算方法，探索低碳建筑的建造方法。据了解，部分欧美国家已经探索出多种低碳建筑的建造方法。目前我国尚未确定碳排放量的计算方法，建造方法就更无从谈起了。

所谓的低碳建筑，现在普遍的理解是指在建筑材料与设备制造、施工建造和建筑物使用的整个生命周期内，减少石化能源的使用，提高能效，降低二氧化碳排放量。这与我国推行的绿色建筑是基本一致的。

业内专家表示，建造低碳建筑是一个系统性、体系化的过程，它涉及规划、设计、建造、运行等诸多环节，不可能速成。王文不久前专门请教了一些专家，"普遍认为，低碳地产必须兼顾减少初级能源的使用、减少碳排放、降低能耗3个方面。我注意到，现在的低碳地产，很多低碳技术还是要依靠电能、天然气，在太阳能、风能运用等方面还需要进一步加强"。

张宏伟经过考察发现，现在所谓的低碳地产从本质上只是迎合了人体居住的需要，着重人性化舒适度，并没有真正从服务环境的角度去考虑。"比如，我注意到这些小区的生活污水还是直接进入市政管道……"

他认为，用一点保温环保材料，多种两棵树就是低碳科技房地产的"伪低碳"产品，及打着"低碳"主题的"伪低碳"产品势必在未来楼市中泛滥。因此，无论是住宅地产还是商业地产，楼市进入低碳时代不必操之过急，操之过急必然会出现"伪低碳"现象。

"我们应该吸取楼市伪豪宅前车之鉴，楼市走进低碳时代的同时，也要防止伪低碳滥竽充数危害市场。"张宏伟表示。

王文说，"低碳地产高出周边两三倍的价格过分了。对于那些伪低碳行为的公司，我更愤怒，为什么低碳的好处被你们房地产商拿去了，却让我们消费者付出了更高的代价，而开发商事实上并没有做出什么实质性的低碳努力？"

"辛苦赚来的钱没理由浪费。强烈建议购房者对比各大主流低碳住宅，不仅仅是房价，还包括各项目低碳特色的性价比！我不排斥低碳，也想买低碳地产，但目前时候还未到。目前，我选择低碳生活，毕竟可实现的才是真的！"王文的提醒是善意的，因为从目前的情形看，中国低碳地产更多存在着"伪低碳"概念，因此要想不被忽悠，或许只能等待。

（资料来源：地产商借模糊概念炒作天价房［N］．新商报．2010.3，有删节）

思考与讨论

1. 什么是房地产项目主题？什么是房地产主题策划？
2. 房地产主题策划有何作用？
3. 如何进行主题策划？主题策划的大致步骤有哪些？
4. 房地产市场上的常见主题有哪些类型？

5. 房地产项目案名有什么作用？在策划项目名称时需要注意哪些问题？
6. 根据当前房地产市场主题策划的现状，对上述阅读材料中的观点进行评述。
7. 结合阅读材料，分析项目主题策划与概念炒作的区别，房地产项目主题策划如何才能避免陷入概念炒作的误区？
8. 除了教材中介绍的内容外，房地产项目还可以从哪些方面来发掘主题？
9. 结合阅读材料，讨论当前在房地产项目主题策划中存在的问题。

第4章 房地产项目市场策划

本章教学要求

1. 了解：房地产市场调查中常见的问题；房地产市场分析中常见的问题；房地产市场细分的作用。

2. 熟悉：市场调查的概念；房地产市场调查的原则及类型；房地产市场细分的概念；房地产市场细分的依据；房地产市场细分的步骤。

3. 掌握：房地产市场调查的内容；房地产市场调查的方法、步骤；房地产市场调查问卷的设计及调查报告的编写要求；房地产市场供需分析和项目分析的方法；房地产市场定位的概念、模式、原则及内容。

 导入案例

上海某豪宅项目的市场定位问题

该豪宅项目位于上海浦东陆家嘴地区，占地面积2万 m^2，总建筑面积14万 m^2，项目紧邻黄浦江，由4栋40层以上的超高层住宅组成，开发商为香港某上市公司。该项目于1994年取得建设用地，2005年10月29日取得预售许可证。该项目的市场定位为国内精装修的顶级豪宅，目标客户为福布斯富豪榜上的海内外富豪，其开盘均价为11万元/m^2，最高单价为15万元/m^2，单套最低售价为4000万元，单套最高售价为1.9亿元，项目总售价为156亿元人民币。

2006年8月，该项目在开盘预售9个多月后，终于售出其第一套住宅。此后在2006年11月、2007年2月、2008年4月分别售出第二、三、四套住宅。但从2008年4月至今，该项目再无成交记录。2007年9月，该项目曾计划推出一栋住宅进行出租，但由于租金过高，租赁前景不被市场看好。

该项目自开盘以来，负面新闻不断，社会舆论反映强烈，是房地产市场中典型的"问题楼盘"，具有很强的代表性。市场及舆论关注的主要问题如下：

（1）囤积土地。该项目地块的土地使用权早在1994年便已全部取得，而开盘是在2005年，其间土地囤积闲置多年，却没能按照国家的相关规定被处理。

（2）高容积率。该项目占地面积约2万 m^2，总建筑面积14万 m^2，容积率超过7.0，奇高的容积率创上海房地产市场的最高纪录。

（3）价格虚高，牟取暴利。表现为该项目销售均价为楼面地价的26倍；按照该项目的建设成本3万元/m^2计算，其成本利润率高达267%；该项目均价高出同类豪宅平均售价的一倍以上，完全脱离市场行情；该项目的销售总价相当于1栋环球金融中心（73亿）和2栋金茂大厦（86亿）的造价总和。

（4）哄抬房价。在该项目的"天价"衬托下，上海一线豪宅价格也纷纷水涨船高。如"翠湖天地"从3万多元涨到6万元；"华府天地"从5万多元到7万元。该项目的定价被人认为一直是在扮演"替人做嫁衣"的尴尬角色。

（5）虚假销售。2007年2月，该项目网上售房系统显示签约3套、签订定金合同3套，但15天之

后，预定合同被撤销，撤销率列全市所有在售楼盘前列。2007年6月，该项目因涉嫌虚拟交易问题而被管理部门调查。

（6）捂盘惜售。该项目共有可售房源181套，开盘至今已3年半有余，共销售4套，销售率为2.2%，按此销售速度，该楼盘销售完毕至少还要150多年。

（7）自我炒作。该项目的开发商在多个场合为项目公开造势，称其拥有顶级"明星身价"，将其类比于"古董"，具有"收藏价值"；开发商强调维持高价是出于房地产市场健康着想，因为高价可以抑制投资等。

（8）炫耀财富。该项目要求看房者必须先提供200万元以上的资产证明；该项目的广告语——"××只献给巅峰世界的杰出人物"。

上述舆论关注的问题虽然有些还有待商榷，但是该项目因为定位失误从而造成项目长期滞销，甚至在定位上形成了"骑虎难下"的尴尬局面确实不争的事实。由于作为集团主要利润来源，该项目的滞销导致汤臣集团经营业绩直线下落，2005年度其营业收入与利润分别比上一年度下降了35.1%和48.6%，而2006年度集团经营利润又比2005年度下降了44.2%。该项目过高地估计了房地产市场对顶级豪宅的消化与承受能力，其超高定价在创造了上海乃至全国公寓最高售价的同时，也创下了中国房地产市场开盘270多天零销售的纪录。随着房地产市场景气下滑，逐步进入调整期，该项目的销售将面临更加严峻的考验。

（资料来源：汤臣一品被查成标本，楼市确到强硬纠偏时［EB/OL］［2007-6-21］．住在杭州网．http://www.zjol.com.cn/05zzhz/system/2007/06/21/008546136.shtml）

房地产项目市场策划是房地产策划师根据项目发展的总体要求，从房地产市场的角度出发，通过对房地产项目进行内外部经济环境调查及房地产市场分析、市场细分等环节，找出房地产项目的市场空白点，最后实现房地产项目准确市场定位的创造性过程。房地产市场策划是房地产前期策划的基础性工作，能够为下一步的房地产投资策划和规划设计策划从市场的角度提供专业性的意见，使得房地产项目的发展符合市场的需求。

4.1 房地产项目市场调查策划

4.1.1 房地产市场调查的概念

房地产市场调查是房地产企业（或策划机构）为实现企业（项目）特定的经营目标，运用科学的理论与方法，以现代化的调查手段，通过各种途径收集、整理、分析有关房地产市场的资料信息，正确判断和把握房地产市场的现状及发展趋势，为房地产企业的科学决策提供正确依据的一种活动。市场调查是进行其他房地产市场策划活动的前提。

4.1.2 房地产市场调查中常见的问题

从目前的房地产市场来看，房地产市场调查尤其是问卷调查中还存在不少的问题。

1. 市场调查行业不够规范

有的甚至存在捏造数据、弄虚作假的情况。现实中有些开发商为了保证调查数据的准确性，需要对调查问卷的结果进行抽样检查以判别数据的真伪，或者同时委托两家调查机构进行调查，这是在目前市场调查行业很不规范情况下的无奈之举。

2. 市场调查没有针对性

没有针对特定的细分市场进行调查,这种调查结果比较分散,很难得出一个集中的带有倾向性的调查结论,可能会使开发商误入歧途。或者调查方案固定化、模式化,甚至流于形式、走过场等。

3. 盲目信任市场调查结果

问卷调查建立在调查结果是被访者内心情感和愿望真实反映的假设基础之上,但这一假设本身具有一定的局限性。原因在于:一是被访者主观上敷衍了事造成调查结果失真;二是态度虽然认真但结果并一定是内心的真实反映。因此调查结果需要结合调查机构和开发商自身的经验来综合判断,不能盲目信任市场调查的结果。

4.1.3 房地产市场调查的原则

进行房地产市场调查时,通常要遵循如下基本原则。

1. 客观性原则

客观性原则一是要求房地产市场调查时必须实事求是,一切从调查实际出发,坚持以客观的态度去反映真实状况,不能主观武断,妄下结论;二是要求调查工作不能弄虚作假,虚构调查表或者分析数据;三是调查工作中不能带有个人偏见,也不能受任何人或管理部门的影响,更不能迎合某些主观意愿和想法。

2. 针对性原则

房地产市场调查应该针对具体的目的和目标。根据不同情况,房地产市场调查的目的可以是为了分析房地产市场整体或某一地区的现状和发展趋势而进行的调查,也可以是为了建立和验证某一研究理论或模型而开展的调查,也可以是为了某一项目的开发内容、开发规模、开发时机、合作方式、融资方式等问题进行的调查。调查的目的不同,采用的调查方法和调查内容也不同。因此,房地产市场调查必须具有针对性,必须根据项目的具体特点和要求,制定特定的调查方案,而不能一味地采用固定模式和有关数据。

3. 科学性原则

要进行有效的市场调查,需要采取科学的方法来设计调查方案,定义问题,收集和分析数据,从而获取有价值的市场信息资料。因此,应该对市场调查人员进行科学的培训和筛选,同时在调查过程中采用科学的检查、监督和管理手段。

4. 系统性原则

系统性原则要求调查过程中采用系统的观念和方法,全面把握市场变化要素之间的内在联系,全面系统地收集市场信息,透过现象来认识市场的本质及发展变化规律,避免孤立性和片面性。房地产市场的发展离不开一个国家、城市的社会、经济状况,因此一个完整全面的市场调查应该包括宏观环境、消费者情况及竞争对手调查等方面。

5. 效益性原则

效益性原则要求调查中以较小的投入来获取较大的收益,避免出现市场调查成本高于市场调查所带来的收益的情况。因此，调查过程中应采用科学的调查方法和技术，合理利用二手资料以及其他渠道的信息，在保证调查质量的前提下力求做到省时、省力、省钱。

6. 时效性原则

时效性原则要求市场调查能够及时反馈市场信息，调查资料应该是最新的。因为只有最新的调查资料，才能反映房地产市场的现状，才能为企业制定市场经营策略提供客观依据。在调查工作开始以后，尽可能在较短的时间内收集更多有用的资料和信息，避免调查工作的拖延，否则不但会增加调查成本，还会使得决策滞后从而延误时机。

7. 保密性原则

保密性原则是调查人员基本的职业道德。保密原则首先要求调查人员应该为客户保密，没有委托人的授权，不得将调查资料泄露给第三方；其次，要求调查人员无论是何种信息及信息的重要程度如何，都应该为被调查者保密，以免给其带来不必要的麻烦和损失。

8. 参考性原则

参考性原则是指调查结果和结论只是为决策者提供了决策参考，并不能给出决策的答案，也不能代替决策人的决策。决策是决策人的权力和责任，它不能由调查结论来代替。

4.1.4 房地产市场调查的内容

房地产市场调查包括市场环境调查、消费者情况调查及竞争对手情况调查 3 个方面。

1. 市场环境调查

房地产市场环境调查可以分为宏观环境调查、中观环境调查和微观环境调查。这 3 个方面的调查在地域范围上从大到小，在内容上从宏观到具体。

1）宏观环境调查

宏观环境调查主要是指对国家宏观政治、经济形势的分析。其主要调查内容包括政治与法律环境调查，经济与科技环境调查，社会与文化环境、行业环境、人口环境调查等。

（1）政治与法律环境包括政治环境及法律环境。政治环境包括政治体制、政治局势、政策的稳定程度及战争风险等要素。法律环境调查主要调查与房地产相关的法律法规的健全与完善程度，法制的稳定性和执法的公正性等。政治与法律环境具体包括：政局的稳定性，相关法律法规，国民经济与社会发展规划，土地利用总体规划，区域规划及城市规划，金融、税收、财政等相关产业政策，相关的房地产政策等。

（2）国家经济与科技环境的调查内容通常包括：国民经济发展总体状况，如规模、速度与发展趋势，产业结构与人口状况，城市化进程，经济体制，银行利率与通货膨胀，居民收入与消费结构，资本市场，对外贸易与外商投资，环境保护与住宅科技等。

（3）社会与文化环境、行业环境、人口环境调查。社会环境包括社会制度、社会秩序、社会信誉和社会服务等方面。文化环境主要反映居民的生活习惯、生活方式、消费观念、消费心理以及对生活的态度和对人生的价值取向等，它直接决定了消费需求的形式和内容，影响项目开发经营的全过程，具体的调查内容包括居民的职业构成、教育程度、文化水平、生活习惯、价值取向、社会风俗与宗教信仰等。人口环境主要包括人口总量、年龄结构、家庭结构、知识结构及人口的迁移特征等。

在国家政治经济发展相对平稳的时期，宏观环境对房地产业的影响是比较显而易见并易于确定的，因此宏观环境调查一般不是房地产市场调查的重点。但当国家处于一个社会制度、经济结构、产业政策及其他宏观环境变化比较剧烈的特定时期时，如我国在1992—1993年间提出建立社会主义市场经济体制及随后严厉的宏观调控，在1998—1999年间亚洲金融危机以后提出取消福利分房制度并要把住宅作为国民经济新的增长点，2005—2008年间提出调整住房供应结构稳定住房价格调控措施，这些时期的宏观环境变化较大，对房地产业的影响也比较显著，房地产项目开发前必须要进行深入、详细的宏观环境调查。

对于宏观环境调查的途经，房地产企业或策划机构只要平时关注有关的新闻报道与分析，或者通过向有关的专家学者进行咨询即可。

2) 中观环境调查

中观环境调查也称为区域环境调查，一般针对某个城市区域范围（如果城市范围较大，也可以针对城市中的不同区域）。主要调查内容包括房地产项目所在城市的城市建设与发展规划、房地产市场的供需情况、房地产企业与专业机构情况等方面。

（1）城市发展规划调查主要是为了确定城市发展的方向，城市发展规划直接关系到未来项目的潜质和增值的可能性，对项目的选址影响很大。城市发展规划调查可到城市规划主管部门查询有关文件或请规划专家分析情况来获得相关资料。

（2）房地产市场的供需状况调查包括供给调查和需求调查两个方面。供给调查的内容包括：土地供应及规模，房地产存量及增量市场状况，如房地产投资额、新开工面积、竣工面积、销售面积、销售价格、空置面积等。需求调查是对各类物业的潜在需求和有效需求进行调查。通过对供求差距的对比与分析，可以从一开始就明确项目开发的风险程度。

城市商品房的供应量可以到城市房地产管理部门查询商品房预售许可登记及竣工面积统计，或者通过房地产统计年鉴等统计资料和透明售房网等网络途径查询。城市商品房的需求量也可以到城市房地产管理部门的产权产籍管理处查询产权登记的有关情况，但是考虑到办理产权证书要滞后于购买，因此实际的需求量跟房地产产权产籍管理部门统计的数据会有所出入。

（3）房地产企业情况调查则包括城市房地产企业的数量、类型、企业资质及实力等概略资料。房地产企业情况调查可通过查询房地产企业管理部门和通过业内人士的介绍得到。

（4）专业机构及中介机构调查主要包括对策划咨询、规划设计、建筑施工、工程监理、物业管理、销售代理、金融机构等的信誉、资质及业绩等情况的调查，该调查可以为日后的项目委托与有关业务打下基础。专业机构情况调查主要参考业内人士的口碑。

3) 微观环境调查

微观环境调查主要集中在项目层面，因此微观环境调查又称为项目开发条件调查。微观环境调查的主要内容有：项目用地现状与开发条件；项目所在地的周边环境，包括水、电、气等市政配套，公园、学校、医院、邮局、银行、超市、体育场馆、集贸市场等生活配套，空气、卫生、景观等生态环境及由人口数量及素质等反映出来的人文环境等；项目交通组织及对外联系的便捷程度等。调查方法主要是实地调查。

2. 消费者情况调查

成功的房地产策划必须建立在对消费者情况充分、深入了解的基础上。消费者情况调查需要具有针对性，即针对目标客户进行调查。比如，针对白领阶层的项目，应该选择公司中高层职员而不是下岗职工进行调查。但是在初期市场调查阶段，目标客户可能还没有明确，此时可通过二手资料对房地产市场的消费者做一个粗略的分类，在此基础进行初步市场调查，然后进行市场细分确定目标客户，再进行详细的市场调查。

消费者情况调查的内容可以用"5W+1H"来概括，即 Who(何人购买)、Why(为何购买)、What(购买什么样的房子)、When(何时购买)、Where(在何地购买)及 How(如何购买)。有些人将其概括成"6W+1H"，增加的一个"W"，指 Whom(谁参与购买)。

1) Who(何人购买)

主要调查消费者个人基本情况，调查内容包括：①消费者的基本信息，如性别、年龄、职业、原居住地、教育程度、社会阶层、家庭结构、宗教信仰等；②消费者的经济状况，如经济来源、收入水平、实际支付能力等，经济状况是购买力的基础，因此经济状况尤其是家庭经济状况是影响房地产需求最重要的因素。常用的调查方法是问卷调查等。

2) Why(为何购买)

主要调查消费者的消费动机，即购买房地产的内在原因。购买动机包括理性动机和带感情色彩的动机。理性的购买动机是指消费者在购房时所关注的内容主要是价格、户型、质量、售后服务等方面，只要商品在这些方面能够使消费者满意，就会促进消费者购买行为的实现。常见的理性购房动机有改善居住条件、获取投资收益、为子女上学方便、靠近工作单位等。带感情色彩的购买动机是指消费者通常忽略实用性、价格等因素，而去追求新颖、个性、时尚等因素，这一般在年轻人身上表现得更为突出。

在很多时候，消费者对其消费动机不愿据实回答，或者消费者自己对此也没有充分认识，所以采用一般的询问调查方法收效甚微，因此常用的消费动机调查的方法有连句实验法、深度面谈法、集体面谈法等。

3) What(购买什么样的房子)

主要调查消费者的需求偏好。调查内容主要是消费者的购买倾向，包括对物业类型、地段、价格、户型、面积、配套、小区规划、建筑风格、景观环境、周边环境、物管、品牌等。常见的调查方法是问卷调查。

4) When(何时购买)

主要调查消费者的购房时间和时机。虽然房地产不像某些时令商品一样具有明显的时间特征，但也具有时间规律，因此需要对消费者的购买时间、购买季节等进行研究。以便选择最合适的时机将楼盘推向市场。比如，一般在周末及节假日看房的人比较多，因此开发商在节假日前的广告投放也应加大，再如楼市有"金九银十"的说法，即每年的9月和10月是销售的黄金季节。常见的调查方法是问卷调查。

5) Where(在何地购买)

主要的调查内容包括：购房地点、场所和气氛等。通过对这些问题的调查，可以为策划人员在制定营销渠道策略和促销策略时提供参考依据。房地产具有价值量大和位置不可移动等特点，消费者多数情况下会倾向于到项目现场进行实地了解，因此工地现场、现场销售部以及样板房等环境与布置都会对消费者的购买决策起到影响。常见的调查方法是问卷调查。

6）How（如何购买）

主要调查消费者如何购买即消费行为的问题。进行消费行为调查就是为了了解一般房地产消费者的购买模式和购买习惯，为项目策划和开发服务。房地产消费者行为调查的主要内容包括：消费者购买决策原则、决策过程、付款方式、购买频度、影响购买行为的因素等。常见的调查方法是问卷调查。

7）Whom（with whom）——谁参与购买

主要调查消费者在进行购买决策时，哪些家庭成员参与了购买过程与决策，哪些成员对购买决策影响较大等。常见的调查方法是问卷调查。

3. 竞争对手情况调查

竞争对手情况调查包括竞争项目和竞争企业两个层面。

1）竞争项目调查

竞争项目调查是在项目位置基本确定以后的一项重要调查工作。竞争性项目可以分为两类，一类是与所在项目处于同一区域的项目，另一类似不同区域但定位相似的项目。

竞争项目调查的主要内容如下。

（1）区位情况。内容包括：所处地段，交通条件，项目所在区域的经济发展水平、产业结构、生活水准、教育文化等特征，政府对项目所在区域的城市性质、功能定位、空间布局等发展规划，项目所在区域自然环境、人文环境和生态环境等。

（2）产品情况。内容包括：占地面积、建筑面积、容积率、绿地率、层高、层数等建筑参数，户型面积及其比例，得房率，装修标准，水、电、气、安保、车位、超市、学校、医院、会所等配套设施，工程质量，开发团队，施工进度，交房时间等。

（3）价格情况。内容包括：起价、均价、主力单价、总价等。

（4）付款方式情况。内容包括：一次性付款、分期付款、商业贷款、公积金贷款等。

（5）广告促销情况。内容包括：广告策略、广告媒体、广告强度、促销手段等。

（6）销售情况。内容包括：目标客户、销售率、销售渠道、销售顺序等。

（7）物业管理情况。内容包括：物业管理的内容、管理情况、管理费用及管理机构等。

竞争项目调查常见的调查方法是假扮客户去竞争项目"踩盘"。需要注意的是，随着市场竞争的日趋激烈，假扮客户去"踩盘"的做法已经司空见惯，开发商不要对前来"刺探军情"的竞争对手采取不耐烦或不合作的态度，以免给旁观的潜在购房者留下不好的印象。只要销售部门统一标准和口径回答卖家提出的问题，就不怕对手来"踩盘"。

2）竞争企业调查

竞争企业调查的主要内容包括：企业的基本状况，如名称、隶属单位、所有制形式、负责人、历史背景、公共关系、开发业绩、资金实力等，经营思想，开发经营模式，市场营销策略，纵向整合程度，专业化程度，品牌形象，成本状况，价格策略，土地储备情况，开发战略与未来动态，企业信誉，楼盘质量等。

4.1.5 房地产市场调查的类型

房地产市场调查按照不同标准可以划分为不同的类型。

1. 按照调查目的划分

市场调查按照调查目的可分为探测性调查、描述性调查、因果性调查和预测性调查。

1) 探测性调查

探测性调查又称为非正式调查，是房地产企业对需要研究的房地产情况很模糊或者对所要调查的问题和范围不明确，甚至无法确定应该调查哪些内容或不知道从何入手时采用的调查方法。探测性调查的目的是要发现问题、找出问题的结症所在，明确调查对象、确定调查重点，选择调查方法，寻找调查时机。调查方法主要是收集二手资料、请教专家等。

比如，当房地产项目销售部的咨询电话和上门咨询的客户减少，产品出现滞销但又不知道确切的原因时，可通过探测性调查来确定是宏观调控的问题，还是设计和质量存在缺陷，还是价格过高，还是广告宣传问题，或者是竞争对手的问题等。

2) 描述性调查

描述性调查是指对问题的性质、形式、存在和变化等具体情况做出现象性和本质性描述的调查方法，需要解决研究对象是什么的问题，不必做出结论。前文介绍的市场环境、消费者情况及竞争对手情况调查等大部分均属于描述性调查。

3) 因果性调查

因果性调查又称为因果关系调查或解释性调查，是在描述性调查的基础上，找出房地产市场上出现的各种现象和问题之间相互联系及其因果关系，需要解决研究对象为什么的问题。比如，调查不同媒体组合对销售的影响，价格与销售量之间的关系，降价促销的效果等均需通过因果性调查确定。因果性调查的方法一般有实验法等。

4) 预测性调查

预测性调查是在调查研究的基础上，通过收集、分析、研究现有的各种市场资料，运用数学的方法，估计未来一定时期内房地产市场的发展趋势等，从而进行预测，需要解决研究对象将会怎么样的问题。预测性调查可以帮助策划师制定有效的房地产营销计划，规避市场风险以及可能带来的损失。预测性调查的常用方法有德尔非法、时间序列法等。

2. 按照调查范围与对象划分

按照调查对象、范围的不同可分为全面普查、重点调查、随机抽样调查和非随机抽样调查。

1) 全面普查

全面普查是指对调查对象总体所包含的全部个体进行调查，如人口普查、经济普查。全面普查的优点是：可获得全面的数据，能够正确反映客观实际，效果比较明显。全面普查的缺点：工作量大、周期长、耗费大量的人力、物力、财力。由于客观条件的限制，房地产企业一般没有能力进行普查，但可以通过权威行政主管部门的普查信息来弥补。

2) 重点调查

重点调查是指对调查对象中一部分有决定性影响的个体进行调查，进而推断出总体一般结论的方法，是市场调查的传统方法之一，常用于产品需求、竞争对手等调查，适用于无须进行全面普查的情况。如调查高档住宅的市场需求时，没必要对所有客户进行普查，可选择一些具有雄厚购买力的企业负责人、高级管理人员及其他成功人士进行重点调查。

3）随机抽样调查

随机抽样调查是在调查对象总体中随机任意地抽取个体作为样本进行调查，根据样本的情况推断出一定概率下总体的情况。随机抽样调查是一种很常见的调查方法。适用于需了解市场的全面情况，但又不能采用普查的情况。

4）非随机抽样调查

非随机抽样调查是有选择的抽样调查，是指调查人员在进行调查前，事先根据一定的标准对所抽取的样本有意识地选择，再进行抽样调查的方法。比如，调查年轻白领的需求，可以选择白领相对比较集中的区域和企业进行抽样调查。

3. 按照调查结果的性质划分

按照调查结果的性质可分为定性调查和定量调查。定性调查和定量调查是确定调查结果的相互补充的两种调查类型。一般来说，定量调查通常应在定性调查的基础上展开。

定性调查收集到的信息通常不能从统计上来加以证实，但是可以传递一种看法或直觉，为定量调查提供进一步深入研究的关键信息，为定量调查研究指明方向。

定量调查虽然比定性调查要更费时、费力、费钱，但是能够提供更准确的调查结果。定量调查结果的可信度取决于调查资料的真实性、可靠性和充分性。

4.1.6　房地产市场调查的方法

房地产市场调查的方法很多，调查方法是否得当对调查结果的影响很大。因此，房地产策划必须根据项目自身的实际情况选择合适的调查方法。

1. 文献调查法

文献资料调查又称为二手资料调查。随着信息内容的丰富和传播速度的加快，目前市场上许多房地产策划和营销问题所需要的信息都可以通过调查公开的文献资料得到。

文献资料分为内部资料和外部资料。内部资料是指开发商或策划机构自有的信息资料。外部资料的来源有如下几类：①出版物，如各种统计年鉴、报纸、杂志及民间组织和协会的出版物；②网络数据库，如政府统计部门的数据库、相关网站信息；③向专业机构购买，如专门的市场研究公司和信息咨询公司甚至同行等。

文献调查方法的优点：①资料丰富；②价格低廉；③节省调查时间。所以在潜在的可利用的二手资料未被全面利用之前，不要盲目追求第一手资料。

文献调查的缺点：①资料可能不是调查者所需要的形式，即需要重新加工整理；②资料可能过于陈旧；③资料可能过于笼统，缺乏针对性；④不能保证资料的权威性和质量，尤其是网络资料等。

2. 访问调查法

访问调查法是调查者根据调查目的，拟定调查提纲，然后向被调查者以提问的形式请他们回答，在被调查者的问答中收集所需的资料。访问法的优点是速度快、范围广、成本低；缺点是所收集到的信息可能失真。访问调查法分为座谈法、深度访谈法、电话调查法。

1）座谈法

座谈法又称为集体访谈法，是将被调查者集中在一个调查现场，就某一个调查主题发表意见和想法。座谈法主要应用在专家意见的调查过程，是最重要的定性研究方法之一。

该方法的优点是抽样人数少、成本低、周期短，能激发人们的想象从而获得大量的建议；缺点是由于抽样人数少，误差可能较大，调查结果量化处理困难。

2）深度访谈法

深度访谈法是由掌握访谈技巧、具备良好沟通能力的调查人员就某些问题与被调查者进行深入地交流，可以揭示被调查者的真实思想和行为动机及情感、态度、潜意识等，常用于复杂、抽象问题的调查。

该方法的优点是可获得较全面的资料，保证调查资料的效度和信度；缺点是对调查者素质和访问技巧要求较高、调查样本少误差较大，调查结果难以量化处理和推论等。

3）电话调查法

电话调查法是通过电话向被调查者询问问题，收集资料的一种调查方法。对那些不易见面的被调查者，比较适合采用这种方法。

其优点是调查速度块、费用低、覆盖面广；缺点是调查受时间限制、调查内容不能太复杂（因为无法提供复杂的背景资料）、不能深入了解情况、不能控制被调查者情绪等。

3. 问卷调查法

问卷调查法就是通过设计好的调查表或调查问卷，要求被调查者根据填表要求填写回答，然后回收调查问卷的方法。问卷调查法又可分为入户问卷法、拦截问卷法、邮寄问卷法、留置问卷法、媒体问卷法等。

1）入户问卷法

入户问卷法就是调查者按照抽样方案的要求，到选中的被调查者家中或单位，按照事先拟定的调查问卷或提纲，对被调查者进行直接面对面的访问。

该方法的优点是能与被调查者建立信任与合作关系、能询问较为敏感的问题、便于被调查者理解题意、有利于问卷回收等；缺点是调查费用较大、入户相对比较困难等。

2）拦截问卷法

拦截问卷法也叫街头访问，是在事先选定的若干个地点，如交通路口、购物中心、房交会现场等，按照一定的程序和要求，选取访问对象进行简短的面谈调查的方法。

该方法的优点是可以避免入户困难、便于被调查者理解题意、可根据调查环境和背景判断调查结果的真实性和可靠性；其缺点是耗费的人力、财力较大、对调查人员的管理和调查质量不易控制、拒绝率较高，不适合复杂、敏感或较长问卷的调查。

3）邮寄问卷法

邮寄问卷法就是将设计好的调查问卷制成邮件，附上回邮信封（包括回复邮资）寄给被调查者，被调查者根据调查问卷的填表要求填好后寄回给调查者的一种调查方法。这种方法目前在西方国家仍普遍采用。

该方法的优点是调查区域大、调查内容和信息大、成本较低、被调查者有充分的时间、自由度大、可避免被调查者受调查者的态度情绪影响、匿名方式可调查隐私问题等；其缺点是回收率低、信息反馈时间长、无法保证调查结果的准确性、容易误解题意等。

4）留置问卷法

留置问卷法就是将调查问卷交给被调查者或者发放到被调查者家中，由被调查者自行填写回答并按照约定日期回收的调查方法。留置问卷法介于邮寄问卷和入户调查之间。

该方法的优点是能保证问卷的有效回收、被调查者作答自由；其缺点是调查地区和范围受到限制、调查费用相对较高、问卷容易丢失、调查结果可靠性无法保证等。

5）媒体问卷法

媒体问卷法就是通过报纸、杂志、网络等媒体将调查表公布，并约定回收日期，由调查者将调查问卷填好寄回的调查方法。

该方法的优点是覆盖面广、被调查者没有心理压力、自由度大；其缺点是调查问卷的回收率低、调查结果可靠性无法保证等。

4. 观察调查法

观察调查法是调查人员通过观察被调查者的行为来收集相关信息的调查方法，如可以去现场销售部蹲点调查客户的需求，观察现场参观人数调查广告效果，通过观察小区空调和灯光等调查入住率，观察交通工具来判断收入水平与购买能力等。

观察调查法的优点是直观可靠，被调查者表现自然无压力，可以获得那些被调查者不愿言及和无法提供的信息，信息资料的准确率较高；缺点是调查范围较小、调查时间较长，或仅能观察一些表象，对被调查者的动机等信息了解困难。

5. 实验调查法

实验调查法是将调查缩小到一个较小的规模，通过实验得出一定的结果，再对整个市场进行推测，以推断出样本总体可能的结果，是调查因果关系的一种重要方法。房地产行业经常采用的试销法就属于实验调查法，如在房地产展销会推出少量产品或者采用内部认购等形式来试探市场的反映，通过设计方案征集等活动来了解市场需求。

该方法的优点是准确率高；缺点是成本高、时间长。

4.1.7 房地产市场调查的步骤

房地产市场调查的步骤是指从调查准备到调查结束全过程工作的先后次序及其间经过的具体环节。在房地产市场调查工作中，遵循一定的程序和步骤，可以提高调查工作的效率和质量。但是市场调查的步骤并非固定不变的，根据项目大小及其具体要求的不同，市场调查的程序和步骤可以在保证基本步骤的前提下进行适当的增减。

房地产市场调查的基本步骤包括：调查准备阶段、调查实施阶段、分析总结阶段，每个阶段又可分为若干个具体步骤，以下以问卷调查为例进行介绍。

1. 调查准备阶段

准备阶段需要进行如下几项工作。

1）确定调查目的

进行房地产市场调查首先要明确调查的目的，只有明确了市场调查的目的，市场调查才有针对性。根据项目具体情况及委托情况的不同，房地产市场调查的目的也是多种多样的。比如，为了选择地块而进行的调查，为了确定开发物业类型而进行的调查，为了确定目标客户而进行的调查，为了销售定价而进行的调查等。

2）拟订调查方案

调查方案是用于指导调查活动全过程的行动纲领。调查方案应该包括调查目的、调查内容、调查区域、调查对象、调查方法、调查时间、进度安排、费用预算、调查人员、数据整理与分析方法及在市场调查过程中可能遇到的问题的处理预案等。

3）建立调查组织

调查机构应该根据调查任务和调查规模的大小，选拔调查人员，建立调查组织。调查人员确定以后，一般需要进行集中学习，对于临时组织的调查人员，更需要进行相关的培训。学习和培训的内容主要包括：熟悉市场调查方案，掌握市场调查相关技术，了解房地产相关的法律、法规及政策，学习其他必要调查业务知识等。

4）设计调查问卷

详见下一节"房地产调查问卷的设计"相关内容。

5）进行初步调查

必要时调查人员可以组织非正式的探测性调查，即初步调查。初步调查可以在一个较小的范围内进行，一般通过调查人员访问业内专家、企业高层管理人员、典型的消费者来进行，或者根据调查人员平时积累的信息资料和可以快速获得的二手资料进行。

初步调查的特点是时间短、效率高，缺点是调查不全面、不详细。采用探测性的初步调查可以判明问题的症结所在，弄清究竟应该调查什么问题，需要确定调查的范围和规模，调查的人力、时间以及费用等是否能够保证。经过探测性初步调查，如果原先提出的调查方案范围太大、内容过多、涉及面太广或者反之，则应当实事求是地加以调整。如果初步调查就已经能够解决问题，则市场调查可以终止，否则应该继续进行。

2. 调查实施阶段

实施阶段又称为市场调查的执行阶段，这一阶段的主要任务是组织调查人员按照调查方案或者调查提纲的要求，通过各种方式全面、系统地收集各种市场资料和数据。房地产市场调查所需要收集的数据资料分为一手资料和二手资料。一手资料是指需要通过实地调查才能取得的资料；二手资料是指企业内部收集的资料及各种出版文献和电子资料。

市场调查实施阶段需要进行如下工作。

1）收集二手资料

根据调查方案提出的内容，尽可能组织调查人员收集二手资料。二手资料的收集相对比较容易，所需要的费用也较少。但是二手资料的收集必须保证资料的时效性、准确性和可靠性。对于统计资料，应该弄清楚指标的含义和计算口径，必要时应该调整统计口径使之符合调查项目的要求；对于某些估计性的数据，要了解其估算方法和依据及其可靠性。

2）收集一手资料

当调查所需的资料不能完全从二手资料中获得时，必须进行一手资料的收集。收集一手资料时需要首先明确以下几个问题：①通过问卷调查还是观察调查或实验调查来获得资料；②采用开放式问卷还是封闭式问卷；③向被调查者隐瞒调查目的还是告之其调查目的。

3. 分析总结阶段

分析总结阶段是得出调查结果的阶段，是市场调查的最后一个环节。分析总结阶段的工作主要包括以下几个部分。

1) 整理调查数据

对市场调查得到的各种数据信息资料进行整理、加工和编辑，保证信息资料的真实性和可靠性。

2) 撰写调查报告

根据整理后的调查资料进行分析论证得出调查结论，撰写市场调查报告，并提出建议方案，为项目决策提供参考。

要注意的是，房地产市场调查的步骤并不是僵化不变的。实际调查时可根据调查内容、环境条件及要求的轻重缓急而灵活运用，有的步骤可以省略、有的步骤可以重复。

4.1.8　房地产调查问卷的设计

问卷调查是房地产市场调查的一种重要方法，而调查问卷的设计又是问卷调查中的关键环节，对问卷调查的质量具有重大的影响。根据房地产市场调查的目的、研究对象等不同，调查问卷可以分为市场环境调查问卷、竞争项目调查问卷及消费需求调查问卷等类型。

本节以消费需求调查问卷为例介绍调查问卷的构成、设计调查问卷的原则和技巧。

1. 调查问卷的构成

调查问卷一般由开头、正文和结尾3个部分构成。

1) 开头

调查问卷的开头主要包括问候语、填表说明及问卷编号。问候语应该礼貌、亲切、诚恳，并说明调查的目的、调查者的身份、保密原则及奖励措施以消除被调查者的疑虑，激发被调查者的参与意识；填表说明主要在于规范和帮助被调查者对问卷的回答（填表说明也可以分散放到各个相关问题之前）；问卷编号主要用于检查校对和整理资料。

以下是某房地产项目调查问卷的开头设计。

×××先生/女士：您好！

我是××公司的调查员，在进行一项××市居民住房状况及需求的市场研究，我想跟您交流这方面的问题。您的意见无所谓对错，只要真实反映您的情况和想法，都会对我们有很大的帮助。完成调查以后，您将收到一份小礼品，并能参加我们的抽奖活动。我们将对您的回答严格保密。希望您能在百忙之中抽出一点时间协助我们完成这次调查，请问可以吗？

谢谢您的支持与合作！

2) 正文

调查问卷的正文一般包括资料收集和被调查者背景两部分。资料收集部分是问卷的主体，也是调查问卷的目的所在，是问卷设计的重点。被调查者的背景资料与研究目的密切相关，必不可少，包括个人情况，如性别、年龄、职业、职务、收入、文化程度及家庭结构等，单位情况，如单位性质、规模、行业、所在地等，但被调查者对此可能比较敏感。

有些调查问卷在正文开头设置甄别部分，对不符合本次调查目的的调查对象进行剔除。比如，进行一项住房状况及需求的市场调查时，对下列几种情况可终止调查：调查对象在房地产开发、策划咨询、市场研究公司工作的；月收入1500元以下的；近几年不打算购房的。

3) 结尾

调查问卷的结尾可以设置开放式问题，征询被调查者的意见和感受，或者记录调查情况，也可以是感谢语及其他补充说明。

2. 调查问卷设计的原则

对于不同的项目，虽然问卷类型和问卷内容各有不同，但都需要满足问卷设计的基本要求，即在一定成本下获取最小误差的有效数据，因此问卷设计需要满足如下原则。

(1) 一致性原则。调查问卷的内容应该与调查者所希望了解的内容相一致。

(2) 完整性原则。调查问卷的内容应该能够涵盖调查者所需要了解的所有内容，完整性不仅包括问题的完整性，而且还包括备选答案的完整性。

(3) 准确性原则。要求问卷的措辞、结构、顺序、版式等能够保证被调查者准确理解问题并准确回答问题，而且尽可能使被调查者的回答是可量化的。

(4) 效率性原则。就是在保证获得同样信息的条件下，选择最简单的询问方式，使得问卷长度、题量和难度最小，节约调查成本。一方面，在一定的成本条件下，要使问卷尽量获取全面、准确和有效的信息并不一定要一味追求容量大、信息多，与本次调查无关的问题不要询问，否则不仅造成人力、物力和财力的浪费，还有可能引起被调查者的反感，造成拒访和数据质量下降；另一方面，追求高效率并不是简单地降低成本。

(5) 模块化原则。为使问卷结构分明，便于维护更新，可以考虑使用模块化的设计方法，即将问题划分为若干个功能模块，每个模块由若干道题组成，模块内部具有较强的联系，模块之间具有相对的独立性。

3. 调查问卷设计的技巧

问卷设计在贯彻上述原则的同时，还应该注意一些细节问题上的技巧。

1) 问题设计技巧

(1) 避免专业术语和缩略语以免造成理解困难。比如，"容积率"、"绿地率"、"小高层"、"入户花园"等，如无法避免则应该对其进行简单的解释。

(2) 避免含义模糊的用词。比如，形容时间时"经常"、"最近"、"很久"、"一些"等词尽量少用。例如，"您最近是否准备买房？"被调查者不知道"最近"是指一周、一个月还是半年、一年，可以改为"您最近半年是否准备买房"？

(3) 避免断定性的问题。如"您打算什么时候买房子？"就属于断定性问题，如果被调查者没有买房的打算就无法回答。正确的做法是在该问题前面加一个过滤性的问题，如"您有买房子的打算吗？""有"则继续，否则终止提问。

(4) 避免倾向性的问题，不能暗示出调查者的观点和见解。比如，"大部分人认为建筑设计上的欧陆风格已经过时，您对此有何看法？"这种问题会导致被调查者跟随调查者的倾向回答问题，常常会引出与实施不符的结论从而影响调查结果，应该尽量避免。

(5) 避免双重否定的问题。比如，"在物业管理费中不必包括电梯维护费，您同意吗？"虽然双重否定就是肯定，但人们一般的思维方式还是习惯于直接的肯定，而不是双重否定。因此尽量采用直接肯定的语句。上面的问题可以改为"在物业管理费中有必要包括电梯维护费吗？"这样就清楚简单得多。

(6) 避免一问多答的问题。一问多答的问题要求被调查者用一个答案来回答多个相关的问题，常常会使被调查者无从回答，因此一个问句最好只问一个要点。比如，"您家人是否使用公车出行?"这就使那些家里只有部分成员使用公共交通工具的人无法回答。

（7）问题要考虑时间性。时间过久容易使人遗忘。比如，"您去年家庭生活费支出是多少?"这种问题可能由于时间过久而使被调查者无法回答，不如改成"您上个月的生活费支出是多少?"缩小时间范围可以使回答比较准确。

（8）问题要有明确的界限。比如，收入是仅指工资还是包括奖金、补贴以及其他收入，年龄是指虚岁还是周岁等。如果没有明确界定，往往会产生歧义从而影响调查结果的准确性。

（9）避免敏感性的问题。出于本能的自卫心理，被访者对于敏感性问题一般不愿回答或不予真实回答，甚至会引起被访者的反感，因此尽量避免。如非问不可，则应该注意提问的方式、方法和措辞。具体可以采用释疑法、假定法和转移法，释疑法是在问题之前写上一段消除顾虑的文字如采取保密措施；假定法是用一个假定条件句作为问句的前提，然后再询问被访者的看法；转移法即投射法，就是不直接询问受访者的感受和看法，而是让其说出其他人的看法，如"请问您朋友的平均月收入一般属于哪一类？"等。

（10）注意问题的顺序。前面的问题应该是简单的或者是重要的、容易回答且为其关心的问题，后面的问题应该是复杂的、专业性强的、敏感性的问题；封闭式问题在前，开放式问题在后；对相关联的问题应该进行系统整理。

2) 答案设计技巧

（1）备选答案要穷尽。要将问题的所有答案尽可能列出，才能使每个被调查者都有可选答案，不至于因为找不到合适的可选答案而放弃回答。有时为防止出现列举不全，可将最后一项答案设为"其他"。但是需要注意，如果一个问题选择"其他"类答案作为回答的人过多，说明答案的列举是不恰当的。

（2）备选答案要互斥。一项问题所列出的不同答案之间必须互不包容、互不重叠，一定要用统一标准在同一层次上进行分类，否则被调查者可能会做出有重复内容的双重选项，这对资料的整理分析不利，影响调查效果。比如，"您平均每月支出中花费最多的是哪项？①食品；②服装；③书籍；④报纸杂志；⑤日用品；⑥娱乐；⑦交际；⑧饮料；⑨其他"。答案中的食品与饮料、书籍和报纸杂志等都具有包含关系。

（3）在封闭式问题中，根据不同问题选择不同的答案形式。常见的被选答案的形式有二项选择法、多项选择法、排位法、回忆法及比较法等。

① 二项选择法也称为真伪法或二分法，是指提出的问题仅有两种答案可以选择，如"是"或"否"，"有"或"无"等。这两种答案是对立的、排斥的，被访问者的回答非此即彼，不能有更多选择。二项选择法的优点是易于理解并可迅速得到明确的答案，便于统计处理，分析也比较容易。缺点是被调查者没有进一步阐述理由的机会，难以反映被访者意见在程度上的差别，了解的情况也不够深入。这种方法适用于较简单的事实性问题。

② 多项选择法是指对所提出的问题事先预备好两个以上的答案，被访者可任选其中的一项或几项。多项选择法的优点是比二项选择法的强制选择有所缓和，答案有一定的范围，也比较便于统计处理。但是选用这种方法时，要注意以下两种情况：一是要考虑到全部可能出现的结果，以及答案可能出现的重复和遗漏；二是要注意选择答案的排列顺序，有些被访者常常喜欢选择第一个答案，从而使调查结果发生偏差。此外，答案较多时，可能会使被访者产生厌烦情绪。所以多项选择的答案一般应该控制在8个以内。当调查样本分散时，多项选择容易使结果分散，缺乏说服力。

③ 排位法是列出若干个选择项目，由被调查者按照重要性决定先后顺序。比如，"请

对下面列出的 5 类房地产广告排序：①电视广告；②报纸广告；③广播广告；④户外广告；⑤杂志广告。按照您接触的频率，由高到低排序；按照您的印象，由浅到深排序；按照您信任的程度，由大到小排序。"排位法便于被调查者对其意见、动机、感觉等进行衡量和比较，也便于对调查结果加以统计。但是选择项目不宜过多，否则容易分散，造成排位困难，此外所询问的排列顺序也可能对被调查者者产生某种暗示作用。这种方法适用于答案有先后顺序的问题。

④ 回忆法是指通过回忆，了解被调查者对不同商品的质量、品牌等方面印象的强弱。比如，"请您列出最近一个月在电视广告中出现过哪些楼盘广告。"调查时可根据被调查者所回忆品牌的先后和快慢及各种品牌回忆出的频率进行分析研究。

⑤ 比较法是把若干个可比较的事物整理成两两对比的形式，要求被调查者进行比较并做出肯定回答的方法。比如，"就房子本身而言，您认为下列每一对因素中哪一点比较重要？①外观设计，室内设计；②朝向，通风；③景观，采光；④工程质量，配套设施。"比较法适用于对质量和效用等问题做出评价。

（4）问题与所设答案应做到一致。比如，"您打算购买多大的房子？"备选答案为：①$40m^2$ 以下；②$50\sim70m^2$；③$80\sim100m^2$；④$100m^2$ 以上；⑤一房一厅；⑥两房一厅；⑦三房两厅。上例中对于房间的大小与户型一般不能在同一个问题的答案中出现，宜分别进行。例中提问的是房间大小，就只能在面积中选择，否则会出现多余或矛盾选择结果。

（5）对敏感性问题尽量采用定距、等比答案，设定收入、年龄的范围等。比如，"您的年龄是__岁？"，备选答案为：A. 25 岁以下；B. 25～30 岁；C. 35～40 岁；D. 40～45 岁；E. 45～50 岁；F. 50～55 岁；G. 55～60 岁；H. 60 岁以上。

应用案例 4-1

某房地产市场需求问卷调查表

尊敬的先生/女士：

您好！

我是××公司的调查员，为了更好地服务我市市民，建造更经济、更适合居住的住宅，我们很需要您能够给我们提供多方面的意见，只要它能够真实地反映了您的想法，对我们就是一个很大的帮助。调查资料所涉及您的个人信息，我们保证完全密密。感谢您在百忙之中抽出时间，对于你的帮助我们深表感谢！

  调查员记录
  被调查者姓名：   被调查者家庭住址：
  被调查者身份证号码：   被调查者联系电话：

  调查员姓名：   调查员编号：
  调查员所属部门：   调查员职位：
  调查日期： 年 月 日 调查起止时间：   -

（一）甄别部分

S1 请问您是否在房地产相关行业工作(开发、设计、施工、监理、营销、策划等)？
  A. 是   B. 否
若回答"是"，则中止调查。

S2 请问您近几年是否打算买房？

    A. 是   B. 否

若回答"否",则中止调查。

(二) 主体问卷

住房现状调查

1. 您现在的住房的户型是:____。
  A. 一室一厅 B. 二室一厅 C. 三室一厅 D. 三室两厅
  E. 四室两厅 F. 其他(请注明)

2. 您现在的住房的建筑面积是(平方米):____。
  A. 70 以下 B. 71~90 C. 91~110 D. 111~130
  E. 131~150 F. 其他(请注明)

3. 您现在的住房来源是:____。
  A. 商品房 B. 经济适用房 C. 单位福利房 D. 廉租房
  E. 市场租赁 E. 其他(请注明)

住房需求调查

4. 您准备在____内买房?
  A. 半年内 B. 一年内 C. 两年内 D. 更长时间

5. 您买房的目的是:____。
  A. 结婚   B. 现有住房太小
  C. 想拥有自己的房子 D. 给亲友买房
  E. 投资   F. 其他(请注明)

6. 您若购买商品房,准备选择什么户型?____
  A. 一室一厅 B. 二室一厅 C. 三室一厅 D. 三室两厅
  E. 四室两厅 F. 其他(请注明)

7. 您若购买商品房,准备购买多大的建筑面积(平方米)?____
  A. 70 以下 B. 71~90 C. 91~110 D. 111~130
  E. 131~150 F. 其他(请注明)

8. 您打算购买的住宅类型是:____。
  A. 多层   B. 高层
  C. 小高层(8~12层) D. 别墅
  E. 其他(请注明)

9. 您认为对住宅来说最重要的因素是什么?____
  A. 质量 B. 户型 C. 舒适 D. 安静
  E. 美观 F. 气派 G. 便捷 H. 其他(请注明)

10. 您希望住宅小区内有哪些配套设施?(可选择多项)____
  A. 运动场所 B. 诊所 C. 超市 D. 休闲娱乐
  E. 美容院 F. 其他(请注明)

11. 买房时您最关注哪个因素?____
  A. 单价 B. 总价 C. 户型 D. 地段
  E. 交通 F. 开发商品牌 G. 物业管理 H. 付款方式
  I. 景观环境 J. 配套设施 K. 其他(请注明)

12. 您希望所购住房的装修标准是:____。
  A. 毛坯房 B. 简单装修房 C. 精装修房 D. 厨卫装修其他毛坯
  E. 开发商提供多种装修方案供买家选择 F. 其他(请注明)

13. 您理想的客厅面积是多大(建筑面积,平方米)?____

A. 10～15　　　　B. 16～20　　　　C. 21～25　　　　D. 26～30
   E. 30 以上　　　　F. 越大越好　　　G. 无所谓
14. 您理想的主卧面积是多大（建筑面积，平方米）？____
   A. 10 以下　　　　B. 11～15　　　　C. 16～20　　　　D. 20～25
   E. 25 以上　　　　F. 越大越好　　　G. 无所谓
15. 您对主卧带卫生间的设计如何考虑？____
   A. 主卧必须带卫生间　　　　　　　B. 主卧最好带卫生间
   C. 主卧不要带卫生间　　　　　　　D. 无所谓
16. 您喜欢哪一种阳台设计？____
   A. 传统外挑阳台　B. 挑高阳台　　C. 凹阳台　　　D. 无所谓
   E. 其他（请注明）
17. 您能接受的单价是（每平方米建筑面积，元）：____。
   A. 3000 以下　　　B. 3000～5000　　C. 5000～8000　　D. 8000～10000
   F. 10000～15000　G. 15000～20000　H. 20000 以上　　I. 无所谓
18. 您能接受的总价是（每套，元）：____。
   A. 30 万以下　　　B. 30～50 万　　　C. 50～80 万　　　D. 80～100 万
   F. 100～150 万　　G. 150～200 万　　H. 200 万以上　　I. 无所谓
19. 您获取房地产广告的主要来源是：____。
   A. 报纸　　　　　B. 电视　　　　　C. 电台　　　　　D. 户外媒体
   E. 朋友介绍　　　F. 网络　　　　　G. 其他

最后，我想请问几个关于您个人的问题，以供资料分析使用，请您不要介意。

20. 您的性别是：_____。
21. 您的年龄是：_____。
22. 您的职业是：_____。
23. 您的爱好是：_____。
24. 您的文化程度是：____。
   A. 中专以下　　　B. 中专　　　　　C. 大专　　　　　D. 大学本科
   E. 硕士　　　　　F. 博士及以上
25. 您在单位职位是：____。
   A. 高层　　　　　B. 中层　　　　　C. 普通员工　　　D. 编制外员工
   E. 其他
26. 您的家庭人口数量是：_____。
   A. 1 人　　　　　B. 2 人　　　　　C. 3 人　　　　　D. 4 人
   E. 5 人　　　　　F. 5 人以上
27. 请问您大多数朋友的月收入属于：____。
   A. 2000 以下　　　B. 2000～3000　　C. 3000～5000　　D. 5000～8000
   E. 8000～10000　　F. 10000～20000　G. 20000 以上　　H. 拒绝回答

==================访问到此结束，再次感谢您的支持！====================
以下由调查员记录：
B1 被调查者的理解程度：A. 完全理解　B. 比较理解　C. 一般　　D. 不大理解
B2 被调查者的认真程度：A. 很认真　　B. 比较认真　C. 一般　　D. 随意　　E. 敷衍
B3 被调查者的合作程度：A. 很合作　　B. 比较合作　C. 一般　　D. 不大合作
B4 获得资料真实性评价：A. 比较客观　B. 一般　　　C. 不可信

4.1.9　房地产调查报告的编写

市场调查报告是房地产市场调查活动的介绍与总结,是调查研究成果的一种书面表达形式。规范的市场调查报告应该由封面、目录、索引、摘要、正文、附录等组成。

1. 调查报告的组成

1) 封面

封面虽然只有一页纸,但它是调查报告的"门面",其版面应该根据调查机构的要求来设计,一般要求严肃、精致。封面的内容如下。

(1) 调查报告的标题。标题一般只有一句话,有时也可以加上一个副标题,标题应该能够将调查内容概括出来。

(2) 调查机构的名称。列出所有参与的调查机构的名称,必要时也可以附上其联络方式。

(3) 调查项目负责人。列出该调查项目负责人的姓名。

(4) 日期。即报告完成的日期。

2) 目录

目录是关于报告中各项内容的一览表。调查报告的目录应该列出正文各部分内容的标题名称及页码,一般要求至少列出二级标题,如果需要还可以列出更下一级的标题。对于一般的市场调查报告,目录的篇幅应以不超过一页为宜。

3) 索引

在调查报告中,如果插入的图、表较多,为了阅读方便,可以列出图、表索引。索引的内容与目录相似,即列出图、表的编号、名称及所在的页码。

4) 摘要

摘要是对调查活动所获得的主要结果的概括性的说明,是调查报告中及其重要的一环。阅读调查报告的人往往对调查过程的复杂细节没有兴趣,他们只想知道调查研究活动的主要结果和结论。摘要应该用清晰、简洁,概括的文字扼要地说明调查的背景目的、调查手段和方法、调查的主要内容以及主要结果和结论等。

5) 正文

调查报告文正必须包括研究活动的全部事实,包括调查背景、调查目的、调查内容、调查方法、调查结果、结论与建议等。调查报告正文之所以要呈现调查活动的全部资料,原因在于两个方面:一是让阅读报告的人了解调查结果是否客观、科学、准确、可信;二是让报告的使用者能够从调查结果中得出他们自己的结论,而不受调查分析人员的影响。

(1) 调查背景。在调查背景中,调查分析人员要对本次调查的由来或受委托情况进行说明。说明时,要以有关的背景资料为依据,分析企业或项目的开发经营、营销推广等方面的资料。

背景资料可包括如下内容:①项目过去的销售变化情况;②与竞争对手的比较资料;③已有的广告、促销策略及其实施情况;④市场对本项目的反应资料等。

(2) 调查目的。调查目的一般根据委托方的要求来确定,如要了解某品牌在市场上的知名度、消费者的信息来源、消费者与媒体的接触情况、消费者对某品牌的忠诚度、消费者心理价位、消费者的需求偏好、项目的目标客户、影响消费者购买的原因等。

（3）调查内容。这部分内容需要说明调查的主要内容，包括市场环境、消费者情况及竞争对手情况调查等，还需要说明这些调查分别在什么地区或项目进行及选择这些地区或项目的理由。

（4）调查方法。这部分内容需要说明本次调查是采用文献资料调查还是现场调查，是观察调查还是实验调查或问卷调查，是拦截问卷还是入户问卷，是抽样调查还是重点调查，样本抽取的方法，调查资料处理与分析的方法及工具等。

（5）调查结果。这部分内容采用图、表和文字的形式将调查所得到的资料呈现出来。图、表主要用来呈现调查数据，文字部分主要是对调查数据进行解释，即需要说明数据中所隐含的关系、规律和趋势等，对结果的解释包括说明、推论和讨论3个层次。

① 说明。说明不是对调查数据的简单描述，而是要根据所得数据资料来分析事物的现状、各因素之间的关系及事物的发展趋势等。

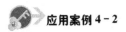应用案例 4-2

对调查结果的说明

假设某调查得到的各种收入家庭的私人汽车拥有情况见表 4-1。

表 4-1　拥有私人汽车的比例

私人汽车	家庭月平均收入(元)				
	5000 以下	5000～10000	10000～20000	20000 以上	总计
有	2%	6%	24%	65%	24%
无	98%	94%	76%	35%	76%
总计	100%	100%	100%	100%	100%

根据表 4-1，可做出如下几点说明。
(1) 调查对象中大约 1/4 左右的家庭拥有私人汽车(事实叙述)。
(2) 随着家庭收入的增多，私人汽车的拥有率也随之提高(趋势描述)。
(3) 家庭收入的高低对私人汽车的购买有巨大的影响(关系说明)。

② 推论。大部分市场调查都是针对部分调查对象进行的，但报告的使用者往往要了解总体的情况，因此调查分析人员必须根据调查的数据资料来估计总体的情况，这就是推论。

推论不是简单地将样本的结果来代替总体，而必须要考虑到样本的代表性。当样本的代表性强时由样本估计总体结果的误差就小，反之就容易得出错误的推论。

如果调查中对抽样误差进行了估计，那么就可以根据抽样误差对总体做出推论。以应用案例 4-2 为例，假定抽样统计资料显示，在置信度为 95% 时最大允许误差不超过 3%，那么就可以做出以下推论,即在调查对象总体中,拥有私人汽车的家庭占 $21\%\sim27\%$,而且做出这一结论犯错误的概率不超过 5%。

③ 讨论。讨论主要对调查结果产生的原因进行解释,解释的依据可以是理论或事实材料,也可以引用其他研究资料,还可以根据调查分析人员的经验等。

调查结果部分的内容通常比较多,为了使阅读报告的人容易把握整个调查结果,一般将调查结果分为若干个部分依次列出,每个部分分别与调查目的相对应,分别回答调查所要解决的问题,并且对每个部分设置一个标题。

(6) 结论与建议。调查分析人员在这一部分要说明调查获得了哪些重要结论,以及应该采取的相应措施。如果调查课题较小,调查结论简单,调查结论可以与调查结果合并,如果调查课题较大,调查内容和结论较多,则应该与调查结果分开来写。

6) 附录

附录部分主要呈现与正文相关的各种资料,以备读者参考。附录中的资料通常包括:调查问卷,原始数据表(正文中的图表只是汇总),资料来源说明,其他补充说明等。

2. 调查报告编写的要求

一份优秀的市场调查报告,应该符合以下一些要求。

(1) 语言简洁、客观。读者阅读报告的目的是要从报告中快速获取有用的信息,而不是拿报告来欣赏,所以报告的语言不必追求华丽,而是要讲究简洁。报告语言还要求客观、平实,不能过于情绪化,不能掺杂个人情感色彩,以免影响读者的判断。此外,报告尽量采用非专业用语来解释,以免读者无法读懂报告或者产生理解问题。

(2) 结构严谨。要求各部分内容重点突出,逻辑性强,要让读者很容易明白调查的基本过程与结果,不能将众多数据资料杂乱无章地堆积在一起。

(3) 内容全面。报告要将调查活动的整个过程进行详细的介绍,让读者能够了解调查的全部过程,对调查质量做出评价,对调查所获得的结果有一个清晰的认识,明确调查对他们有何用处、能够为他们解决什么问题等。

(4) 资料翔实。要将调查过程中收集的全部资料组织在一起,充分利用图、表、文字等形式来展示资料,不能遗漏重要的资料,但也不必将一些无关的资料统统写入报告之中。

(5) 结论明确。调查结论不能模棱两可,含糊其实。

4.2 房地产项目市场分析策划

4.2.1 房地产市场分析中常见的问题

由于市场分析所涉及的内容非常复杂,政策多变,加上受到预算、时间及资料等因素的限制,在目前不少策划机构的项目市场分析报告中,均或多或少地存在一些问题,使得市场分析的可信度受到影响。比如,很多市场分析报告采用一种跟进式的思路,即大环境看好,项目的小环境则一定不错;别人的项目好卖,相似的项目也会好卖;以前什么项目好卖，现在就做什么。总体而言，当前的市场分析主要存在以下几个方面的问题。

1. 对市场需求的分析不够深入

由于我国经济过去长期在计划经济体制下运行，人们往往习惯于计划经济的思维模式，对于需求的研究缺乏经验。由于相关数据资料收集困难，往往采用宏观数据来预测市场需求情况，如对收入、年龄、婚姻、家庭规模等人口因素的描述大都停留在全国或全市的总体水平上。但是房地产具有很强的地域性，造成房地产市场从某种程度上来讲属于区域性的市场，项目所处区块的人口状况比全国及全市的人口状况更能影响需求。

2. 对市场供给的预测不够准确

房地产开发投资大、周期长、风险高，作为房地产开发投资顾问的策划机构必须要对未来几年的市场状况进行预测。但是由于我国目前的房地产市场还不够规范与成熟，国家相关政策的变化非常快，使得对土地供应量等供给因素的预测结果往往不够准确。

3. 不进行市场供求的对比分析

市场分析报告中常会做供给预测，有时也会有需求预测，但是出于种种原因，很少认真地进行供给与需求的对比。这在逻辑上显然说不通，不分析市场供需的缺口，怎么来计算市场份额？又如何确定项目预期的收入和利润？如何判断项目是否可行？

4. 定量分析方法的运用不当

由于宏观资料比地区资料相对比较容易获得，而且有较好的连续性，所以使得房地产市场分析中存在一种学院式的研究倾向，即运用数学模型进行宏观预测。其实，这种方法并不是房地产策划的优势，任何数学模型都不能精确涵盖宏观经济环境中各种不确定性影响因素。往往会出现这样的结果，即精致的模型和精确的数据得出的结论还不如经验来的准确。

5. 市场定位过于宽泛

很多开发商往往宣传自己的项目是为某类人群量身定做的产品，但是实际上大多数市场分析报告中确定的市场定位都比较宽泛。特别是现在很多开发项目的规模越来越大，成了宽泛市场定位的很好理由。实际上，不少策划机构也怕定位窄了，一旦失误给开发商带来的风险，自己也有无法推卸的责任。

6. 对市场份额估计过高

很多市场分析报告并不分析可能的市场份额，即使分析也往往估计过高。实际上在一个地区内，竞争性楼盘的存在使研究项目的市场份额不可能很大，市场分析人员往往寄希望于营销的技巧，从而能从竞争对手那里争夺客户资源，这种分析显然是不负责任的。

7. 过于依赖二手资料，缺少对消费者的跟踪调查

有些分析报告过于依赖二手资料，但是二手资料往往不具有很强的针对性，因此实际策划中必须进行有针对性的市场调查，以便真正了解消费者的口味和偏好。

4.2.2 房地产市场供需分析

房地产市场供需分析包括两个部分,即供给分析与需求分析。

1. 供给分析

对任何市场的供给分析都包括供给量和供给结构两个方面。

1) 供给量分析

供给量分析分为现有供给量分析和潜在供给量分析。现有供给量分析可以根据在售物业数据来统计。随着行业信息公开化、透明化进程的发展,如近几年各地都陆续建立了透明售房网,市场现有供给量的获取难度越来越小。潜在供给量分析可以根据政府部门审批开发项目过程形成的各种数据进行统计,即通过以房地产开发程序为基础的分析方法。

2) 供给结构分析

供给量的分析只能提供一个总量概念,要对供给进行深入分析还必须对其供给结构进行分析。对区域市场供应结构进行分析时,一般按照区块和物业类型两个方面进行。这样就可以得到同一区块不同物业类型和同一物业类型不同区域的供应结构。

区块分析中,一般根据实际情况划分为行政区块、板块区块、别墅集中区、传统商业区、写字楼分布密集区、工业园区、新开发区、高教园区等。

物业类型可以按照用途划分为居住、商业、工业物业等。每一种物业类型有可以进一步细分,如居住物业又分为普通住宅、高档公寓、别墅等;商业物业可分为写字楼、百货商场、购物中心、商业店铺、超级市场、批发市场等;而普通住宅又可分为高层、多层、低层及小高层等;别墅可分为独立别墅、双拼别墅、联排别墅、叠加式别墅、空中别墅等。

2. 需求分析

房地产市场需求分析包括成交需求分析和潜在需求分析两类。

1) 成交需求分析

成交需求分析是对已经成交的需求量进行分析归纳。这主要通过到行业主管部门查询相关资料得到,因为区域内每一笔成交数据都需要在房地产管理部门进行登记备案。查询时需要了解以下几个方面:成交时间、区域分布、建筑类型、房屋年限、户型面积、单价、总价、交付标准、付款方式等。为了能够进行供需对比分析,需求分析也应该分区块和物业类型进行统计。

2) 潜在需求分析

潜在需求分析是主要运用人口和收入统计资料来进行分析。

人口资料包括区域人口增长状况、年龄结构、家庭结构、人口地区来源状况、就业状况等。根据人口增长等资料可以预测出未来的人均住宅需求量、市场总体需求量等;根据人口来源和就业情况可以分析消费者群体的差异性特征及其消费能力。

未来潜在需求与人口有关,更与居民的收入状况有关。城镇居民的工资收入、家庭年收入、人均可支配收入、城镇居民储蓄等收入资料直接反映了区域居民的购房和租房需求潜力。而商业、写字楼、厂房等未来潜在需求则与城市商贸业、服务业、工业的发展水平相关。

4.2.3 房地产项目自身分析

房地产项目只有在研究外部环境和自身条件的基础上才能进行正确的市场细分与市场定位,因此房地产项目自身分析也是项目市场定位的基础之一。

房地产项目自身分析包括开发企业分析和开发项目分析两个方面。开发企业分析主要从企业基本情况、经营思想与经营目标、资金状况、人力资源状况、管理水平、品牌形象等方面进行。开发项目分析主要从项目地块状况、开发目标、价格定位、成本收益、融资条件、政策符合性以及审批通过的可能性等方面进行。

项目自身分析通常采用 SWOT 分析法。SWOT 分析法又称为态势分析法,是由旧金山大学的管理学教授韦里克(H. Weihrich)于 20 世纪 80 年代初提出来的一种能够较客观而准确地分析和研究项目现实情况的自我诊断方法。SWOT 中 4 个英文字母分别代表优势(Strengths)、劣势(Weaknesses)、机会(Opprotunities)、威胁(Threats)。即从企业和项目的各个方面对本项目以及周边竞争性企业及项目的情况进行比较分析,在比较中明确本项目的竞争优势与不足、机会与挑战,并据此制定相应的开发策略。

SWOT 分析法包含分析环境因素、构造 SWOT 矩阵、制定相应对策三大步骤。

1. 分析环境因素

利用各种研究方法,分析项目的内部环境因素和外部环境因素。内部环境因素包括优势因素和劣势因素,它们是项目自身存在的积极和消极因素,属主动因素,一般分为管理、组织、经营、财务、销售等不同的方面。外部环境因素包括机会因素和威胁因素,它们是影响项目发展的有利和不利外部环境因素,属于客观因素,包括经济、政治、社会、人口、市场、竞争等不同的方面。在调查分析这些因素时,不仅要考虑到历史与现状,更要考虑未来可能的发展趋势。

2. 构造 SWOT 矩阵

将调查得出的各种因素根据轻重缓急或影响程度等排序方式构造 SWOT 矩阵。在此过程中,将那些对公司发展有直接的、重要的、大量的、迫切的、久远的影响因素优先排列出来,而将那些间接的、次要的、少许的、不急的、短暂的影响因素排列在后面。

3. 制定相应对策

在完成环境因素分析和 SWOT 矩阵的构造后,便可以制定出相应的对策。制定对策的基本思路是:发挥优势因素,克服劣势因素,利用机会因素,化解威胁因素;考虑过去,立足当前,着眼未来。运用系统分析的综合分析方法,将排列与考虑的各种环境因素相互匹配起来加以组合,得出一系列项目未来的可供选择的发展对策,这些对策包括如下内容。

(1) 最小与最小对策(WT 对策)。即考虑劣势因素和威胁因素,努力使这些因素趋于最小。

(2) 最小与最大对策(WO 对策)。即着重考虑劣势因素与机会因素,努力使劣势因素趋于最小,使机会因素趋于最大。

(3) 最大与最小对策（ST 对策）。即弥补不足，把握机会，着重考虑优势因素和威胁因素，努力使优势因素趋于最大，使威胁因素趋于最小。

(4) 最大与最大对策（SO 对策）。对于有些项目劣势，在无法弥补的情况下只能采取扬长避短的策略，发挥项目优势，把握市场机会，如地段因素有时候无法改变。

可见，WT 对策是一种最悲观的对策，是处于最困难情况下不得不采取的对策；WO 对策和 ST 对策是一种苦乐参半的对策，是处于一般情况下的对策；SO 对策是一种最理想的对策，是项目处于最为顺畅情况下采取的对策。

在项目前期策划阶段，策划师一般都要针对项目的地理环境、人文环境、政治环境、竞争环境、经济环境等要素进行全方位的 SWOT 分析。各种因素在同一个项目中可能表现为优势，也可能表现为劣势；可能称为机遇，也可能称为威胁。但在策划师经过分析以后，劣势可以转化为优势，威胁可以转化为机遇。

4.3 房地产项目市场细分策划

相对于某个房地产项目来说，房地产市场很大，一个房地产项目不可满足市场上所有消费者的所有需求，而只能满足市场中的特定客户的特定需求，要寻找到这种特定的客户，需要进行科学的市场细分工作。

4.3.1 房地产市场细分的概念

房地产市场细分是指在房地产市场调研的基础上，根据消费者个人基本情况、消费需要、欲望、购买动机和购买行为等细分依据，将房地产整体市场细分为若干个具有相似需求的目标客户群体的过程，其实质是将异质市场划分为同质市场的过程。

每一个消费者群体就是一个细分市场，每一个细分市场都是具有类似需求倾向的消费者构成的群体。通过市场细分可以发现市场上尚未被满足的消费者群体，开发商就可以根据这一群体的需求特征开发出独具特色的产品从而获得成功。市场细分越细，目标市场越明确，项目运作的风险就越小，但是市场容量也就越小。

4.3.2 房地产市场细分的作用

1. 有利于企业发现新的市场机会

房地产市场是一个容量大、品种多、需求多样的市场，存在着很多市场机会。市场细分是企业不断发现新的市场机会的有效途径。企业在对房地产市场进行周密的调查研究基础上，根据当前市场竞争状况，分析了解各个不同的房地产消费群体需求的满足程度，从而发现未被满足或未被充分满足的需求。这些未被满足或未被充分满足的需求就是新的细分市场。由于市场细分后的子市场比较具体，比较容易了解消费者的需求，开发商可根据自己的开发理念和营销力量，确定自己的服务对象，即选择特定的目标市场。

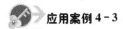 应用案例 4-3

广西××市××小区的目标市场

广西××市于2002年正式成立，其辖区是原来柳州市的一部分。在该市建市初期，大批公务员来自于柳州、南宁等地，这些外来公务员需要在××市安家落户，形成了具有非常大潜力的消费群体。为此，某开发商在2003年推出了1500户规模的"公务员小区"，面向这些外来公务员销售，由于目标市场非常明确，项目推广非常成功。

（资料来源：黄福新. 房地产策划［M］. 北京：中国建筑工业出版社，2004.）

2. 有利于企业制定及调整营销策略

较小的目标市场便于制定特殊的营销策略。在细分的市场上，信息容易了解和反馈，一旦消费者的需求发生变化，企业可迅速改变营销策略，制定相应的对策，以适应市场需求的变化，提高企业的应变能力和竞争力。

3. 有利于企业集中人力、物力、资源

任何一个企业的资源、人力、物力、资金都是有限的。面对需求繁多的房地产市场，在一个特定的时期内，企业不可能面面俱到地都去开发、经营、管理，也就是说任何一个企业和项目都不可能满足所有的市场需求。与其全面出击，不如集中力量针对某个特定的市场目标。通过细分市场，企业能够找到适合自己的经营业务和目标市场，企业可以集中人、财、物及资源去争取局部市场上的优势，占领目标市场，以获取最大的经济效益。尤其是对于中小房地产企业来说，细分出一个与本企业实力与优势相适应的小市场，然后推出相应的产品与服务，往往能取得很大的成功。

4.3.3 房地产市场细分的依据

市场细分的依据有很多，进行住宅房地产市场细分的依据主要有：人口因素、心理因素、行为因素、环境因素等。

1. 人口因素

人口因素作为细分依据具有独特的优势，一是消费者的消费偏好、消费欲望等与人口因素有着密切的联系；二是人口统计资料一般比较完整而且比较容易获得。因此，人口因素一直是市场细分的重要参数之一。

人口因素包括年龄、职业、收入、文化教育、家庭人口组成、家庭类型、国籍、民族、宗教、社会阶层等。其中，家庭人口组成、家庭收入及文化因素等相对更加重要。比如，不同的家庭人口组成和家庭结构，对住宅的需求种类不同。比如，一居室只适宜于单身家庭，二居室适合于刚结婚不久暂时没有小孩"夫妻型"家庭或者子女均已经独立成家的"老年"家庭；三居室及以上适合于"二代同堂"或"三代同堂"的家庭。

2. 心理因素

股票市场上，了解股民的心理和行为的人永远比仅仅懂得股票知识的人能赚更多的钱,房地产市场也一样。在房地产营销实践中,经常发现按照人口、家庭等划分的消费群体对同一种产品的需求具有很大的不同,原因在于其消费者心理的差异。消费心理因素包括:购买动机,如自住、投资、投机、炫富、为子女或父母购买等;购买偏好,如个性、兴趣爱好、价值观、品牌忠诚程度等;生活方式,如喜欢宁静的环境等。

3. 行为因素

消费者行为是消费者对住宅产品的使用态度或反映。依据消费者对房地产产品的住宅消费数量、了解程度、使用情况、购买或使用的时机等行为因素为基础划分消费群体。行为因素包括:购买数量、购买决策、购买或使用时机、付款方式等,如依据购买数量可以分为潜在购房、初次置业和二次置业等。

4. 环境因素

环境因素包括:国家、地区、城市、农村、气候等。对于不同地理位置、自然环境和人文环境的消费者对同样的产品具有不同的需求。

4.3.4 房地产市场细分的步骤

1. 依据需要选定市场范围

房地产产品的市场范围应该以市场需求而不是产品的特性来定。比如,某开发商打算建造一批小户型的公寓,从产品特性如房间大小、简朴程度等出发,公司可能认为这个公寓项目是以低收入家庭为对象。但是从市场需求的角度来分析,就可以看到许多并非低收入的家庭也是潜在的客户。虽然有些家庭收入不低,在市区已经有宽敞舒适的房子,但又希望在宁静的郊区再有一处住房作为周末生活或度假的去处。

2. 分析潜在客户的不同需求

在选定产品的市场范围后,策划师首先要列出潜在客户的基本需求,如可以通过"头脑风暴"等方法列出潜在客户的各种不同需求,包括共同需求和特殊需求。然后分析潜在客户中不同消费群体的不同消费需求。

3. 移去潜在客户的共同需求

共同的市场需求虽然很重要,但只能作为制定市场营销策略的参考,在细分市场时应该把它舍去。然后进一步分析各个细分市场的特殊需求。

4. 进一步认识各个细分市场的特点

策划师要对每一个细分市场的顾客需求及其行为特征做更深入的考察,目的是为了明确现有的细分市场有无再细分或重新合并的必要。比如,同样是"夫妻型"的消费群,新婚夫妻与老年夫妻的需求差异就很明显,应当分为两个细分市场,即使项目设计能够同时迎合这两类消费者的需要,但对他们所做的广告宣传方式等都有可能不同。

5. 预测不同细分市场的规模

策划师应该将每个细分市场与其人口因素结合起来分析,以测量各个细分市场潜在顾客的数量。这是因为企业进行市场细分是为了在适当的市场范围内寻找最多的获利机会,而这取决于各个细分市场中顾客的购买潜力。

4.4 房地产项目市场定位策划

4.4.1 房地产市场定位的概念

市场定位实际上是在进行市场调查、市场分析、市场细分等环节后水到渠成的一个结果。房地产项目市场定位实际上就是目标市场的选择,选择目标市场时要考虑到目标市场的可衡量性(即目标市场容量的大小可以被估计出来)、可进入性(开发商是否能够比较容易、顺利地进入)及可营利性等要求。

从单个细分市场的角度看,市场需求是有限的,但是从总体市场以及市场需求的多样性来看,市场需求又是无限的。任何一个项目总有其对应的市场需求,市场定位就是要发现这个需求并通过概念、产品、价格等方面的优势与特定的市场需求联系起来。因此,市场定位主要不在项目本身,而是要在消费者的心理占据一定的位置,即市场定位不是对项目本身做实质性的改变,而是对市场价值的发现。市场定位的实质是将本项目与其他项目区别开来,使顾客感觉和认识到这种差别,从而在顾客心目中占有特殊的位置。

4.4.2 房地产市场定位的模式

房地产市场定位的模式主要有以下几种。

1. 单一产品单一目标市场模式

单一产品单一目标市场模式是指只针对一个特定的消费群体开发某一种产品类型,强调为其量身定做。由于目标市场明确,可以开发出有针对性的产品,专业化水平较高。但是由于单一的目标市场其容量有限,也可能会带来一定的市场风险。因此在选择目标市场时要准确估计市场容量的大小,选择能够足够容纳本项目规模的目标客户群体。

2. 多种产品单一目标市场模式

多种产品单一目标市场模式中的目标客户只有一个,但是产品类型有多个,用来满足同一客户群体的不同消费需求。

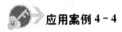
应用案例 4-4

开发多种产品满足同一目标客户的不同需求

广西××市某开发商在成功开发了针对公务员这一特定消费群体的"公务员小区"以后,曾经放弃了该市中心上百亩的大型商业用地及市郊大型住宅用地项目的开发机会,反而在先前开发的"公务员小区"旁边选择了一块面积仅有 10 多亩的商住楼项目地块。该公司如此决策主要就是考虑到具有 1500 多户的"公务员小区"的购物、餐饮、娱乐等需求是一个很大的市场机会。此外,开发商经过调查发现,当时不少公务员业主是从外地派驻该市工作，他们很多并不准备长期在此定居，也不准备将其家属迁至该市，所以很多人实际上是单身居住，加上房子面积较大，因此不少业主有出售或出租"公务员小区"中较大的住房、自己去租住小面积单身公寓的想法。为此，开发商在旁边开发了一个集小户型公寓及购物、餐饮、娱乐各种商业设施的商住楼项目，并获得了很大的成功。

（资料来源：黄福新. 房地产策划 [M]. 北京：中国建筑工业出版社，2004.）

3. 单一产品多个目标市场模式

开发商推出一种固定的大众化的产品来满足不同目标客户的需求，以不变应万变。该模式的特点是产品非常专业，目标客户却有好几类，如某些SOHO住宅，满足了年轻白领、小型公司及单身租户等好几类客户的需求。由于不同目标客户通常具有不同的需求特点，要兼顾各种目标客户的不同消费特点是很困难的，因此这种模式一般来说风险比较大。

这种定位模式比较适合于那些大型项目，对小项目可能并不合适。根据调查发现，人们一般不喜欢跟比自己富裕得多的人住在一起，也不喜欢跟比自己穷很多的人住在一起，而大多数人们倾向于跟差不多层次的人同住，即物以类聚、人以群分的概念。所以如果一个项目中既有豪华别墅，又有普通公寓，还有经济适用房，则这样的定位是比较危险的。

4. 多种产品多个目标市场模式

这种模式又称为完全覆盖市场模式，基于"不能把所有鸡蛋放在一个篮子里"的思想，即开发若干个产品类型来满足相应若干个细分市场的需求，如一个项目中有别墅、公寓等分别满足高端及普通客户的需求。当开发商无法准确判断项目特定的目标客户时，为避免定位狭窄带来的市场风险，可能会采用这种"撒网捕鱼"、"广种薄收"式的定位方式。不过这种方式看似分散了市场风险，但实际上由于要同时满足多个消费群体的不同需求，定位不明确，产品没有鲜明特色，由于开发难度也较大，反而有可能带来很大的风险，只有那些规模较大的项目才有可能适用。

4.4.3 房地产市场定位的原则

1. 客户导向原则

成功的市场定位取决于两个方面：一是市场定位是否与消费者的需要相吻合；二是如何将项目信息有效地传达到消费者。客户导向原则就是要求市场定位必须按照消费者接收信息的思维方式和心理需求为指引，考虑如何突破传播障碍将项目优势信息传达到消费者并不断强化消费者的满意程度。客户导向原则强调市场定位的主要任务应该是市场因素而不是项目自身的因素，即有效的市场定位并不是取决于项目具有什么优势，而在于市场需要什么，不是企业怎么想而是顾客怎么看的问题。比如，市场如果需要中低档次的住宅产品，而项目提供的却是别墅产品，即便产品本身很好也是卖不出去的。

2. 一致性原则

一致性原则包括两个方面：一是要求市场定位需要与企业的发展战略相一致；二是要

求市场定位要与当地的经济、社会、消费水平及企业自身的技术与管理水平等相适应。

企业发展战略包括品牌战略、经营战略和管理战略等方面。只有在企业发展战略的框架下进行项目的市场定位，才能体现企业的竞争优势，发挥企业的核心竞争力，构建企业品牌和产品品牌，使得企业的产品具有延续性和创新性，实现企业的总体战略目标。比如，一个走高端产品路线的开发商，低端的项目定位对其品牌形象可能是一个损害。

3．可行性原则

可行性原则要求"量力而行"，该原则包括项目实施的可行性和经济评价指标的可行性两个方面。由于房地产市场的不断变化与发展，市场定位必须考虑项目实施的可行性，要根据项目规模、地块特征及本项目的自身优势来分析入市的时机，准确设计项目的实施进度。同时，运用微观效益与宏观效益分析相结合、定量分析与定性分析相结合、动态分析与静态分析相结合等方法，对项目进行经济效益的分析与评价，分析各个经济指标是否可行。

4．差异性原则

房地产市场竞争激烈，广告铺天盖地，只有坚持差异化、追求与众不同才能在消费者的心里占据一席之地。项目可以从以下几个方面来体现差异性，突出其竞争优势。

1）产品差异化

这是首要的关键因素，包括规划建筑、景观环境、功能户型、公共配套等方面都要尽量做到与众不同，"人无我有，人有我优，人优我变"。项目必须要在其中某一方面具有突出优势，否则只能通过其他方面来突出项目的差异性。

2）主题个性化

产品差异化是实现市场定位的一个重要手段，但产品差异化的优势也不会自动显现出来。市场定位不仅要强调产品差异化，而且要通过产品差异性建立其独特的市场形象，这需要通过项目个性化的主题概念来实现。消费者购房时在理性上会考虑项目的实用性因素，但同时也会考虑项目个性、文化、品味等感性因素，当项目表现的主题概念与其价值观相吻合时，他们就会选择该项目并通过项目来体现自己的个性。比如，北京SOHO现代城就曾凭借其鲜明的产品个性受到许多时尚年轻人的追捧与喜爱。

3）价格差异化

由于房地产价值量非常大，从某种程度上讲，价格始终是消费者关注的焦点，同时也是影响项目形象的重要因素。消费者在价格面前通常会表现出复杂的心理特征，消费者购房时一般心中都会有一个心理预期价格，如果实际价格与预期价格之间差距很大，如项目实际价格大大高于其心理价格则基本上不会引起消费者的关注，而如果实际价格低于其心理价格10%以上，则该项目就有可能形成巨大的价格优势，从而获得消费者的认可。因此，价格差异化原则如果使用得当会产生很好的效果，但是用得不好却会适得其反。

 应用案例 4－5

房地产项目降价引发的问题

2005年8月，杭州城西闲林区块的××项目二期推出80套优惠房源，这批优惠房源的均价为

4900元/平方米左右,比一个月前的销售均价大约便宜了将近500元/平方米,优惠房源推出后即被抢购一空,成为当时杭州楼市首个后期价格低于前期价格的楼盘,引起了市场的很大关注。但这一价格策略同时也产生了两个意料之外的结果,一是引起前期客户的退房大潮甚至纠纷,二是优惠房源销售完毕以后,销售情况却并没有大的起色,原因在于不少潜在客户纷纷持币观望,等待该项目的再次降价。而同样的情形也发生在2008年万科房产在杭州九堡的魅力之城项目上,可见价格差异化是一柄双刃剑。

(资料来源:"岸上蓝山"降价惹烦恼[EB/OL] [2005-5-3]. 新华网浙江频道. http://www.zj.xinhuanet.com/newscenter/2005-08/03/Content_4789004.htm)

4) 服务差异化

当楼盘质量和价格都难以体现差异时,项目成功的关键取决于服务项目的多少和服务水平的高低。服务包括销售服务和售后服务即物业管理服务,优质的服务可以培养顾客的忠诚度,形成口碑效应,弥补产品本身缺乏个性特点的劣势。

4.4.4 房地产市场定位的内容

市场定位的主要包括客户定位、主题定位、产品定位、价格定位、服务定位、形象定位、文化定位、营销定位等内容,以下选择若干个定位内容来进行说明。

1. 客户定位

客户定位也就是目标市场选择,即在市场分析和市场细分的基础上选择一个或多个目标市场,选择目标市场时需要考虑目标市场的容量,使其能够保证项目获得足够的经济效益。

2. 主题定位

主题是房地产项目所集中表达的特殊优势与独特的开发理念,是贯穿于项目发展各个环节的总体指导思想。主题定位的主要目的就是向市场传达项目的开发理念、展示项目独特个性、突出项目竞争优势、塑造项目品牌形象,最终实现项目市场价值的提升。

3. 产品定位

产品定位就是将目标市场与产品相结合的过程,也是主题定位的具体化。由于影响房地产产品的因素众多,因此产品定位的内容也非常丰富。产品定位需要考虑的问题包括产品功能与类型定位、产品档次、规划建筑、公建配套、景观环境等方面。

(1) 功能与类型定位主要考虑项目产品的类型及其组合,比如说是住宅还是写字楼,如果是住宅则是别墅还是公寓,如果是公寓则是多层还是高层,或者是住宅与写字楼、别墅与公寓、高层与多层等不同功能类型房地产的综合以及各种产品类型所占的面积比例等。

(2) 产品档次定位要确定项目建筑材料、配套设施及整体造价水平的高低,是毛坯房还是精装修房,若是精装修房则其装修标准如何等方面。比如,项目定位为豪宅的,则要考虑是否采用高档进口的龙头、台盆、坐便器等洁具设施。

(3) 建筑规划定位要考虑项目的整体布局、建筑密度、容积率、绿化率、建筑风格、户型大小及其比例、结构类型、建筑层高等。比如,户型是采用狭长型还是蝴蝶型布局、主力户型的面积是多大、大中小面积的户型面积分别是多少等。

(4) 公建配套定位要确定交通、车位、会所、医院、商业购物、体育健康、休闲娱乐等设施的类型及规模。景观环境定位要考虑绿地、采光、水系等生态环境因素。

4. 价格定位

价格定位要根据客户定位、产品定位来进行,要确定租售价格的大致区间。

本 章 小 结

房地产项目市场策划包括市场调查策划、市场分析策划、市场细分策划及市场定位策划。房地产项目市场策划是房地产项目前期策划的基础。

房地产市场调查包括市场环境调查、消费者情况调查及竞争对手情况调查。市场环境调查包括宏观环境、中观环境和微观环境调查;消费者情况调查包括消费者个人基本情况、购买动机、购买偏好、购买时机、购买行为等调查;竞争对手调查包括竞争企业和竞争项目两个方面。房地产市场分析是在市场调查的基础上,对调查所得的数据资料进行分析研究的过程。房地产市场细分是将房地产整体市场细分为若干个具有相似需求的目标客户的过程。房地产项目市场定位实际上就是选择目标市场的过程,市场定位包括客户定位、主题定位、产品定位、价格定位、服务定位、形象定位和营销定位等。

阅 读 材 料

杭州滨江·金色海岸项目的市场定位

1. 项目概况

金色海岸项目位于杭州未来的城市中心——钱江新城CBD核心区域西南部,北靠凤凰山,南临钱塘江,拥有近千米的钱塘江江景,由13幢19～29层不等的高层建筑组成,总建筑面积达22万 m^2,建筑密度15.9%,容积率2.45,是杭州高端精装修公寓的代表作之一,开发商杭州滨江房产集团是杭州"十大城市运营商"之一。

2. 客户定位

通过市场调查,开发商发现上海、北京、深圳等地市中心区域都有高端的住宅产品出现(如上海的滨江世茂花园,深圳的万科润园等),来满足一些先富起来的人对于生活品质提高的需求。但在在杭州的房地产市场上,城市中心区域还缺少一流的高端住宅产品。同时,开发商还发现浙江地区的不少富裕人士却在其他城市购买高档豪宅,其中一个原因正是由于在本地找不到高端的住宅产品。有市场需求却缺乏相应的产品,开发商牢牢抓住了这一部分人的需求,将目标客户定位为社会各个阶层的成功人士,包括私营企业主、医生、律师、IT新秀及大学教授等。

3. 主题定位

得天独厚的地理位置和优越的自然风光是金色海岸的先天优势,金色海岸倡导"顶级、国际、中央商务区"的开发理念,定位为"全国一流水景住宅","极限享用江景"是贯穿金色海岸的主题。该项目的名称最初为"钱江花园",后来为了与项目的主题定位吻合并体现高端特色而改名为"金色海岸",体现出新一代城市国际社区的高度和独特气质。

4. 产品定位

项目产品定位主要体现在设计上,金色海岸整合了强大的国际化设计团队,如建筑设计由澳大利亚柏涛设计公司完成,环境景观设计交由美国贝尔高林景观设计公司和香港G.I.L.室内设计公司负责,并对规划设计方案进行了长达4年的深化与完善(2001年取得土地,2005年9月开盘),带来了全新的设计思路。

金色海岸在小区总体布局上采用单元式与点式相结合的大围合流线型外立面,融合了澳大利亚黄金海岸海景住宅的设计理念,实现建筑"通透、明亮及景观最大化"的目的,成为钱塘江北岸住宅天际线的最高点之一。

金色海岸采用的户型设计将江景发挥到极致:超短进深、"五明设计"(客厅、餐厅、主卧、主卫、电梯厅等,其中前4个均有江景);大面积落地玻璃(甚至有些房间3面都采用玻璃墙体),270°弧形景观窗;5.4m高架空层,使二楼即可观看江景。

金色海岸强调居住的舒适感与享受性:主卧室最小开间4.2m;主卫生间最小开间2.7m;每个卧室都配备独立卫生间;3m标准层高;处处体现顶级的住宅品质。对所有业主经过的公共空间都进行了精装修,包括电梯间、大堂乃至每层住户门口等(如引进地下室大堂理念,改变了以往地下停车库的灰暗景象,让业主走出地下车库既能感受到家的舒适与温馨);顶楼连跃3层,客厅挑空高达近10m,面积达400m^2左右,设有露天游泳池,200m^2的空中花园等,形成所谓的江上"空中别墅"。

金色海岸在配套设施上大量选用国际知名品牌的顶端产品,包括有原装进口OTIS电梯、SIEMENS嵌入式厨房电器、SieMatic橱柜、Villeroy&Boch卫生洁具及大金户式中央空调系统等,装饰材料的用料和细节的考究也走在目前精装修住宅市场的前列,如外墙采用高档铝板贴面等,这在当时的杭州住宅外墙装修中尚属首家。这些顶尖品牌的装饰装修材料为住户提供了一个国际化、高尚化的现代生活方式。

5. 服务定位

金色海岸邀请国际知名物业咨询机构——戴德梁行进行一体化垂直管理,以星级酒店的标准为业主提供人性化、标准化的贴身管家服务。

6. 价格定位

产品的差异化意味着价格的差异化,金色海岸是杭州钱江新城的首座高档精装修江景住宅,其价格也远远超过同类地段产品。金色海岸的平均售价为每平方米2万元以上,每套均价超500万元,年度物业管理费超千万元。

7. 市场反映

金色海岸凭借精确的市场定位,2005年9月一经推出就备受市场关注,一期在开盘仅一个月就成为杭州2005年度销售冠军,开盘3个月成交金额达17亿元,创下杭州楼盘的销售奇迹。2006年1~5月金色海岸继续蝉联销售冠军,2006全年销售额超过15亿元。

(资料来源:杭州透明售房网)

思考与讨论

1. 当前房地产市场调查中存在哪些问题?

2. 房地产市场调查的原则有哪些？为什么要遵循这些原则？
3. 房地产市场调查包括哪些内容？宏观环境、中观环境及微观环境的区别在哪里？
4. 对房地产市场调查来说，宏观环境、中观环境及微观环境中更应该重视哪个？
5. 按照不同的分类，房地产市场调查常用的调查类型有哪些？
6. 房地产市场调查的方法有哪些？分别有哪些优缺点？最常用的调查方法是什么？
7. 房地产市场调查可以分为哪几个步骤？
8. 常见的房地产市场调查问卷有哪几种？消费需求调查问卷的设计原则有哪些？
9. 一份完整的市场调查报告应该包括哪几个部分？
10. 当前房地产市场分析中存在哪些问题？
11. 如何进行市场供给分析和需求分析？
12. 房地产项目自身分析的常用方式是什么？
13. 如何构造 SWOT 矩阵？
14. 什么是市场细分？市场细分有何作用？
15. 市场细分的依据通常是什么？市场细分的步骤有哪些？
16. 市场定位的概念是什么？有哪些常见的模式？
17. 市场定位有哪些原则要求？实际工作中需要对哪些内容进行定位？
18. 分析阅读材料，该项目成功的定位体现在哪些方面。

第 5 章
房地产项目投资策划

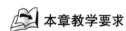
本章教学要求

    1. 了解：房地产投资的概念、特点、作用、主体及分类；房地产项目综合评价的概念及其内容；房地产融资的概念及其重要性；房地产融资方式。

    2. 熟悉：投资策划的概念；投资环境及其策划的概念；投资环境分析的内容及方法；房地产项目不确定性分析和风险分析的内容；房地产融资渠道及其优缺点。

    3. 掌握：房地产项目总投资的构成；房地产项目的收入估算及资金筹措；房地产项目财务评价的含义；房地产项目财务分析报表与分析指标；房地产融资方案分析。

导入案例

顺驰地产神话的终结

    1998 年，天津顺驰投资公司成立。到 2003 年，顺驰还基本上属于一家地方性的公司，其项目绝大多数集中在天津一地。但就在 2003 年，顺驰开始急速的全国扩张。到 2004 年，顺驰在全国 16 个一线城市同时运作 42 个项目，年销售收入超 100 亿元人民币，成为当年的销售冠军，储备的土地达到 1200 万 m^2，员工 8000 人，成为一家全国性的大型房地产公司。2005 年，顺驰荣获 2005 中国房地产公司品牌价值 TOP10。公司老板孙宏斌因此获得了"地产骇客"的名号，而顺驰也被称为房地产行业的"神话"。

    顺驰快速扩张的模式可以概括为："现金—土地—现金"，其真正的窍门就是尽一切可能缩短项目运营时间，加速资金的内部流转，用一个字概括，就是"快"，干什么都要快，其最快的一个项目从拿地到开始销售仅仅用了 7 个月时间。虽然该模式造就了顺驰的快速扩张，但该模式同时也带来了三个"高"：高土地成本、高财务成本、高人力成本（如 2004 年顺驰的销售额超过 100 亿元，尽管万科的销售额只有 80 亿元，但利润却至少是顺驰的 5 倍）。正是由于利润率太低，顺驰在香港上市的计划没有得到香港联交所的批准。到 2005 年的年底，顺驰已经险象环生，当年拖欠土地费用加上银行贷款余额就高达 46 亿元。

    2006 年 9 月，路劲基建以 10 亿元的价格收购了顺驰 55% 的股权。随着孙宏斌交出顺驰的控制权，他所创造的中国地产界迄今最绚烂的神话也告终结。

    （资料来源：郑爱敏. 解读顺驰 [M]. 北京：当代中国出版社，2005.）

5.1 房地产项目投资策划概述

5.1.1 房地产投资的概念

1. 房地产投资的含义

    经济学家威廉·夏普在其《投资学》中将投资的概念表述为：投资是为了获得可能的

不确定的未来值而所做出的确定的现值牺牲。通俗地说，所谓投资是指国家、企业或个人将一定数量的资金(现金及其他货币形式)或资源(如土地、设备、技术等)投入某项社会再生产过程，以便获取未来的收益或效益的经济活动或经济行为。

根据投资对象的不同，投资活动可以分为股票投资、债券投资、银行储蓄、期货投资和房地产投资等不同类型。房地产投资是指人们为实现某种预定的目标，直接或间接地对房地产的开发、经营、管理、服务和消费所进行的投资活动。对企业来说，房地产投资所涉及的领域有土地开发、旧城改造、房屋建设、房地产经营、置业等。

2. 房地产投资的特点

由于房地产本身的特殊性，房地产投资具有其他一般投资所不同的特点。把握房地产投资的特点有助于更好地进行房地产投资及其策划活动。

1) 投资数量大

房地产业属于典型的资金密集型行业，投资一宗房地产，少则几百万，多则上亿元。房地产投资的高成本性主要源于以下几个原因：一是土地开发的高成本性；二是由于房屋建筑的高价值性；三是房地产交易过程中的交易费用高。

2) 投资回收期长

房地产投资尤其是开发投资需要经过许多中间环节，如从土地使用权获得，房屋建造，直到房地产销售，最终收回全部投资需要相当长的时间。对于一般的房地产开发项目而言，开发周期通常需要 2~3 年，而对于依靠出租收益收回投资的时间更长。

3) 资产流动性差

资产流动性差是指房地产的不可移动性和难以变现性。房地产属于不动产，土地及其地上建筑物都具有固定性和不可移动性，加上房地产价值高大性，使得寻找适宜的买主和交易的时间很长，导致房地产投资资金的流动性和灵活性都较差。当然房地产投资也有既耐久又能保值的优点。房地产商品一旦在房地产管理部门将产权登记入册，获取相应的产权凭证后，即得到了法律上的认可和保护，其耐久保值性能要高于其他投资对象。

4) 投资风险高

由于房地产投资占用资金多，资金周转期又长，而市场是瞬息万变的，因此投资的风险因素也将增多。加上房地产资产的低流动性，不易脱手，一旦投资失误，房屋空置，资金不能按期收回，企业就会陷于被动，甚至债息负担沉重，导致破产倒闭。

5) 投资收益高

根据风险报酬原理，在其他条件不变情况下，投资项目的风险越大，项目的投资收益就越高。正是由于房地产投资具有这种高预期收益潜力，抵消了投资者对投资风险的畏惧，调动了投资者对房地产投资的积极性，促进了房地产业的蓬勃发展。

6) 运作难度大

房地产投资与一般的投资活动相比，其运作难度比较大。首先，房地产投资涉及许多政府职能部门，如规划、建设、国土、消防、人防、绿化、环卫、税收、物价、工商等政府部门；第二，房地产投资涉及多个行业，如建筑、建材、金融等行业；第三，房地产投资涉及许多专业，如建筑学、土木工程、景观环境及管理学、经济学、心理学、广告学等很多学科。因此，房地产投资具有很强的专业性，难度比较大。

3. 房地产投资的作用

房地产投资是我国固定资产投资的主要组成部分，是推动房地产业发展的重要动力，也是促进人民生活水平提高的基础。

1) 从国家和社会的角度看

（1）房地产投资能够增加各级政府财政收入。政府除了从房地产业及相关产业的生产经营活动中获得税收以外，还可以利用国有土地所有人的身份，通过有偿出让土地使用权获得巨额的土地出让金收入。近几年随着城市地价的快速上涨，土地出让金收入占地方政府收入的比例越来越高，有些地方甚至成为政府财政的主要来源。

（2）推动城市建设，改善城市基础设施与投资环境。房地产开发企业在开发过程中往往承担了部分原来应该由政府承担的城市基础设施建设任务，使得很多地方政府克服了因财政困难而使城市基础设施建设长期无法得到改观的局面。同时，城市基础设施的改善，改变了城市面貌，为国内外投资者创造了良好的生产、生活和投资环境。

（3）带动相关行业的发展。房地产业的发展可以带动建筑业、钢铁工业、水泥工业、石化工业、机械工业、装饰装潢等行业的发展，进而推动整个国民经济的全面发展。

2) 从投资者的角度看

从房地产投资者的角度看，房地产投资除了能够获得房地产的居住、办公、娱乐等使用功能以外，房地产投资还具有保值、增值的功能。随着社会的发展、人口的增长、经济的繁荣，人们对土地以及房地产的需求也日益增长，由于土地的不可再生性及房地产在空间上的不可移动性，房地产需求与供给之间的矛盾日益突出，从长期看，房地产的价格会呈现不断上升的趋势，即房地产投资具有保值的功能，是一个比较稳定的投资渠道。

此外，房地产投资还具有一定的避税收益。房地产投资的避税收益是指因提取房地产折旧而降低纳税基数，给投资者带来收益。它是房地产投资者因拥有房地产而间接获得的收益。在有关政策和法规允许的范围内，加速折旧是获取避税收益的基本途径之一。

4. 房地产投资的主体

房地产投资主体包括国家、企业和个人。国家进行房地产投资一般并不以赢利为主要目的，而往往是把社会公共利益放在首位，如投资廉租住房建设以解决城镇低收入居民的居住问题等。企业是房地产投资的主要主体，目前企业房地产投资主要由房地产开发企业来承担，企业房地产投资主要以赢利为目的。个人作为投资主体目前一般只能从事房地产买卖活动，个人要想从事房地产开发等投资活动，必须通过注册成立的企业法人才能进行。本文所讨论的房地产投资主要是指企业的房地产投资。

5. 房地产投资的分类

房地产投资按照不同的方法可以划分为不同的类型。

1) 从投资形式来划分

根据房地产投资形式的不同，房地产投资可以分为直接投资和间接投资。

（1）房地产直接投资。房地产直接投资是指投资者直接参与房地产开发或购买房地产的过程，并参与有关的管理工作，包括从购地开始的开发投资和物业建成后的置业投资两种形式。

① 房地产开发投资是指投资者通过购买土地使用权、规划设计、建设施工等过程，

建成可以满足人们某种需要的房地产,通过销售或租赁转让给其他投资者或使用者,从而获取投资收益的活动。房地产开发投资通常属于短期投资,它形成了房地产市场上的增量供给。开发投资的目的主要是赚取开发利润,风险较大但回报也比较丰厚。

② 房地产置业投资是指投资者购买新建或二手房地产,满足自身生产经营的需要或转售、租赁给其他经营者以获得增值收益或租赁收益的活动。置业投资的对象可以是开发后新建成的物业(市场上的增量房地产),也可以是二手房地产。置业投资一般从长期投资的角度出发,可获得保值、增值、收益和消费4个方面的利益。

(2) 房地产间接投资。房地产间接投资是指投资者不直接参与房地产开发、经营、管理、买卖等活动,而是通过购买房地产股票、债券、信托基金等获得投资收益的活动。

本文所讨论的房地产投资主要是指房地产直接投资中的开发投资。

2) 从房地产类型来划分

根据房地产类型不同可将房地产投资划分为地产投资、住宅房地产投资、商业房地产投资、工业房地产投资等。

(1) 地产投资。地产投资即单纯地投资于土地,利用土地的买卖差价和进行土地开发后出售或出租经营来获取投资收益。

(2) 住宅投资。住宅是目前我国开发量最大的房地产类型,随着我国城市化进程的加快及居民生活水平的提高,在今后相当长的一段时期内,住宅将始终是房地产开发企业投资的主要方向。住宅房地产分为普通商品住宅、高档公寓和别墅等多种类型。投资于住宅房地产,既可直接出售,也可进行租赁经营。

(3) 商业房地产投资。商业房地产包括写字楼、酒店、商场、超市和各种娱乐设施等,这类房地产主要以出租经营为主。商业房地产的投资成本、投资收益、技术复杂程度及投资风险均高于住宅房地产,商业房地产投资对项目地段的要求也很高。

(4) 工业房地产投资。工业房地产包括厂房及仓储设施等,相对而言,工业房地产的通用性差,技术性强,市场比较狭窄,投资回报率低,投资规模不如住宅和商业房地产。

3) 从投资经营方式来划分

按照房地产项目投资经营方式不同,可将房地产项目投资分为出售型房地产项目投资、出租型房地产项目投资和混合型房地产项目投资。

(1) 出售型房地产项目投资。出售型房地产项目投资是以预售或开发完成后出售的方式得到收入、回收开发资金、获取开发收益,以达到赢利的目的。

(2) 出租型房地产项目投资。出租型房地产项目投资是以预租或开发完成后出租的方式得到收入、回收开发资金、获取开发收益,以达到赢利的目的。

(3) 混合型房地产项目投资。混合型房地产项目投资是以预售、预租或开发完成后出售、出租、自营的各种组合方式得到收入、回收开发资金、获取开发收益,以达到赢利的目的。

5.1.2 房地产项目投资策划的概念

1. 投资策划的含义

房地产项目投资策划是指房地产开发商或由开发商委托的策划机构在项目投资开发之

前，在房地产市场调研与预测的基础上，综合分析与研究获得的各种信息，以投资效益最大化为目标，针对某个项目形成具体的投资方案的创造性活动。投资策划是从投资的角度对拟建项目进行的筹划，对项目的经济可行性进行评价，保证项目获得预期的经济效益。

2. 投资策划的目的

房地产是典型的资金密集型产业，投资风险很大。要取得房地产投资的成功，必须对房地产项目的市场环境、投资成本、销售收入等方面进行准确的把握与预测，对投资收益进行准确的估算。房地产项目投资策划通过对拟开发的房地产项目进行全面、综合的技术经济分析和论证，为项目投资决策提供可靠的依据，避免投资失误。

此外，很多时候市场上多种投资机会并存，诱人的投资机会又往往不止一个，而投资者可以利用的资源却是有限的，所以投资者必须在确定的即期支出与不确定的未来收益之间做出慎重的选择。这时就需要有一种方法能够对各种投资方案进行评估，帮助投资者在各种限制条件下，获得最大的投资效益。而这也是投资策划工作所要解决的问题。

3. 投资策划的内容

一个完整的房地产项目投资策划应该包括房地产投资环境分析、项目经济评价、项目融资策划等内容，并以策划报告的形式作为投资策划的成果。

5.2 房地产项目投资环境分析

5.2.1 投资环境分析的概念

房地产投资环境是指房地产项目生存发展所必须依赖的经济、社会、文化、科技等外部条件的总称。按照尼古拉斯·斯特恩对于投资环境的解释，投资环境主要是指现在和未来影响投资的风险和收益的政策、制度和行为环境。对于一般的投资者来说，投资环境是无法改变的外部因素。因此，对房地产投资环境进行分析，是房地产投资策划的第一步，只有确认了投资环境的健康和稳定，才能进行正确的项目选择。

房地产投资环境包括硬投资环境和软投资环境，硬投资环境是指房地产项目所在地及周边区域的自然地理条件、基础设施等，即投资区域的物质条件，良好的硬环境是项目成功的物质条件。软投资环境就是该项目运作的非物质条件，如政治、经济、法律、文化等。软环境的好坏难以定量分析，其方向性、程度和可控性比硬环境更难以把握。房地产投资环境分析应在国家、区域、城市、邻里的层次上进行，对已经发生的或将要发生的重大事件或政策对房地产项目的影响，要做出充分的了解和估计。

5.2.2 投资环境分析的内容

房地产项目的软、硬投资环境具体可以从社会、政治、法律、经济、文化、自然地理、基础设施和社会服务8个方面来考虑。

1. 社会环境

社会环境包括社会制度、社会秩序和社会信誉,这些环境条件对于保障投资安全具有十分重要的意义。社会制度主要是指拟投资地区的政治制度与社会管理制度,包括经济决策的民主与科学程度、行政管理的透明程度、政府对经济的干预程度、政府行政事务的效率及政府公务人员的廉洁程度等。社会秩序是指拟投资地区的社会政治秩序和经济生活秩序,包括当地社会的稳定性、安全性,当地居民对本地区经济发展的参与度,对外来经济势力的认同感等;社会信誉包括合同履约的信誉和社会承诺的信誉,是维系社会及经济发展的基石。

2. 政治环境

政治环境包括政治体制、政治局势和政策。政治体制是指国家政权的组织形式及其相关的管理制度。投资者关注的是拟投资地区的政治体制及政权变更过程中所体现出来的平和性(尤其是进行国外房地产投资)。政治局势是一个社会稳定性的重要标志,包括国内与对外局势两方面。国内局势的动荡一般是由国内政治斗争或重大社会经济问题等引发,对外局势的动荡主要由边界、外交等问题引发。政策是一国政府为实现一定时期的一定目标而制定的行动准则,对投资者来说,一般比较关注经济政策和产业政策,包括国民经济发展政策、引进外资政策、对外开放政策及各种税收政策等。

3. 法律环境

法律环境包括法律的完整性、法制的稳定性及执法的公正性等。法律的完整性是指房地产投资项目所依赖的法律条文的覆盖面,主要的法律法规是否齐全等。法制的稳定性是指法律法规变动是否频繁。执法的公正性是指法律纠纷、争议仲裁等结果的客观性和公正性。

4. 经济环境

经济环境是影响投资决策的最重要、最直接的环境因素。经济环境包括宏观经济环境、市场环境、财务环境、资源环境等。宏观环境是一个国家或地区的总体经济环境,如国民生产总值、国民收入、国民经济增长率等反映整体国民经济状况的指标,消费总额、消费结构、居民收入、存款余额、物价指数等描述社会消费水平和消费能力的指标;经济政策、财政政策、消费政策、金融政策等。市场环境是指房地产项目所面临的市场状况,包括市场现状及未来趋势,如市场购买力状况、竞争对手状况、市场价格水平及其走势等。财务环境是指项目面临的资金、成本、利润、税收等条件。资源环境包括人力资源、土地资源、原材料资源和能源资源等方面。

5. 文化环境

文化环境主要是指房地产项目所在地区的社会意识形态,如风俗习惯、语言文字、宗教信仰、价值观念、文化传统、教育水平等。文化环境直接决定消费者需求的形式和内容,从而制约着房地产项目投资方案的选择和决策。

6. 自然地理环境

自然地理环境包括地理位置、地质地貌、自然风光、气候条件等。地理位置是指项目所在地的交通便捷程度,与城市商业中心、医院、学校等的距离,由于房地产具有不可移动性,地理位置即"地段"因素对房地产开发的影响极大。地质地貌、自然风光及气候条件等不仅关系到建筑物的基础设计,而且影响其景观,进而影响其变现。自然环境也是与投资者无法轻易改变的外部物质条件,应该引起房地产投资者的高度重视。

7. 基础设施环境

城市基础设施主要包括六大系统:城市能源系统;城市水资源和供水排水系统;城市交通运输系统;城市邮电通信系统;城市生态环境系统及城市防灾系统。这六大系统构成了城市基础设施的整体,它们相对独立,又互相协调,从而保证了城市生产和生活的顺利进行。完备的市政基础设施是区域房地产市场健康发展的基础。

城市基础设施在成熟区域很少出现问题,而对于快速成长的中小城市和大城市的边缘地带,问题则比较复杂。近年来随着城市化进程的加快,城市规模急剧扩展,但却往往遭遇城市基础设施条件严重缺陷的瓶颈。这对于异地开发的房地产开发商是最应该谨慎对待的问题,必须事先调查清楚,避免出现开发开始以后才发现缺乏市政设施的尴尬局面。

8. 社会服务环境

社会服务包括金融服务、生活服务、通信服务、交通服务、信息服务、法律服务、咨询服务等方面的服务内容、服务态度和服务效率。

5.2.3 投资环境分析的方法

投资环境分析的方法很多,如冷热因素法、等级尺度法、道氏分析法、多因素和关键因素法、综合分析法等。但是需要注意的是,这些方法大多是针对一般投资项目的投资环境分析需要而提出来的,有些因素可能并不适合房地产投资项目。因此,在实际的房地产项目投资环境分析中,需要对某些因素及指标进行适当的修正。

1. 冷热因素对比法

1968年,美国经济学家利特法克和彼得通过对美国、加拿大等国投资者在选择投资场所时所考虑因素的调查,从投资者的角度归纳出七大投资环境因素,见表5-1,据此对所投资区域逐一评估并将之由"热"至"冷"依次排列,"热"表示投资环境优良,"冷"表示投资环境欠佳。冷热因素对比法是最早的一种投资环境评估方法。虽然在因素的选择及其评判上有些笼统和粗糙,但它却为投资评估提供了可利用的框架,为后来投资环境评估方法的形成和完善奠定了基础。同时,冷热因素对比法解释的结论也是投资者制定投资策略、选择投资区域的重要依据。

表5-1 冷热因素对比法

地名	状况	政治稳定性	市场机会	经济发展及成就	文化一体化	法律阻碍	自然条件的优劣	地理及文化差异
A	热							
	冷							

(续)

地　名	状　况	政治 稳定性	市场机会	经济发展 及成就	文化 一体化	法律阻碍	自然条件 的优劣	地理及 文化差异
B	热							
	冷							
C	热							
	冷							

2. 等级尺度法

1969年，美国学者罗伯特·斯托伯提出了等级尺度法。该方法从东道国对外国投资者的政策角度，列举了构成东道国投资环境的八大因素，包括资本抽回自由、外商股权比例、对外商的管理制度、货币稳定性、政治稳定性、给予关税保护的态度、当地资金的可供能力和近5年的通货膨胀率。在这八大因素中，每个因素又区分为4~7种不同的情况。根据每个因素的重要程度，定出从最差到最好的各种情况的分类标准，最好的情况评分为12、14、20分不等，最差的情况为0、2、4分不等。这样，投资者可以根据东道国投资环境的实际有利程度，对各项因素进行评分，以确定投资环境的优劣。把各项因素的分数相加，就可以得出东道国投资环境的总分，并用总分来揭示投资环境的优劣。

等级尺度法主要着眼于东道国对外商投资的政策优惠和限制，以及吸收外资的能力。它主要考察了外国投资者在生产经营过程中直接与投资有关的主要影响因素，但没有考虑影响项目建设和企业生产经营的外部因素，如投资地点的基础设施、法律制度和行政机关的办事效率等。在发达国家，各项基础设施比较完善，法律制度比较健全，行政机关办事效率也较高，故它们不是影响投资环境的主要因素。然而，大多数发展中国家基础设施、法律制度和行政机关的办事效率恰恰是影响投资环境的重要因素，因而采用这种方法评估发展中国家的投资环境就会带有明显的片面性。

3. 道氏分析法

该方法是美国道氏化学公司(Dow Chemical)根据其在海外投资的经历制定出的方法。由于对一个跨国直接投资者来说，投资环境不仅因国别而异，即使在同一国家也会因不同时期而发生变化，所以在评价投资环境时，要看过去、现在和今后的变化。

道氏公司从动态的角度将国际直接投资面临的风险分为两类：一类是"正常企业风险"即"竞争风险"；另一类是"环境风险"，即某些可以导致企业发生变化的政治、经济及社会因素，这些因素往往会改变企业经营方式，并可能给投资者带来有利或不利的后果。所以将上述这些因素按形成的原因和作用范围分为两部分：①企业从事生产经营的业务条件；②有可能引起这些条件变化的主要压力。

首先评估影响投资企业业务条件的诸因素，并评价引起引起业务条件变化的诸多压力因素；然后进行有利因素和假设条件的汇总，从中指出8~10个该地区项目获得成功的关键因素；在确定关键因素及其假设条件后，提出4套项目预测方案：一是根据各关键因素"最可能"的变化而提出的预测方案；二是假设各关键因素的变化比预期的好而提出的"乐观"预测方案；三是假设各关键因素的变化比预期的差而提出的"悲观"预测方案；

四是假设各关键因素变化最坏而可能导致项目"遭难"的预测方案；最后，邀请专家度对各个方案可能出现的概率进行预测，从而做出决策。

4. 多因素和关键因素分析法

多因素分析法和关键因素分析法是前后关联的两个分析方法。

1）多因素分析法

首先将投资环境因素分为政治环境、经济环境、财务环境、市场环境、文化环境、基础环境、技术条件、辅助工业、法律与法制、行政机关的效率和竞争环境11类因素，每一类因素又由一系列子因素构成；然后在资料搜集齐全的基础上，确定各投资环境因素在总投资环境因素中所占的比重，并采用五分制方法评定各类投资环境的得分；最后汇总得到该区域投资环境的总分值，分数越高，说明投资环境越佳。

2）关键因素分析法

多因素分析法考虑的投资环境因素较全面，并且考虑了投资环境各个子因素的优劣状况。但是该方法侧重于对该区域投资环境做一般性的评价，较少考虑具体项目特定的投资目标和要求。关键因素分析法则能弥补多因素评估法的不足。

关键因素分析法把投资者的动机划分为降低成本、开拓当地市场、获得原料供应、分散投资风险、追逐竞争者、获得当地生产和管理技术6种。每种投资动机又包含若干个影响投资环境的关键因素，根据挑选出来的关键因素采用多因素分析法计算投资环境的总分。

5. 综合分析法

综合分析法是房地产项目投资环境评价常用的方法。它是指运用多个指标对多个参评单位进行评价的方法，又称为多变量综合评价方法。其基本思想是将多个指标转化为一个能够反映综合情况的指标来进行评价。如不同国家经济实力，不同地区社会发展水平，小康生活水平达标进程，企业经济效益评价等，都可以应用这种方法。

综合评价法的特点有：①评价过程不是逐个指标顺次完成，而是通过一些特殊方法将多个指标的评价同时完成；②在综合评价过程中，一般要根据指标的重要性进行加权处理；③评价结果不再是具有具体含义的统计指标，而是以指数或分值表示参评单位综合状况的排序。

综合评价法的步骤：①确定综合评价指标体系，这是综合评价的基础和依据；②收集数据，并对不同计量单位的指标数据进行同度量处理；③确定指标体系中各指标的权数，以保证评价的科学性；④对经过处理后的指标进行汇总，计算出综合评价指数或综合评价分值；⑤根据评价指数或分值对参评单位进行排序，并由此得出结论。

5.3 房地产项目经济评价

过去，我国各级政府有关部门根据其相应权限对固定资产投资项目实行审批制度，审批环节一般包括项目建议书、可行性研究报告和开工报告等基本环节，其中固定资产投资项目的经济评价是可行性研究及其报告的重要组成部分。

但是随着我国投资主体的多元化发展，我国的投资体制进行了相应的改革。2004年7

月16日，国务院出台了《关于投资体制改革的决定》（国发［2004］120号），指出"对于企业不使用政府投资建设的项目，一律不再实行审批制，区别不同情况实行核准制和备案制。其中，政府仅对重大项目和限制类项目从维护社会公共利益角度进行核准，其他项目无论规模大小，均改为备案制，项目的市场前景、经济效益、资金来源和产品技术方案等均由企业自主决策、自担风险。"相应的，房地产项目也不再要求进行可行性研究工作了。

虽然国家不再要求房地产项目进行可行性研究及审批工作，但是对于房地产开发商来说，必须要在项目投资决策前分析该项目在经济上是否可行，以确定项目是否值得投资。房地产项目经济评价分为财务评价和综合评价。财务评价应根据现行财税制度和价格体系，计算房地产项目的财务收入和财务支出，分析项目的财务盈利能力、清偿能力及资金平衡状况，判断项目的财务可行性。综合评价应从区域社会经济发展的角度，分析和计算房地产项目对区域社会经济的效益和费用，考察项目对社会经济的净贡献，判断项目的社会经济合理性。对于一般的房地产项目只需进行财务评价；对于重大的、对区域社会经济发展有较大影响的房地产项目，如经济开发区项目、成片开发项目，在做出决策前应进行综合评价。

房地产项目经济评价应在房地产市场调查与预测、房地产项目投资与成本费用估算、房地产项目收入估算与资金筹措的基础上进行。房地产项目经济评价的结论可以为房地产开发商服务，作为房地产开发商投资决策的依据；可以为政府管理部门服务，作为政府管理部门审批房地产项目的依据；可以为金融机构服务，作为金融机构审查贷款可行性的依据。

5.3.1 房地产项目成本费用与投资估算

1. 房地产项目开发建设投资

房地产项目开发建设投资是指在开发期内完成房地产项目开发建设所需投入的各项成本费用。根据原建设部于2000年9月18日颁发的《房地产开发项目经济评价方法》的规定，房地产项目开发成本费用主要包括：土地费用、前期工程费用、基础设施建设费用、建筑安装工程费用、公共配套设施建设费用、开发间接费用、财务费用、管理费用、销售费用、开发期税费、其他费用及不可预见费用等。这里所指的开发期是指从房地产项目大量资金正式投入工程开始，到开发建设完成的期间。

1）土地费用

房地产项目土地费用是指为取得房地产项目用地而发生的费用。房地产项目取得土地有多种方式，相应发生的费用也各不相同。目前取得房地产开发土地使用权的途径主要有农地征收、房屋拆迁、土地出让、土地划拨、土地转让、土地租用及土地入股等，相应的会发生土地征收费、房屋拆迁费、土地出让价款、土地转让费、土地租用费及股东投资入股土地的投资折价等费用项目。

（1）土地征收及拆迁费用。土地征收及拆迁费用分为农地征收及拆迁费用和城镇土地拆迁费用两类。农地征收及拆迁费用主要包括土地补偿费、安置补助费、地上附着物及青苗补偿费、新菜地开发建设基金、征地管理费、耕地占用税、耕地开垦费、拆迁费、契税及政府规定的其他有关税费。城镇土地拆迁费用主要包括被拆除房屋及附属物的补偿费、搬迁补助费、拆迁非住宅房屋造成停产、停业的补偿费、临时安置补助费或周转房费、拆迁服务费、拆迁管理费、房地产价格评估费、政府规定的其他有关税费等。

(2) 土地出让价款。土地出让价款是指国家以土地所有者的身份将土地使用权在一定年限内让予土地使用者，并由土地使用者向国家支付土地使用权出让地价款。主要包括向政府缴付的土地使用权出让金和根据土地原有状况需要支付的拆迁补偿费、安置费、城市基础设施建设费或征地费等。例如，以出让方式取得城市熟地使用权，土地出让价款由土地出让金加上拆迁补偿费和城市基础设施建设费构成。土地出让价款的数额由土地所在城市、地区、地段、土地的用途及使用条件、合同条件等许多方面的因素决定。许多城市对土地制定了基准地价，具体宗地的土地出让价款要在基准地价的基础上加以适当调整确定。

(3) 土地转让费。土地转让费是指土地受让方向土地转让方支付土地使用权的转让费。依法通过土地出让或转让方式取得的土地使用权可以转让给其他合法使用者。土地使用权转让时，地上建筑物及其他附着物的所有权随之转让。

(4) 土地租用费。土地租用费是指土地租用方向土地出租方支付的费用。以租用方式取得土地使用权可以减少项目开发的初期投资，但在房地产项目开发中较为少见。

(5) 土地投资折价。房地产项目土地使用权可以来自房地产项目的一个或多个投资者的直接投资。在这种情况下，不需要筹集现金用于支付土地使用权的获取费用，但一般需要对土地使用权评估作价。

2) 前期工程费

包括项目建议书、可行性研究或投资分析、前期策划、规划设计、水文及地质勘察、"三通一平（通水、通电、通路、土地平整）"、工地现场施工围墙等费用项目。项目建议书、可行性研究或投资分析、前期策划、规划设计等费用可按项目总投资的一定百分比估算，也可按估计的工作量乘以正常工日费率估算。水文及地质勘察等费用根据工作量估算。"三通一平"及施工围墙等费用根据实际工作量估算。

3) 基础设施建设费

房地产项目基础设施建设费是指建筑物 2m 以外和项目用地规划红线以内，与建筑物同步配套建设的各种管线和道路工程，包括道路、给水、排水、供电、通信、供气、供热、有线电视、智能综合布线、绿化、路灯、环卫、安保等设施建设费用，以及各项设施与市政设施干线、干管、干道的接口费用。基础设施建设费用一般按实际工程量估算。

4) 建筑安装工程费

房地产项目建筑安装工程费是指建造房屋建筑物所发生的建筑工程费用、设备采购费用和安装工程费用等。在可行性研究阶段，建筑安装工程费用估算可以采用单元估算法、单位指标估算法、工程量近似框算法、概算指标估算法、概预算定额法，也可以根据类似工程经验进行估算。具体估算方法的选择应视资料的可取性和费用支出的情况而定。当房地产项目包括多个单项工程时，应对各个单项工程分别估算建筑安装工程费用。

5) 公共配套设施建设费

房地产项目公共配套设施建设费用是指居住小区内按政府批准的项目规划要求建设不能有偿转让的各种非营利性的公共配套设施（又称公建设施）的建设费用，主要包括居委会、派出所、托儿所、幼儿园、公共厕所、停车场等。一般按规划指标和实际工程量估算。不包括住宅小区内的营业性用房和设施的建设费用。

6) 开发间接费用

房地产项目开发间接费用是指房地产开发企业所属独立核算单位在开发现场组织管理所发生的各项费用。主要包括工资、福利费、折旧费、修理费、办公费、水电费、劳动保护费、周转房摊销和其他费用等。当开发企业不设立现场机构，由开发企业定期或不定期派人到开发现场组织开发建设活动时，其发生的费用可直接计入开发企业的管理费用。

7) 建设单位管理费用

建设单位管理费是指房地产开发企业的管理部门从立项、筹建、施工、竣工验收及交付使用等全过程中为组织和管理房地产项目的开发经营活动而发生的各项费用，主要包括房地产开发企业管理人员工资、职工福利费、办公费、差旅费、折旧费、修理费、工会经费、职工教育经费、劳动保险费、待业保险费、董事会费、咨询费、审计费、诉讼费、排污费、绿化费、技术转让费、技术开发费、无形资产摊销、开办费摊销、业务招待费、坏账损失、存货盘亏、毁损和报废损失及其他管理费用。管理费用可按项目投资的3%左右估算。如果房地产开发企业同时开发若干房地产项目，管理费用应在各个项目间合理分摊。

8) 财务费用

房地产项目财务费用是指房地产开发企业为筹集资金而发生的各项费用，这里的财务费用包括所有投资（借款和自有资金）的利息、金融机构贷款的手续费、代理费、外汇汇兑净损失以及其他财务费用。

9) 销售费用

房地产项目销售费用是指房地产开发企业在销售房地产产品过程中发生的各项销售费用、销售税金及附加，以及其他销售税费等。主要包括销售人员工资、奖金、福利费、差旅费、销售机构的折旧费、修理费、物料消耗、广告费、宣传费、销售代理费，营业税、城市维护建设税和教育费附加，由卖方承担的交易手续费、预售许可证申领费、办证费等。不同的房地产项目具有不同的销售费用，一般来说，广告宣传和市场推广费用一般约占销售收入的2%～3%，销售代理费一般约为销售收入的1.5%～2%。

10) 开发过程中的税费

开发过程中的税费是指房地产项目在开发期间所负担的与房地产投资有关的各种税金和地方政府或有关部门征收的费用。主要包括营业税、城市建设维护税、教育费附加（这3项通常称为"两税一费"）、土地使用税、房产税、企业所得税、土地增值税、固定资产投资方向调节税（目前已暂停征收）、供电贴费、用电权费、绿化建设费、电话初装费、分散建设市政公用设施建设费、人防工程费、新型墙改费、白蚁防治费、质量监督费、施工招投标费、施工许可证申领费、定额测定费、工程造价咨询费、总承包管理费、工程监理费、工程保险费、竣工图编制费、合同公证费、物业管理基金（物业交付时开发商向物业公司预留的部分启动与维修基金）等。在一些大中型城市，这部分税费已经成为房地产项目投资费用中占较大比重的费用。这些费用项目应该按当地有关部门规定的费率标准估算。

11) 不可预见费

房地产项目投资估算时应考虑适当的不可预见费用，不可预见费应该根据项目的复杂程度和上述其他费用项目估算的准确程度，以上述各项费用之和的3%～7%估算。

2. 房地产项目总投资

房地产项目总投资包括开发建设投资和经营资金，其中开发建设投资的组成前已叙述，经营资金是指开发企业用于日常经营的周转资金。房地产项目总投资估算表见表5-2。

表5-2 房地产项目总投资估算表　　　　　　　　单位：万元

序　号	项　　目	总　投　资	估算说明
1	开发建设投资		
1.1	土地费用		
1.2	前期工程费		
1.3	基础设施建设费		
1.4	建筑安装工程费		
1.5	公共配套设施建设费		
1.6	开发间接费		
1.7	管理费用		
1.8	财务费用		
1.9	销售费用		
1.10	开发期税费		
1.11	其他费用		
1.12	不可预见费		
2	经营资金		
3	项目总投资		
3.1	开发产品成本		
3.2	固定资产投资		
3.3	经营资金		

注：项目建成开始运营时，固定资产将形成固定资产、无形资产与递延资产。

3．房地产项目资金使用计划

房地产项目应根据可能的建设进度和将会发生的实际付款时间和金额编制资金使用计划表。资金使用计划应按期编制，编制时应该注意：根据建筑安装工程的进度计划安排相应的资金供给量；考虑各种投资款项的付款特点，要考虑预收款、欠付款、预付定金及按工程进度中间结算付款等方式对编制资金使用计划的影响；项目前期费用应该尽早落实；安排资金使用计划时应该先安排自有资金，后安排外部资金。

5.3.2　房地产项目收入估算与资金筹措

1．房地产项目收入估算

1）确定租售方案

房地产项目应在项目策划方案的基础上，制订切实可行的出售、出租、自营等计划

（即租售方案）。租售方案应遵守政府有关房地产租售和经营的规定，并与开发商的投资策略相结合，具体包括拟租售的房地产类型、时间和数量、租售价格、租售收入及收款方式。

房地产项目应该确定项目出售、出租还是租售并举？项目中哪些出售、哪些出租、哪些自营？出售、出租、自营的面积及比例是多少？出售、出租的进度安排及各时间段内出售、出租的面积数量，还要考虑租售期内房地产市场可能发生的变化对租售数量的影响。

租售价格应根据房地产项目的特点确定，一般应选择在位置、规模、功能和档次等方面可比的交易实例，通过对其成交价格的分析与修正，最终得到房地产项目的租售价格。确定租售价格要与开发商市场营销策略相一致，在考虑政治、经济、社会等宏观环境对项目租售价格影响的同时，还应对房地产市场供求状况进行分析，考虑已建成的、正在建设的及潜在的竞争项目对房地产项目租售价格的影响。租售价格可按照市场比较法确定。

确定收款方式时应考虑房地产交易的付款习惯和惯例，以及分期付款的期数和各期付款的比例等。

2）估算经营收入

房地产项目的经营收入主要包括房地产产品的销售收入、租金收入、土地转让收入（以上统称租售收入）、配套设施销售收入和自营收入等。租售收入等于可供租售的房地产数量乘以单位租售价格。应注意可出售面积比例的变化对销售收入的影响；空置期（项目竣工后暂时找不到租户的时间）和出租率对租金收入的影响；以及由于规划设计的原因导致不能售出面积比例的增大对销售收入的影响。自营收入是指开发企业以开发完成后的房地产为其进行商业和服务业等经营活动的载体，通过综合性的自营方式得到的收入。在进行自营收入估算时，应充分考虑目前已有的商业和服务业设施对房地产项目建成后产生的影响，以及未来商业、服务业市场可能发生的变化对房地产项目的影响。

2. **房地产项目资金筹措**

资金筹措计划主要是根据房地产项目对资金的需求及投资、成本与费用使用计划，确定资金的来源和相应的数量。房地产是资金密集型产业，房地产项目的融资结构和筹资计划是否科学合理关系到房地产项目的成败。

在制订房地产项目资金筹措计划时应该注意：严格按照资金的使用计划来确定筹资额；认真选择筹资渠道，准确把握自有资金和外部融资的比例；筹资活动应该符合国家的相关规定。房地产项目最常见的资金来源通常有资本金、预租售收入及借贷资金3种渠道，房地产项目的融资渠道详见5.4节。

在进行房地产项目经济评价时，应按期编制销售收入、经营税金及附加估算表（表5-3）、租金收入、经营税金及附加估算表（表5-4）、自营收入、经营税金及附加估算表（表5-5）、投资计划与资金筹措表（表5-6）。

表5-3 销售收入、经营税金及附加估算表　　　　　　　单位：万元

序号	项目	合计	1	2	3	…	N
1	销售收入						
1.1	可销售面积（m²）						
1.2	单位售价（元/m²）						

(续)

序号	项 目	合计	1	2	3	…	N
1.3	销售比例(%)						
2	经营税金及附加						
2.1	营业税						
2.2	城市建设维护税						
2.3	教育费附加						
…							

表 5-4 租金收入、经营税金及附加估算表　　　　单位：万元

序号	项 目	合计	1	2	3	…	N
1	租金收入						
1.1	可出租面积(m^2)						
1.2	单位租金(元/m^2)						
1.3	出租率(%)						
2	经营税金及附加						
2.1	营业税						
2.2	城市建设维护税						
2.3	教育费附加						
…							

表 5-5 自营收入、经营税金及附加估算表　　　　单位：万元

序号	项 目	合计	1	2	3	…	N
1	自营收入						
1.1	商业						
1.2	服务业						
1.3	其他						
2	经营税金及附加						
2.1	营业税						
2.2	城市建设维护税						
2.3	教育费附加						
…							

表 5-6　投资计划与资金筹措表　　　　　　　　　　　　单位：万元

序号	项　　目	合计	1	2	3	…	N
1	项目总投资						
1.1	开发建设投资						
1.2	经营资金						
2	资金筹措						
2.1	资本金						
2.2	借贷资金						
2.3	预售收入						
2.4	预租收入						
2.5	其他收入						

5.3.3　房地产项目财务评价

1. 房地产项目财务分析的含义

财务评价又称财务分析，是投资分析人员在房地产市场调查与预测，项目策划，投资、成本与费用估算，收入估算与资金筹措等基本资料和数据的基础上，通过编制基本财务报表，计算财务评价指标，对房地产项目的财务盈利能力、清偿能力和资金平衡情况进行分析，据此评价和判断投资项目在财务上的可行性。

财务分析的基本程序是：收集、整理和计算有关基础财务数据资料；编制基本财务报表；计算财务分析指标；进行不确定性分析；在上述确定性和不确定性分析的基本上做出投资项目在财务上是否可行的综合评价与结论。

2. 房地产项目财务分析报表

基本财务报表有：现金流量表、资金来源与运用表、损益表和资产负债表。财务报表按照独立法人房地产项目(项目公司)的要求进行科目设置；非独立法人房地产项目基本财务报表的科目设置，可参照独立法人项目进行，但应注意费用与效益在项目上的合理分摊。

1) 现金流量表

现金流量表是反映房地产项目开发经营期内现金流入、流出和净现金流量的计算报表。现金流量表按期编制，主要用来进行房地产项目财务盈利能力分析。按照投资计算基础的不同，现金流量表一般分为以下几类。

(1) 全部投资现金流量表。全部投资现金流量表是不分投资资金来源，以全部投资(即假定全部投资均为自有资金)作为计算基础，用以计算全部投资财务内部收益率、财务净现值及投资回收期等评价指标的计算表格。其目的是考察房地产项目全部投资的盈利能力，对各个投资方案(不论其资金来源及利息多少)进行比较建立共同的基础，其表格形式见表 5-7。

表 5-7　全部投资现金流量表　　　　　　　　　　　单位：万元

序号	项　　目	合计	1	2	3	…	N
1	现金流入						
1.1	销售收入						
1.2	出租收入						
1.3	自营收入						
1.4	净转售收入						
1.5	其他收入						
1.6	回收固定资产余值						
1.7	回收经营资金						
2	现金流出						
2.1	开发建设投资						
2.2	经营资金						
2.3	运营费用						
2.4	修理费用						
2.5	经营税金及附加						
2.6	土地增值税						
2.7	所得税						
3	净现金流量						
4	累计净现金流量						

计算指标：
(1) 财务内部收益率(%)：
(2) 财务净现值：
(3) 投资回收期(年)：
(4) 基准收益率(%)：

注：
(1) 本表适用于独立法人的房地产开发项目(项目公司)。非独立法人的房地产开发项目可参照本表使用，同时应注意开发企业开发建设投资、经营资金、运营费用、所得税和债务等的合理分摊。
(2) 开发建设投资中应注意不含财务费用。
(3) 在运营费用中应扣除财务费用、折旧费和摊销费。

(2) 资本金现金流量表。资本金是投资者自己拥有的资金。资本金现金流量表从投资者整体角度出发，以投资者的出资额作为计算基础，把借款本金偿还和利息支付视为现金流出，用以计算资本金财务内部收益率、财务净现值等评价指标，考察项目资本金的盈利能力，其表格形式见表 5-8。

表 5-8 资本金现金流量表　　　　　　　　　　单位：万元

序号	项　　目	合计	1	2	3	…	N
1	现金流入						
1.1	销售收入						
1.2	出租收入						
1.3	自营收入						
1.4	净转售收入						
1.5	其他收入						
1.6	回收固定资产收入						
1.7	回收经营资金						
2	现金流出						
2.1	资本金						
2.2	经营资金						
2.3	运营费用						
2.4	修理费用						
2.5	经营税金及附加						
2.6	土地增值税						
2.7	所得税						
2.8	借款本金偿还						
2.9	借款利息支付						
3	净现金流量						
4	累计净现金流量						

计算指标：
(1) 资本金财务内部收益率(%)：
(2) 财务净现值：

注：本表适用于独立法人的房地产开发项目(项目公司)。非独立法人的房地产开发项目可参照本表使用，同时应注意开发企业开发建设投资、经营资金、运营费用、所得税和债务等的合理分摊。

(3) 投资者各方现金流量表。投资者各方现金流量表以投资者各方的出资额作为计算基础，用以计算投资者各方财务内部收益率、财务净现值等评价指标，反映投资者各方投入资本的盈利能力。当一个房地产项目有几个投资者时，就应该编制投资者各方现金流量表，其表格形式见表 5-9。

表 5-9 投资者各方现金流量表　　　　　　　　　　单位：万元

序号	项目	合计	1	2	3	…	N
1	现金流入						
1.1	应得利润						
1.2	资产清理分配						
1.2.1	回收固定资产余值						
1.2.2	回收经营资金						
1.2.3	净转售收入						
1.2.4	其他收入						
2	现金流出						
2.1	开发建设投资出资额						
2.2	经营资金出资额						
3	净现金流量						
4	累计净现金流量						

2）资金来源与运用表

资金来源与运用表是反映房地产项目开发经营期各年的资金盈余或短缺情况以及项目资金筹措方案和贷款偿还计划的财务报表，为项目资产负债表的编制和资金平衡分析提供了重要的财务信息，其表格形式见表 5-10。

表 5-10 资金来源与运用表　　　　　　　　　　单位：万元

序号	项目	合计	1	2	3	…	N
1	资金来源						
1.1	销售收入						
1.2	出租收入						
1.3	自营收入						
1.4	资本金						
1.5	长期借款						
1.6	短期借款						
1.7	回收固定资产余值						
1.8	回收经营资金						
1.9	净转售收入						
2	资金运用						
2.1	开发建设投资						
2.2	经营资金						

(续)

序号	项 目	合计	1	2	3	…	N
2.3	运营费用						
2.4	修理费用						
2.5	经营税金及附加						
2.6	土地增值税						
2.7	所得税						
2.8	应得利润						
2.9	借款本金偿还						
2.10	借款利息支付						
3	盈余资金(1)-(2)						
4	累计资金盈余						

注：本表适用于独立法人的房地产开发项目(项目公司)。非独立法人的房地产开发项目可参照本表使用，同时应注意开发企业开发建设投资、经营资金、运营费用、所得税和债务等的合理分摊。

3) 损益表

损益表是反映房地产项目开发经营期内各期的利润总额、所得税及各期税后利润的分配情况的财务报表。通过该表提供的投资项目经济效益静态分析资料，可以计算项目投资利润率、投资利税率、资本金利润率、资本金净利润率等评价指标，其表格形式见表5-11。

表5-11 损 益 表　　　　　　　　　　单位：万元

序号	项 目	合计	1	2	3	…	N
1	经营收入						
1.1	销售收入						
1.2	出租收入						
1.3	自营收入						
2	经营成本						
2.1	商品房经营成本						
2.2	出租房经营成本						
3	运营费用						
4	修理费用						
5	经营税金及附加						
6	土地增值税						
7	利润总额						
8	所得税						

(续)

序号	项　　目	合计	1	2	3	…	N
9	税后利润						
9.1	盈余公积金						
9.2	应付利润						
9.3	未分配利润						

计算指标：
(1) 投资利润率(%)；
(2) 投资利税率(%)；
(3) 资本金利润率(%)；
(4) 资本金净利润率(%)：

注：本表适用于独立法人的房地产开发项目(项目公司)。非独立法人的房地产开发项目可参照本表使用，同时应注意开发企业开发建设投资、经营资金、运营费用、所得税和债务等的合理分摊。

表5-11中：利润总额＝经营收入－经营成本－管理费用－销售费用－财务费用－经营税金及附加－土地增值税

其中：

经营收入＝销售收入＋租金收入＋自营收入

销售收入＝土地转让收入＋商品房销售收入＋配套设施销售收入

租金收入＝出租房租金收入＋出租土地租金收入

经营税金及附加＝营业税＋城市维护建设税＋教育费附加

经营成本＝土地转让成本＋商品房销售成本＋配套设施销售成本＋出租房经营成本

房地产开发企业交纳所得税后的利润，一般按照下列顺序分配。

(1) 弥补企业以前年度亏损。房地产开发企业发生的年度亏损，可以用下一年度的所得税前利润弥补，下一年度税前利润不足弥补的，可以在5年内延续弥补；5年内不足弥补的，用税后利润弥补。

(2) 提取法定盈余公积金。法定盈余公积金按照税后利润扣除前项后的10%提取，法定公积金已达到注册资本的50%时可不再提取。

(3) 提取公益金。

(4) 向投资者分配利润。

4) 资产负债表

资产负债表是反映房地产投资项目在计算期内各年末资产、负债与所有者权益变化及对应关系的报表。该表主要用于考察项目资产、负债、所有者权益的结构，进行项目清偿能力分析。各期的资产应等于负债和所有者权益之和。资产负债表由资产、负债和所有者迁移三大部分组成，其表格形式见表5-12。

表5-12　资产负债表　　　　　　　　　　　　　单位：万元

序号	项　　目	合计	1	2	3	…	N
1	资产						
1.1	流动资产总额						

(续)

序号	项　　目	合计	1	2	3	…	N
1.1.1	应收账款						
1.1.2	存货						
1.1.3	现金						
1.1.4	累计盈余资金						
1.2	在建工程						
1.3	固定资产净值						
1.4	无形及递延资产净值						
2	负债						
2.1	流动资产负债						
2.1.1	应付账款						
2.1.2	短期账款						
2.2	长期借款						
2.2.1	经营资金借款						
2.2.2	固定资产投资借款						
2.2.3	开发产品投资借款						
3	所有者权益						
3.1	资本金						
3.2	资本公积金						
3.3	盈余公积金						
3.4	累计未分配利润						

3. 房地产项目财务分析指标

项目财务分析指标主要包括盈利能力指标和偿债能力指标两类。

1）财务盈利能力指标

财务盈利能力指标分析主要考察房地产项目的财务盈利能力水平。根据房地产项目研究阶段、研究深度以及项目类型的不同，可以通过上述基本报表，有选择地计算下列评价指标。

（1）财务净现值（FNPV）。财务净现值是指按照投资者最低可接受的收益率或设定的基准收益率 i_c，将房地产项目开发经营期内各期净现金流量折现到开发期初的现值之和。其表达式为

$$FNPV = \sum_{t=1}^{n}(CI-CO)_t(1+i_c)^{-t}$$

式中：　CI——现金流入量；
　　　　CO——现金流出量；

$(CI-CO)_t$——第 t 期的净现金流量；

i_c——行业基准收益率或设定的目标收益率；

n——项目计算期，对房地产开发项目而言，计算期是指从项目建设开始到全部售出的时间，有时也叫开发期；对于开发后出租的项目或置业后出租的项目而言，是指从建设或购买开始，不断地获取收益直到项目转售或项目的经济寿命结束的时间，有时也叫经营期。

$FNPV \geqslant 0$ 说明项目的获利能力达到或超过行业基准收益率，在财务上是可以考虑接受的。财务净现值可根据财务现金流量表计算求得。一般情况下，财务盈利能力分析只计算财务净现值，可根据需要选择计算所得税前或所得税后净现值。

(2) 财务内部收益率（$FIRR$）。房地产项目的财务内部收益率是指房地产项目在整个开发经营期内各期净现金流量现值累计等于零时的折现率，即 $FIRR$ 作为折现率使下式成立

$$\sum_{t=1}^{n}(CI-CO)_t(1+FIRR)^{-t}=0$$

式中：参数含义同上。

财务内部收益率可根据财务现金流量表中的净现金流量用试差法（内插法）求取，即先用目标收益率或基准收益率求得项目净现值，若为正，则用更高的折现率使净现值为零的正值和负值各一个，然后通过内插计算 $FIRR$。

$$FIRR=i_1+\frac{|NPV_1|}{|NPV_1|+|NPV_2|}(i_2-i_1)$$

式中：$FIRR$——财务内部收益率；

NPV_1——采用低折现率时净现值的正值；

NPV_2——采用低折现率时净现值的负值；

i_1——净现值为接近于零时的正值的折现率；

i_2——净现值为接近于零时的负值的折现率。

在财务评价中，将求出的全部投资或资本金（投资者的实际出资额）财务内部收益率与投资者可接受的最低收益率（$MARR$）或设定的基准收益率 i_c 比较，当 $FIRR \geqslant MARR$ 或 $FIRR \geqslant i_c$ 时，即认为其盈利能力已满足最低要求，在财务上是可以考虑接受的。

(3) 投资回收期（$P_{t静}$ 或 $P_{t动}$）。投资回收期是指以房地产项目的净收益抵偿总投资所需要的时间。一般以年为单位表示，并从房地产项目开发期的起始年算起。投资回收期指标分为静态投资回收期和动态投资回收期两种，静态投资回收期可用下式表达

$$\sum_{t=1}^{P_{t静}}(CI-CO)_t=0$$

式中：$P_{t静}$——静态投资回收期。

项目静态投资回收期可根据财务现金流量表中累计净现金流量求得，其计算公式为

$$P_{t静}=T-1+\frac{\left|\sum_{t=1}^{T-1}(CI-CO)_t\right|}{(CI-CO)_T}$$

式中：T——累计净现金流量开始出现正值的期数。

动态投资回收期需要将各期净现金流量折算为现值，其表达式为

$$\sum_{t=1}^{P_{t动}}(CI-CO)_t(1+i_c)^{-t}=0$$

式中：$P_{t动}$——动态投资回收期。

项目动态投资回收期可根据财务现金流量表中累计净现金流量求得，其计算公式为

$$P_{t动}=T-1+\frac{\left|\sum_{t=1}^{T-1}(CI-CO)_t(1+i_c)-t\right|}{(CI-CO)_T(1+i_c)^{-T}}$$

式中：T——累计净现金流量现值开始出现正值的期数。

投资回收期越短，表明项目盈利能力和抗风险能力越好。项目投资回收期主要适用于出租和自营的房地产项目的盈利能力评价。

（4）投资利润率。投资利润率是指房地产项目开发建设完成后正常年度的年利润总额（或预计回收期内的年平均利润总额）与项目总投资额的比率，是考察单位投资盈利能力的静态指标。其公式为

$$投资利润率=\frac{年利润总额或年平均利润总额}{总投资额}\times100\%$$

式中：总投资＝投资＋贷款利息。

实际工作中可以将投资利润率分为税前投资利润率和税后投资利润率两种。计算出来的投资利润率要与规定的行业基准利润率或行业平均投资利润率进行比较，如果预期的投资利润率高于或等于行业基准利润率或行业平均投资利润率，说明该项目投资经济效益高于或相当于本行业的平均水平，可以考虑接受，反之则不予接受。

（5）资本金利润率。资本金利润率是指房地产项目开发建设完成后正常年度的年利润总额（或预计回收期内的年平均利润总额）与项目资本金（即自有资金或权益资金）的比率。其公式为

$$资本金利润率=\frac{年利润总额或年平均利润总额}{资本金}\times100\%$$

项目资本金利润率高于同行业的利润参考值，表明用项目资本金利润表示的盈利能力满足要求。一般来说资本金利润率是投资者最关心的一个指标，因为它反映了投资者自己出资所带来的净利润。

2）偿债能力指标

房地产项目偿债能力指标主要是考察房地产项目开发经营期内的财务状况及偿债能力。偿债能力指标主要有借款偿还期、利息备付率、偿债备付率、资产负债率等。一般来说，如果采用借款偿还期指标，可不再计算备付率，如果计算备付率，则不再计算借款偿还期指标。

（1）借款偿还期的计算包括以下两类。

① 国内借款偿还期。国内借款偿还期是指在国家规定及房地产项目具体财务条件下，在房地产项目开发经营期内，使用可用作还款的利润、折旧、摊销及其他还款资金，偿还房地产项目借款本息所需要的时间，一般以年为单位表示。国内借款偿还期的计算公式为

$$P_d=借款偿还后开始出现盈余的年份-开始借款的年份+\frac{当年偿还借款额}{当年可用于还款的资金额}$$

借款偿还期可由资金来源与运用表或国内借款还本付息计算表直接测算，不足整年的

部分可用内插法计算。借款偿还期指标旨在计算项目最大偿还能力，借款偿还期指标应该满足贷款机构的期限要求，适用于尽快还贷的项目，不适用于已经约定借款偿还期的项目。对于已经约定借款偿还期的项目，应采用利息备付率和偿债备付率指标分析项目的偿债能力。

② 国外借款偿还期。涉及利用外资的房地产项目，其国外借款的还本利息，一般是按已经明确或预计可能的借款偿还条件(包括宽限期、偿还期及偿还方式等)计算。当借款偿还期满足贷款机构的要求期限时，即认为房地产项目具有清偿能力。

(2) 利息备付率。利息备付率是指项目在借款偿还期内各年可用于支付利息的息税前利润与当期应付利息的比值，从付息资金来源的充裕性角度反映项目偿付债务利息的保障程度。其计算公式为

$$利息备付率=\frac{息税前利润}{当期应付利息}\times 100\%$$

式中：息税前利润＝利润总额＋计入总成本费用的应付利息。

利息备付率可以按年计算，也可以按照整个借款期计算。利息备付率高，表明利息偿付的保障程度高。利息备付率应当大于1，并结合债权人的要求确定。

(3) 偿债备付率。偿债备付率是指项目在借款偿还期内各年可用于支付利息的资金与当期应还本付息金额的比值，它表示用还本付息资金偿还借款本息的保障程度。其计算公式为

$$偿债备付率=\frac{可用于还本付息的资金}{当期应还本付息金额}\times 100\%$$

式中：可用于还本付息的资金＝息税前利润＋折旧＋摊销－企业所得税。

偿债备付率可以按年计算，也可以按照整个借款期计算。偿债备付率高，表明还本付息的保障程度高。偿债备付率应当大于1，并结合债权人的要求确定。

(4) 资产负债率。资产负债率是指各期末负债总额与资产总额的比值。其计算公式为

$$资产负债率=\frac{期末负债总额}{期末资产总额}\times 100\%$$

适度的资产负债率表明企业经营安全、稳健，具有较强的筹资能力，也表明企业和债权人的风险较小。对该指标的分析，应结合国家宏观经济状况、行业发展趋势、企业所处的竞争环境等具体条件判定。在长期债务还清后可不再计算资产负债率。

4. 房地产项目不确定性分析

项目财务评价所采用的数据大部分来自估算和预测，具有一定程度的不确定性。为了分析不确定性因素对经济评价指标的影响，需要对不确定性进行分析，估计项目可能存在的风险，考察项目的财务可靠性。房地产项目不确定性分析是分析不确定性因素对项目可能造成的影响，并进而分析可能出现的风险。不确定性分析是房地产项目经济评价的重要组成部分，对房地产项目投资决策的成败有着重要的影响。

房地产项目不确定性分析的内容主要包括敏感性分析、盈亏平衡分析(临界点分析)和概率分析。可进行不确定性分析的因素主要有：租售价格、销售进度、出租率、开发周期、项目总投资、土地费用、建安工程费、融资比例、融资成本等。

1) 敏感性分析

敏感性分析是通过预计房地产项目不确定性因素发生变化时，导致项目投资效益的主

要经济评价指标发生变动的敏感程度的一种分析方法。通过计算这些因素的影响程度，判断房地产项目经济效益对于各个影响因素的敏感性，并从中找出对于房地产项目经济效益影响较大的不确定性因素。敏感性分析分为单因素和多因素敏感性分析两种。单因素敏感性分析是对单一不确定性因素变化的影响进行分析；多因素敏感性分析是对两个或两个以上互相独立的不确定性因素同时变化时的影响进行分析。通常只要求进行单因素敏感性分析。

房地产项目进行敏感性分析的目的有以下3个方面。

（1）通过敏感性分析，寻找敏感性因素，观察其变动范围，了解项目可能出现的风险程度，以便集中注意力重点研究敏感因素产生的可能性，并制定出应变对策，减少投资风险，提高决策的可靠性。

（2）通过敏感性分析，计算出敏感性因素变化的最大幅度（或极限值），或者说预测出项目经济效益变化的最乐观和最悲观的临界条件或临界数值，依次判断项目是否可行。

（3）通过敏感性分析，可以对不同的投资项目（或某一项目的不同方案）进行比较，一般应选择敏感程度小、承受风险能力强、可靠性大的项目或方案。

房地产项目敏感性分析主要包括以下几个步骤。

（1）确定用于敏感性分析的经济评价指标。房地产项目通常采用的指标为内部收益率，必要时也可选用净现值等其他经济指标。在具体选定评价指标时，应考虑分析的目的，显示的直观性、敏感性，以及计算的复杂程度。

（2）选择需要分析的不确定性因素。

（3）确定不确定性因素可能的变动范围。

（4）计算不确定性因素变动时，评价指标的相应变动值。

（5）通过评价指标的变动情况，找出较为敏感的变动因素，做出进一步的分析。

不确定性因素的敏感程度用敏感度系数来表示，其计算公式为

$$S_{AF}=\frac{\Delta A/A}{\Delta F/F}$$

式中：S_{AF}——敏感度系数；

$\Delta F/F$——不确定性因素F的变化率；

$\Delta A/A$——不确定性因素F发生ΔF的变化时，评价指标A的相应变化率。

敏感性分析的结果采用敏感性分析表（表5-13）和敏感性分析图（图5.1）表示。

表5-13 敏感性分析表

变化率 变化因素	−30%	−20%	−10%	0%	10%	20%	30%
基准折现率							
建设投资							
销售价格							
建筑材料价格							
…							

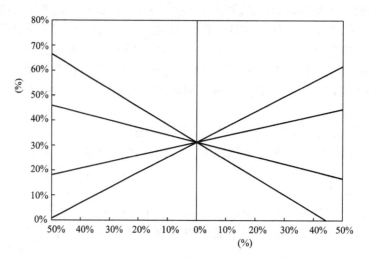

图 5.1 敏感性分析图

2) 盈亏平衡分析

盈亏平衡分析是测算一个或多个不确定性因素变化时，房地产项目达到允许的最低经济效益时的极限值，并以不确定性因素的临界值组合显示项目的风险程度。盈亏平衡分析又称为临界点分析，临界点是指房地产项目盈利与亏损的分界点。

盈亏平衡分析的目的是确定房地产项目投资活动的盈亏临界点以及有关市场因素变动对盈亏临界点的影响等问题。通过盈亏平衡分析，投资者可以判断房地产项目对市场需求变化的适应能力、盈利能力和抗风险能力。

通常可进行盈亏平衡分析的因素如下。

(1) 售价和销售量、租金和出租率。售价和销售量是房地产项目重要的不确定性因素，能否在预定的价格下销售出预想的数量，通常是房地产项目成败的关键。房地产项目盈亏平衡分析需要确定最低售价和最低销售量、最低租金和最低出租率。最低售价是指房地产产品售价下降到预定可接受的最低盈利水平时的价格，售价低于这一价格时，项目盈利水平将不能满足预定的要求。最低销售量是指在预定的售价下，要达到预定的最低盈利水平所必须达到的销售量。最低售价与预测售价之间的差距越大，最低销售量与房地产产品销售量之间的差距越大，说明房地产项目抗市场风险的能力越强。当房地产项目以出租为主时，可进行最低租金和最低出租率的分析。

(2) 土地取得价格。土地费用是影响房地产项目盈利性的重要因素，也是重要的不确定性因素。房地产项目盈亏平衡分析需要确定最高土地价格。最高土地价格是指在房地产项目销售额和其费用不变的条件下，保持预期收益水平所能承受的最高土地费用。当土地费用超过这一价格时，项目将无法获得足够的收益。最高土地取得价格与实际估测的土地价格之间差距越大，最高土地取得价格越高，房地产项目承受土地使用权价格风险的能力就越强。

(3) 工程费用。房地产项目盈亏平衡分析需要确定最高工程费用。最高工程费用是指在预定销售额下，满足预期的项目收益要求所能承受的最高工程费用。当土地开发工程量不大时，最高工程费用是指最高建筑安装工程费用。最高工程费用与预测的可能工程费用之间差距越大，说明房地产项目承受工程费用增加风险的能力越强。

盈亏平衡分析计算可以采用图解法(图 5.2)进行。

3) 概率分析

敏感性分析可以帮助找到关键的不确定性因素,但它只是对项目风险做定性分析,无法定量测度项目风险的大小。项目风险的定量分析需要采用概率分析的方法。概率分析是使用概率的方法研究预测不确定性因素对房地产项目经济效益影响的一种定量分析方法,通过分析不确定性因素的变化情况和发生的概率,计算在不同概率条件下房地产项目的经济评价指标,说明房地产项目在特定收益状态下的风险程度。

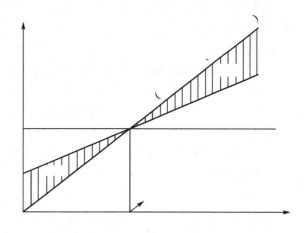

图 5.2 盈亏平衡分析图

概率分析的一般步骤如下。

(1) 列出需要进行概率分析的不确定性因素。
(2) 选择概率分析使用的经济评价指标。
(3) 分析确定每个不确定性因素发生的概率。
(4) 计算在给定的概率条件下经济评价指标的累计概率,并确定临界点发生的概率。

概率分析时,一般是计算项目净现值的期望值及净现值大于或等于零时的累计概率,也可以通过模拟测算项目评价指标(如内部收益率)的概率分布,为项目决策提供依据。只是这些不确定性因素的概率分布函数一般很难用数学方法导出,模拟方法求分布函数也比较复杂,因此人们通常根据历史资料和经验主观地将概率分布确定下来,但这本身也有风险。

5. 房地产项目风险分析

房地产项目风险分析可以分为风险识别、风险估计、风险评价、风险应对等步骤。

1) 风险识别

影响项目实现预期经济目标的风险因素来源于法规及政策、市场供需、工程方案、融资方案、组织管理、环境与社会、外部配套条件等一个或几个方面,具体有以下几个方面。

(1) 项目收益风险。房地产项目产品的销售进度、销售数量、销售价格及销售成本。
(2) 建设风险。土地征收和拆迁安置进度及成本;建筑工程的进度、质量、成本与安全;市场人工、建筑材料、施工机械价格;各种管理费用等。
(3) 融资风险。资金来源、资金供应量及供应时间等。
(4) 政策风险。税种、税率、利率、汇率及通货膨胀等。

风险识别应采用系统论的观点对项目进行全面考察、综合分析,找出潜在的各种风险因素,并对各种风险因素进行比较和分类,确定各因素间的相关性与独立性,判断其发生的可能性及对项目的影响程度,按照其重要性进行排队或赋予权重。敏感性分析是进行初步风险因素识别的重要手段。

2）风险估计

风险估计应采用数理统计的方法，确定风险因素的概率分布，计算项目评价指标相应的概率分布或累计概率、期望值、标准差。

3）风险评价

风险评价应该根据风险识别和风险估计的结果，依据项目风险判别标准，找出影响项目成败的关键风险因素。项目风险大小的评价标准应根据风险因素发生的可能性及其造成的损失来确定，一般采用评价指标的概率分布或累计概率、期望值、标准差作为判别标准，也可采用综合风险登记作为判别标准。具体操作应符合下列要求。

（1）以评价指标作判别标准。主要包括以下两方面的内容。

① 财务内部收益率大于等于财务基准收益率的累计概率值越大，风险越小；标准差越小，风险越小。

② 财务净现值大于等于零的累计概率值越大，风险越小；标准差越大，风险越小。

（2）以综合风险等级作判别标准。根据风险因素发生的可能性及其造成的损失的程度，建立综合风险因素等级矩阵，将综合风险分为 K 级、M 级、T 级、R 级和 I 级，见表 5-14。

表 5-14 项目综合风险等级分类表

综合风险等级		风险影响的程度			
		严重	较大	适度	轻微
风险的可能性	高	K	M	R	R
	较高	M	M	R	R
	适度	T	T	R	I
	低	T	T	R	I

4）风险应对

风险应对是指根据风险评价的结果，研究规避、控制与防范风险的措施，为项目全过程风险管理提供依据的活动。具体应该包括以下内容。

（1）风险应对原则。风险应对应该具有针对性、可行性、经济性，并贯穿于项目评价的全过程。

（2）风险应对措施。在决策阶段，风险应对的主要措施有：进行多方案比选；对投资估算与财务分析应留有余地；对项目开发经营期的潜在风险因素采取回避、转移、分担和自担等措施。

（3）风险应对方案。针对不同风险级别的风险有不同的应对方案，具体如下。

① K 级。风险很大，出现这类风险就要放弃项目。

② M 级。风险大，修正拟实施的方案，比如改变设计或对负面影响采取补偿措施等。

③ T 级。风险较大，设定某些指标的临界值，指标一旦达到临界值，就要变更设计或对负面影响采取补偿措施。

④ R 级。风险适度（较小），采取适当措施后不影响项目的实施。

⑤ I 级。风险小，可以忽略。

常用的风险分析方法有专家调查法、层次分析法、概率树法、CIM 模型及蒙特卡洛模拟等。实际分析时应该根据项目的具体情况，选用一种或几种方法组合使用。

6. 房地产开发项目方案比选

房地产开发项目方案比选是寻求合理的房地产开发方案的必要手段。对于房地产项目策划中提出的各种可供选择的开发经营方案，都要进行经济分析和计算，从中筛选出满足最低可接受收益率要求的可供比较方案，并对这些方案进行比选。

1) 投资方案的类型

(1) 互斥方案。互斥方案是在若干个方案中，选择其中任何一个方案则其他方案就必须被排斥的一组方案。

(2) 独立方案。独立方案是指一组相互独立、互不排斥的方案。在独立方案中，选择某一个方案并不排斥选择另一方案。

(3) 混合方案。混合方案是指兼有互斥方案和独立方案两种关系的混合情况。

2) 方案比选的指标

方案比选的指标分为静态指标和动态指标。静态指标一般有差额投资收益率、差额投资回收期等；动态指标主要有净现值、净现值率、差额投资内部收益率、等额年值、等额年费等指标。

(1) 差额投资收益率(ΔR)。

差额投资收益率是单位追加投资所带来的成本节约额，又称追加投资收益率，表达式为

$$\Delta R = \frac{C_1 - C_2}{I_1 - I_2}$$

式中：I_1，I_2——方案 1 和方案 2 的总投资；

C_1，C_2——方案 1 和方案 2 的年成本。

差额投资收益率小于基准收益率时，投资小的方案较为优越，否则，投资大的方案优越。

(2) 差额投资回收期(ΔP)。差额投资回收期是指通过成本节约收回追加投资所需要的时间，又称追加投资回收期，表达式为

$$\Delta P = \frac{I_1 - I_2}{C_1 - C_2}$$

式中：I_1，I_2——方案 1 和方案 2 的总投资；

C_1，C_2——方案 1 和方案 2 的年成本。

差额投资回收期小于标准回收期时，投资大的方案较为优越，否则，投资小的方案优越。

(3) 净现值(NPV)。净现值是投资项目净现金流量的累计现值之和。用净现值进行方案比选的方法叫净现值法，有时也称现值法。在进行方案比选时，以净现值大的方案为优选方案。

(4) 差额投资内部收益率(ΔIRR)。差额投资内部收益率是两个方案各期净现金流量差额的现值之和等于零时的折现率。表达式为

$$\sum_{t=1}^{n}[(CI-CO)'_t - (CI-CO)''_t](1+\Delta IRR)^{-t} = 0$$

式中：$(CI-CO)'_t$——投资大的方案第 t 期净现金流量；

$(CI-CO)_t''$——投资小的方案第 t 期净现金流量；

n——项目开发经营期。

在进行方案比选时，可将上述求得的差额投资内部收益率与投资者的最低可接受收益率(MARR)进行比较，当 $\Delta IRR \geqslant MARR$ 时，以投资大的方案为优选方案；反之，以投资小的方案为优选方案。当多个方案比选时，首先按投资由小到大排序，再依次就相邻方案两两比选，从中确定优选方案。

(5) 等额年值(AW)。将项目的净现值换算为项目计算期内各年的等额年金就是等额年值。用等额年值来进行多方案比选的方法称为等额年值法，表达式为

$$AW = NPV \frac{i_c(1+i_c)^n}{(1+i_c)^n - 1}$$

式中：i_c——行业基准收益率或设定的目标收益率。

在进行方案比选时，以等额年值大的方案为优选方案。

当可供比较方案的开发经营期相同时，可直接选用差额投资内部收益率、净现值或等额年值指标进行方案比选。当开发经营期不同时，一般宜采用等额年值指标进行比选，如果要采用差额投资内部收益率指标或净现值指标进行方案比选，须对各可供比较方案的开发经营期和计算方法按有关规定做适当处理，然后再进行比选。

对于开发经营期较短的出售型房地产项目，也可直接采用利润总额、投资利润率等静态指标进行方案比选。

对效益相同或基本相同的房地产项目方案进行比选时，为简化计算，可采用费用现值指标和等额年费用指标直接进行项目方案费用部分的比选。

(6) 费用现值(PC)。把项目计算期内的各年投入(费用)按基准收益率折现成的现值称为费用现值。用费用现值进行方案比选的方法为费用年值法，表达式为

$$PC = \sum_{t=1}^{n}(C-B)_t(1+i_c)^{-t}$$

式中：C——第 t 期投入总额；

B——期末余值回收。

在进行方案比选时，以费用现值小的方案为优选方案。

(7) 等额年费用(AC)。把项目计算期内的所有的费用现值按事先选定的基准收益率折现为每年等额的费用，称为等额年费用。用等额年费用进行方案比选的方法为等额年费用法，表达式为

$$AC = PC \frac{i_c(1+i_c)^n}{(1+i_c)^n - 1}$$

在进行方案比选时，以等额年费用小的方案为优选方案。

3) 方案比选应注意的问题

(1) 在进行可供比较方案比选时，应注意各方案之间的可比性，遵循费用与效益计算口径对应一致的原则，并根据项目实际情况，选择适当的经济评价指标作为比选指标。

(2) 大多数情况下，在独立项目的财务分析中，用净现值和内部收益率指标来判断项目的可行性，所得出的结论是一致的。因此可选择任一指标作为财务分析指标。但是在某

些情况下,这两种方案也可能会对现有的备选方案做出不同的排序,此时,通常不直接采用内部收益率指标比较,而采用净现值和差额投资内部收益率指标作为比选指标。

5.3.4 房地产项目综合评价

房地产项目综合评价是从区域社会经济发展的角度,考察房地产项目的效益和费用,评价房地产项目的合理性。综合评价仅针对重大的,对区域社会经济发展有较大影响的房地产项目,如经济开发区项目、成片开发项目,对于一般的房地产项目无需进行综合评价。房地产项目综合评价包括综合盈利能力分析和社会影响分析两个方面。

1. 综合盈利能力分析

综合盈利能力需要根据房地产项目综合评价中的效益和费用计算。

1) 房地产项目综合评价中的效益

房地产项目综合评价中的效益是指房地产项目对区域经济的贡献,分为直接效益和间接效益。

(1) 直接效益。直接效益是指在房地产项目范围内政府能够得到的收益,一般包括下列几个方面。

① 出让国有土地使用权所得的收益。

② 因土地使用权转让而得到的收益,如土地增值税等。

③ 项目范围内的工商企业缴纳的税费,如房产税、土地使用税、车船使用税、印花税、进口关税和增值税、营业税、城市维护建设税及教育费附加、消费税、资源税、所得税等。

④ 项目范围内基础设施的收益,如供电增容费、供水增容费、排水增容费、城市增容费、电费、水费、电信费等。

(2) 间接效益。间接效益是指由房地产项目引起的,在项目直接效益中未得到反映的那部分效益。主要有增加地区就业人口、繁荣地区商贸服务、促进地区旅游业发展等带来的收益。

2) 房地产项目综合评价中的费用

房地产项目综合评价中的费用是指区域经济为项目付出的代价,分为直接费用和间接费用。

(1) 直接费用。直接费用是指在项目范围内政府所花费的投资和经营管理费用。一般包括以下几个部分。

① 征地费用。

② 土地开发和基础设施投资费用。

③ 建筑工程和城市配套设施费用。

④ 经营管理费用。

(2) 间接费用。间接费用是指由项目引起的,在直接综合费用中未得到反映的那部分费用。主要有在项目范围外为项目配套的基础设施投资,为满足项目需要而引起的基础服务供应缺口使区域经济产生的损失等。当基础服务(如电力)供不应求时,为满足项目需求而使区域经济产生的损失,可用该项服务的当地最高价格计算。

3) 综合盈利能力分析

综合盈利能力分析是根据房地产项目的直接效益和直接费用，以及可以用货币计量的间接效益和间接费用，计算综合内部收益率(CIRR)，考察房地产项目投资的综合盈利水平。

综合内部收益率是指房地产项目在整个计算期内，各期净现金流量现值等于零时的折现率，反映房地产项目所占用资金的盈利率，其表达式为

$$\sum_{t=1}^{n}(CI-CO)_t(1+CIRR)^{-t}=0$$

综合内部收益率可根据综合评价现金流量表(表5-15)中的净现金流量用试差法计算求得，并可与政府的期望收益率或银行的贷款利率进行比较，判断项目的盈利能力。综合评价现金流量表不分投资资金来源，以全部投资作为计算的基础，考虑直接与间接费用和效益，计算综合内部收益率指标，考察房地产项目的盈利能力。

表5-15 综合评价现金流量表　　　　　　　　　　　　单位：万元

序号	项　　目	合计	1	2	3	…	N
1	现金流入						
1.1	国有土地使用权出让收益						
1.2	土地使用权沾染收益						
1.3	工商企业税收收入						
1.4	基础设施增容费、使用费收入						
1.5	基础设施销售收入						
1.6	回收固定资产余值						
1.7	回收经营资金						
1.8	间接效益						
2	现金流出						
2.1	征地费用						
2.2	平整土地投资						
2.3	基础设施投资						
2.4	建筑工程、配套设施投资						
2.5	基础设施经营费用						
2.6	项目管理费用						
2.7	经营资金						
2.8	间接费用						
3	净现金流量						
4	累计净现金流量						

注：根据需要可在现金流入和现金流出栏内增减项目。

4) 房地产项目综合盈利能力分析应注意的问题

房地产项目综合盈利能力分析应遵循费用与效益计算口径对应一致的原则,防止重复计算或漏算。例如,具有行政职能的开发企业在开发过程中上缴政府的税费,如耕地占用税、建设期间的土地使用税等,在综合评价中应视作区域经济中的转移支付,不计为项目的效益或费用。一般商业性开发企业在开发过程中上缴政府的税费,在综合评价中应作为效益处理。同类基础服务在不同情况下,可能使项目产生不同的效益和费用,对此应注意识别。以电力供应为例,见表 5-16。

表 5-16 项目供电的效益与费用识别

电力供应特点	与供电有关的项目效果	
	效益	费用
电厂在项目范围外	供电增容费、电力销售收入减去电力购进支出	输变电投资、经营管理费用
电厂在项目范围内,由具有行政职能的开发企业投资经营	供电增容费、电力销售收入	全部电力投资、经营管理费用
电厂在项目范围内,由独立的电力公司投资	税费收入	

2. 社会影响分析

社会影响分析是定性和定量的描述难以用货币计量的间接效益和间接费用对房地产项目的影响。社会影响分析主要包括下列内容。

(1) 就业效果分析。就业效果分析主要是指考察房地产项目对区域劳动力就业的影响。如果当地并无就业压力,项目范围内主要使用外来劳动力,则不必进行就业效果分析。就业效果以就业成本和就业密度两项指标来进行描述,并可与当地的相应指标进行比较。

(2) 对区域资源配置的影响。

(3) 对环境保护和生态平衡的影响。

(4) 对区域科技进步的影响。

(5) 对区域经济发展的影响。主要包括:对繁荣商业服务的影响、对促进旅游业的影响、对发展第三产业的影响等。

(6) 对减少进口(节汇)和增加出口(创汇)的影响。

(7) 对节约及合理利用国家资源(如土地、矿产等)的影响。

(8) 对提高人民物质文化生活及社会福利的影响。

(9) 对区域远景发展的影响。

5.4 房地产项目融资策划

房地产业属于资金密集型产业,金融业是房地产开发、投资活动的催化剂,被誉为房地产业的血液。随着我国房地产业的不断扩大,房地产业对金融业的依赖程度越来越高。

但是由于我国房地产金融市场的发展时间不长，房地产金融体系不够完善，导致目前房地产业的融资渠道比较单一、融资风险很大，这也是房地产项目进行融资策划的原因之一。

房地产融资策划需要达到以下几个目的：①在项目确实具备市场需求的情况下，针对"房地产项目经济评价"中计算出的资金需要量，提出并优选资金供给方案，在数量和时间两方面实现资金的供求均衡；②使得经营者、出资人、债权人以及项目的其他潜在参与者、评估单位、审批单位能够了解项目的融资结构、融资成本、融资风险、融资计划，能够判断筹资的可靠性、可行性与合理性，进而判断项目成功的可能性。

5.4.1 确定融资方式

房地产融资分为公司融资和项目融资两种方式。这两类融资方式所形成的项目，在投资者与项目的关系、投资决策与信贷决策的关系、风险约束机制、各种财务指标约束等方面都有显著区别，因此融资策划首先要确定采用何种融资方式。

1. 公司融资方式

公司融资又称企业融资，是指由现有企业筹集资金并完成项目的投资建设。无论项目建成之前或之后，都不出现新的独立法人。

公司融资的特点：公司作为投资者，作出投资决策，承担投资风险，也承担决策责任。贷款和其他债务资金虽然实际上是用于项目投资，但是债务方是公司而不是项目，整个公司的现金流量和资产都可用于偿还债务、提供担保。也就是说债权人对债务有完全的追索权，即使项目投资失败也必须由公司还贷，因而对投资人来说风险程度相对较低。

2. 项目融资方式

项目融资是指为建设和经营项目而成立新的独立法人即项目公司，由项目公司完成项目的投资建设和经营还贷。国内的许多新建项目、房地产公司开发某一房地产项目、外商投资的三资企业等，一般都以项目融资方式进行。项目融资是一个专用的金融术语，和通常所说的"为项目融资"不是一个概念，不可混淆。

项目融资的特点：投资决策由项目发起人（企业或政府）做出，项目发起人与项目法人并非一体；项目公司承担投资风险，但因决策在先，法人在后，所以无法承担决策责任，只能承担建设责任；同样，由于先有投资者的筹资、注册，然后才有项目公司，所以项目法人也不可能负责筹资，只能是按已经由投资者拟定的融资方案去具体实施（签订合同等），一般情况下，债权人对项目发起人没有追索权或只有有限追索权，项目只能以自身的盈利能力来偿还债务，并以自身的资产来做担保；由于项目能否还贷仅仅取决于项目是否有财务效益，因此必须认真组织债务和股本的结构，以使项目的现金流量足以还本付息。

3. 融资方式选择

采用公司融资方式，在投资策划报告中需要说明：公司近几年的主要财务指标及其发展趋势；权益资本是否充足？若不充足，如何扩充权益资本？建设期内公司提现投资的可能数额；若提现不足以满足投资需求，拟采取哪些变现措施？原股东对这些设想持何态度？债务资金占多大比例？公司既有的长期债务及资信情况；所拟各渠道债务资金的数额、成本、时序、条件及约束、债权人的承诺程度等。

采用项目融资方式,在投资策划报告中需要说明:权益资本的数额及占总投资的比例;各出资方承诺缴付的数额、比例、资本形态和性质;各出资方的商业信誉(对外商要有资信调查报告);投资结构的设计。筹措债务资金的内容及注意事项与公司融资时基本相同。

5.4.2 选择融资渠道

当前我国房地产企业或项目除了自有资金以外,主要的外部融资渠道有银行融资、上市融资、债券融资、信托融资、民间融资以及其他融资渠道。据国家统计局统计,2004年全国共筹集房地产开发资金17169亿元,其中定金及预收款占43.1%,企业自筹资金占30.3%,银行贷款占18.4%,其他资金来源如股票、债券、信托、民间融资、施工单位垫资等占8.2%。

1. 银行融资

中国人民银行发布的《2004年中国房地产金融报告》指出:"实际上,房地产开发资金来源中,自筹资金主要由商品房销售收入转变而来,大部分来自于购房者的银行按揭贷款,按照首付30%计算,企业自筹资金中有大约70%来自于银行贷款;定金和预收款也有30%的左右的资金来自银行贷款,以此计算房地产开发资金中银行贷款的比重占55%以上。"考虑到销售款中个人住房抵押贷款主要来源于银行,因此房地产项目来自于银行的资金可能占70%以上。因此,银行融资是我国目前房地产业最主要的融资渠道。

1) 银行融资的优点

我国的银行体系可分为国家银行(国有独资或国有控股)、股份制银行、地方银行3类,而且近几年来,许多地方的城市信用社正在加快组建为城市商业银行,因此企业可选择的贷款机构较多,这也是为什么银行贷款是房地产最主要融资渠道的原因之一。

2) 银行融资的缺点

(1) 容易受国家宏观调控的影响,政策风险较大。

(2) 银行融资的条件相对比较严格。中国人民银行于2003年颁发的《关于进一步加强房地产信贷业务管理的通知》规定房地产项目申请银行贷款的条件之一是自有资金应达到项目预算投资总额的30%以及"四证齐全"(所谓"四证"是指《建设用地规划许可证》、《建筑工程规划许可证》、《国有土地使用权证》、《建设工程施工许可证》)。

(3) 融资成本较高,还本付息压力较大。

2. 上市融资

上市融资又称股票融资。上市融资包括直接发行股票上市和通过收购、兼并、控股上市公司从而间接上市两种,后者即所谓的"买壳上市"。上市融资已经成为股份制房地产企业重要的融资渠道,尤其是在银根收紧的政策背景下,例如万科企业股份有限公司于1988年12月公开向社会发行股票2800万股,筹集人民币2800万元,1991年1月该公司A股在深圳证券交易所挂牌交易,成为国内首家直接上市的房地产企业。而北京泰跃房地产公司则在2002年连续购买了5家上市公司的控股权而实现间接上市。

1) 上市融资的优点

（1）通过上市融资筹集的资金无需支付利息，与银行融资相比，融资成本相对较低，一般在2%～3%，可以减轻公司和项目的资金财务压力。

（2）融资数额较大。

（3）通过上市提升公司的治理结构和完善企业的管理架构、提高企业管理的规范化。

2) 上市融资的缺点

（1）上市审批严格。比如房地产企业上市要经过3道大关：①政策关——为了防止房地产行业投资过热，证监会曾一度禁止房地产企业直接上市，如今依然严格控制；②自身关——企业自身条件、土地储备规模、财务状况、管理制度等要符合相关规定；③市场关——股票发行能否成功，是否有足够认购，股价是否能达到预期目标等。如果要实现海外上市，则对房地产企业的要求更高，很少有企业能够达到要求。

（2）上市融资时间较长。按照我国现行规定，股份公司在正式提出公开发行股票的申请之前，必须进行全面的咨询、调研和分析、拟定初步方案，准备有关的文件资料，然后向证券管理机关提出发行申请，并接受发行资格和申报材料的审查，最后由中国证监会批准公司股票发行申请。即使通过"买壳"在较短时间内上市，但如果遭遇股市低迷的情况，也不能确保通过增发股票而立即获得资金，难以解决开发商资金紧张的"燃眉之急"。

（3）对企业的资产质量和管理水平及攻关能力等要求很高。比如房地产企业要在国内A股上市，必须具备以下条件：①连续3年盈利；②每年的净资产收益率不得低于10%；③累计对外投资额不超过净资产的50%；④总资产负债率低于70%；⑤所有者权益至少5000万元。因此上市融资适合于管理比较规范、实力相对较强的房地产企业。

（4）上市融资会稀释房地产公司的股权。

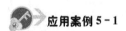 应用案例 5-1

房地产企业上市融资

北京天鸿宝业房地产股份有限公司由北京房地产开发经营公司（后更名为北京天鸿集团公司）、北京华澳房产公司、北京市房屋建筑设计院共同发起成立。该公司总股本为7000万股，其中发起人认购4650万股，向社会法人募集2175万股，向内部职工募集175万股。经有关部门批准，该公司4000万股A股于2000年12月25日上网定价发行，2001年3月12日在上海证券交易所上市，总共募集资金4亿元人民币。

（资料来源：北京天鸿宝业房地产股份有限公司股权分置改革说明书）

近几年，有些不规范的房地产企业通过各种手段"空手套白狼"，非法获得大量地产项目，然后以此抵押贷款，再用贷款收购上市公司，然后由上市公司购买这些项目资产。

3. 债券融资

房地产债券是房地产企业为筹集资金而依照法定程序向社会发行并按约定在一定期限内偿还本金并支付利息的借款凭证，债券的发行者是债务人，债券的购买者是债权人，债权人有权按照约定获得利息并到期收回本金，但是无权参与企业的经营管理，也不对企业的经营状况承担责任。房地产企业债券主要是以企业自身的经营收入作为债券还本付息的保证，因此其风险与企业自身的经营状况直接相关，是一种风险较大的债券。

1) 债券融资的优点

（1）债券融资属于直接融资，企业可以从资金市场直接获得资金，发行债券的手续比发行股票简单，而且也较灵活。

（2）资金使用较为自由，债券投资人无权干涉发债公司的决策，也不会影响股东对公司的所有权。

2) 债券融资的缺点

（1）申请发行企业债券必须经过配额审核程序和严格的资格审核程序。只有实力强、资信好的企业才有资格发行企业债券。

（2）由于企业债券风险较大，因此其利率一般要高于政府债券，也高于银行贷款资金成本。债券到期偿还本金和支付利息将对企业构成较重的财务负担。

（3）企业发行债券门槛很高。我国目前的金融市场受国家计划和宏观调控政策的影响较大，除非是基础设施建设项目或其他国家鼓励投资的项目，一般很难获准发行企业债券。

4. 信托融资

信托在法律上的定义是指以资产为核心、信任为基础、委托为方式的信用委托和受托行为。房地产信托是指受托人（信托投资公司）将委托人委托的资金以贷款或入股的方式投向房地产项目以获取收益并将收益支付给受益人的行为。

房地产企业获得信托投资的一般程序为：首先，房地产企业与信托投资公司签订信托贷合同，约定信托贷款还本付息的条件；然后，信托投资公司作为受托人，制定资金信托方案；最后，以信托投资公司名义，向社会推出资金信托方案，接受有风险识别和承受能力的人群和机构为委托人，吸纳资金，用于房地产项目投资。

房地产投资信托在发达国家已经是一种较为成熟的投融资模式，我国于 2002 年 7 月 28 日出现第一个房地产信托产品——"新上海国际大厦资金信托计划"。随着我国信托业"一法两规"（即《信托法》、《信托投资公司管理办法》和《信托投资公司资金信托管理暂行办法》）的出台，我国房地产信托发展速度加快，为房地产业增加了新的融资渠道。

目前大多数房地产资金信托计划均是由信托投资公司与房地产开发企业合作，针对某一特定项目定向发行，并将信托资金以入股或贷款的形式投入该项目作为开发资金。

1) 信托融资的优点

（1）对投资人而言，信托投资的收益相对较高。首先，信托融资能够实现小规模资金享有大规模投资的较高收益；其次，由于有专业化的管理，其收益水平一般高于股票收益。

（2）信托融资具有巨大的灵活性，可以针对房地产企业本身运营需求和具体项目设计个性化的信托产品。

（3）信托融资能够与银行贷款融资实现互补，在银行融资受限的情况下，信托融资为房地产提供了新的融资渠道，为那些无法获得银行贷款的项目解决急需的启动资金。

2) 信托融资的缺点

（1）对普通投资者而言，房地产信托产品的购买门槛较高，比如每份信托合同金额必须超过人民币 5 万元（含 5 万元）。对开发商而言，信托融资不适合与规模小、实力弱的企业,比如要求接受信托的开发商注册资本必须不少于1000万人民币,没有拖欠工程款等。

(2) 融资期限较短。目前国内的房地产信托产品主要针对项目融资,因此期限较短(几个月或一两年),不能满足房地产股权投资的要求,也不能充分体现信托的中长期融资功能,无法满足信托业和银行业功能错位的要求。

(3) 信托融资门槛提高。2005年8月28日,中国银监会下发《加强信托投资公司部分业务风险提示的通知》(即"212号文件"),对房地产信托贷款发放门槛进行了严格限制:要求必须同时满足"四证"齐全、自有资金超过35%、企业开发资质在二级以上这3项条件的开发商才能通过房地产信托融资。如此一来,"212号文件"虽然防范和化解了信托融资的风险,但同时也使得信托融资对房地产项目失去了"雪中送炭"优势。

(4) 与银行贷款相比,信托融资的费用要略高于银行贷款。

5. 民间融资

民间融资是我国许多民营企业发展壮大的重要融资渠道。由于房地产融资主要途径各有缺点,尤其在宏观金融环境趋紧的情况下,民营企业对资金的需要无法靠正常渠道得到满足,导致民间融资活动逐渐趋于活跃。比如,据中国人民银行杭州中心支行的估计,浙江省民间融资规模在1300~1500亿元,占新增贷款量的30%以上。民间融资主要有个人借贷融资、企业拆借融资和"标会"集资融资(发源于浙江温州、台州等地)。

1) 民间融资的优点

(1) 增加了房地产企业融资渠道,尤其是满足了房地产企业的应急资金需求。

(2) 缓解了银行的信贷压力,转移和分散了银行的金融风险。

(3) 为规模巨大的民间资本寻找到一个合适的投资渠道。

2) 民间融资的缺点

(1) 融资成本较高。比如根据浙江温州民间融资市场利率的监测数据,2004年前的利率基本维持在9.6%左右,而自2004年6月以后维持在14.4%左右。又如,2006年2月9日,浙江坤和建设集团以年利14%、每季支付利息、到期支付本金的条件向上市公司东方通信借贷7000万作为项目流动资金,其融资成本接近同期银行贷款利息的3倍。

(2) 融资风险较大。由于缺乏相关法律法规,民间融资得不到国家法律和政策的支持与保护,加上大量非正规甚至非法的中介参与其中,交易风险极大。

要降低融资风险,目前最好的方式是由银行参与、以委托贷款方式融资。投资商与开发商签订《投资合同》,再与委托贷款主办银行签订《委托贷款协议》以及三方签订的《资金监管及其他补充条款》。根据几份协议合同,资金交由银行监管,资金按指定用途支付,融资双方与银行约定以项目未来销售按揭资金为还款来源的封闭运行方式。

6. 投资基金

投资基金是按照共同投资、共享收益、共担风险的基本原则,运用现代信托关系的机制,以基金方式将各个投资者彼此分散的资金集中起来,交由投资专家运作和管理,投资于证券等金融产品或其他产业部门,以实现预定的投资目的的投资组织、投资机构和投资制度。2002年北京首创集团与荷兰国际集团合资成立了"中国房地产开发基金",成为全球第一家直接面向中国市场的房地产开发基金。2003年9月,国内第一支房地产产业基金——"中国住宅产业精瑞基金"正式发布,计划募集资金2亿美元,据报道该基金成立后即有数十个房地产项目申请融资。在欧美国家,房地产投资信托基金(Real Estate Investment Trust，REITs)是非常普遍的信托融资方式。REITs是一种以发行收益凭证的方式汇集特定多数投资者的资金,由专门投资机构进行房地产投资经营管理,并将投资综合收益按比例分配给投资者的一种信托基金,因此房地产投资信托基金应当被视为房地产信托的一种特殊形式。与我国信托纯粹属于私募性质所不同的是,国际上大多数REITs在性质上等同于基金,少数属于私募,但绝大多数属于公募。REITs既可以封闭运行,也可以上市交易流通,类似于我国的开放式基金与封闭式基金。不过,从国际上REITs的发展经验来看,几乎所有REITs的经营模式都是收购已有商业地产并出租,依靠租金收益回报投资者,极少有进行开发性投资的REITs。因此,REITs并不同于一般意义上的房地产项目融资。

虽然投资基金是成熟房地产市场的一种主要的融资渠道,国内近几年也涌现出了不少创新形式的产业基金,但是由于我国目前还没有出台相关的法律法规(比如《产业基金法》迟迟没有颁布),基金的管理与使用无法得到规范,投资者的权力不能得到保障,已经推出的产业基金也只能依靠合资或境外募集等方式运营,阻碍了房地产产业基金的健康发展。因此,加快产业基金立法进程成为我国产业基金发展的当务之急。

7. 其他融资渠道

1) 销售定金与预售款

根据中国人民银行发布的《2004中国房地产金融报告》显示,我国房地产开发企业的资金大多来源于银行贷款和房屋预售,其中定金和预售款占30%左右。

在房地产市场前景看好的情况下,投资者只需先期支付少量的定金或预售款,就可以享受到未来一段时间内的房地产增值收益。而对于开发商来说,销售定金与预售款既可以使其利用少量资金启动大型房地产项目,同时又可将部分市场风险分担给买家。

2) 施工单位垫资

这是一种不规范的融资渠道,但现实中却普遍存在。1996年,建设部、国家计委、财政部《关于严格禁止在工程建设中带资承包的通知》对建设行业的带资承包明令禁止,但是由于施工行业竞争激烈,建设项目僧多粥少,承包商带资承包非常普遍。带资承包虽然能够缓解开发商的资金压力,但也有可能带来诸多隐患。比如在施工中偷工减料,降低质量标准,给业主留下安全隐患等;或者造成承包商拖欠民工工资最终也会影响开发商形象。

3) 合作开发

合作开发是不同当事人之间共同出资、共同经营、共担风险、共享利益的联合经营行为。这种合作方式不限于一方出资,也可以双方共同出地出资。

4) 售后回租

房地产的经营者将一项房地产出售给一家投资机构,然后再作为房地产承租人去经营。拥有物业的开发商既通过出让物业的所有权获得资金,又通过租回物业以保留物业的使用权,以达到既减少资金占用,又能从经营的物业中获得收入的目的。但回租融资对于开发商的物业经营水平要求较高,其预期经营收益率必须高于抵押贷款的利率,否则,回租融资不会被投资者所接受。需要注意的是,租赁期满时,开发商不能获得物业的产权。

5) 租赁融资

开发商将该土地出租给其他投资者开发建设房地产,以每年获得的租金作为抵押,申请房地产项目开发的长期贷款，或者开发商通过租赁方式获得土地的使用权以后，以自行开发的房地产作为抵押向银行申请长期抵押贷款。

6）抵押贷款证券化

金融机构将其所持有的流动性较差，但具有未来现金流入的抵押贷款汇集重组成为相应的贷款组群，由证券化机构以现金方式收购，然后经过担保或信用增级后，由其以证券的形式出售给投资者的融资过程。2005年3月21日，中国人民银行宣布中国建设银行为首批获得住房抵押贷款证券化(MBS)试点资格的单位。随着银行信贷资产证券化及住房抵押贷款证券化试点工作运行，我国大规模资产抵押证券化的序幕已经拉开。

融资渠道的选择主要根据各渠道的融资难易程度、融资规模、融资期限、融资成本（包括融资费用和资金使用费用）、融资风险等因素综合确定。不同的地区、不同的时期，对不同的房地产企业来说，各种融资渠道的难易程度、融资成本高低等都不是一成不变，因此应根据企业或项目的实际情况来判断。一般来说，直接融资的融资成本高，但融资规模大，偿还压力小；而间接融资的融资成本较低，融资期限短，偿还压力大。

5.4.3　分析融资方案

在确定融资方式和融资渠道以后，开发商或投资策划机构需要把它们综合成完整的融资方案，并需要对融资方案进行分析。本节内容应该结合"房地产项目经济评价"进行。

融资方案分析的步骤是：①合理安排融资结构，即权益资本和债务资金的筹措数额及投入时序，使得资金的供给在总量和结构（分年度投入）两方面均与项目的需求相匹配，形成供求平衡的融资方案；②对若干可行的融资方案，根据一定的标准进行比较、权衡，推荐入选方案；③对入选方案进行风险分析。

1. 融资结构确定

融资结构也称资本结构，是指企业或项目在筹集资金时，由不同渠道取得的资金之间的有机构成及其比重关系。融资结构的确定是对各种融资渠道的特点、投资者自身状况以及适用性等方面进行详细分析、研究，以选择最优的融资结构的过程。

最佳的融资结构应以实现投资效益最大化以及综合融资成本最低为出发点来确定。即融资结构的确定至少应该考虑以下两个方面的因素。

（1）在确定数量和规模时要以投资效益最大化为目标。如果资金不足，会影响项目正常有序进行，使预期的息税前利润难以得到保证，更谈不上投资效益最大化。反之，如果资金过剩，必然会影响资金的使用效果，造成资金的浪费。最佳的融资结构必须保证企业或项目正常周转的资金需要，同时又要保证资金不能闲置浪费。由于在生产经营中，各个阶段的资金需要量并不完全一致，因此还应当从数量与时间上予以保证与平衡。

（2）以加权平均融资成本最低为目标。尽管在最低融资成本下，企业或项目的财务结构不一定就是最佳财务结构，但为实现投资效益的最大化，必须以融资成本最低为目标。

2. 融资方案比选

在市场经济条件下，一个好的项目存在着多方式、多渠道的融资可能性，有着足够的比选余地。能否提出多个融资方案的设想，其本身就从一个侧面反映了项目的财务效益和投资者的资信。鉴别融资方案的基本思路是在融资方式可以实现、融资条件可以满足、融资风险可以接受的前提下，优选能够确保企业价值最大化或股东财富最大化的方案。

融资方案的比选主要通过盈利分析和清偿分析来实现，所以严格说已不属于融资方案的内容，但是比较的结果应该反馈到融资方案分析中来，作为方案优选的依据。在满足清偿条件的基础上，衡量融资方案优劣的最主要的指标是内部收益率指标。

3. 融资风险分析

融资风险是指项目筹措了债务资金之后，因各种与融资有关的经济因素及财务因素的恶化，所导致的债务偿还的不确定性。这种不确定性风险有可能使债权、债务双方都蒙受损失。在投资分析中，优选出融资方案之后，应对其融资风险进行识别、评价，并提出防范措施。

融资风险分为融资成本风险和融资结构风险。前者是指在由于利率等经济参数的变动而增加融资成本，使项目的债务偿还发生困难而出现的风险；后者是指项目的融资结构给项目经营带来的影响，即因债务资金比例过高，而使债务清偿出现风险。

1) 融资成本风险及防范

在融入资金总量已定的情况下，融资成本取决于融资费用和资金使用费用。由于目前房地产企业或项目主要依靠银行融资，因此利率是影响融资成本的重要经济指标。作为国家调控经济的主要手段之一，自20世纪90年代以来，我国的银行利率波动较大，因此必须重视利率变化带来的融资成本风险。

进行利率风险分析应该对目前利率的水平、未来利率的走势有所判断。当银行贷款所占比例较大时，应该把利率上升某一幅度作为变动因素，对现金流量和债务清偿进行敏感性分析，以说明利率变化的风险程度。此外，还应该提出防范利率风险的建议，以利于融资方案的决策以及项目的风险管理。这些防范措施一般包括：①按照利息高低安排好融资的结构；②选择适当的固定利率与浮动利率比例结构；③在借款合同中固化借款人的利益，做出防范性的规定，如列入延期还款条款、提前退款条款、利率安排条款等。

2) 融资结构风险及防范

房地产业利用债务资金来提高自有资金的收益率是一种有效的财务手段，因此被称之为"财务杠杆"。通常情况下，债务资金比例越大，则财务杠杆系数越高，自有资金利润率也越高。因此房地产企业在开发项目时都尽可能使用债务资金，造成资产负债率水平较高。据相关资料统计，我国目前房地产开发企业的资产负债率高达70%以上。这种高负债率的融资结构建立在市场前景乐观和房地产项目具有高投资回报率的基础上。

但是开发商必须看到，高负债融资结构既有正杠杆效应，也有负杠杆效应——被同样放大的财务风险。一旦内部经营或外部环境发生不良变化，息税前资金利润率下降，那么不仅利润将丧失，支付利息都会出现困难。可见，财务杠杆利益越大，财务风险也就越大。开发商需要在风险和收益中寻找一个平衡点，既能满足自身的发展要求，又能将风险控制在能够接受的范围内。为降低融资结构风险，在公司融资情况下，要判断权益资本的充足性，使其达到安全界限，否则就要扩充权益资本；在项目融资情况下，要合理设计资产负债结构。在进行融资风险分析时，要针对优选的融资方案，审视这些原则是否得到落实。

本 章 小 结

房地产投资策划是开发商或策划机构在项目投资之前,在市场调研与预测的基础上,以房地产项目投资效益最大化为目标,针对具体项目进行的投资筹划活动。房地产项目投资策划的内容包括投资环境分析、项目经济评价、项目融资策划等内容。投资环境策划是整个投资策划的前提和基础;项目经济评价是投资策划的重点,其中的项目财务评价及其指标是判断项目投资可行性的主要依据;融资策划是项目成功的关键。

阅 读 材 料

房地产上市公司再融资陷入困境

自 2009 年以来,已有 44 家房地产上市公司公布了再融资方案,包括"万保招金"四大地产巨头在内。诸如此类的融资公告频频出现,透露出房企渴求资金的强烈信号。然而作为楼市新政的一部分,管理层再次重申:暂缓房地产再融资审批。虽然新一轮房地产调控政策尚未取得实质性效果,但却已在股市上引发了新一轮信心危机。在面临审批困局的同时,地产股跌跌不休,部分拟进行再融资的上市公司股价跌破发行价,再融资难上加难。

1. 又现"未增先破"潮

2008 年的全球金融危机实际上拯救了中国的开发商们,本来紧缩的资金来源在进入 2009 年后,被 4 万亿投资和宽松的信贷重新输血,造就了 2009 年房地产业的集体盛筵。然而,曾经极为宽松的资金环境,现在很可能变成勒紧开发商脖子的绳索。于是再融资成为地产商的救命稻草。招商地产在 2010 年 4 月 20 日发布再融资计划称,将向大股东和机构投资者定向增发 2.5 亿股,增发价格为每股 20.6 元,苏宁环球的再融资方案早在 2009 年 7 月 21 日就已经公布,公司计划以每股 13.4 元的价格向机构投资者定向增发 3.8 亿股。

但按照这两家房地产上市公司初定的定向增发方案来看,由于连日的大跌,这两家公司的增发价格远高于目前二级市场的股价,它们的再融资计划很可能就此搁浅。

招商地产 2010 年 4 月 27 日的收盘价格为 17.80 元,较 20.6 元的增发价格折价 13.59%,苏宁环球同日则报收于 10.29 元,比增发价 13.4 元折价 23.20%。保利地产上一次增发价是 24 元,参与的投资者还没有解套,这次再次增发的价格又跌破了。事实上,除了招商地产和苏宁环球以外,目前房地产上市公司股价低于增发价的比比皆是:金地集团、保利地产、绿景地产、万方地产等的增发价格均高于 4 月 27 日的收盘价格。

2. 地产行业或面临洗牌

在这 44 家房地产上市公司中,有 43 家计划定向增发,只有万科 A 计划进行公开增发。从再融资的进度来看,6 家房地产上市公司目前停留在董事会预案上,33 家获得了股东大会的通过,4 家得到了证监会的批准,刚泰控股成为唯一一家未获通过的房地产上市公司。

"这主要是最近一系列房地产紧收政策造成的。"一位房地产业资深人士指出，受到接连不断的利空消息，很多房地产上市公司的股价持续下跌，部分已经跌破增发价，这些房地产上市公司原先制定的增发价格肯定就变成了一张废纸。

一位市场分析人士告诉中国证券报记者，最近的一系列信号都在明显释放金融政策收紧的信号。2010年3月30日，周其仁、夏斌、李稻葵等3位经济学家成为货币政策委员会新成员，作为央行制定货币政策的咨询议事机构，该委员会对货币政策具有很强的影响力，值得注意的是，3位新成员的主要观点都偏于紧缩。"在这样的背景下，今年房企融资不易"。

"今年开发商拿地普遍比较谨慎，尤其是中小开发商，"华泰证券分析师刘琼发现，现金流紧张是困扰中小房企做大做强的原因，而融资难却又造成中小房企难以补充现金流。对于中小房企如何走出融资难困境，在刘琼看来加速项目销售盘活资金是最快捷的方式。不过，即便加速销售，短期内降价出售的可能性依然非常小，"主要是由于去年地价都非常高，造成彼此间相互抬价。"

对新一轮房地产调控，银根又开始紧缩，2010年下半年，部分房企就会出现资金链方面的问题，此次监管部门采取了比较有效的调控手段，通过"部委联动"、"区别对待"来对房企融资行为进行规范、限制和调节，地产行业洗牌看来是不可避免的，更何况是在融资困难的背景下。

（资料来源：周文天. 房地产上市公司再融资陷入困境 [N]. 中国证券报，2010 - 4.）

思考与讨论

1. 房地产投资与其他一般投资活动相比具有哪些特点？
2. 房地产投资具有哪些不同的类型？
3. 简述房地产投资策划的含义、目的及其主要内容。
4. 影响房地产投资成败的主要环境因素有哪些？
5. 采用本章介绍的方法进行房地产项目投资环境分析时可能存在哪些问题？
6. 结合实际项目，讨论房地产项目的各项成本费用构成及其比例。
7. 房地产开发项目的收入来源有哪些？
8. 常用的房地产项目财务评价指标有哪些？
9. 房地产项目不确定性分析包括哪些内容？
10. 房地产项目综合分析与财务评价的区别是什么？
11. 当前房地产最主要的融资渠道有哪些？各种渠道分别有哪些优缺点？
12. 结合阅读材料分析房地产融资难对房地产业发展的影响。

第6章
房地产项目规划设计策划

本章教学要求

1. 了解：房地产项目设计策划的内容；房地产项目竖向设计；房地产项目道路交通规划；房地产相关管线设计；建筑风格的概念及其作用；户型策划的内容；景观设计的分类；配套设施的类型及其建设存在的问题。
2. 熟悉：单体建筑和建筑群体平面布局的形式及其特点；建筑风格的分类；住宅户型策划的原则；景观设计的原则及具体要求；配套设施设计的原则及具体要求。
3. 掌握：西方主要建筑风格和中国传统建筑风格的特点；住宅户型策划的具体要求。

 导入案例

建筑风格设计对房地产销售的影响

　　1994年年初北京万科城市花园一期推出时，有清水墙（外墙面不做抹灰面，要求砖的大小、棱角、色泽、质地以及砖缝等均匀、整齐，施工工艺要求较高）和混水墙（外墙面做抹灰面的墙体）两种建筑风格的产品。这两种产品在容积率、户型及工程造价等方面基本相同。项目开盘后，清水墙住宅的基价每平方米3980元，混水墙住宅基价为每平方米3600元，价差达10%左右，而在销售速度上，清水墙住宅比混水墙住宅略快。而到1997年，两种不同风格住宅的价位形成了明显的差距，清水墙住宅的一期房上升至每平方米4780元而告售罄，二期新推出的清水墙住宅价格上升至每平方米5080元。而一期混水墙住宅的基价仍然保持在每平方米3600元且略有库存。混水墙住宅与一期清水墙住宅的价差达到32.7%，与二期清水墙住宅的价差更高达41%以上，市场接受程度已形成巨大的落差。可见建筑风格也能对住宅的销售及其价格带来巨大影响。因此，策划人员必须重视房地产项目的规划设计。

　　（资料来源：中国策划师在线．http://imcko.com/bbs/viewthread.php？tid-2719）

　　房地产项目设计是决定项目成功的关键一步。表面上看，房地产项目规划设计是一个技术问题，完全是建筑设计师的事情。其实不然，房地产产品首先需要满足消费者居家生活的基本需要，只有满足了消费者需求的技术才有意义。因此，房地产项目设计首先要解决市场问题，其次才是技术问题。既然如此，那么作为对市场有充分了解和把握的开发商或策划机构就有必要在设计过程中提出自己的建议和看法，而这也就是房地产项目需要设计策划的原因所在。由于设计策划主要针对房地产产品本身进行，因此又称为房地产产品策划。

　　从设计策划的工作流程来看，首先，房地产开发商或策划机构需要在设计工作开始之前针对某个具体的房地产项目提出一个设计策划方案作为设计指导文件，该策划方案一般称为"设计任务书"；然后，设计师在开发商或策划机构所提出的"设计任务书"的指导下开展设计工作;设计师在完成了初步设计方案以后,要将设计方案反馈给开发商或策划机构进行修改,开发商或策划机构针对设计方案提出设计修改意见。如此反复直到设计完成。

房地产项目设计策划的内容非常丰富,而且不同类型的项目具有不同的要求,比如住宅与写字楼项目的设计要求就很不相同。本章以住宅房地产为例,从项目总体规划、建筑风格、户型结构、景观环境以及配套设施等方面的设计及其策划进行阐述。

6.1 房地产项目总体规划策划

房地产项目的总体规划需要进行项目平面布局、竖向设计、道路设计以及管线综合设计等工作,在进行上述规划工作时,需要坚持以人为本、因地制宜以及用地平衡等原则。

6.1.1 房地产项目平面布局策划

1. 建筑单体平面布局

1) 平面布局的形式

根据《住宅设计规范》和《高层民用建筑防火设计规范》等规定,住宅建筑可分为塔式住宅(图6.1)、单元式住宅(图6.2)和通廊式住宅(图6.3)3类。

图 6.1 塔式住宅平面

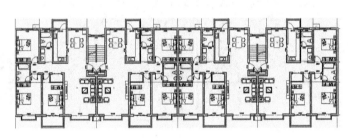

图 6.2 单元式住宅平面

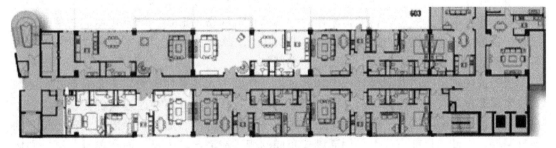

图 6.3 通廊式住宅平面

塔式住宅是指以共享楼梯或楼梯与电梯组成的交通中心为核心,将多套住宅组织成一个单元式平面,即塔式住宅属于"一梯多户"的布局形式(此处的"梯"是指电梯井或楼梯间而不是指电梯，塔式住宅的电梯数量可能有多个），平面形状接近于方形，建筑面宽与进深的比例一般小于2。塔式住宅以高层建筑为主，根据平面形状的不同，可进一步分为方形、T形（图6.4）、蛙形（图6.5）、十字形、工字形、碟形（图6.6）、风车形（图6.7）、井字形等不同类型。

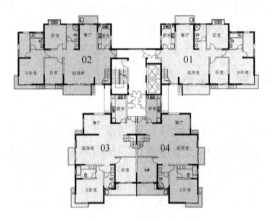

图6.4 T形塔式住宅

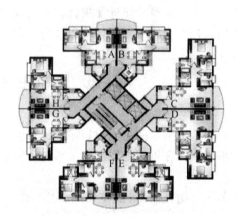

图6.5 蛙形塔式住宅

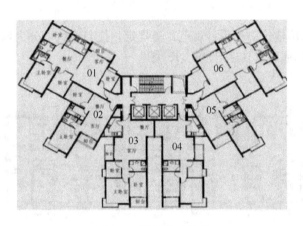

图6.6 蝶形塔式住宅

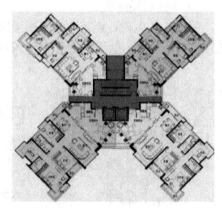

图6.7 风车形塔式住宅

单元式住宅是指由多个住宅单元组合而成，每单元均设有楼梯或电梯的住宅，在房地产市场上通常称单元式住宅，通常采用"一梯两户"的布局形式。单元式住宅的平面形状接近于长方形，建筑面宽与进深的比例一般大于2。单元式住宅适用于多种建筑高度的住宅，包括低层、多层、小高层、高层、超高层等。

通廊式住宅是指由共享楼梯或电梯通过内、外廊进入各套住宅的住宅布局形式。通廊式住宅需要设置较大面积的走道，而且由于走道从各套门前或窗前通过，各套住宅之间存在相互干扰和影响，如果采用内廊式走道则无法实现户内自然通风，半数以上户型没有南向日照等。因此，目前市场上采用通廊式布局的普通住宅比较少见，而在单身公寓、酒店式公寓等过渡性质的小户型住宅中相对采用较多。

由于塔式住宅和单元式住宅是目前房地产市场上采用最多的住宅平面布局形式，因此本文仅针对塔式住宅和单元式住宅分别介绍其各自的优缺点。

2) 塔式住宅的优缺点

(1) 塔式住宅的优点如下。

① 塔式住宅体形修长,外立面丰富,更适合角窗、弧形窗等宽视角窗户的运用。

② 塔式住宅的户型种类比单元式住宅丰富,消费者挑选的余地较大。

③ 塔式住宅的大堂、电梯厅等公共部分由于基座进深较大而更为宽大、气派。

④ 塔式住宅比单元式住宅在居住区整体布局上更加灵活,容易形成大面积集体绿地,景观效果更好,也能更合理利用土地。

⑤ 塔式住宅由于体量小,对整个居住区的通风、采光有利。

(2) 塔式住宅的缺点如下。

① 塔式住宅由于进深大,加上易受楼体本身的遮挡,空气对流困难,通风、采光效果不佳,容易形成"灰房"甚至"暗房",某些户型可能完全朝北而不易被市场接受。

② 塔式住宅为解决通风、采光问题,楼体往往要开很深的槽,可能造成相邻套型间的互视,影响居住的私密性。

③ 塔式住宅受楼体结构影响,有些户型的开间和进深不合理,且易出现不规则房间。

④ 有些塔式住宅(如碟形)的户型朝向偏斜,不符合正向居住的传统习惯。

⑤ 垂直交通集中布置,在高峰期容易产生拥堵。

3) 单元式住宅的优缺点

(1) 单元式住宅的优点如下。

① 单元式住宅的建筑面宽大,进深相对短,南北或东西通透,通风、采光效果好。

② 单元式住宅的户型规整、方正,朝向正向,主要房间保证有充足的日照。

③ 单元式住宅的户型之间独立性强,能保证居住的私密性。

④ 单元式住宅一般采用"一梯两户"布局,垂直交通便捷。

(2) 单元式住宅的缺点如下。

① 单元式住宅的户型类型变化不大,整体布局比较单调(比如通常采用行列式布局形式,呈现兵营式排列),立面比较呆板,视野不够开阔,景观效果也可能受视线遮挡而影响。

② 单元式住宅体形庞大,可能会影响整个居住区的通风、采光,对场地要求也比较高。

③ 高层单元式住宅由于要考虑消防问题,需要增加消防电梯、防烟楼梯等设施,造成高层单元式住宅交通面积加大,公摊面积增加。

2. 建筑群体平面布局

住宅建筑群体平面布局的形式有以下几种:行列式、围合式、组团式、点群式、开放式及混合式等。

1) 行列式

行列式布局是指单元式住宅按一定朝向和合理间距成排布置的方式(图 6.8)。行列式布局的优点是可使每户都能获得良好的日照和通风条件,便于布置道路、管网、方便工业化施工。缺点是空间景观单调、呆板,后排建筑的视线容易受前排建筑物的遮挡,视野不够开阔。但是如果能在住宅排列组合中,注意避免"兵营式"的布置,多考虑住宅群体空间的变化,如采用山墙错落、单元错落拼接以及用矮墙分隔等手法仍可达到良好的景观效果。

2) 围合式

围合式布局是指住宅建筑沿街坊或院落周边布置的形式(图 6.9)。围合式布局的优点是通过形成封闭或半封闭的庭院空间，院落完整、安静、安全，利于布置室外活动场地、小块公共绿地和小型公建等居民社交场所，此外还有利于提高建筑密度从而节约用地。围合式布局一般较适用于寒冷多风沙地区，可阻挡风沙及减少院内积雪。其缺点是部分住宅朝向较差，对于炎热地区较难适应，对地形起伏较大的地区会造成较大的土石方工程等。

图 6.8　行列式布局

图 6.9　围合式布局

3）组团式

对于规模较大的项目来说，现在一般都采用组团式布局的方式（图 6.10）。组团可以由若干同一类型、同一层数或不同类型、不同层数的住宅围合而成，组团之间可用绿地、道路或自然地形进行分隔，组团实质上也是一种围合式布局。组团的规模主要受建筑层数、公共建筑配置方式、自然地形和现状及物业管理等条件的影响。组团布局优点是住宅布置灵活，空间景观效果丰富，功能分区明确，便于利用地形，有些组团可进行封闭物业管理，也较利于分期建设。但是组团布局不利于组团内部的通风。

4）点群式

点群式布局是指塔式或单元式等住宅围绕居住区中心绿地、水景或配套建筑，有规律或自由布置的布局形式（图 6.11）。点群式布局的优点是住宅布置灵活，能够合理利用土地，景观效果丰富。但是点群式布局的居住区的庭院感没有围合式和组团式布局的居住区强。

图 6.10　组团式布局

图 6.11　点群式布局

5) 开放式

开放式布局是指住宅布局既不是严格的行列式、围合式，也不是完全的组团式，而是自由的、开放的、不拘一格的布局方式(图 6.12)。开放式布局的优点是视野开阔，景观效果丰富，立面效果生动活泼。缺点是不利于日后的物业管理。

6) 混合式

混合式布局是指上述几种基本形式的结合或变形的组合形式(图 6.13)。

图 6.12 开放式布局

图 6.13 混合式布局

6.1.2 房地产项目竖向设计策划

房地产项目的竖向设计是指为了满足居住区道路交通、地面排水、建筑布置和城市景观等方面的综合要求，对自然地形进行利用与改造，确定坡度、控制高程和平衡土(石)方等进行规划设计工作，主要包括道路竖向设计与场地竖向设计等。

1. 竖向设计的目的

在居住区规划工作中合理利用地形，是达到工程合理、造价经济、景观美好的重要途径。在实际规划设计中常常有这样的情况，在制定规划方案时，完全没有考虑实际地形的起伏变化，为了追求某种形式的构图开山填沟，既破坏自然景观，又浪费大量土石方工程费用。有时各单项工程的规划设计各自进行、互不配合，造成道路标高与住宅标高不衔接或一些地方的地面水无出路等。因此需要在规划设计阶段进行充分的竖向设计工作，即将项目地块的一些主要控制点标高加以综合考虑，使建筑、道路、排水的标高相互协调；对一些不利于建设的自然地区加以适当的改造；或提出一些工程措施，使土石方工程量尽量减少；还要根据环境景观的观点，对项目地形地貌、建筑物高度和空间景观加以研究等。

2. 竖向设计的内容

(1) 分析规划用地的地形、坡度，为各项建设用地提供参考，包括场地的坡度、坡向、高程及纵、横剖面分析等。

(2) 制定利用与改造地形的方案，合理利用地形，满足各项建设用地的使用要求。

(3) 确定道路控制点的坐标、标高，以及道路的坡度、曲线半径等。

(4) 确定建筑的定位、正负零标高及室外地坪的规划控制标高。

(5) 结合建筑布置、道路规划与工程管线敷设，确定居住区内其他用地的标高与坡度。

(6) 确定挡土墙、护坡等室外防护工程的类型、位置和规模。

(7) 估算土(石)方及防护工程量，进行土(石)方平衡。

3. 竖向设计的原则

(1) 竖向规划应与用地选择及建筑布局同时进行，使各项建设在平面上统一和谐、竖向上相互协调。

(2) 竖向规划应有利于居住区建筑的布置及空间环境的规划和设计。

(3) 竖向规划应满足各项建设用地及工程管线敷设的高程要求，满足道路布置、车辆交通与人行交通的技术要求，满足地面排水及防洪、排涝的要求。

(4) 竖向规划在满足各项用地功能要求的条件下，应避免高填、深挖，减少土石方、建(构)筑物及挡土墙、护坡等防护工程数量。

4. 竖向设计的具体要求

1) 道路竖向设计的要求

(1) 道路的竖向设计应结合地形，符合纵断面、横断面设计的技术要求。包括纵坡、横坡、坡长限制、宽度、转弯半径、竖曲线半径、视距等，并考虑行车和行人的视野景观。

(2) 居住区的主要道路均应先做纵、横断面设计。小区主要道路可视地形复杂程度决定，一般地形平缓的，可做简单的纵断面设计方案，确定控制点标高，然后进行道路设计等高线的绘制。小路通常根据排水要求对竖向做简便的设计考虑，横断面多用单坡。

(3) 道路交叉口的竖向设计因地形及道路交叉的主次状况不同而有多种处理形式。主要原则是保证主要道路纵坡不变或少变，以利于行车顺畅；同时，要避免交叉口积水，并尽量使地面雨水不汇流过交叉口前的人行横道线。

(4) 市区级道路一般小于6%，困难时可达9%；山区城市局部路段坡度可达12%，但坡度超过4%，必须限制其长度；人行道纵坡以不大于5%为宜，大于8%行走费力，宜采用踏级；在道路交叉口纵坡不应大于2%。

2) 场地竖向设计的要求

(1) 同一场地可以设计成不同的竖向形式，以满足使用要求和景观效果。

(2) 场地坡度要符合地块使用的要求。

① 平坡。坡度在0%~2%之间，建筑及道路可不受地形坡度限制任意布置和安排。但坡度小于0.3%时应注意排水组织。

② 缓坡。坡度在2%~10%的坡地，当坡度在2%~2.5%时，建筑宜平行等高线或与之斜交布置，若垂直等高线，其长度不宜超过30~50m，否则需结合地形做错层、跌落等处理；非机动车道尽可能不垂直等高线布置，机动车道则可随意选线。地形起伏可使建筑及环境绿地景观丰富多彩；若坡度达到5%~10%时，建筑道路最好平行等高线布置或与之斜交。如与等高线垂直或大角度斜交，建筑需结合地形设计，做跌落、错层处理。机动车道需限制其坡长。

③ 中坡。即坡度在10%~25%时，建筑应结合地形设计，道路要平行或与等高线斜交迂回上坡。布置较大面积的平坦场地，填挖土方量甚大。人行道与等高线做较大角度斜

交布置，也需做台阶。

④ 陡坡。坡度在20%～25%，这种用地作城市居住区建设用地时，施工不便，费用大，建筑必须结合地形个别设计，不宜大规模开发建设。在山地城市用地紧张时仍可使用。

⑤ 急坡。坡度大于50%时通常不用于居住区建设。

(3) 场地要保证有良好的排水条件，力求使设计地形和坡度适合雨、污水的排水组织和坡度要求，避免出现凹地。建筑室内地坪标高应保证在沉降后仍高于室外地坪15～30cm；室外地坪纵坡不得小于0.3%，且不得坡向建筑墙脚。

3) 其他竖向设计的要求

(1) 广场按其性质、使用要求、空间组织和地形特点，可设计成多种竖向形式。在一个平面上的广场，竖向设计形式有单坡、双坡和多坡几种。下沉广场和多台广场不同高程的地面用挡土墙、台阶和斜坡等衔接过渡，使广场更生动有趣，适合人们活动、散步、游憩。

(2) 宅旁用地竖向设计要注意排水组织，防止地面雨水排向建筑物、影响建筑的使用和基础的稳定。

(3) 绿地的竖向设计应自然起伏以便更生动宜人。

5. 竖向设计的方法

在表达室外设计地形时，一般有以下几种方法。

1) 设计等高线法

用设计标高和等高线分别表示建筑道路、场地、绿地的设计标高和地形，此法便于土方量计算和选择建筑场地的设计标高，容易表达设计地形和原地形的关系及检查设计标高的正误，适合在地形起伏的丘陵地段应用。但设计等高线法表示的竖向设计图，图上设计等高线密布，施工时应用、读图不够方便。为此，也可以用设计等高线进行设计，在完成地形设计、确定建筑标高后，根据设计等高线确定室外场地道路的主要控制点标高，在图上略去设计等高线而改用高程箭头法的表示方法。

2) 高程箭头法

根据竖向规划设计原则，确定出区内各种建筑、构筑物的地面标高，道路交叉点，变坡点的标高，以及区内地形控制点的标高，将这些点的标高注在居住区竖向规划图上，并以箭头表示区内各种类用地的排水方向。高程箭头法规划设计工作量较小，图纸制作较快，且易于变动、修改，是居住区竖向设计一般常用的方法。缺点是比较粗略，确定标高要有充分经验，有些部位的标高不明确，准确性差。为弥补上述不足，在实际工作中也有采用高程箭头法和局部部面的方法，进行居住区的竖向设计。

3) 纵横断面法

先在所需规划的居住区平面图上根据需要的精度给出方格网，然后在方格网的每一交点上注明原地面标高和设计地面标高。沿方格网长轴方向称为纵断面，沿短轴方向称为横断面。这种方法的优点是：对规划设计地区的原有地形有一个立体的形象概念，容易着手考虑地形和改造。缺点是：工作量大，花费时间多。多用于地形比较复杂的地区。

6.1.3 房地产项目道路交通策划

道路是居住区的空间形态骨架，居住区道路不仅具有组织车行与人行交通的功能，同时也是居住区功能布局的基础。在居民的居住心理方面，它是居住区家居归属的基本脉络，起着"家"与"环境"的连接作用，是居民日常生活活动的基本通道。

1. 居住区交通系统的分类

1) 按照道路等级划分

按照道路等级，居住区道路可以分为居住区级道路、小区级道路、组团级道路、宅间小路4类。对于一些特殊地段可适当增减，如增加商业步行街、滨水景观休闲步道等。

(1) 居住区级道路。居住区级道路是居住区的主干道，面宽不小于20m。作为居住区与城市道路网相衔接的中介性道路，在大城市它可视为城市的支路，在中小城市可视为城市次干道。居住区道路不仅要满足进出居住区的人行和车行交通需要，还要保证各种基础设施(如市政管线、照明灯柱)和绿化的合理布置。居住区内主要道路至少应有两个方向与市政道路相连。

(2) 小区级道路。小区级道路是居住区的次干道，也是居住小区的主干道，具有沟通小区内外关系、划分居住组团的功能，面宽6~9m。主要通行私人小轿车、内部管理机动车、非机动车与人行交通，不允许引进公共电、汽车交通，同时需要保证紧急情况下消防、救护车辆的通行。小区内主要道路至少应有两个出入口。

(3) 组团级道路。组团级道路是居住小区的支路，也是组团的主路，主要用于沟通组团的内外联系，面宽3~5m。主要通行内部管理机动车、非机动车与行人，同时满足地上、地下管线的敷设要求。

(4) 宅间小路。宅间小路是进出住宅及庭院空间的道路，主要通行自行车及人流，但要满足清理垃圾、救护、消防和搬运家具等需要，路面宽不宜小于2.5m。

2) 按照交通方式划分

按照交通方式，居住区的交通系统可划分为动态交通系统和静态车辆停放系统，动态交通系统可以分为人车混行系统和人车分流系统、人车部分分流系统等。

(1) 动态车通行系统包括以下3个系统。

① 人车混行系统。人车混行是指居住区道路既是车辆道路，同时又是行人行走的通道，甚至是居民社交场所。人车混行能增强居住区道路的交通流量，提高居住区道路系统的使用效率，在一定程度上缓解居住区内的人车矛盾。但是人车混行最大的问题是会对居民的居住安全造成很大的威胁，还会带来噪声及空气污染等不良后果。

为消除人车混行带来的危险，在设计上可以采用以下措施：限制居住区内道路直线段的长度和宽度；修建道路小拱、瓶颈，抬高交叉口平面高度及路面铺装形式等。这些措施都可以人为限制车速及车流量，以保证居民的生活安全。

② 人车分流系统。人车分流是在道路上将人流与车流完全分隔开，互不干扰地各行其道。这种系统使步行道路和车行道路完全分离，成为两个独立的道路系统，行人与汽车分别通行，不产生平面交叉，保证居住生活环境的安静和安全，使居住区内各项生活活动能正常舒适地进行，避免了机动车对居民生活质量的影响。人车分流包括平面分流和立体分流两类。

平面分流是指从平面布置入手，使车行路线和人们活动路线互不交叉。主要有以下两种形式。

第一种形式是车走外围，行人则可在社区内安全自在的活动。通过居住区的周边停车、主要出入口停车或完全地下停车等方式将机动车辆限制在生活区域以外，仅提供货运车、救护车、消防车、搬家车等特殊服务车辆及非机动车辆出入。同时，通过人行、自行车交通系统将居住区各组成单元组织起来。这种道路组织系统的优点是可以减少机动车引起的废气、噪声等污染以及交通堵塞，同时可以减少道路占地面积，又能设计创造有归属感和安全感的邻里交往气氛，以及紧凑又富有生机的生活空间和安全、安静、洁净的居住环境，是一种较为理想的道路组织方式，有助于社区的统一与人际亲近。但为了使居民步行到存车点或公共汽车站的距离保持在合适的距离之内，居住区内的住宅群落的规模会受到限制。因此，这种道路组织系统一般常见于城市中心区域的小型居住区，或是在城市旧区和城市边缘传统村落的改造，保持传统居住小区的特色。为保证采用这种道路组织系统的居住区的顺利运行，必须要有充足的周边条件：可以通往城市各个区域的大运量公共交通工具（如公共汽车、地铁、轻轨等），或小型快捷的的士服务，以及限制小型车辆而促进非机动车交通方式的城市道路系统。这些城市道路系统可以实现快速高效的客运目的，又在一定程度上抑制了小汽车交通发生量，同时为创造无机动车通行的居住小区提供有利的条件。

第二种形式是采用车行道进入到社区内一定的深度，布置成尽端式道路形式以减少用车人的步行距离，同时人们的内部活动没有车行交叉的干扰。尽端式道路布置有效解决了用车和避车的矛盾，而且尽端式车行路的设计可以和人行网相连接，用警示及活动阻拦装置进行分割，必要时可连通使用，有利于搬家、消防及急救等车辆的通行。

立体分离是指人和车从立体上、下分行，完全避开交叉，一般在高层居住区中采用较多，低层居住区很少采用。立体分离也主要有以下两种形式。

第一种是"车行地下，人走地面"。人在地面上行走感觉方便、舒适；车走地下，用坡道引导，直接进入地下车库，甚至可以直达本单元的地下室入口或电梯口入口。这种方式适用于人们出入社区的步行距离过长，使用公交车和出租车时不太方便的大规模居住区。

第二种是"车走地面，人走天桥"。这种布置方式车行畅快，可以直达各楼门口，停车泊位可以安排在建筑底层，用车最为方便。但是人们步行进入社区，须要先上（下）一层楼，会给居住造成不便，同时不能方便享受社区共享空间。

人车分流的道路组织方式也存在一些不容忽视的问题：①道路交通趋向复杂化，道路占地面积大；②出入口多，不利于社区管理，又对外部交通产生较大干扰；③如果中心绿地和各个设施、各出入口没有较好的联系，容易因缺少治理，使中心绿地变得荒凉、空旷。尽管如此，人车分流系统由于较好地解决了人车矛盾，仍然成为目前首选的居住区道路交通方式。

③ 人车部分分流系统。人车部分分流系统是对人车混行和人车分流系统的折中。一些居住区考虑到经济、地段等因素不能采用完全人车分流方式，只能在局部运用，以最大限度地发挥人车混行系统与人车分流系统各自的优势。比如在道路横断面上对机动车、非机动车和行人进行分离而形成的一种人车适时分行的道路交通方式，在经济尚不发达、汽车交通量虽有增加但人车矛盾不甚紧张的情况下，这种分流方式既保障了步行安全，又能充分发挥机动车道的效用。同时，在汽车较少时，行人与自行车还可以利用机动车道进行出入交通。但随着汽车的大量增加，这种方式在安全与环境问题上将会越来越显示出局限性。此外，还可以考虑在人车混行道路系统的基础上，在住宅组团、绿地等居住区内部用

地之间设置局部的专用道路（如局部的步行专用路、自行车专用路等）以实现局部的人车分流。

（2）静态车辆停放系统。静态车辆停放系统包括汽车停放和自行车停放两类，本节主要针对汽车停放问题。汽车停放具体包括地面停车、室内停车和地下停车等方式。

① 地面停车。地面停车方式分为居住区外围周边停放、组团入口附近停放、院落内停放以及居住区道路一侧停放等形式。居住区外围周边停放是指在居住区规划主路沿周边布置，将汽车停放场地设在城市规划要求红线的范围内，人行道则设于小区中部；组团入口附近停放是指在组团入口附近一侧或组团之间的场地停放，是一种不让车辆驶入组团，保证组团内安全、安宁，又较方便存车的做法，停车场需要布置在组团入口附近，但又不是人流频繁通过之处；院落内停放是车主乐意接受的方式，但它却最易干扰居民生活，影响居住环境。一般在规划时只允许少量汽车停放在院落附近，作为临时停车或来客停车，停放在院落入口处，院落与院落之间的场地或在楼幢之间的空地上的停车方式，易与住宅、人流相接触，因此，尽可能设在住宅的北向或住宅的端部以减少干扰；居住区道路一侧停放是指在居住区道路一侧停车，有的局部放宽小区主路、支路的宽度，有的在路的尽端适当扩大场地，这种做法也多适宜于外来车辆的临时停车。

② 室内停车。室内停车方式可以采用多层车库、住宅底层封闭或架空车库、院落高架车库等停车方式。多层车库可节约用地，集中管理，一般设于小区出入口附近，但造价较高，且集中存车，远离住户，停车不太方便；住宅底层封闭或架空车库对用户存取车辆比较方便，但进出院落，干扰居民；院落高架车库是居民由平台进出楼幢，汽车则在台下停放，平台上设采光、通风口并铺装绿地、坐椅小品，可作为居民室外消遣、交往场地，住宅底层设贮藏空间，用以停放自行车与杂物，基本解决人车交叉，又方便存取，不破坏院落环境。

③ 地下停车。地下停车方式包括中心绿地下车库和高层住宅地下车库停车等。地下存车方式能高效地利用土地，不减少绿化面积，具有隔绝噪声、减少废气、便于统一管理的优点。但地下车库造价昂贵，同时，车库入口应远离绿地，处理好人车交叉问题。

2. 居住区交通规划的原则

1）因地制宜原则

居住区道路规划应根据项目的地形、气候、用地规模、用地四周的环境条件、城市交通系统以及居民的出行方式，选择安全、方便的道路系统、路面宽度、道路断面形式等。

2）通而不畅原则

通而不畅是指居住区内的道路包括出入口的位置与数量应符合居民安全、便捷出行的要求，避免在居住区内穿行，又要防止不必要的外部交通穿行或进入居住区，避免"路路通"造成人车乱窜的局面，以保证居住区内居民生活的完整、安全和宁静。但应该保证消防车、急救车、货车、垃圾车和搬家车等的通行。

3）人车分流原则

随着汽车的逐渐普及，居住区内汽车的通行与停放问题越来越突出，严重影响了行人出行的安全，而且也不利于保持居住区内环境的安宁与空气的整洁。为减少人流和车流的相互干扰，车行与人行宜分开设置、自成系统。车行道通常设在居住区、住宅组团周围，且以枝状或环状尽端道路伸入小区或住宅组团内，在尽端路的尽端处设有机动车停车场或回车场,尽量控制车辆进入院落空间之内。步行道常贯穿于居民区或居住小区内部,将绿地、户外活动场地、公共建筑和住宅的起居室、卧室联系起来。

4) 功能多样化原则

以往的居住区道路规划只注重交通功能,居住空间被条块状建筑和整齐的路网所分割,单调、生硬而缺乏人情味。实际上,居住区道路不仅具有组织车行与人行交通的功能,同时也是居住区功能布局的基础,对景观布局也有重要的影响,是居住区景观的重要体现,也是人们体会居住区景观特色和人文风情的重要途径。因此,居住区道路的规划设计,还必须使道路成为居住区绿化的展示带和观赏景观的良好场所。

3. 居住区道路规划的要求

(1) 为了保证居住区内居民的安全和安宁,不应有过境交通穿越居住区。同时,不宜有过多的车道出口通向城市交通干道。出口间距应不小于150m,也可用平行于城市交通干道的地方性信道来解决居住区通向城市交通干道出口过多的矛盾。

(2) 考虑居住区交通对周边城市交通可能产生的不利影响,避免在城市的主要交通干道上设出入口或控制出入口的数量和位置,并避免住宅区的出入口靠近道路交叉口。

(3) 道路的宽度除满足居住区人流、车流交通通行外,各级道路宽度应满足日照间距、通风和地上地下工程管线的埋设要求。

(4) 居住区道路边缘至建筑物要保持一定距离,主要是考虑在建筑底层开窗、开门和行人出入时不影响道路的通行及一旦楼上掉下物品也不影响行人和车辆的安全,且有利于安排地下管线、地面绿化及减少对底层住户的视线干扰等。

(5) 居住区内必须配置足够数量的停车场所(包括汽车、摩托车及自行车等)。停车场所的形式有:①人防地下室停车库;②住宅底层架空层停车库;③绿化带下的停车库;④架空平台下的停车库;⑤地面停车场或路边停车位。

6.1.4 房地产项目管线设计策划

房地产项目中管线的种类很多,各种管线有其相应的技术要求,目前一般都由相关专业单位分别设计或施工,如何使这些管线工程在建造和使用时不发生矛盾,开发商和策划机构需要加以全面、综合地分析研究,以指导和修正各类工程管线的设计。房地产项目管线设计策划的目的是协调各类工程管线的平面位置和竖向高程;确定管线之间、管线与建(构)筑物之间的间距;解决各工程管线在建设过程中的冲突和相互干扰;为管线的设计、施工和管理提供良好的条件,是创造高水平现代化小区的有效保证。

1. 房地产项目管线的类型

1) 按管线用途分类

(1) 给水管道。包括生活给水、消防给水等管道。

(2) 排水管渠。包括雨水、污水管道,居住区周边的排洪、截洪等管渠。

(3) 中水管道。污水、废水经中水处理设施净化后产生的再生水称为中水。中水可用于冲洗卫生间、洗车、浇花、喷洒道路等。输送中水的管道称为中水管道。

(4) 燃气管道。包括人工煤气、天然气、液化石油气等管道。

(5) 热力管道。包括热水、蒸汽等管道。

(6) 电力线路。包括高低压输配电线路。

(7) 电信线路。包括电话、有线电视及宽带网等管线。

2) 按敷设方式分类

按管线的敷设方式，居住区工程管线可分为架空架设管线和地下埋设管线。而地下埋设管线又可细分为直埋管线和沟埋管线。

传统的架空架设管线主要有电力线路、电信线路和道路照明线路。因为架空敷设方式容易破坏环境的完整和美观，所以现在的新建居住区一般不再采用这种敷设方式。

地下埋设管线是指在地面以下有一定覆土深度的工程管线。直埋管线主要有给水管线、雨水管线、污水管线、燃气管线、热力管线、电信管线等。而居住区所有的工程管线也均可沟埋，沟埋管线是今后埋地管线的发展趋势。

3) 按埋设深度分类

按管线的覆土深度，居住区工程管线又可分为深埋管线和浅埋管线。一般以管线覆土深度超过1.5m作为划分深埋和浅埋的分界线。

在北方寒冷地区，由于冰冻线较深，给水管道、雨水管道、污水管道以及含有水分的煤气管道需深埋敷设；而热力管道、电力线路、电信线路不受冰冻的影响，可采用浅埋敷设方式。在南方地区，由于冰冻线不存在或较浅，给水等管道也可以浅埋；而排水管道需要符合一定的坡度要求，且应布置在多种管道的下方，所以排水管道往往处于深埋状况。

4) 按工作压力分类

居住区各种工程管线完成其输送任务的方式不尽相同，按各类管线的承压情况分类，可分为压力管道和重力管道。

压力管道指管道内流体介质由外部施加力使其流动的工程管线，通过一定的加压设备将流体介质由管道系统输送给终端用户。常见的压力管道为生活给水管道、消防给水管线、燃气管道、热力管道、热水管道等。

重力管道指管道内流动着的介质由重力作用沿其设置的方向流动的工程管线。这类管线有时还需要中途提升设备将流体介质引向终端。雨水管道、污水管道和废水管道等属于重力管道。雨水管道和污水管道在某些情况下也可采用压力管道。

2. 房地产项目管线设计的内容

1) 收集管线资料

所需要的资料包括现状管线资料、管线规划资料、项目总体规划方案、单体建筑施工图等。现状管线资料主要是指房地产项目外围的现状市政管线资料，包括管线的种类、管径、走向、接入位置等。管线规划资料是指相关部门对本项目管线建设的规划要求。现状管线资料和管线规划资料可以从规划部门收集，也可通过召开有各个管线主管单位参加的管线协调会议。经过规划部门审批后的项目总体规划方案确定了项目建筑单体、道路及地下车库等建筑的基本位置及尺寸，是项目管线综合设计的重要资料。单体建筑施工图明确了建筑前后所需管线的种类与数量，是管线综合设计的必要条件。

2) 确定管线平面布置

房地产项目管线的平面布置一般应根据管线的性质、埋深、现场工程条件等具体情况确定。在管线综合设计时必须满足规范要求，工程管线之间及其与建(构)筑物之间的最小水平净距要符合规范规定，还应遵循尽量减少管线交叉的基本原则。房地产项目管线的平面布置又可细分为小区道路下的管线布置和住宅前后的管线布置两部分。

小区道路下的管线多为小区干管，是小区管线的主干，起主要控制作用。布置时除满足上述要求外，还应注意管道间的相互影响及可操作性，如电力电缆与燃气管距离过近，电缆短路可能点燃燃气管泄漏地下的燃气，严重时会引起爆炸。又如给水管道与污水管道，如果净距过小，则可能发生水质污染，这是管线综合设计必须严格避免的。而废水、雨水管线一般宜邻近污水管线敷设，以利于在可能时合槽施工。

住宅前后的管线布置从建筑外墙起排列顺序可遵循：燃气管、重力管（污水管、雨水管）、压力管（给水管、消防管）、热力管（热水管）、弱电线缆、电力线缆。实际操作时，燃气管布置于楼前绿地内，其次是污水管、雨水管、给水管可布置于宅前道路下，电力线缆、弱电线缆布置于道路另一侧公共绿地下等。

3) 确定管线竖向布置

管线竖向布置就是要确定各管线的高程。一般来说，从上至下管线顺序依次为：电力管（沟）、电信管（沟）、煤气管、给水管、热力管、雨水管、污水管。但实际也需要结合每一个工程的具体情况，根据管线断面、地面高程等合理确定。落实到施工图设计时，各工程管线竖向高程设计、施工可按照一定的顺序和原则进行。

(1) 雨水、污水等重力管道，需按坡度敷设，管线综合设计时，应先做雨水、污水、废水管道的平面和纵断面设计，解决重力流管线自身间的竖向交叉碰撞问题。

(2) 在解决完重力管道的竖向交叉问题后，应再进行热力、热水管线的平面和纵断面设计，并确保其高程及平面位置不与重力管道发生冲突。

(3) 确定燃气、给水、消防、中水、电信、电力等的竖向高程。新建住宅小区常有大面积地下车库，其顶面覆土最小仅 0.7m，各专业部门出于对燃气管、生活给水管等压力管在维护管理及安全方面的考虑，要求这类管线不进入地下室。在管线敷设过程中，若不能满足强度、防冻或安全间距等要求时，应采取保护措施。

3. 房地产项目管线设计的要求

(1) 在管线相互交叉穿越时应遵循如下相互避让原则：小管避让大管；临时管线避让长久管线；新建管线避让原有管线；压力管道避让重力管道；金属管道避让非金属管道；冷水管避让热水管；给水管避让排水管；热水管避让冷冻水管；空气管避让水管；附件少的管道避让附件多的管道。此外，各种电缆管线相互交叉穿越时，一般低电压电缆在上，高电压电缆在下；电信电缆一般从其他电缆上面穿越；高压电缆一般从其他电缆下面通过。

(2) 管线应尽量布置在道路红线以内，不要乱穿空地，以免影响其他设施的修建。但也要避免过分集中在交通频繁的主干道下面，以免施工及抢修时开挖路面或主干道交通。

(3) 管线埋设的深度和位置由管线的性质决定，可燃、易燃及损坏时对建筑物有危害的管道，应该离建筑物远一些，埋设深度大的也要远一些。

(4) 各种管线在同一处布置时，还应尽可能做到呈直线，互相平行、不交错。还要考虑预留出施工安装、维修更换的操作距离，设置支柱、吊架的空间，以及热膨胀补偿的余地等。

(5) 安排管线位置时，应考虑到发展的需要，应当为可能建设的管线预留用地范围。

6.2 房地产项目建筑风格策划

6.2.1 建筑风格的概念

建筑风格是指建筑物在内容和外貌等方面所反映的特征,主要体现在建筑物的平面布局、空间形态、立面色彩、建筑细部、建筑材料、艺术处理和手法运用等方面。建筑风格是建筑物的个性和独特表征,是建筑师价值观和美学观的反映,是建筑艺术和审美价值的重要体现,也是城市空间景观的重要组成部分。

建筑风格具有一定民族性、地域性和时代性。建筑风格的形成与发展受不同时代的政治、社会、经济、建筑材料和建筑技术等制约以及建筑设计思想、观点和艺术素养等因素的影响。在进行具体房地产项目建筑风格的设计及策划时,需要根据项目所处地区的地理环境、气候特征、文化背景、风俗习惯、目标客户的审美观念和价值取向等因素来综合确定。

6.2.2 建筑风格及其策划的作用

随着生活水平的提高,人们对住宅的要求不仅仅局限于居住。住宅所具有的审美等非居住功能也越来越受到重视,因此建筑风格对住宅项目开发具有很重要的意义。

1. 建筑风格具有审美价值

建筑被称为"凝固的音乐",除了最基本的实用功能外(比如居住、办公、生产等功能),还具有很重要的审美价值,而建筑风格正是建筑艺术和审美价值的直接体现。

2. 建筑风格具有识别功能

建筑风格就是建筑的个性,是一个建筑物区别于其他建筑的重要方面,平面布局、空间形态、立面色彩以及建筑细部构造等建筑风格因素也是人们识别建筑的重要途径。

3. 建筑风格具有广告效果

建筑风格如果与消费者的审美价值与心理特征相符合,就能够引起消费者精神上的愉悦感,使消费者对项目的定位、档次和品味产生认同,拉近消费者与房地产产品的距离,具有很强的广告效果,对房地产项目的营销推广具有很重要的意义。

6.2.3 建筑风格的分类及其特征

1. 建筑风格的主要类别

1) 按历史阶段及艺术形式划分

西方建筑按照其历史发展阶段及其艺术形式,可以分为古希腊建筑风格、古罗马建筑风格、罗曼建筑风格、哥特式建筑风格、文艺复兴建筑风格、古典主义建筑风格、巴洛克建筑风格、洛可可建筑风格、折中主义建筑风格、古典复兴主义建筑风格、浪漫主义建筑风格、功能主义建筑风格、现代主义建筑风格、有机建筑风格、后现代主义建筑风格等类型。

2) 按国家(民族)或地区划分

按照国家或民族来划分,建筑风格有中国风格、日本风格、英国风格、法国风格、美国风格、澳大利亚风格、西班牙风格、新加坡风格等。从地区来划分,有欧陆风格、欧美风格、地中海式风格、澳洲风格、非洲风格、拉丁美洲风格等,其中根据地区范围的不同,可以做进一步的分类,比如中国建筑风格可以分为江南风格、岭南风格、北方风格等。

2. 西方主要建筑风格的特征

1) 古希腊建筑风格

古希腊建筑风格对整个西方的建筑发展历史与风格的形成具有深远的影响。神庙建筑是古希腊建筑风格的主要体现,比如帕提农神庙(图 6.14)、阿菲亚神庙、伊莱克先神庙(图 6.15)等。在神庙建筑中,希腊人创造的独具特色的完美柱梁系统,集中代表了古希腊建筑艺术的高度发展水平。这种柱梁系统称为圆柱式,由桩基、柱身、柱顶和楣梁等组成。具有代表性的希腊建筑有 3 种样式,即多立克柱式、爱奥尼柱式和科林斯柱式,这些柱式不仅外在形体直观地显示出和谐、完美、崇高的风格,而且其比例规范也无不显出和谐与完美的风格。多立克的柱头是简单而刚挺的倒立圆锥台,柱身凹槽相交成锋利的棱角,没有柱础,雄壮的柱身从台面上拔地而起,柱子的收分和卷杀十分明显,力透着男性体态的刚劲雄健之美;爱奥尼克柱式其外在形体修长、端丽,柱头则带婀娜潇洒的两个涡卷,尽展女性体态的清秀柔和之美;科林斯柱的柱身与爱奥尼克相似,而柱头则更为华丽,形如倒钟,四周饰以锯齿状叶片,宛如满盛卷草的花篮。

图 6.14 古希腊建筑——帕提农神庙

图 6.15 古希腊建筑——伊莱克先神庙

2) 古罗马建筑风格

古罗马建筑风格是古罗马人在继承古希腊建筑成就的基础上,在建筑形态、技术和艺术方面进行广泛创新的建筑形式,在公元 1~3 世纪进入极盛时期。古罗马建筑的类型很多,有神庙、皇宫、剧场、角斗场、浴场、广场、会堂等公共建筑,还有内庭式、内庭式与围柱式相结合的住宅以及四五层公寓式住宅等。古罗马多层公寓常用标准单元,一些公寓底层设商店,楼上住户有阳台,这同现代公寓已大体相似。

古罗马建筑能满足各种复杂的功能要求,主要依靠水平很高的拱券结构,获得宽阔的内部空间。公元 1 世纪中叶,出现了十字拱,它覆盖方形的建筑空间,把拱顶的重量集中到四角的墩子上，无需连续的承重墙，空间因此更为开敞。把几个十字拱同筒形拱、穹窿组合起来，能够覆盖复杂的内部空间。剧场和角斗场的庞大观众席，也架在复杂的拱券体系上。拱券结构得到推广，是因为使用了强度高、施工方便、价格便宜的火山灰混凝土。

古罗马建筑艺术成就很高。大型建筑物风格雄浑凝重，构图和谐统一，形式多样。罗马人开拓了新的建筑艺术领域，丰富了建筑艺术手法。其中比较重要的是新创了拱券覆盖下的内部空间，有些建筑物内部空间艺术处理的重要性超过了外部体形。古罗马建筑发展了古希腊柱式的构图，使之更有适应性。最有意义的是创造出柱式同拱券的组合，如券柱式和连续券，既作结构，又作装饰（图6.16、图6.17）。

图6.16 古罗马建筑——大角斗场

图6.17 古罗马建筑——凯旋门

3）罗曼建筑风格

罗曼建筑风格是10～12世纪欧洲地区的一种建筑风格，多见于基督教的修道院和教堂。罗曼建筑原译为罗马建筑风格的建筑，又译作罗马风建筑、罗马式建筑、似罗马建筑等。著名的意大利比萨主教堂建筑群（比萨斜塔是其钟楼）就属于罗曼建筑风格（图6.18）。

罗曼建筑采用古罗马建筑的一些传统做法，如半圆拱、十字拱等，有时也用简化的古典柱式和细部装饰。经过长期的演变，逐渐用拱顶取代了初期基督教堂的木结构屋顶，对罗马建筑的拱券不断试验和发展，采用扶壁以平衡沉重拱顶的横推力，后来又逐渐用骨架券代替厚拱顶。出于向圣像、圣物膜拜的需要，在东端增设若干小礼拜室，平面形式渐趋复杂。

罗曼建筑的典型特征是：墙体巨大而厚实，墙面用连列小券，门窗洞口用同心多层小圆券，以减少沉重感。西面有一二座钟楼，有时拉丁十字交点和横厅上也有钟楼。中厅大小柱有韵律地交替布置。窗口窄小，在较大的内部空间，造成阴暗神秘气氛。朴素的中厅与华丽的圣坛形成对比，中厅与侧廊较大的空间变化打破了古典建筑的均衡感（图6.19）。

图6.18 罗曼建筑——比萨主教堂

图6.19 罗曼建筑——拱顶

4) 哥特式建筑风格

哥特式建筑风格是欧洲中世纪的主要建筑风格之一，流行于 12~15 世纪欧洲封建社会。它起源于法国北部，后来扩展到欧洲各国。哥特式建筑与罗马式建筑造型稳重、线条圆浑的风格恰恰相反，它用尖和斜脊的屋顶代替了罗马式的圆顶，在墙壁外面用大石柱强固墙壁，以承受斜脊屋的横推力。教堂内部是框架式的结构柱，窗子占满了支柱间的整个面积，而支柱又全部由垂直线条组成，筋骨嶙峋，几乎没有墙面。大面积的窗户饰以带图案的彩色玻璃，使教堂显得高大而典雅，教堂内部置有雕刻、绘画和挂幛，阳光通过大开面的彩色玻璃窗户透射至堂内，显出五彩光艳，造成一种向上的、天国的神秘幻觉，从而突出上帝至高无上的权威。哥特式建筑的表形高而直尖，显得巍峨飞耸，直刺青天，是具有强烈向上动势的特殊建筑风格，是超凡入圣的宗教情绪的集中表现。哥特式教堂的代表建筑有德国科隆大教堂(图 6.20)、法国巴黎圣母院(图 6.21)、英国的夏特尔教堂等。

图 6.20　哥特式建筑——德国科隆大教堂　　图 6.21　哥特式建筑——法国巴黎巴黎圣母院

5) 文艺复兴建筑风格

随着欧洲文艺复兴运动的兴起，一种新的建筑风格继哥特式建筑风格之后于 15 世纪开始出现，这就是文艺复兴建筑风格，在市政厅、广场与钟塔等建筑上广泛运用。这种风格最早产生于意大利，后传播到欧洲其他地区，形成带有各自特点的各国文艺复兴建筑。

文艺复兴建筑最明显的特征是摒弃中世纪时期象征神权至上的哥特式建筑风格，重新采用古希腊、古罗马时期的柱式构图要素。各种拱顶、碹廊，特别是柱式成为文艺复兴时期建筑构图的主要手段，表现了文艺复兴时期的独创精神。文艺复兴建筑风格在造型上排斥象征神权至上的哥特式建筑风格，以人体美的对称、和谐为其意表，显示出庄重、华贵、典雅的审美趣味，表现了文艺复兴时期所提倡的人文主义思想，如图 6.22、

图 6.23 所示。

图 6.22 文艺复兴建筑——Tempietto 教堂

图 6.23 文艺复兴建筑——罗马市政广场

但文艺复兴时期的建筑师们并没有简单地模仿或照搬古希腊、古罗马式样，在建筑技术上、规模和类型上以及建筑艺术手法上都有很大的发展。他们一方面采用古典柱式，一方面又灵活变通，大胆创新，甚至将各个地区的建筑风格同古典柱式融合在一起。他们还将文艺复兴时期的许多科学技术上的成果，如力学上的成就、绘画中的透视规律、新的施工机具等，运用到建筑创作实践中去。建筑师在创作中既体现统一的时代风格，又十分重视表现自己的艺术个性，各自创立学派和个人的独特风格。总之，文艺复兴建筑，特别是意大利文艺复兴建筑，呈现空前繁荣的景象，是世界建筑史上一个大发展和大提高的时期。

6）古典主义建筑风格

这是法国在 17～18 世纪所崇尚的一种建筑风格。古典主义建筑造型严谨，普遍应用古典柱式，内部装饰丰富多彩。法国古典主义建筑的代表作是规模巨大、造型雄伟的宫廷建筑和纪念性的广场建筑群，比如凡尔赛宫（图 6.24）、巴黎伤兵院新教堂等（图 6.25）。

图 6.24 古典主义建筑——凡尔赛宫

图 6.25 古典主义建筑——巴黎伤兵院新教堂

作为古典主义建筑风格的代表作，凡尔赛宫的立面为标准的古典主义三段式处理，即将立面划分为纵、横3段，建筑左右对称，造型轮廓整齐、庄重雄伟。凡尔赛宫不仅创立了宫殿的新形式，而且在规划设计和造园艺术上都为当时欧洲各国所效法。

7) 巴洛克建筑风格

巴洛克建筑风格是17世纪中叶兴起的一种建筑和装饰风格。巴洛克一词的原意是奇异古怪，古典主义者用它来称呼这种被认为是离经叛道的建筑风格。巴洛克风格打破了对古典主义建筑的盲目崇拜和规则，采取了双柱或三柱为一组的节奏不规则跳动的形式，开间变化很大，突出垂直分划，墙面作为深色的壁案，有意造成反常出奇的新形式，并且喜欢大量地使用壁画和雕刻，常常将人体雕刻渗透到建筑中去，以显示富丽堂皇的形象。不过有些巴洛克建筑过分追求华贵气魄，甚至到了烦琐堆砌的地步(图 6.26)。

罗马St Carlo教堂

罗马St Andrea教堂

罗马Gesu教堂

图 6.26　巴洛克建筑风格的建筑

8) 洛可可建筑风格

洛可可风格作为一种建筑风格，主要表现在室内装饰上。18世纪20年代产生于法国，是在巴洛克建筑的基础上发展起来的一种建筑风格(图 6.27)。

洛可可建筑不追求所谓的排场而求实惠，精致的客厅和亲切的起居室代替了豪华的沙龙，以适应新的生活方式。在室内装饰上应用明快的色彩和纤巧的装饰，喜欢在墙上大量嵌镜子、张绸缎、挂晶体玻璃的吊灯、陈设瓷器，大量使用金色，使室内闪烁着光泽。为了模仿自然形态，室内建筑部件也往往做成不对称形状，喜欢采用弧线和S形线。

图 6.27　洛可可建筑风格的室内装饰

9) 折中主义建筑风格

折中主义建筑风格是19世纪上半叶至20世纪初，在欧美一些国家流行的一种建筑风格。随着社会的发展，需要有丰富多样的建筑来满足各种不同的要求。折中主义建筑师任意模仿历史上各种建筑风格，或自由组合各种建筑形式，他们不讲究固定的模式，只注重比例均衡、纯形式美。折中主义建筑在19世纪中叶以法国建筑最为典型，而在19世纪末和20世纪初期则以美国建筑最为突出。折中主义建筑的代表作有：巴黎歌剧院(图6.28)，这是法兰西第二帝国的重要纪念物，剧院立面仿意大利晚期巴洛克建筑风格，并掺进了烦琐的雕饰，它对欧洲各国建筑有很大影响；罗马伊曼纽尔二世纪念堂(图6.29)，是为纪念意大利重新统一而建造的，它采用了罗马的科林斯柱廊和希腊古典晚期的祭坛形制；巴黎的圣心教堂，它高耸的穹顶和厚实的墙身呈现拜占庭建筑的风格，兼取罗曼建筑的表现手法；芝加哥的哥伦比亚博览会建筑则是模仿意大利文艺复兴时期威尼斯建筑的风格。

图6.28 折中主义建筑——巴黎歌剧院

图6.29 折中主义建筑——罗马伊曼纽尔二世纪念堂

10) 古典复兴建筑风格

古典复兴建筑是采用严谨的古代希腊、古罗马形式的建筑，又称新古典主义建筑。古典复兴建筑风格其实就是经过改良的古典主义风格。一方面，其材质、色彩等方面仍然可以很强烈地感受到古典主义建筑的历史痕迹与浑厚的文化底蕴，同时又摒弃了过于复杂的机理和装饰，简化了线条，呈现出古典而简约的新风貌。古典复兴建筑风格在18世纪60年代到19世纪流行于欧美一些国家，尤其是国会、法院、银行、交易所、博物馆、剧院等公共建筑和一些纪念性建筑。采用古典复兴建筑风格的主要是新古典主义的代表作，如英国伦敦不列颠博物馆(图6.30)、美国国会大厦(图6.31)、美国纽约帝国大厦(图6.32)等。

需要说明的是，近几年我国房地产市场上也出现了不少所谓的新古典主义建筑风格住宅项目。这种建筑风格吸收了古典主义建筑立面丰富细腻的特征，但对烦琐的细部处理进行简化，并融合了现代建筑元素与处理手法，满足了人们怀古的浪漫情怀与现代生活的需要。在色彩上以大面积的青灰色、灰白色为主，体现一种清新、淡雅、简约、大气的气质，反映出后工业时代个性化的美学观念和文化品位，如图6.33、图6.34所示。

11) 浪漫主义建筑风格

浪漫主义建筑风格是18世纪下半叶到19世纪下半叶欧美一些国家在浪漫主义文学艺术思潮影响下流行的一种建筑风格。浪漫主义在艺术上强调个性，提倡自然主义，主张用中世纪的艺术风格与学院派的古典主义艺术相抗衡。这种思潮在建筑上表现为追求超尘脱俗的趣味和异国情调。后期的浪漫主义建筑由于追求哥特式建筑风格，又称为哥特复兴建筑。

图 6.30 古典复兴建筑——英国伦敦不列颠博物馆

图 6.31 古典复兴建筑——美国国会大厦

图 6.32 古典复兴建筑——美国纽约帝国大厦

图 6.33 当代新古典主义住宅(一)

图 6.34 当代新古典主义住宅(二)

英国是浪漫主义的发源地,最著名的建筑作品是英国议会大厦(图 6.35)、伦敦圣吉尔斯教堂(图 6.36)和曼彻斯特市政厅等。美国步欧洲建筑的后尘,浪漫主义建筑一度流行,尤其是在大学和教堂等建筑中。耶鲁大学的老校舍就带有欧洲中世纪城堡式的哥特建筑风格,它的法学院和校图书馆则是典型的哥特复兴建筑。

12) 功能主义建筑风格

功能主义建筑风格是认为建筑的形式应该服从其功能的建筑风格流派。19 世纪后期,

图 6.35　浪漫主义建筑——英国议会大厦

图 6.36　浪漫主义建筑——伦敦圣吉尔斯教堂

欧美有些建筑师为了反对学院派追求形式、不讲功能的设计思想，探求新建筑的道路，把建筑的功能作用突出地强调起来。功能主义者认为建筑设计应由内而外，必须坚持形式与功能的一致性。这同当时学院派主张按传统式样而不考虑功能特点的设计思想完全不同。功能主义建筑思潮在 20 世纪 20～30 年代曾经风行一时。

功能主义强调满足功能要求是建筑设计的首要任务，但是后来有人把它当作绝对信条，认为不仅建筑形式必须反映功能、表现功能，建筑平面布局和空间组合也必须以功能为依据，而且所有不同功能的构件也应该分别表现出来。例如，作为建筑结构的柱和梁要做得清晰可见，建筑内外都应如此，清楚地表现框架支撑楼板和屋顶的功能。功能主义者认为合乎功能的建筑就是美的建筑，甚至认为经济实惠的建筑就是合乎功能的建筑，就会自动产生美的形式等。这些极端的思想排斥了建筑自身的艺术规律，只会给功能主义本身造成混乱。20 世纪 50 年代以后，功能主义逐渐销声匿迹。但毋庸置疑，功能主义建筑产生之初对推进现代建筑的发展起过重要作用，如图 6.37、图 6.38 所示。

图 6.37　功能主义建筑（一）

图 6.38　功能主义建筑（二）

13）现代主义建筑风格

现代主义建筑风格的代表人物主张建筑师摆脱传统建筑形式的束缚，大胆创造适应于工业化社会的条件和要求的崭新建筑，具有鲜明的理性主义和激进主义的色彩，又称现代派建筑。现代主义建筑思想先是在实用为主的建筑类型如工厂厂房、中小学校校舍、医院建筑、图书馆建筑以及大量建造的住宅建筑中得到推行。到了 20 世纪 50 年代，在纪念性和国家性的建筑中也得到实现，如联合国总部大厦（图 6.39）和巴西议会大厦（图 6.40）等。现代主义思潮到 20 世纪中叶，在世界建筑潮流中占据主导地位。

图6.39 现代主义建筑——联合国总部大厦

图6.40 现代主义建筑——巴西议会大厦

现代主义建筑强调建筑要随时代而发展，现代建筑应同工业化社会相适应；强调建筑师要研究和解决建筑的实用功能和经济问题；主张积极采用新材料、新结构，在建筑设计中发挥新材料、新结构的特性；主张坚决摆脱过时的建筑样式的束缚，放手创造新的建筑风格；主张发展新的建筑美学，创造建筑新风格。现代主义建筑的代表人物提倡新的建筑美学原则。其中包括表现手法和建造手段的统一；建筑形体和内部功能的配合；建筑形象的逻辑性；灵活均衡的非对称构图；简洁的处理手法和纯净的体型；在建筑艺术中吸取视觉艺术的新成果。

14）有机建筑风格

有机建筑是现代建筑运动中的一个派别。有机建筑的核心思想是"道法自然"，就是要求依照大自然所启示的道理行事，而不是模仿自然。自然界是有机的，因而取名为"有机建筑"。有机建筑的代表人物是美国建筑师赖特，他主张设计每一个建筑都应该根据各自特有的客观条件，形成一个理念，把这个理念由内到外，贯穿于建筑的每一个局部，使每一个局部都互相关联，成为整体不可分割的组成部分。他认为建筑之所以为建筑，其实质在于它的内部空间。他倡导着眼于内部空间效果来进行设计，"有生于无"，屋顶、墙和门窗等实体都处于从属的地位，应服从所设想的空间效果。这就打破了过去着眼于屋顶、墙和门窗等实体进行设计的观念，为建筑学开辟了新的境界。赖特的草原住宅（图6.41）、流水别墅（图6.42）、西塔里埃辛冬季营地以及德国建筑师沙龙的柏林爱乐音乐厅是有机建筑的实例。

图6.41 有机建筑——草原住宅

图6.42 有机建筑——流水别墅

有机建筑主张建筑应与大自然和谐，就像从大自然里生长出来似的；并力图把室内空间向外伸展，把大自然景色引进室内。相反，城市里的建筑，则采取对外屏蔽的手法，以阻隔喧嚣杂乱的外部环境，力图在内部创造生动愉快的环境。这个流派对待材料，主张既要从工程角度，又要从艺术角度理解各种材料不同的天性，发挥每种材料的长处，避开它的短处。这个流派认为装饰不应该作为外加于建筑的东西，而应该是建筑上生长出来的，要像花从树上生长出来一样自然，力求简洁，但不像某些流派那样，认为装饰是罪恶。

15）后现代主义建筑风格

第二次世界大战结束后，现代主义建筑成为世界许多地区占主导地位的建筑潮流。但从 20 世纪 60 年代以来，现代主义建筑阵营内部出现了分歧，一些人对现代主义的建筑观点和风格提出怀疑和批评，出现了反对或修正现代主义建筑的思潮。到 20 世纪 70 年代，建筑界中反对和背离现代主义的倾向更加抬头。对于这种倾向，曾经有过不同的称呼，如"反现代主义"、"现代主义之后"和"后现代主义"，其中以后者使用最广。

对于什么是后现代主义以及什么是后现代主义建筑的主要特征，人们的看法非常分歧。目前一般认为真正给后现代主义提出比较完整的指导思想的还是文丘里，虽然他本人不愿被人看作后现代主义者，但他的言论在启发和推动后现代主义运动方面有极重要的作用。文丘里批评现代主义建筑师热衷于革新而忘了自己应是"保持传统的专家"。文丘里提出的保持传统的做法是"利用传统部件和适当引进新的部件组成独特的总体"，"通过非传统的方法组合传统部件"。他主张汲取民间建筑的手法，特别赞赏美国商业街道上自发形成的建筑环境。文丘里概括说："对艺术家来说，创新可能就意味着从旧的现存的东西中挑挑拣拣。"实际上，这就是后现代主义建筑师的基本创作方法。比较典型的后现代主义建筑有美国波特兰市政大楼（图 6.43）、美国电话电报大楼（图 6.44）、美国费城老年公寓等。

图 6.43 后现代主义建筑——
美国波特兰市政大楼

图 6.44 后现代主义建筑——
美国电话电报大楼

在形式问题上，后现代主义者提倡的是新的折中主义和手法主义，是表面的东西。因此，反对后现代主义的人认为现代主义是一次全面的建筑思想革命，而后现代主义不过是建筑中的一种流行款式，不可能长久。两者的社会历史意义不能相提并论。也有的人认为后现代主义者指出现代主义的缺点是有道理的，但开出的药方并不可取；认为后现代主义者迄今拿出的实际作品，就形式而言，拙劣平庸，不能登大雅之堂。还有人认为后现代主义者并没有提出什么严肃认真的理论，但他们在建筑形式方面突破了常规，他们的作品有启发性。

3. 中国传统建筑风格的特征

中国的传统建筑虽然在不同地域、民族及历史时期，其建筑艺术风格各有差异，但传统建筑在组群布局、空间、结构、建筑材料及装饰艺术等方面却有着共同的特点。

1) 中国传统建筑的一般特征

(1) 建筑组群布局主次分明。中国传统建筑的总体布局方式对称齐整、主次分明，在中轴线上放置重要的建筑物，次要的建筑则对称地列于中轴线两侧，如图 6.45、图 6.46 所示。一条中轴线将一个个封闭的四合院落贯穿起来，表现出封闭、严谨、含蓄的民族气质。结构以"间"为单位，构成单座建筑，再以单座建筑组成庭院，进而以庭院为单位组合成各种形式的组群。

图 6.45 按中轴线布置的宫殿

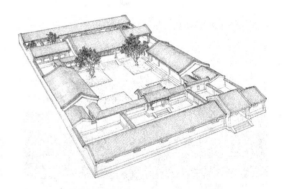

图 6.46 按中轴线布置的民居

(2) 平面围合空间封闭内向。中国传统建筑强调空间的围合与封闭，院在内而房在外，即房屋包围院子，这与西方建筑通常采用的院在外、房在内的开放式布局完全相反。中国传统建筑以院为中心，或以主要建筑物（如正殿、正厅）为中心，次要建筑物（即两厢）围绕主要建筑物，一正两厢，并以抄手廊连接，组成一座建筑。比如北方民居中的四合院建筑（图 6.46），其特点就在于把院子作为建筑平面的组成部分，室内外空间融为一体，以房廊作为过度空间，富有生活气息，院四周建筑互不独立，相互联系。从四合院住宅到万里长城虽然空间层次不同，但都属于一样的空间形态，即内向的、封闭的空间形态，共同体现或服务于一个社会系统。

(3) 具有明显的等级规定。中国传统建筑的各个部分具有不同做法与尺寸标准，体现了明显的等级性，尤其可以从建筑物的屋顶式样和屋檐来区别与体现。

中国传统建筑的屋顶形式多样，有平顶、坡顶、圆拱顶、尖顶等。坡顶中又分庑殿（图 6.47）、歇山（图 6.48）、悬山（图 6.49）、硬山（图 6.50）、攒尖（图 6.51）、十字交叉（图 6.52）等种类，分别代表着一定的等级。等级最高的是庑殿顶，这种屋顶只有帝王宫殿或敕建寺庙等方能使用，其特点是前后左右共 4 个坡面，交出一个正脊和 4 个斜脊，屋面略有弧度、屋角、屋檐向上翘起；其次是歇山顶，有前后左右 4 个坡面，在左右坡面上各有一个垂直面，故而交出 9 个脊，这种屋顶多用在建筑性质较为重要，体量较大的建筑上；再次的屋顶主要有悬山顶（只有前后两个坡面且左右两端挑出山墙之外，有一条正脊和 4 条垂脊）、硬山顶（亦是前后两个坡面但左右两端并不挑出山墙之外，屋脊同悬山式）和攒尖顶（所有坡面交出的脊均攒于一点，多见于坛、阁、亭、塔之顶）等。所有屋顶都具有优美舒缓的屋面曲线，这种曲线先陡急后缓曲，形成弧面，十分适宜中国的气候特征。

图 6.47　庑殿式屋顶

图 6.48　歇山式屋顶

图 6.49　悬山式屋顶

图 6.50　硬山式屋顶

图 6.51　攒尖式屋顶

图 6.52　十字交叉式屋顶

(4) 结构体系以木结构为主。在我国传统建筑中占主流的是木结构的建筑。木结构主要有两种形式。一是"穿斗式",是用穿枋、柱子相穿通接斗而成,便于施工,最能抗震,但较难建成大形殿阁楼台,所以我国南方民居和较小的殿堂楼阁多采用这种形式。二是"抬梁式",是在柱上抬梁,梁上安短柱,柱上又抬梁的结构方式。这种结构方式的特点是可以使建筑物的面阔和进深加大,以满足扩大室内空间的要求,成了大型宫殿、坛庙、寺观、王府、宅第等豪华壮丽的建筑物所采取的主要结构形式。有些建筑物还采用了抬梁与穿斗相结合的形式,更为灵活多样。

(5) 注重建筑色彩的搭配。中国传统建筑的色彩非常丰富。有的色调鲜明,对比强烈;有的色调和谐,纯朴淡雅。宫殿、坛庙、寺观等建筑物多使用对比强烈的色彩,如红墙黄瓦的北京故宫,红色的院墙,金光闪闪的屋顶,配上蔚蓝色的天空作背景,再加上檐下的金碧彩画,使整个古建筑显得分外绚丽,给人留下深刻的印象。

2) 各种不同传统建筑的特征

由于中国历史悠久、幅员辽阔、民族众多、气候各异以及建筑用途多样,在不同时期及不同地区,逐渐形成了不同的建筑风格,可以从以下几个角度对其进行分类。

(1) 按建筑物用途来划分可分为以下几类。

① 庄重严肃的纪念型风格。庄重严肃的纪念型风格大多体现在礼制祭祀建筑、陵墓建筑和有特殊含义的宗教建筑中,如图6.53、图6.54所示。纪念型建筑的特点是群体组合比较简单,主体形象突出,富有象征含义,整个建筑的尺度、造型和含义内容都有一些特殊的规定。例如古代的明堂辟雍、帝王陵墓、大型祭坛和佛教建筑中的金刚宝座、戒坛、大佛阁等。

图6.53 北京国子监

图6.54 北京天坛祈年殿

② 雍容华丽的宫室型风格。雍容华丽的宫室型风格多体现在宫殿、府邸、衙署和一般佛道寺观中,如图6.55、图6.56所示。其特点是序列组合丰富,主次分明,群体中各个建筑的体量大小搭配恰当,符合人的正常审美尺度;单座建筑造型比例严谨,尺度合宜,装饰华丽。

③ 亲切宜人的住宅型风格。亲切宜人的住宅型风格主要体现在一般住宅中,也包括会馆、商店等人们最经常使用的建筑,如图6.57、图6.58所示。住宅型建筑的特点是序列组合与生活密切结合,尺度宜人而不曲折;建筑内向、造型简朴、装修精致。

图6.55 北京故宫

图6.56 武当山金殿

图6.57 北方四合院

图6.58 江南民居

④ 自由委婉的园林型风格。自由委婉的园林风格主要体现在私家园林中，也包括一部分皇家园林和山林寺观，如图6.59、图6.60所示。园林风格建筑的特点是空间变化丰富，建筑的尺度和形式不拘一格，色调淡雅，装修精致；更主要的是建筑与花木山水相结合，将自然景物融于建筑之中。

图6.59 颐和园

图6.60 苏州园林

以上4种风格又常常交错体现在某一组建筑中，如王公府邸和一些寺庙，就同时包含有宫室型、住宅型和园林型3种类型，帝王陵墓则包括有纪念型和宫室型两种。

(2) 按地域和民族来划分可分为以下几类。

① 北方传统建筑风格。北方传统建筑主要集中在淮河以北至黑龙江以南的广大平原地区。其特点是组群方整规则，庭院较大，但尺度合宜；建筑造型起伏不大，屋身低平，屋顶曲线平缓；多用砖瓦，木结构用料较大，装修比较简单。总的建筑风格是开朗大度，如图 6.61、图 6.62 所示。

图 6.61　北京四合院

图 6.62　东北民居

② 西北传统建筑风格。西北传统建筑主要集中在黄河以西至甘肃、宁夏的黄土高原地区。建筑（院落）的封闭性很强，屋身低矮，屋顶坡度低缓，还有相当多的建筑使用平顶。很少使用砖瓦，多用土坯或夯土墙，木装修更简单。该地区还常有窑洞建筑，除靠崖凿窑外，还有地坑窑、平地发券窑。总的建筑风格是质朴敦厚，如图 6.63、图 6.64 所示。

图 6.63　宁夏民居

图 6.64　陕北民居（窑洞）

③ 江南传统建筑风格。江南传统建筑主要集中在长江中下游的河网地区。建筑组群比较密集，庭院比较狭窄。城镇中大型组群（大住宅、会馆、店铺、寺庙、祠堂等）很多，而且带有楼房；小型建筑（一般住宅、店铺）自由灵活。屋顶坡度陡峻，翼角高翘，装修精致富丽，雕刻彩绘很多。总的建筑风格是秀丽灵巧，如图 6.65、图 6.66 所示。

④ 岭南传统建筑风格。岭南传统建筑主要集中在珠江流域。建筑平面比较规整、庭院很小、房屋高大、门窗狭窄，多有封火山墙，屋顶坡度陡峻，翼角起翘更大。城镇村落中建筑密集，封闭性很强。装修、雕刻、彩绘富丽繁复，手法精细。总的建筑风格是轻盈细腻，如图 6.67、图 6.68 所示。

图 6.65　江南民居(外景)

图 6.66　江南民居(庭院)

图 6.67　岭南民居(一)

图 6.68　岭南民居(二)

⑤ 西南传统建筑风格。西南传统建筑主要集中在西南山区，有相当一部分是壮、傣、瑶、苗等民族聚居的地区。多利用山坡建房，为下层架空的干栏式建筑。平面和外形相当自由，很少成组群出现。梁柱等结构构件外露，只用板壁或编席作为维护屏障。屋面曲线柔和，拖出很长，出檐深远，上铺木瓦或草秸，不太讲究装饰。总的风格是自由灵活，其中云南南部傣族佛寺空间巨大，装饰富丽，佛塔造型与缅甸类似，民族风格非常鲜明，如图 6.69、图 6.70 所示。

图 6.69　傣族民居

图 6.70　傣族寺院

⑥ 藏族传统建筑风格。藏族传统建筑集中在西藏、青海、甘南、川北等藏族聚居的广大草原山区。牧民多居褐色长方形帐篷。村落居民住碉房，多为2～3层小天井式木结构建筑，外面包砌石墙，墙壁收分很大，上面为平屋顶。石墙上的门窗狭小，窗外刷黑色梯形窗套，顶部檐端加装饰线条，极富表现力。总的建筑风格是坚实厚重，如图6.71、图6.72所示。

图6.71　藏族民居

图6.72　拉萨布达拉宫

⑦ 蒙古族传统建筑风格。蒙古族传统建筑集中在蒙古草原地区。牧民居住圆形毡包（蒙古包），贵族的大毡包直径可达10余米，内有立柱，装饰华丽。喇嘛庙集中体现了蒙古族建筑的风格，它来源于藏族喇嘛庙原型，又吸收了回族、汉族建筑艺术手法，既厚重又华丽，如图6.73、图6.74所示。

图6.73　蒙古包

图6.74　蒙古喇嘛庙

⑧ 维吾尔族传统建筑风格。维吾尔族传统建筑主要集中在新疆维吾尔族居住区。建筑外部完全封闭，全用平屋顶，内部庭院尺度亲切，平面布局自由，并有绿化点缀。房间前有宽敞的外廊，室内外有细致的彩色木雕和石膏花饰。总的风格是外部朴素单调，内部灵活精致。维吾尔族的清真寺和教长陵园是建筑艺术最集中的地方，体量巨大，塔楼高耸，砖雕、木雕、石膏花饰富丽精致。还多用拱券结构，富有曲线韵律，如图6.75、图6.76所示。

（3）按历史和时代来划分。由于中国古代建筑的功能和材料结构长时期变化不大，所以形成不同时代风格的主要因素是审美倾向的差异。由于古代社会各民族、地区间有很强的封闭性，一旦受到外来文化的冲击，或各地区民族间的文化发生了急剧的交融，也会促使艺术风格发生变化。根据上述两点，可以将中国自商周以后的建筑风格大致分为如下几种类型。

图 6.75　维吾尔村寨

图 6.76　维吾尔清真寺

① 商周建筑风格。商、周时期已初步形成了中国建筑的某些重要的艺术特征，如方整规则的庭院，纵轴对称的布局，木梁架的结构体系，由屋顶、屋身、基座组成的单体造型，屋顶在立面占的比重很大等，如图 6.77、图 6.78 所示。但商、周建筑也有地区、时代的差异。

图 6.77　安阳殷墟博物苑

图 6.78　周朝的召陈遗址复原图

② 秦汉建筑风格。春秋战国时期诸侯割据，各国文化不同，建筑风格也不统一。大体上可归纳为两种风格，即以齐、晋为主的中原北方风格和以楚、吴为主的江淮风格。秦统一全国，将各国文化集中于关中，汉继承秦文化，全国建筑风格趋于统一。代表秦汉建筑风格的主要是都城、宫室、陵墓和礼制建筑。其特点是：都城区划规则，居住里坊和市场以高墙封闭；宫殿、陵墓都是很大的组群，其主体为高大的团块状的台榭式建筑；重要的单体多为十字轴线对称的纪念型风格，尺度巨大，形象突出；屋顶很大，曲线不显着，但檐端已有了"反宇"；雕刻色彩装饰很多，题材诡谲，造型夸张，色调浓重；重要建筑追求象征含义，虽然多有宗教性内容，但都能为人所理解。秦汉建筑奠定了中国建筑的理性主义基础，伦理内容明确，布局铺陈舒展，构图整齐规则，同时表现出质朴、刚健、清晰、浓重的艺术风格，如图 6.79、图 6.80 所示。

图 6.79　春秋战国时期的中山王陵享堂复原图

图 6.80　秦朝咸阳宫一号宫殿复原图

③ 隋唐建筑风格。传统的理性精神中揉入了佛教和西域的异国风味以及南北朝以来的浪漫情调，终于形成了理性与浪漫相交织的隋唐风格。其特点是都城气派宏伟，方整规则；宫殿、坛庙等大组群序列恢阔舒展，空间尺度大；建筑造型浑厚，轮廓参差，装饰华丽；佛寺、佛塔、石窟寺的规模、形式、色调异常丰富多采，表现出中外文化交汇的新鲜风格，如图 6.81～图 6.86 所示。

图 6.81　唐朝长安城鸟瞰复原图

图 6.82　唐朝太极殿复原图

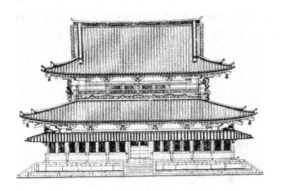

图 6.83　唐代建筑(一)

图 6.84　唐代建筑(二)

图 6.85　唐代建筑(三)

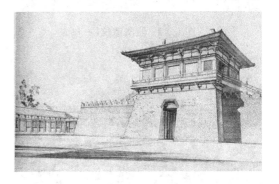

图 6.86　唐代建筑(四)

④ 宋元建筑风格。五代至两宋，中国封建社会的城市商品经济有了巨大发展，城市生活内容和人的审美倾向也发生了很显著的变化，随之也改变了艺术的风格。五代十国和宋辽金元时期，国内各民族、各地区之间的文化艺术再一次得到交流融汇；元代对西藏、蒙古地区的开发，以及对阿拉伯文化的吸收，又给传统文化增添了新鲜血液，如图 6.87

和图 6.88 所示。

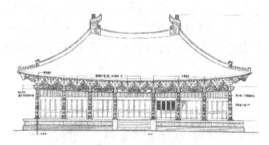

图 6.87　南宋建筑

图 6.88　元代建筑

⑤ 明清建筑风格。明清建筑风格继承了前代的理性精神和浪漫情调，按照建筑艺术特有的规律，终于最后形成了中国建筑艺术成熟的典型风格——雍容大度、严谨典丽、机理清晰、而又富于人情趣味，如图 6.89～图 6.94 所示。其特点是，城市规格方整，但城内封闭的里坊和市场变为开敞的街巷，商店临街，街市面貌生动活泼；城市中或近郊多有风景胜地，公共游览活动场所增多；重要的建筑完全定型化、规格化，但群体序列形式很多，手法很丰富；民间建筑、少数民族地区建筑的质量和艺术水平普遍提高，形成了各地区、各民族多种风格；私家和皇家园林大量出现，造园艺术空前繁荣，造园手法逐渐走向成熟。

图 6.89　明清建筑(一)

图 6.90　明清建筑(二)

图 6.91　明清建筑(三)

图 6.92　明清建筑(四)

图 6.93 明清建筑(五)

图 6.94 明清建筑(六)

⑥ 现代建筑风格。中国现代建筑泛指 19 世纪中叶以来的建筑。从 19 世纪中叶到 20 世纪中叶，中国建筑呈现出中西交汇、风格多样的特点。1949 年新中国成立后，中国建筑经历了以局部应用大屋顶为主要特征的复古风格时期、以国庆工程十大建筑为代表的社会主义建筑新风格时期、集现代设计方法和民族意蕴为一体的广州风格时期。自 20 世纪 80 年代以来，中国建筑逐步趋向开放、兼容，中国现代建筑风格开始向多元化方向发展。

比较有代表性的中国现代建筑有南京中山陵(图 6.95)、上海和平饭店(图 6.96)、人民大会堂(图 6.97)、北京香山饭店(图 6.98)、上海金茂大厦(图 6.99)等。

图 6.95 南京中山陵

图 6.97 人民大会堂

图 6.96 上海和平饭店

图6.98 北京香山饭店

图6.99 上海金茂大厦

南京中山陵是伟大的民主革命先行者孙中山先生的陵墓，坐落在南京市东郊钟山，整个陵墓建筑群依山势而层层上升，气势宏伟。整个墓区平面形如大钟，钟的顶端为山下半月形广场，中山陵由南往北沿中轴线逐渐升高，依次为广场、石坊、墓道、陵门、碑亭、祭堂、墓室。中山陵的建筑风格中西合璧，钟山的雄伟形势与陵园内各建筑物，通过大片绿地和宽广的通天台阶，连成一个整体，十分庄严雄伟，被誉为"中国近代建筑史上的第一陵"。

上海和平饭店建于1929年，原名华懋饭店，属芝加哥学派哥特式建筑，楼高77m，共12层。饭店外墙用花岗岩石块砌成，有金字塔式绿色铜瓦楞皮的尖塔楼；旋转式大门；宽敞的大厅和走廊；意大利大理石地面和立柱；古铜式老式灯具；独一无二的九国风格特别套房……整个建筑物华丽而古朴，享有"远东第一楼"的美誉。

人民大会堂位于北京天安门广场西侧，是国家领导人和人民群众举行政治、外交活动的场所，同时也是中国重要的标志性建筑之一。人民大会堂建于1959年，建筑面积达17万多m^2，大会堂壮观巍峨，黄绿相间的琉璃瓦屋檐，高大魁伟的廊柱，以及四周层次分明的建筑，构成了一幅天安门广场整体的庄严绚丽的图画。人民大会堂正门面对天安门广场，正门顶上镶嵌着国徽，迎面有12根25m高的浅灰色大理石门柱，进门便是典雅朴素的中央大厅。厅后是宽达76m，深60m的万人大会场，大会场北翼是有5000个席位的大宴会厅。人民大会堂共有100多个大厅和会议室，每一个都独具特色。在建筑风格上，人民大会堂不仅保留了中国传统的设计理念，还吸取了外国的建筑精华，布置得大方雅致，极有特色。

北京香山饭店位于北京西郊的香山公园内，建于1982年，由美国著名的贝聿铭建筑师事务所设计。建筑吸收了中国园林建筑特点，在对轴线、空间序列及庭园的处理规整中略带轻巧。整座建筑凭借山势、高低错落、蜿蜒曲折、院落相见，建筑物本身大面积采用白色粉刷，特征极为鲜明，建筑的立面是城堡式的，窗洞皆很有规律。香山饭店院落式的建筑布局既有江南园林精巧的特点，又有北方园林开阔的空间，其中山石、湖水、花草、树木与白墙灰瓦式的主体建筑相映成趣，整座建筑既符合中国传统园林建筑风格，也能满足现代旅游功能。香山饭店于1984年获美国建筑学会荣誉奖。

上海金茂大厦在上海浦东黄浦江畔，曾被誉为"中华第一高楼"，1999年8月全面建成开业。金茂大厦高420多m，主体建筑88层，是目前中国第二高的摩天大楼。金茂大厦总建筑面积29万m^2，是融旅游观光、商务酒店、写字楼、会议展览及娱乐、餐饮购物于一体的综合性多功能大厦。金茂大厦的设计和建设，体现了中国建筑风格和现代科学技术的完美结合，开辟了中国建筑史上数十个世界之最和中国之最，是现代建筑艺术的经典之作，也是以中国人为主总承包的世界一流的建筑工程。

6.3 房地产项目户型设计策划

通常认为，地段、价格、户型是影响消费者购房的3个主要因素。户型不仅与房屋总价有密切联系，而且深刻影响着居住者的生活方式，因此有"选择了一种户型，就是选择了一种生活方式"的说法。户型设计的好坏往往成为项目销售成败的关键因素之一。

6.3.1 住宅户型策划的内容

1. 确定户型类型

户型策划的首要工作就是要确定户型类型，是采用平面户型还是立体户型？独立户型还是双拼户型？错层户型还是跃层或复式户型？双错层户型还是三错层户型？户型类型要根据项目所处区位以及周边总体环境，结合目标消费群体的消费特征等来确定。

2. 确定户型大小

根据面积大小不同，户型一般可分为实用型、舒适型和豪华型等类型。但是户型大小划分的面积标准并不是绝对的，不同时期、不同地区具有不同的"大"、"小"标准。比如在20年前，80m^2 就算是大户型，而在今天一般只能算是小户型。从不同地区来看，我国南北之间、大中小城市之间的标准也不同，一般来说北方比南方的户型要大，小城市比大城市的户型大，比如100m^2 在香港地区已经属于大户型甚至是"豪宅"，而在内地一些大城市最多只能算是中等户型，而在一些中小城市可能算是小户型。

户型大小首先要根据人体工程学和家居生活的规律来确定。面积大小应该适中，面积太小会使生活不便，而且有压抑感，面积太大不仅浪费，而且失去了温馨的家庭生活氛围。其次，户型大小还要结合项目的土地价值来判断：景观丰富、交通便利的地块当然应以大户型为主；土地各方面均普通既无突出优点又无特别缺点的，则以中等户型为主；而地块较差时则应以总价较低的中、小户型为主；至于在商务中心区的小幅土地，最适宜的当然是小面积公寓甚至酒店式公寓。

3. 确定户型组合

户型组合是指一个项目中不同类型、大小、位置的户型组合及其比例关系。一个房地产项目不可能只有一种户型，否则产品线过于狭窄，市场风险很大。有多种户型就涉及不同户型的组合与比例问题，比如两户、三户、四户等分别应占多少比例？但是户型类型及大小种类又不能过多，企图吸引所有消费者的项目最终只能是所有消费者都吸引不到。

一般来说，一个项目应该确定一个主力户型(其数量明显要比其他户型多)，再加上一些辅助户型。物以类聚、人以群分，消费者一般倾向于同自己所处的阶层和素质比较接近的人做邻居。较少的户型类型能够使目标消费群体相对集中，提高产品的档次，间接起到替消费者"选择邻居"的作用。当项目规模较大或者目标消费群体界定不清楚时可以采用多个主力户型，但一个项目的主力户型不宜过多过杂，否则无法集中满足某一种层次的需求，也体现不出项目的档次与形象。

因此，大、中、小户型的比例配置既要有相对同一性，又要使消费者有一定的挑选余地，提高项目的市场抗风险能力。究竟多少户型比例才恰当，只能根据市场调研来决定。

4. 确定户型布局

户型布局包括两个层次的含义：一是指各个户型在小区总平面、楼层、平面上的位置；二是指一个户型之内不同功能房间的平面布置。

研究发现有些单纯从设计角度看堪称优秀的户型却不幸滞销，其原因在于发展商将它们放在了错误的位置，比如面积大、总价高的户型却被放在临近路边噪声很大的位置，或景观较差的地方，或朝北的方向，或建筑平面中间，或有"西晒"，或是底层等。一般来说位置好、景观佳的地方布置总价高的大户型，位置最差的地方设置总价最低的户型。

户型内部不同功能房间的平面布置是户型策划的重点。在进行策划时，策划机构应该站在市场角度，从如何更好地满足消费者需求以及项目整体定位的高度来审视，而不应由建筑设计师单纯从建筑技术、建筑结构等角度出发来确定。

6.3.2 住宅户型策划的原则

不同的消费者对户型有不同的要求，但是有一点是统一的，那就是户型要以人为本，满足人性化的要求。人性化是户型设计和户型策划中必须要遵循的最高准则，要求户型设计和策划必须一切从人们家居生活的基本规律出发，符合生活方便、合理、舒适、安全、卫生等需要。具体包括以下几个方面。

1. 功能分区原则

住宅应具备起居、娱乐、饮食、洗浴、就寝、工作、学习、储藏等基本功能，相应的有客厅、餐厅、厨房间、卫生间、卧室、书房、储藏室等空间。根据不同的标准可以将上述空间分为不同的类型，且不同类型的空间应该适当分区。

1) 动静分区

居室根据其使用性质可分为动区和静区，客厅、餐厅、厨房、娱乐室、公共卫生间等空属于动区，而卧室、书房、主卫等空间则属于静区。动区空间活动频繁，应靠近入户门设置；静区需要最大限度的静谧，尽量靠近户型内侧，动静应该保持一定的距离，一方面使会客、娱乐或进行家务的人能放心活动，另一方面使休息、学习的人能确保静谧，不受会客、娱乐等活动的干扰。最能体现动静分区原则的是跃层、错层户型，但平面户型如果布置合理，也能实现动静分区（图 6.100）。在动区和静区的面积比例上，有人提出一个参考指标：三房户型大致五五开、两房大致六四开、一房大致七三开。

2) 公私分区

居室根据其开放程度可分为公共区和私密区。入户门和玄关为公共区；客厅、餐厅为半公共区；厨房、工人房和服务阳台为半私密区；次主卧、次卧、次卫和家庭起居室为家庭私密区；主卧和主卫为主人私密区。在户型设计中，家庭生活的私密性必须得到充分的尊重与保护，不能让访客在进门后将业主家庭生活的方方面面一览无余。公私分区要求卧室与客厅、餐厅、娱乐室等空间分离，卧室尤其是主卧应布置在最隐秘之处，而且还应该注意各房间门的开启方向，尽量保证卧室之间以及卧室与其他房间之间不相互对视。图6.101中主卧布置在户型的最内侧，实现了与客厅等公共活动区的分离，但是南面的次卧正对着公共卫生间门不妥。

图6.100　平面户型中的动静分区

图6.101　平面户型中的公私分区

3）主次分区

主次分区主要是为了保证家庭成员之间的起居互不干扰。一般要求主卧与次卧有一定距离，且主卧最好带有独立卫生间（图6.102）；保姆房（工人房）与主人房有所分离等。

4）干湿分区

按照是否用水可分为干区、湿区。厨房、卫生间等属于湿区，卧室等属于干区。为了减少污染，干区和湿区应该分离。比如将厨房、卫生间和居室结合部设置过渡空间，进行干湿分置；厨房门口设置冰箱间等（图6.103）。

图6.102　户型中的主次分区

图6.103　厨房干湿分区

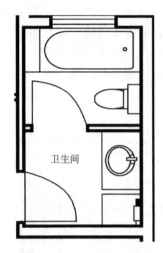

图6.104 卫生间洁污分区

5）洁污分区

洁污分区是指污染源相对集中的房间与其他相对洁净的房间分离，比如卫生间、厨房与卧室分离等，以及卫生间内部的便溺与盥洗空间分离等（图6.104）。

2. 流线设计原则

流线又称动线，是指住宅中日常活动的路线，通过流线设计可以有意识地将人们的行为方式加以组织和引导，从而达到划分不同功能区域的目的。住宅中的流线一般可划分为家务流线、家人流线和访客流线3种，流线设计原则上要求上述3种流线尽量不要交叉。如果流线产生很多交叉，则说明空间的功能区域混乱，功能分区不合理。不合理的功能分区会使得空间被零散分割、居住面积被浪费、日常生活不方便以及家具布置受到限制等。

1）家务流线

家务流线包括烹饪流线、洗涤流线、洗浴流线。储存、清洗、料理三道程序决定了烹饪流线，一般家中的厨房较窄，流线通常为"I"形和"L"形，顺序不当就会引起使用上的不便。比如，假使烹饪流线规划是先冰箱，然后隔过炉灶进入水槽清洗、案头加工，最后再回炉灶烹调，这样感觉流线并不合理。如果一开始就是冰箱、水槽、案头、炉灶，使用起来会更流畅些。洗涤流线主要是洗衣、晾晒和熨衣，这3点最好一线，甚至一区域，像将洗衣机放置服务阳台，使洗涤过程集中完成，是目前常见的布局。又比如洗浴流线，有些采用洁污分离的手法，将洗手台设计在卫生间外侧，然后依次是坐便和淋浴房，既避免了浴室潮气四处散布，又使洗手、如厕、淋浴互不干扰。

2）家人流线

家人流线主要存在于卧室、卫生间、书房等私密性较强的空间中。这种流线应尊重主人的生活格调，满足其生活习惯。像主卧配独立卫生间甚至衣帽间，大户型增设带卫生间的次主卧，以及主卧配书房等，增强了居住流线的私密性。目前还有一种书房开设两个门、分别通向主卧和客厅的设计，既保证了主人学习的便利，又使亲密关系的来客能在书房畅谈，将居住流线和来客流线在书房中形成交叉点。

3）访客流线

访客流线主要指从入户门进入客厅的行动路线。来客流线不应与居住流线和家务流线交叉，以免客人来访时影响家人的休息或工作，如图6.105、图6.106所示。客厅所处的位置和周边的门是保证流线合理的关键。客厅处于套型中的动区，应在外侧，也就是离入户门近的区域；卧室的门要开在会客区外，避免出入时横穿沙发和电视机之间，最好的办法是完全动静分离，将客厅独立设置。在一些高档公寓或者别墅类住宅中，已经出现了双起居室的设计，即会客室和家庭起居室，将不同流线的干扰降到最低。

3. 地域性原则

地域性是由于各地区人们生活习惯不同而对户型和面积有着不同的要求，是户型设计中必须高度重视的问题。比如香港、深圳等南方地区的户型设计中可以有全部朝北的户型（图6.107），在北方地区由于考虑到冬季采光等要求则绝对无法接受完全朝北的户型，一梯两户布局的单元式住宅则是流行的做法(图6.108)。又如100m²的房子，在深圳大多设计成三房，而在大连、青岛，可能会觉得三房太拥挤，而做成两房可能更合适。

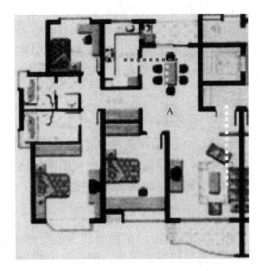

图6.105 流线不交叉

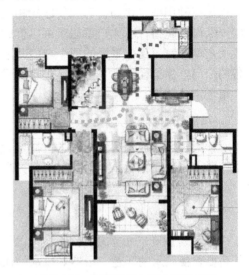

图6.106 访客流线与家人流线交叉

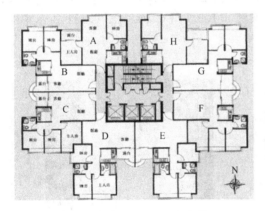

图6.107 南方某户型平面(一梯八户：A-H)

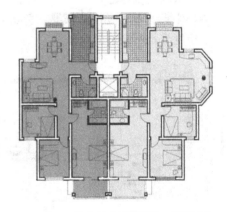

图6.108 北方某户型平面(一梯两户)

4. 均好性原则

在房地产开发中，由于楼体位置、朝向、通风、采光、楼层等差异，在每个项目的后期都会有一些条件不太好的户型形成空置。而提高户型设计的均好性则是降低项目的空置率的有效办法，也是开发水平和设计水平的重要体现。户型设计的均好性就是指要求每套住宅都能够均享环境资源。比如为朝北、朝西的户型设置园林小品形成景观优势以弥补朝向上的不足；在多层住宅中设置电梯以弥补5层、6层住户上楼的不便；设置顶层露台弥补多层顶层交通不便的不足；改变房屋位置和朝向以满足不同户型的景观等。

5. 灵活性原则

由于不同的消费者具有不同的使用要求，即使是同样的消费者随着家庭规模、家庭结构及生活水平的变化，其消费需求也会发生变化，因此户型应该具有一定的弹性和可变性。户型设计的弹性和可变性包括户型内部的弹性设计和户型与户型间的弹性设计。户型内部的弹性设计是将套型内的某些居室设计成无隔墙的大空间，让购房者自己决定如何分隔，以提高利用率。比如厨房和餐厅的相互敞开，客厅和书房的不做隔墙等。户型与户型间的弹性设计是指一套大户型居室可以拆成两套小户型居室，或者两套小户型居室可以合并成大户型居室。比如平层的两个户型共享一个户门，变成大户型；而跃层的户型两层各开各的户门，保留楼梯联系上下。这样灵活多变，可分可合，使购房者的选择余地加大，扩大市场定位范围。

6. 经济性原则

对于大多数普通购房者来说，紧凑实用，价格适中，使用率高的住宅是必然的选择。经济性要求户型面积大小要适宜，大而无当、小而局促，都会使舒适度受到影响。比如有些户型片面追求景观窗、落地窗等面积，不仅使得造价高昂，而且使用能耗大。

7. 风俗性原则

户型策划必须充分考虑项目所在地的消费习惯与风俗人情。在目前的房地产市场上，尤其是要重视风水的问题。虽然对风水的认识还是仁者见仁智者见智，但是风水观念在华人社会确实存在很大的市场，尤其是在南方地区，因此要得到开发商和策划机构的重视。比如从风水的角度考虑，进户门不能正对电梯或楼梯，也不应正对卫生间门；房间应该方正规整；床头上方不应该有横梁，等等，如图 6.109、图 6.110、图 6.111 所示中的户型从风水角度看是不合适的。

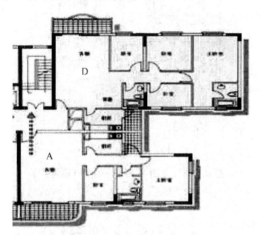

图 6.109 进户门正对楼梯间

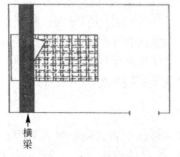

图 6.111 卧室"横梁压顶"

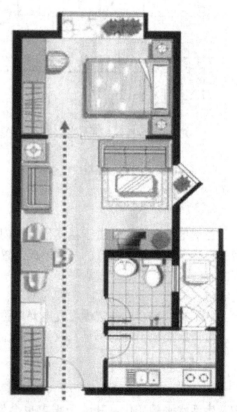

图 6.110 进户门针对主卧门

6.3.3 住宅户型设计的具体要求

本节结合图 6.112 来阐述户型中各个房间的具体要求。

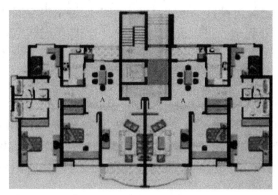

图 6.112 某平面户型图

1. 客厅设计要求

客厅是进入一个家庭给人的第一视野,是家庭尽享天伦之乐时最主要的活动空间,是迎宾会客的公共活动空间,因此客厅的重要性不言而喻。客厅设计应该遵循以下原则。

(1) 客厅应具有一定的独立性与完整性。不要向客厅开太多的门,避免使客厅成为交叉穿越的过道从而降低空间利用率;保证有两个相对完整的墙面以利于沙发和电视机的摆放,完整的墙面也有利于客厅空间的装饰效果,如图 6.113 所示的客厅四周总有 7 道门,严重影响了客厅的完整性。

(2) 布局应尽量方正,面积大小适中,开间一般不小于 3.6m 但也不应超过 5m,一般以 3.9~4.5m 为宜;进深与开间之比不宜超过 2,否则会因过于狭长而影响使用,如图 6.114 中的客厅进深太长,进深与开间比例不适当,形成面积浪费。

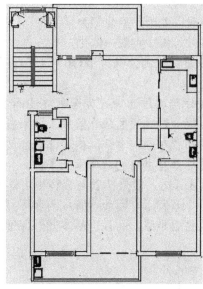

图 6.113 房间朝客厅开门太多

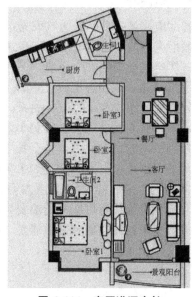

图 6.114 客厅进深太长

(3) 客厅应具有良好的通风与采光。窗地面积比至少达到 1∶7；客厅应尽量朝南，还应该具有开阔的视野，如果室外有较好的景观时，客厅可朝向景观方向。客厅最好与阳台相连，既能保证通风采光，又能避免阳台与卧室相连而造成对卧室私密性的干扰。

(4) 客厅与进户门之间应设置一定的过渡空间以保持室内空间的相对私密性，避免在进户门处就能对客厅一览无遗，可以设置玄关、入户花园等过渡空间。

(5) 在有条件的情况下可以在居室中划分出单独的会客室或设置家人活动的厅，使得会客时不影响其他家庭成员的正常活动。

2. 卧室设计要求

(1) 卧室设计必须保证居住的舒适性，要有直接采光和通风条件，尽量朝南，不允许出现"暗房"。卧室应该具有私密性，应远离入户门、远离客厅，卧室门尽量不要正对客厅，以保证实现动静分区。此外，主次卧之间也应保持一定的距离以保证私密性。

(2) 主卧空间的设计应该成为居住舒适性的关键。私密性和独立性是主卧设计的主要要求。主卧一般位于住宅的最里面，如是立体户型则设置在上层或上半部分；功能上最好能自成一体，不能仅单纯满足于布置双人床、衣柜、电视柜、床头柜等，在有条件的情况下应该将主卫、梳妆台、阳光间甚至小书房等空间纳入主卧的范围，但也不是越大越好，面积太大无法营造亲密、浪漫、温馨的氛围；主卧必须朝南或面对最佳景观朝向，大窗、飘窗甚至落地窗等设计能够保证主卧有很好的通风、采光及视野。

(3) 大面积的户型还应有带卫生间的"次主卧"（图 6.115），"次主卧"的面积小于主卧但大于次卧，主卧与次主卧之间的面积差距不能过大，"次主卧"一般给父母或年龄较大的子女居住。

(4) 儿童房和佣人房则可相对较小，因为小孩的活动区更多在客厅。工人房最好与兼有洗衣机功能的服务阳台相连（图 6.115）。

3. 餐厅设计要求

(1) 餐厅应该具备良好的通风采光条件，一般以处于户型北侧为宜。

(2) 餐厅应该与厨房紧密相连，西式厨房可以与餐厅实现一体化。

(3) 餐厅空间至少要有两面墙，一方面可以避免成为公共过道（图 6.116），另一方面有利于设置餐边柜、酒柜等家具（图 6.117）。

(4) 处理好餐厅与客厅的位置关系。如果餐厅与客厅布置在完全独立的两个房间内，一来餐厅和客厅各自的空间会显得狭小，二来可能会影响通风采光效果；如果餐厅与客厅完全连通（小户型通常的做法），甚至餐厅与客厅布置在同一个空间内，那么会使得整个公共活动空间显得通透、开阔，加上如果餐厅和客厅都有良好的通风采光条件，会使整个公共活动空间产生"穿堂风"，而且室内明亮，非常舒适，但是就餐与会客也可能产生相互干扰，而且餐厅的面积也可能有所浪费，如图 6.118 所示；因此，餐厅与客厅宜相互通视又适当错开，既可以使功能分区更清楚、餐厅气氛更雅致，而且也基本能够保证通风与采光，如图 6.119 所示。

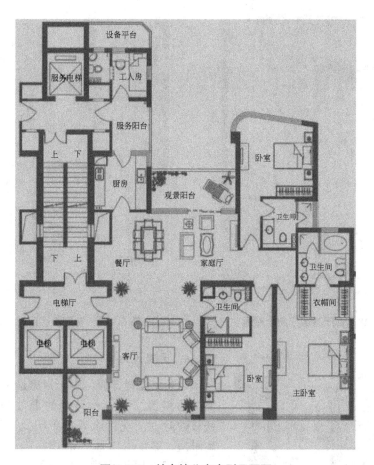

图 6.115　某高档公寓户型平面图

图 6.116　餐厅几乎成为过道

图 6.117　餐厅相对独立

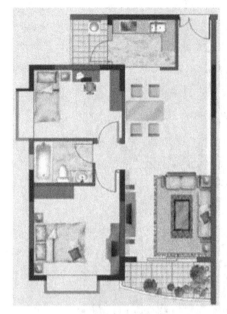

图 6.118　餐厅与客厅完全联通

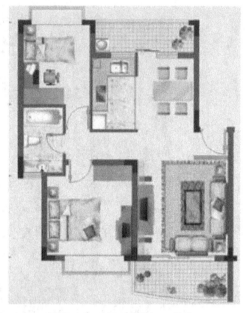

图 6.119　餐厅与客厅适当错开

图 6.120　厨房间与卫生间集中布置

4. 厨房设计要求

（1）在位置方面，由于厨房是家居生活中最主要的污染源之一，噪声、油烟油污、残渣剩饭、残枝败叶、清洗污水等集中于此，因此厨房应远离卧室、客厅，以避免油烟污染；厨房尽可能接近入户门以便于食品、垃圾的进出；厨房需要具备良好的通风采光，尽量靠近户型北面的窗户，具备明厨和自然通风条件；厨房应与餐厅相邻；厨房宜设置服务阳台，方便储藏、放置杂物和设置表具；从管道检修、水电煤气抄表以及施工成本、能源利用、热水器安装等问题考虑，厨房应该与公共卫生间尽量相连（图 6.120）。

（2）在面积方面，厨房必须具备足够的面积。目前多数厨房的面积在 $6\sim7m^2$，但是如果考虑冰箱进入厨房，微波炉、洗碗机、电烤箱等厨房家电的日益普及以及烹调中煎、炸、煮、蒸、煲分工日益明细的今天，厨房的面积还将进一步扩大。此外。厨房的设计尺寸应尽量满足模数化要求，以利于设备摆设。

（3）在形状方面，考虑到中国人在烹饪中洗、切、烧的习惯，"L"形和"U"形厨房要比"I"形厨房更能减少步伐移动、节省时间、提高效率，降低劳动强度，也更有利于厨房操作台面的布置摆放，图 6.121 中的流线要比图 6.122 中的相对合理。

（4）在功能方面，可以考虑将厨房的清洗加工区和烹饪区分离。这样既可最大限度地降低油烟污染，又可使拣菜、洗菜、切菜在更为宽松惬意的空间进行，不仅大大提高了舒适度，还能有足够的空间使家人一起参加厨房劳动，增添居家生活的情趣。

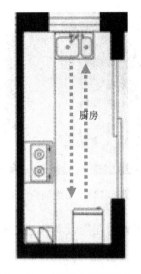 

图 6.121　厨房中的流线（一）　　　图 6.122　厨房中的流线（二）

（5）在住宅科技方面，厨房是住宅内设备和科技运用最集中的空间之一，设计时应具有一定的前瞻性，比如应预留足够多的管线，以便日后更新改造。

（6）厨房设计应符合建筑模数协调的要求，综合考虑各类设备的配置，满足通用性、互换性、成套性的要求。

（7）厨房内各种竖向管道和管线宜集中敷设，宜集中在用设备附近的墙角处形成管线区，便于厨房的装修改造。

5. 卫生间设计要求

（1）在位置方面，卫生间是家中用水最集中的地方之一，最容易出现阴暗潮湿从而滋生细菌，因此需要布置在通风采光良好的地方；如果只有一个卫生间，则卫生间应布置在动静分区或者公私分区之间并靠近卧室区尤其是主卧，避免穿堂越室；有两个或两个以上卫生间时，公共卫生间应设在公共使用方便的位置，但入口不宜对着入户门和起居室，也不应该正对餐厅（图 6.123）；卫生间中的坐便器不能正对着卫生间门。

（2）在面积方面，卫生间具有便溺、洗漱、沐浴 3 项基本功能，因此其面积一般不应少于 $6m^2$，如果考虑洗衣机进入卫生间，则面积还要适当放大。如果有两个及以上卫生间，则主卧卫生间的面积一般要大于公共卫生间。如果中小户型要设置两个卫生间，则公共卫生间可以做成只有马桶和洗手池的迷你型卫生间，以解决客人或保姆等的如厕需求。

（3）在功能方面，卫生间要具有便溺、沐浴、盥洗等功能，这些功能干湿、洁污等情况均有所不同，因此尽量实现干湿分区和洁污分区（图 6.124）。

（4）在数量方面，三室及以上的大户型应该有一个以上的卫生间，其中一个是主卧中的独立卫生间。

（5）在住宅科技方面，卫生间与厨房一样是住宅内设备和科技运用最集中的空间之一，设计时应具有一定的前瞻性，比如应预留足够多的管线，以便日后更新改造；卫生间设计还应符合建筑模数的要求，以满足卫生间设备通用性、互换性、成套性的要求。

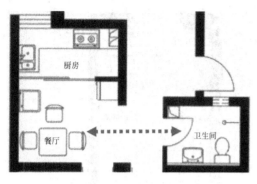
图6.123　卫生间与餐厅们相对

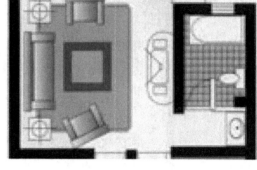
图6.124　卫生间内干湿分区

（6）卫生间内各种竖向管道和管线宜集中敷设，宜集中在用设备附近的墙角处形成管线区，便于卫生间的装修改造。

6．门厅（玄关）设计要求

（1）门厅应该具有相对完整性，这样既避免对客厅的一览无遗（图6.125），保证住宅内部的私密性，又能形成一个过渡空间，有利于增强住宅内部空间的层次感，比如采用"L"形布局，即进门后有一转折，既保证了私密性，也营造了"对景"的空间效果（图6.126）。

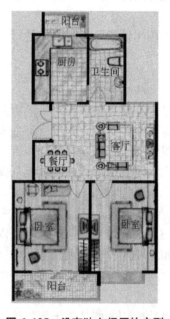
图6.125　没有独立门厅的户型

图6.126　有独立门厅的户型

（2）门厅应该具有足够的面积。随着人民生活水平的提高，入户换鞋已经成为城市居住生活中的基本习惯，再加上穿衣戴帽，整理着装，放置文件包、雨伞、钥匙及其他物品等行为，门厅空间所需容纳的活动日渐丰富，需要的空间也相应扩大。

（3）门厅应该布置鞋柜（换鞋的需要）、衣柜（更衣的需要）、储藏室（放置物品的需要）等空间以及凳子（换鞋的需要）、穿衣镜（出门整装的需要）等空间及家具。

7. 阳台设计要求

阳台是大多数住宅里唯一可以与外界自然环境交流的空间（有些户型设置的入户花园也具有阳台的功能），是将自然风、自然光引入室内的最佳途径。

（1）阳台具有通风、采光、观景、晾晒衣物等功能，各个功能应该有所区分。在户型北侧应该设置服务阳台并于厨房相连，便于置放蔬菜及其他杂物。晾晒衣物的阳台尽量不要与观景阳台（一般与客厅相连）合而为一，否则在客厅里就能对外面阳台上各式各样的衣物甚至内衣内裤等一览无遗是比较尴尬的。观景阳台往往与客厅相连，实际上成了客厅的一部分。为保证阳台功能区分，阳台数量也应有足够保证。

（2）阳台的平面和材料应该多样化，不能局限于过去千篇一律的长方形以及砖头、水泥材料，平面上可以采用半圆形、弧形、扇面形、L形等形状，材料上可以采用镂花铁艺、不锈钢、石柱、钢化玻璃等，使阳台成为都市里一道亮丽的风景。

（3）还可以布置一些不上人的特殊功能阳台，比如为了避免立面单调而设置一些装饰小阳台，或者出于安全考虑用于安置空调主机、燃气热水器等的阳台。

8. 储藏室设计要求

储藏空间在我国以往的户型设计中一直没有受到足够的重视。过去的住宅中基本没有储藏的空间，之后逐渐增加了壁柜、吊柜等收纳类空间，直到近年年来面积较大的户型中，才开始正式出现储藏间、衣帽间等空间。在实际生活中，储藏空间对于现代居住生活十分必要。青年住户有大量的衣物储藏要求，中年住户需要空间分别储藏自己和孩子各自的生活用品，老年住户更有很多不舍得丢弃的物品需要储藏。储藏间设置不足的住户家中往往较为凌乱，且服务阳台、书房甚至次卧等空间都不得不兼有储藏间的功能。因此，在今后的户型设计中，储藏间的比重应该增加。随着生活质量的提高，分类储藏的需求也在逐步增加。衣物、电器、玩具、清洁用品、杂物等不可能都置于一个大的储藏间之中，家务工具、厨房炊具和卫生间用具也不会收纳在一起，此外，旅行用的大箱子、日常的小物品、囤积的粮油食品也各自需要不同大小，不同条件的储藏空间。因此，在加大储藏面积的同时，储藏空间的分类细化也是有必要的。在这一点可以借鉴日本等地的住宅设计，虽然住宅面积较小，但储藏空间比重较大，一般达到住宅使用面积的1/10左右，并且分类细致。

6.4 房地产项目景观设计策划

良好的景观环境不但能满足居民生活以及生理健康上的需要，还能提高人们的生活品质、丰富人们的心理体验、满足人们的精神追求。景观设计是房地产项目的点睛之笔，是项目展示形象、树立品牌的重要方面，也是物业保值增值的重要保证。本节主要介绍原建设部于2006年颁发的《居住区环境景观设计导则》的相关内容。

6.4.1 居住区景观设计的分类

《居住区环境景观设计导则》依据住宅房地产项目的居住功能特点和景观组成元素对景观设计进行了分类，见表6-1。其中，景观设计元素是组成景观的素材，设计元素根据其不同特征分为功能类元素、园艺类元素和表象类元素，这三大类元素与绿化植物景观、道路景观、场所景观、硬质景观、水景景观、庇护景观、模拟景观、高视点景观、照明景观 9 类设计共同组成了住宅房地产项目的景观环境。

表 6-1　城市居住区景观设计分类

序号	设计分类	设计元素		
		功能类元素	园艺类元素	表象类元素
1	绿化植物景观		植物配置；宅旁绿地；隔离绿地；架空层绿地；平台绿地；屋顶绿地；绿篱设置；古树名树保护	
2	道路景观	机动车道；步行道；路缘；车挡；缆柱		
3	场所景观	健身运动场；游乐场；休闲广场		
4	硬质景观	便民设施；信息标志；栏杆/扶手；围栏/栅栏；挡土墙；坡道；台阶；种植容器；入口造型	雕塑小品	
5	水景景观	自然水景（驳岸、景观桥、木栈道）；游泳水景；景观用水	庭院水景（瀑布、溪流、跌水、生态水池/涉水池）；装饰水景；喷泉、倒影池	
6	庇护性景观	亭；廊；棚架；膜结构		
7	模拟景观		假山；假石；人造树木；人造草坪；枯水	
8	高视点景观			图案；色块；屋顶；色彩；层次；密度；荫影；轮廓
9	照明景观	车行照明；人行照明；场地照明；安全照明		特写照明；装饰照明

6.4.2　居住区景观设计的原则

1. 社会性原则

社会性原则要求住宅景观设计赋予景观环境亲切宜人的艺术感召力，通过美化居住生活环境，体现优良的社区文化，促进精神文明建设，使居住区真正成为居民生活的精神乐园。同时，在设计与营造景观环境时还要时时体现人的社会属性，要更多地体现对人际交往的关怀，赋予人们更大的发展空间，要对人的居住行为、心理变化有深层次的介入，从多层次关注人的情感，促进社会交往，共建和谐社区与和谐社会。

2. 经济性原则

经济性原则要求景观设计要以建设节约型社会为目标，顺应市场发展需求及地方经济状况，注重节能、节水、节材，注重合理使用土地资源。提倡朴实简约，反对浮华铺张，并尽可能采用新技术、新材料、新设备，达到优良的性价比。

3. 生态性原则

生态性原则要求景观设计要尊重自然、顺应自然，追求人与环境的和谐统一，尽量保持现存的良好生态环境，改善原有的不良生态环境。提倡将先进的生态技术运用到环境景观的塑造中去，利于人类的可持续发展。景观设计首先要考虑到当地的生态环境特点，对原有土地、植被、河流等要素进行保护和利用，尽可能利用一些坡地、劣地、洼地和水面等不利于建设的用地进行绿化，以变不利为有利，节约用地；其次要进行自然的再创造，即在人们充分尊重自然生态系统的前提下，发挥主观能动性，合理规划人工景观。

4. 地域性原则

地域性原则要求景观设计要体现项目所在地域的自然环境特征，因地制宜地创造出具有时代特点和地域特征的空间环境，尽量使用当地或同类地区的植物，避免盲目移植。

5. 历史性原则

历史性原则要求景观设计要了解项目所在城市的历史与现状，尊重历史与传统文化以及当地的气候、民俗、生活习惯和周围环境等，保护和利用历史性景观，保留在先，改造在后，让珍贵的历史文脉溶于当代的景观设计元素中，以便使景观设计既延续城市历史文脉，又具有较鲜明的时代特征。

6. 协调性原则

协调性原则要求各种景观要素的大小、数量、风格等应该和谐统一。通过借景、组景、分景、添景多种手法，使居住区内外环境相协调。具体应该满足以下几个方面。

1) 景观设计要有层次感

景观的层次感体现在平面和立体两个方面。比如在平面景观方面，通过设置中心花园、组团绿化和楼间绿化，形成一个从公共区域、半公共区域到私密区域的一个层次分明、各有特色的景观布局(图 6.127)；在立体景观方面，有底层架空层、阳台、屋顶、墙面、入户花园等立体绿化景观以及乔木、灌木、花卉、草坪等不同层次植被的合理搭配形成的错落有致的立体景观(图 6.128)。

2) 处理好动与静的关系

建筑物和构筑物是静态的景观因素，流水、喷泉、花草树木、人流车流等属于动的景观因素。居住空间一般以静态景观为主，但是静态景观过多容易产生呆板、沉闷感。应该在以静为主的景观环境里引入动态景观因素，用来冲破建筑物的凝固感、调和居住区呆板、沉闷的局面(图 6.129、图 6.130)；而在以动为主的空间中适当设置静的景观因素改善空间的单调感。

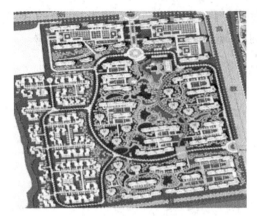
图 6.127　平面景观设计的层次性

图 6.128　植物立体景观的层次性

图 6.129　景观中的动静因素(一)

图 6.130　景观中的动静因素(二)

3) 处理好虚与实的关系

实是指建筑物的实体景观,实体景观过多会造成拥挤,给人以压抑感,一些繁华商业街如北京王府井、上海南京路等都是实多虚少的例子;虚是指空旷的场地,虚的成分过多则会使人缺少依赖感和归属感。虚实结合是空间美学的重要概念,也是居住区布局的重要原则。居住区中的公共空间不宜过实、商业空间不宜过虚否则没有人气。图 6.131 中建筑、水景、植物等景观因素过多,整体空间感觉拥挤,而图 6.132 通过在空旷的湖面上设置小岛、桥梁等建筑小品,较好地处理了虚、实关系。

图 6.131　景观因素略显拥挤

图 6.132　虚实恰当的景观布局

6.4.3 居住区景观设计的具体要求

1. 绿化景观

1) 绿化景观的构成

绿化景观主要包括两个方面：一是居住区周围景观的借景；二是居住区内部的绿化景观。其中，居住区内部的绿化景观按照规模及其所处的部位可以分为居住区公园、居住小区公园(小游园)、组团绿地、宅间绿地以及绿篱、隔离绿化、架空空间绿化、平台绿化、屋顶绿化、停车场绿化等组成部分。

(1) 居住区公园。居住区公园主要供本区居民就近使用，是各年龄组居民在节假日和业余休闲时间乐于逗留的地方，也是老年人和成年人锻炼身体的去处。一般3万人左右的居住区应有2~3公顷规模的公园。居住区公园应在居民步行能达到的范围之内，最远服务半径不超过800m，位置最好与居住区的商店文娱中心结合在一起，也可与体育场地和设施相邻布置。

居住区公园的景观设计要求如下。

① 满足功能要求。应根据居民活动的要求布置休息、文化娱乐、体育锻炼、儿童游戏及人际交往等各种活动的场地与设施。

② 满足审美要求。以景取胜，注意意境的创造，充分利用原有地形、水体、植物及人工建筑物塑造景观，组成具有魅力的景色。

③ 满足游览需要。公园空间的构建与园路规划应结合组景，园路既是交通的需要，又是游览观赏的线路。

④ 满足净化环境的需要。多种植树木、花卉、草地，改善居住区的自然环境和小气候。

(2) 居住小区公园(小游园)。居住小区公园也称小区小游园。小区公园更接近居民，更方便成年人在那里休息散步和人际交往，它主要供居民就近使用，一般1万人左右的小区可有一个大于0.5公顷小游园，服务半径以不超过400m为宜。小区游园仍以绿化为主，多设些坐椅让居民在这里休息和交往，适当开辟地面的活动场地，也可以有些简单的儿童游戏设施。在规划设计中可将老年活动站和青少年文化站同小区小游园结合起来，但要注意不要侵占绿化面积。

居住小区公园的景观设计要求如下。

① 配合总体。小游园应与小区总体规划密切配合，综合考虑全面安排，并使小游园能妥善地与周围城市园林绿地衔接，尤其要注意小游园与道路绿化衔接。

② 位置适当。应尽量方便附近地区的居民使用，并注意充分利用原有的绿化基础，尽可能与小区公共活动中心结合起来布置，形成一个完整的居民生活中心。

③ 规模合理。小游园用地规模可根据其功能要求来确定，在国家规定的指标上，采用集中与分散相结合的方式，使小游园面积占小区全部绿地面积的一半左右为宜。

④ 布局紧凑。应根据游人不同年龄特点划分活动场地和确定活动内容，场地之间既要分隔，又要紧凑，将功能相近的活动布置在一起。

⑤ 利用地形。尽量利用和保留原有的自然地形及原有植物。

居住小区公园规划布置的形式有如下几种。

① 规则式。采用几何图形布置方式，有明显的轴线，园中道路、广场、绿地、建筑小品等组成对称有规律的几何图案。具有整齐、庄重的特点，但形式较呆板，不够活泼。

② 自由式。布置灵活，采用曲折迂回道路，可结合自然条件、如冲沟、池塘、山岳、坡地等进行布置，绿化种植也采用自然式。特点是自由、活泼、易创造出自然而别致的环境，如天津市马场道124号临街绿地。

③ 混合式。规划式与自由式结合，可根据地形或功能的特点，灵活布局，既能与四周建筑相协调，又能兼顾其空间艺术效果，特点是可在整体上产生韵律感和节奏感。

（3）组团绿地。组团绿地实际上是宅间绿地的扩大式延伸。若干栋住宅组合成一个组团，每个组团可有一块较大的绿化空间，供组团内居民活动。特别适宜于老年人及青少年儿童活动，也适宜于更大范围的邻里交往，由于接近居民、使用方便、面积小、投资省、易建成，故较为广泛采用。组团绿地可以布置在组团之间，也可临街在组团一侧或两侧布置，布置方式有开敞式，半开敞式和封闭式等。

住宅组团绿地景观设计的要求如下。

① 住宅组团绿地应满足邻里居民交往和户外活动的需要，布置幼儿游戏场和老年人休息场地，设置小沙场，游戏器具，坐椅及凉亭等。

② 利用植物种植围合空间，树种包括灌木、常绿和落叶乔木，地面除硬地外，可铺草种花以美化环境。但要注意靠近住宅处不宜种树过密，否则会造成通风不良及底层房间阴暗。

③ 组团绿地结合成年人休息和儿童活动场、青少年活动场布置时，应注意不同的使用要求，避免相互干扰。

（4）宅旁绿地。宅旁绿地主要满足居民休息、幼儿活动及安排杂务等需要。宅旁绿地的布置方式随居住建筑的类型、层数、间距及建筑组合形式等的不同而异。在住宅四旁还由于向阳、背阳和住宅平面组成的情况有不同的布置。如低层联立式住宅，宅前用地可划分成院落，由住户自行布置，院落可围以绿篱、栅栏或矮墙；而多层住宅的前后绿地可以组成公共活动的绿化空间，也可将部分绿地用围墙分隔，作为底层住户的独用院落；至于高层住宅的前后绿地，由于住宅间距较大，空间比较开敞，一般作为公共活动的绿地。

宅旁绿地景观设计的要求如下。

① 应结合住宅的类型及平面特点、建筑组合形式、宅前道路等因素进行布置，创造宅旁的庭院绿地景观，区分公共与私人空间领域。

② 应体现住宅标准化与环境多样化的统一，依据不同的建筑布局做出宅旁及庭院的绿地设计，植物的配植应依据地区的土壤及气候条件，居民的爱好以及景观变化的要求，同时也应尽力创造特色，使居民有一种认同感、归属感。

2）景观植物的种类

适用居住区的绿化景观植物主要有乔木、灌木、藤本植物、草坪、花卉及竹子六大类。常用的乔木有香樟、广玉兰、棕榈、杨柳、枫杨、乌桕、槐树、梧桐、悬铃木（法国梧桐）、合欢、银杏、雪松、龙柏、马尾松、水杉、金钱松等；常见的灌木有黄杨、橘树、珊瑚树、海桐、桂花、迎春、女贞、栀子、山茶、杜鹃、丝兰、苏铁、樱花、白玉兰、桃花、腊梅、紫薇、槭树、海棠、芙蓉、石榴、罗汉松、翠柏、五针松等；常见的藤本植物有紫藤、络实、地棉（爬山虎）、常春藤等；常见的草坪种类有天鹅绒草、结缕草、麦冬草、高羊茅、马尼拉草等；常见的花卉有太阳花、长生菊、一串红、美人蕉、五色苋、甘蓝、菊花、兰花、蔷薇等；常见的竹类有观音竹、慈孝竹、佛肚竹、碧玉镶黄金等。

3) 植物配置的原则

(1) 适应绿化的功能要求，适应所在地区的气候、土壤条件和自然植被分布特点，选择抗病虫害强、易养护管理、具有地方特色的优良植物，体现良好的生态环境和地域特点。

(2) 充分发挥植物的各种功能，行道树宜选择遮阳性强的落叶乔木，儿童游戏场和青少年活动场地忌用有毒或带刺植物，而体育运动场地则应避免用大量扬花、落果的树木等。绿化植物还要根据其观赏特点合理配置，常绿与落叶、速生与慢生相结合，构成多层次的复合生态结构，达到人工配置的植物群落自然和谐，如图 6.133、图 6.134 所示。

图 6.133　植物配置(一)

图 6.134　植物配置(二)

(3) 植物品种的选择要在统一的基调上力求丰富多样，注重植物的季相变化和色彩变化，力求做到一年四季都有较好的景观，创造出春华、秋实、夏阴、冬敞的情调。

(4) 要注重种植位置的选择，以免影响室内的采光通风和其他设施的管理维护。

(5) 植物配置尽量提高单位面积绿量，提高植物群落的生态效益。

4) 植物组合及种植方式

植物配置的组合形式及其种植方式见表 6-2 所示。

表 6-2　植物配置的组合形式及种植方式

组合名称	组合形态、特点及效果	种植方式
孤植	是指单一树木的栽植，主要突出树木的个体美，既能构成观赏焦点，又能陪衬建筑物，可成为开阔空间的主景	多选用粗壮、高大、体形优美、树冠大、观赏价值高的乔木
对植	在轴线两侧对称种植，突出树木的整体美，外形整齐美观，高矮大小基本一致	以同一种乔、灌木为主
丛植	指多株树木不等距离地种植在一起或形成一整体，形成多层次绿化结构。树丛组合主要考虑群体美，亦考虑在统一构图中表现单株的个体美	以遮阳为主的丛植多由数株树种相同、树冠开展的高大乔木组成；以观赏为主的多由乔灌木混合配置

(续)

组合名称	组合形态、特点及效果	种植方式
树植	以观赏树组成,表现整体造型美,产生起伏变化的背景效果,衬托前景或建筑物	由数株同类或异类树种混种,一般树群长宽比不超过3∶1,长度不超过60m
群植	以一两种乔木为主体,与数种乔木和灌木搭配,组成较大面积的树木群体	树种的色调、层次要丰富多彩,树冠线要清晰而富于变化
林植	指大量树木的聚合,具有一定的密度和群落外貌,可分为密林和疏林	密林可选用异龄树种,配置大小耐荫灌木或草本花卉;疏林树种的树冠应展开,树荫疏朗,花叶色彩丰富
列植	指沿直线或曲线以等距离或在一定变化规律下栽植树木的方式	树种可以单一,但考虑到冬夏的变化,也可用两种以上间栽,可选用常绿树与落叶树
环植	指同一视野内明显可见,树木环绕一周的列植形式,一般处于陪衬地位,常应用于树(花)坛及整形水池的四周	多用灌木和小乔木,形体上要求规整并耐修剪的树种。树种可单一,也可两种以上间栽
篱植	是一种行列式密植的类型。因树种不同,在高度上可分为矮篱、中篱和高篱,又有常绿、半常绿、落叶之别	树种对环境应具有较强的适应性,叶形小,枝叶密集,萌发力强,耐修剪,应具有开花结果或针刺的特性
草坪	按外形分为自然式草坪和规则式草坪;按用途可分为观赏草坪、游憩草坪、运动草坪、交通安全草坪、护坡草坪等,通常成为绿地景观的前景	按用途选择品种,一般容许坡度为1‰~5‰,适宜坡度为2‰~3‰

5) 植物组合的空间效果

植物作为三维空间的实体,以各种方式交互形成多种空间效果,植物的种类、高度和密度影响空间的塑造,不同植物组合的空间效果见表6-3。

表6-3 不同植物组合的空间效果

植物分类	植物高度/cm	空间效果
灌木、草坪	13~15	能覆盖地表,美化开敞空间,在平面上暗示空间
灌木、花卉	40~45	产生引导效果,界定空间范围
灌木、竹类、藤本类	90~100	产生屏蔽功能,改变暗示空间的边缘,限定交通流线
乔木、灌木、藤本类、竹类	135~140	分隔空间,形成连续完整的围合空间
乔木、藤本类	高于人水平视线	产生较强的视线引导作用,可形成较私密的交往空间
乔木、藤本类	高大树冠	形成顶面的封闭空间,具有遮蔽功能,改变天际线轮廓

2. 道路景观

1) 总体设计要求

(1) 道路作为车辆和人员的汇流途径，其两侧的环境景观应符合导向要求，并达到步移景移的视觉效果。道路边的绿化种植及路面质地色彩的选择应具有韵律感和观赏性，如图 6.135 所示。

(2) 在满足交通需求的同时，道路可形成重要的视线走廊。因此，要注意道路的对景和远景设计，以强化视线集中的景观。

(3) 休闲性人行道、园道两侧的绿化种植，要尽可能形成绿荫带，如图 6.136 所示，并串联花台、亭廊、水景、游乐场等，形成休闲空间的有序展开，增强环境景观的层次。

图 6.135　道路景观(一)

图 6.136　道路景观(二)

(4) 居住区内的消防车道与人行道、院落车行道合并使用时，可设计成隐蔽式车道，即在 4m 幅宽的消防车道内种植不妨碍消防车通行的草坪花卉，铺设人行步道，平日作为绿地使用，应急时供消防车使用，有效地弱化单纯消防车道的生硬感，提高了环境和景观效果。

2) 路面分类及适用场地

居住区道路路面的分类、特点及适用场地见表 6-4。

表 6-4　居住区道路路面的分类、特点及适用场地

序号	道路分类		路面特点	适用场地								
				车道	人行道	停车场	广场	团路	游乐场	露台	屋顶广场	体育场
1	沥青	不透水沥青路面	热辐射低，光反射弱；全年使用，经久耐用，维护成本低；表面不吸水、不吸尘；弹性随混合比例而变化，遇热变软	✓	✓	✓						
		透水性沥青路面			✓	✓						
		彩色沥青路面				✓	✓					
2	混凝土	混凝土路面	坚硬，无弹性；铺装容易；全年使用，耐久，维护成本低；撞击易碎	✓	✓	✓						
		水磨石路面	表面光滑，可配成多种色彩，有一定硬度，可组成图案装饰		✓			✓	✓	✓		

(续)

序号	道路分类		路面特点	适用场地								
				车道	人行道	停车场	广场	团路	游乐场	露台	屋顶广场	体育场
2	混凝土	模压路面	易成型，铺装时间短；面层纹理色泽可变；分为坚硬、柔软两种		√		√	√				
		混凝土预制砌块路面	具有防滑性；步行舒适；施工简单，修整容易；价格低廉；色彩式样丰富		√	√	√	√				
		水刷石路面	表面砾石均匀透明；具有防滑性；观赏性强；砾石粒径可变；不易清扫		√	√	√					
3	花砖	釉面砖路面	表面光滑；铺筑成本高；色彩鲜明；撞击易碎；不适应寒冷气候		√				√			
		陶瓷砖路面	有防滑性；有一定的透水性；成本适中；撞击易碎、吸尘、不易清扫		√			√	√	√		
		透水花砖路面	表面有微孔；施工简单；接缝多易渗水；平整度差，不易清扫		√		√	√				
		粘土砖路面	价格低廉；施工简单；接缝多易渗水；平整度差，不易清扫		√		√					
4	天然石材	石块路面	坚硬密实，耐久，抗风化强，承重大；加工成本高；易受化学腐蚀；粗表面，不易清扫；光表面，防滑差		√		√	√				
		碎石、卵石路面	在道路基地上用水泥粘铺；有防滑性能；观赏性强；成本高；不易清扫		√							
		沙石路面	成本低；易维修；无光反射；质感自然；易透水						√			
5	沙土	砂土路面	软性路面；成本低；无光反射；透水性强；需常湿润						√			
		粘土路面	用混合粘土或三七灰土铺成；有透水性；成本低；无光反射；易维修						√			
6	木	木地板路面	有一定的弹性；步行舒适；防滑；透水性强；成本较高；不耐腐蚀；应选择耐潮湿木料						√	√		
		木砖路面	步行舒适；防滑，不易起翘；成本较高；需做防腐处理；应选择耐潮湿木料						√		√	
		木屑路面	质地松软；透水性强；取材方便；价格低廉；表面铺树皮具有装饰性						√			

(续)

序号	道路分类		路面特点	适用场地							
				车道	人行道	停车场	广场	团路	游乐场	露台	屋顶广场	体育场
7	合成树脂	人工草皮路面	无尘土；排水良好；行走舒适；成本适中；负荷较轻，维护费用高			√	√					
		弹性橡胶路面	具有良好的弹性；排水良好；成本较高；易受损坏，清洗费时							√	√	√
		合成树脂路面	行走舒适、安静；排水良好；需定期维修；适用于轻载								√	√

3) 路缘石及边沟

路缘石具有确保行人安全、引导交通、保持水土、保护植被、区分路面铺装的功能。路缘石可采用预制混凝土、砖、石料和合成树脂材料，高度为10~15cm为宜。区分路面的路缘，要求铺设高度整齐统一，局部可采用与路面材料相搭配的花砖或石料；绿地与混凝土路面、花砖路面、石路面交界处可不设路缘；与沥青路面交界处应设路缘。

边沟主要用于排水。车行道排水多用带铁箅子的L形边沟和U形边沟；广场地面多用蝶形状和缝型边沟；铺地砖的地面多用加装饰的边沟，要注重色彩的搭配；平面型边沟水箅格栅宽度要参考排水量和排水坡度确定，一般采用25~30cm；缝型边沟的缝隙不小于2cm。

4) 道路车档及缆柱

车档和缆柱是限制车辆通行和停放的路障设施，其造型及设置地点应与道路的景观相协调。车档和缆柱分为固定和可移动式的，固定车档可加锁由私人管理。

车档材料一般采用钢管和不锈钢制作，高度为70cm左右；通常设计间距为60cm；但有轮椅和其他残疾人用车地区，一般按90~120cm的间距设置，并在车档前后设置约1.5m左右的平路，以便轮椅的通行。

缆柱分为有链条式和无链条式两种。缆柱可用铸铁、不锈钢、混凝土、石材等材料制作，缆柱高度一般为40~50cm，可作为街道坐凳使用；缆柱间距宜为1.2m左右。带链条的缆柱间距也可由链条长度决定，一般不超过2m。缆柱链条可采用铁链、塑料链和粗麻绳制作。

3. 场所景观

1) 运动场所

居住区的运动场所分为专用运动场和一般的健身运动场，专用运动场多指网球场、羽毛球场、篮球场和室内外游泳场，这些运动场应按其技术要求由专业人员进行设计。健身运动场应分散在方便居民就近使用又不扰民的区域。

健身运动场包括运动区和休息区。运动区应保证有良好的日照和通风，地面宜选用平整防滑适于运动的铺装材料，同时满足易清洗、耐磨、耐腐蚀的要求。室外健身器材要考虑老年人的使用特点，采取防跌倒措施。休息区布置在运动区周围，供健身运动的居民休息和存放物品，休息区宜种植遮阳乔木，并设置适量的坐椅。

2）休闲广场

休闲广场应设在居住区人流集散地（如中心区、主入口处），面积应根据项目规模和规划设计要求确定，形式宜结合地方特色和建筑风格考虑。

广场周边宜种植适量庭荫树和休息坐椅，为居民提供休息、活动、交往的设施，在不干扰邻近居民休息的前提下保证适度的灯光照度。

广场铺装以硬质材料为主，形式及色彩搭配应具有一定的图案感，不宜采用无防滑措施的光面石材、地砖、玻璃等，如图6.137所示。广场出入口应符合无障碍设计要求。

3）游乐场

游乐场的设计要求如下。

（1）儿童游乐场应该在景观绿地中划出固定的区域，一般均为开敞式。游乐场地必须阳光充足，空气清洁，能避开强风的袭扰。

（2）应与居住区的主要交通道路相隔一定距离，减少汽车噪声的影响并保障儿童的安全。游乐场的选址还应充分考虑儿童活动产生的嘈杂声对附近居民的影响，离居民窗户10m远为宜。

（3）儿童游乐场设施的选择应能吸引和调动儿童参与游戏的热情，兼顾实用性与美观。色彩可鲜艳但应与周围环境相协调，如图6.138所示。

图6.137 休闲广场

图6.138 游乐场

（4）游戏器械选择和设计应尺度适宜，避免儿童被器械划伤或从高处跌落，可设置保护栏、柔软地垫、警示牌等。居住区中心较具规模的游乐场附近应为儿童提供饮用水和游戏水，便于儿童饮用、冲洗和进行筑沙游戏等。

（5）儿童游乐场周围不宜种植遮挡视线的树木，保持较好的可通视性，便于成人对儿童进行目光监护。

4. 硬质景观

硬质景观是相对种植绿化这类软质景观而确定的名称，泛指用质地较硬的材料组成的景观。硬质景观主要包括雕塑小品、围墙/栅栏、挡墙、坡道、台阶及一些便民设施等。

1）雕塑小品

雕塑小品能够与周围环境共同塑造出一个完整的视觉形象，同时赋予景观空间环境以生气和主题，通常以其小巧的格局、精美的造型来点缀空间，使空间诱人而富于意境，从而提高整体环境景观的艺术境界,如图 6.139、图 6.140 所示。雕塑按使用功能分为纪念性、主题性、功能性与装饰性雕塑等。从表现形式上可分为具象和抽象、动态和静态雕塑等。

图 6.139 雕塑小品(一)

图 6.140 雕塑小品(二)

雕塑小品的设计要求如下。

(1) 雕塑在布局上一定要注意与周围环境的关系,恰如其分地确定雕塑的材质、色彩、体量、尺度、题材、位置等,展示其整体美、协调美。

(2) 应配合居住区内建筑、道路、绿化及其他公共服务设施而设置,起到点缀、装饰和丰富景观的作用。特殊场合的中心广场或主要公共建筑区域,可考虑主题性或纪念性雕塑。

(3) 雕塑应具有时代感,要以美化环境、保护生态为主题,体现居住区的特点和人文精神,尺度不宜大,要有人情味。

(4) 雕塑的材料应能耐久,石料、金属材料、混凝土、玻璃钢等都可用于雕塑,雕塑也可作为喷泉设计的组成部分。

2) 便民设施

居住区便民设施包括有音响设施、垃圾容器、坐椅(具)、饮水器及书报亭、公用电话、邮政信报箱等。便民设施应容易辨认,其选址应注意减少混乱且方便易达。在居住区内,宜将多种便民设施组合为一个较大单体,以节省户外空间和增强场所的视景特征。

(1) 音响设施。在居住区户外空间中,宜在距住宅单元较远地带设置小型音响设施,并适时地播放轻柔的背景音乐,以增强居住空间的轻松气氛。音响外形可结合景物元素设计;高度取 0.4~0.8m 为宜,保证声源能均匀扩放,无明显强弱变化;放置位置应相对隐蔽。

(2) 垃圾容器。垃圾容器是保持居住区环境清洁的重要设施,分为固定式和移动式两种,一般设在道路两侧和居住单元出入口附近位置。垃圾容器要求造型优美、色彩鲜明,起点缀景观的作用,同时应符合垃圾分类收集的要求。普通垃圾箱的规格为高 0.6~0.8m,宽 0.5~0.6m;放置在公共广场的要求较大,高宜在 0.9m 左右,直径不宜超过 0.75m。

垃圾容器造型应便于使用和清扫,并且与周围景观相协调产品,要求坚固耐用,不易倾倒,一般可采用金属、塑料、混凝土、陶瓷及木材等材料制作。

(3) 坐椅(具)。坐椅(具)是居住区重要的休闲设施,也是重要的景观因素。坐椅(具)

设计应结合环境规划来考虑坐椅的造型和色彩，力争简洁适用。坐椅(具)的设计要求如下。

① 室外坐椅(具)的选址应注重居民的休息和观景，一般布置在适宜于停留、较僻静的地点。坐椅(具)还可以结合桌、大树、花坛、水池设计成组合体，构成休息空间。

② 室外坐椅(具)的设计应满足人体舒适度要求，普通座面高 0.38～0.4m，座面宽 0.4～0.45m，长度为：单人椅 0.6m 左右，双人椅 1.2m 左右，3 人椅 1.8m 左右，靠背坐椅的靠背倾角为 100°～110°为宜。

③ 坐椅(具)材料多为木材、石材、混凝土、陶瓷、金属、塑料等，木制坐椅(具)最为舒适，而用其他材料制作则更为耐用。坐椅(具)转角处应做磨边倒角处理。

(4) 饮水器(饮泉)。饮水器是居住区街道及公共场所为满足人的生理卫生要求经常设置的供水设施，同时也是街道上的重要装点之一。饮水器(饮泉)的设计要求如下。

① 饮水器分为悬挂式饮水设备、独立式饮水设备和雕塑式水龙头等。

② 饮水器的高度宜在 0.8m 左右，供儿童使用的饮水器高度宜在 0.65m 左右，并应安装在高度 0.1～0.2m 的踏台上。饮水器的结构和高度还应考虑轮椅使用者的方便。

3) 信息标志

居住区信息标志可分为名称标志、环境标志、指示标志、警示标志 4 类，见表 6-5。信息标志的位置应醒目，且不对行人交通及景观环境造成妨害。标志的色彩、造型设计应充分考虑其所在地区建筑、景观环境以及自身功能的需要。标志的用材应经久耐用，不易破损，方便维修。各种标志应确定统一的格调和背景色调以突出物业管理形象。

表 6-5 居住区主要信息标志

标识类别	标志内容	通用场所
名称标志	标志牌；楼号牌；树木名称牌	
环境标志	小区示意图	小区入口大门
	街区示意图	小区入口大门
	居住组团示意图	居住组团入口
	停车场导向图；公共设施分布示意图；自行车停放处示意图；垃圾站示意图	
	告示牌	会所、物业楼
指示标志	出入口标志；导向标志；机动车导向标志；自行车导向标志；步道标志；定点标志	
警示标志	禁止入内标志	变电所、变压器等
	禁止踏入标志	草坪

4) 栏杆/扶手

栏杆具有拦阻功能，也是分隔空间的一个重要构件。设计时应结合不同的使用场所，首先要充分考虑栏杆的强度、稳定性和耐久性；其次要考虑栏杆的造型美，突出其功能性和装饰性。常用材料有铸铁、铝合金、不锈钢、木材、竹子、混凝土等。

栏杆大致分为 3 种：① 矮栏杆，高度为 30～40cm，不妨碍视线，多用于绿地边缘，也用于场地空间领域的划分；②高栏杆，高度在 90cm 左右，有较强的分隔与拦阻作用；③防护栏杆，高度在 100~120cm，超过人的重心，以起防护围挡作用，一般设置在高台的边缘，可使人产生安全感。

扶手通常设置在坡道、台阶两侧，高度为 90cm 左右，室外踏步级数超过了 3 级时必须设置扶手，以方便老人和残障人使用。

5) 围栏/栅栏

围栏和栅栏具有限人、防护、分界等功能，立面构造多为栅状和网状、透空和半透空等形式，一般采用铁、钢、木、铝合金、竹等材料，高度和间距应该符合相关规定。

6) 挡土墙

挡土墙的形式根据建设用地的实际情况经过结构设计确定。按照结构形式可以分为重力式、半重力式、悬臂式和扶臂式挡土墙，按照形态可以分为直墙式和坡面式。

挡土墙的外观质感由用材确定，直接影响到挡墙的景观效果。毛石和条石砌筑的挡土墙要注重砌缝的交错排列方式和宽度；预制混凝土块挡土墙应设计出图案效果；嵌草皮的坡面上需铺上一定厚度的种植土，并加入改善土壤保温性的材料，利于草根系的生长。

7) 坡道

坡道是交通和绿化系统中重要的设计元素之一，直接影响到使用和感观效果。坡道的设计要求如下。

(1) 居住区道路最大纵坡不应大于 8%；园路不应大于 4%；自行车专用道路最大纵坡控制在 5% 以内；轮椅坡道一般为 6%，最大不超过 8.5%，并采用防滑路面，人行道纵坡不宜大于 2.5%。

(2) 园路、人行道坡道宽一般为 1.2m，但考虑到轮椅的通行，可设定为 1.5m 以上，有轮椅交错的地方其宽度应达到 1.8m。

8) 台阶

台阶在园林设计中起到不同高程之间的连接作用和引导视线的作用，可丰富空间的层次感，尤其是高差较大的台阶会形成不同的近景和远景的效果。台阶的设计要求如下。

(1) 台阶的踏步高度(h)和宽度(b)是决定台阶舒适性的主要参数，两者的关系如下：$2h+b=60~66$(cm)为宜，一般室外踏步高度设计为 12~16cm，踏步宽度 30~35cm，低于 10cm 的高差，不宜设置台阶，可以考虑做成坡道。

(2) 台阶长度超过 3m 或需改变攀登方向处，应在中间设置休息平台，平台宽度应大于 1.2m，台阶坡度一般控制在 1/4~1/7 以内，踏面应做防滑处理，并保持 1% 的排水坡度。

(3) 为方便人们晚间行走，台阶附近应设照明装置或在台阶踏步上暗装地灯。

(4) 过水台阶和跌流台阶的阶高可依据水流效果确定，同时也要考虑防滑处理。

9) 种植容器

(1) 花盆(坛)。花盆(坛)是景观设计中传统种植器的一种形式。花盆具有可移动性和可组合性，能巧妙地点缀环境，烘托气氛。花盆(坛)的设计要求如下。

① 花盆(坛)的尺寸应适合所栽种植物的生长特性，有利于根茎的发育，可按以下标准选择：花草类盆深 20cm 以上，灌木类盆深 40cm 以上，中木类盆深 45cm 以上。

② 花盆(坛)的材料应具备有一定的吸水保温能力，不易引起盆内过热和干燥。花盆(坛)可独立摆放，也可成套摆放，采用模数化设计能够使单体组合成整体，形成大花坛。

③ 花盆(坛)用栽培土应具有保湿性、渗水性和蓄肥性，其上部可铺撒树皮屑作为覆

盖层，起到保湿装饰作用，并在盆（坛）底设排水口。

(2) 树池/树池箅。树池是树木移植时根球（根钵）的所需空间，一般由树高、树径、根系的大小所决定。树池深度至少深于树根球以下 25cm。树池箅是树木根部的保护装置，它既可保护树木根部免受践踏，又便于雨水的渗透和步行人的安全。树池箅应选择能渗水的石材、卵石、砾石等天然材料，也可选择具有图案拼装的人工预制材料，如铸铁、混凝土、塑料等，这些护树面层宜做成格栅状，并能承受一般的车辆荷载，如图 6.141、图 6.142 所示。

图 6.141 种植容器（一）

图 6.142 种植容器（二）

10) 入口造型

居住区入口的空间形态应具有一定的开敞性，入口标志性造型（如门廊、门架、门柱、门洞等）应与居住区整体环境及建筑风格相协调，避免盲目追求豪华和气派。应根据住区规模和周围环境特点确定入口标志造型的体量尺度，达到新颖简单、轻巧美观的要求。同时要考虑与保安值班等用房的形体关系，构成有机的景观组合。

住宅单元入口是住宅区内体现院落特色的重要部位，入口造型设计（如门头、门廊、连接单元之间的连廊）除了功能要求外，还要突出装饰性和可识别性，如图 6.143、图 6.144 所示。要考虑安防、照明设备的位置和与无障碍坡道之间的相互关系，达到色彩和材质上的统一。所用建筑材料应具有易清洗不易碰损等特点。

图 6.143 入口造型（一）

图 6.144 入口造型（二）

5. 水体景观

水体景观设计应结合项目所在地的气候、地形及水源条件。南方干热地区应尽可能为居住区居民提供亲水环境,北方地区在设计不结冰期的水景时,还必须考虑结冰期的枯水景观。

1) 自然水景

自然水景与海、河、江、湖、溪相关联。自然水景设计必须服从原有自然生态景观以及自然水景与局部环境水体的空间关系。通过正确利用借景、对景等手法,融合居住区内部和外部的景观元素,形成纵向景观、横向景观和鸟瞰景观,创造出新的亲水居住环境。

(1) 驳岸。驳岸是亲水景观中应重点处理的部位。驳岸与水线形成的连续景观线是否能与环境相协调,不但取决于驳岸与水面间的高差关系,还取决于驳岸的类型及用材。对居住区中的沿水驳岸(池岸),无论规模大小,无论是规则几何式驳岸(池岸)还是不规则驳岸(池岸),驳岸的高度、水的深浅设计都应满足人的亲水性要求,驳岸(池岸)尽可能贴近水面,以人手能触摸到水为最佳。亲水环境中的其他设施(如水上平台、汀步、栈桥、栏索等)也应以人与水体的尺度关系为基准进行设计,如图 6.145 所示。

(2) 景观桥。桥在自然水景和人工水景中都起到不可缺少的景观作用,其功能作用主要有:形成交通跨越点;横向分割河流和水面空间;形成地区标志物和视线集合点;眺望河流和水面的良好观景场所,其独特的造型具有自身的艺术价值。景观桥分为钢制桥、混凝土桥、拱桥、原木桥、锯材木桥、仿木桥、吊桥等。居住区一般采用木桥、仿木桥和石拱桥为主,体量不宜过大,应追求自然简洁,精工细做,如图 6.146 所示。

图 6.145 自然水景——驳岸

图 6.146 景观桥

(3) 木栈道。邻水木栈道为人们提供了行走、休息、观景和交流的多功能场所。由于木板材料具有一定的弹性和粗朴的质感,因此行走其上比一般石铺砖砌的栈道更为舒适,多用于要求较高的居住环境中。木栈道所用木料必须进行严格的防腐和干燥处理。

2) 庭院水景

庭院水景通常为人工化水景。根据庭院空间的不同,采取多种手法进行引水造景(如叠水、溪流、瀑布、涉水池等),在场地中有自然水体的景观要保留利用,进行综合设计,使自然水景与人工水景融为一体。

(1) 瀑布。瀑布按其跌落形式分为滑落式、阶梯式、幕布式、丝带式等多种,并模仿自然景观,采用天然石材或仿石材设置瀑布的背景和引导水的流向(如景石、分流石、承瀑石等),如图 6.147 所示。考虑到观赏效果,不宜采用平整饰面的白色花岗石作为落水墙体。为了确保瀑布沿墙体、山体平稳滑落,应对落水口处山石做卷边处理,或对墙面做坡面处理。瀑布因其水量不同,会产生不同视觉、听觉效果,因此,落水口的水流量和落水高差的控制成为设计的关键参数。

(2) 溪流。溪流的形态应根据环境条件、水量、流速、水深、水面宽和所用材料进行合理的设计。溪流分可涉入式和不可涉入式两种。可涉入式溪流的水深应小于 0.3m，以防止儿童溺水，同时水底应做防滑处理。可供儿童嬉水的溪流，应安装水循环和过滤装置。不可涉入式溪流宜种养适应当地气候条件的水生动植物，增强观赏性和趣味性。

溪流的坡度应根据地理条件及排水要求而定。普通溪流的坡度宜为 0.5%，急流处为 3% 左右，缓流处不超过 1%。溪流宽度宜在 1~2m，水深一般为 0.3~1m，超过 0.4m 时，应在溪流边采取防护措施（如石栏、木栏、矮墙等）。为了使居住区内环境景观在视觉上更为开阔，可适当增大宽度或使溪流蜿蜒曲折。溪流水岸宜采用散石和块石，并与水生或湿地植物的配置相结合，减少人工造景的痕迹，如图 6.148 所示。

图 6.147 瀑布

图 6.148 溪流

(3) 生态水池/涉水池。生态水池是适于水下动植物生长，又能美化环境、调节小气候供人观赏的水景。在居住区里的生态水池多饲养观赏鱼虫和习水性植物（如鱼草、芦苇、荷花、莲花等），营造动物和植物互生互养的生态环境。

水池的深度应根据饲养鱼的种类、数量和水草在水下生存的深度而确定。一般在 0.3~1.5m，为了防止陆上动物的侵扰，池边平面与水面需保证有 0.15m 的高差。池壁与池底以深色为佳。不足 0.3m 的浅水池，池底可做艺术处理，显示水的清澈透明。池底与池畔宜设隔水层，池底隔水层上覆盖 0.3~0.5m 厚土，种植水草。

涉水池可分水面下涉水和水面上涉水两种。水面下涉水主要用于儿童嬉水，其深度不得超过 0.3m，池底必须进行防滑处理，不能种植苔藻类植物。水面上涉水主要用于跨越水面，应设置安全可靠的踏步平台和踏步石（汀步），面积不小于 0.4m×0.4m，并满足连续跨越的要求。上述两种涉水方式应设水质过滤装置，保持水的清洁，以防儿童误饮池水。

3) 泳池水景

泳池水景以静为主，营造一个让居住者在心理和体能上的放松环境，同时突出人的参与性特征（如游泳池、水上乐园、海滨浴场等）。居住区内设置的露天泳池不仅是锻炼身体和游乐的场所，也是邻里之间的重要交往场所。泳池的造型和水面也极具观赏价值。

居住区泳池平面不宜做成正规比赛用池，池边尽可能采用优美的曲线，以加强水的动感，如图 6.149、图 6.150 所示。泳池根据功能需要尽可能分为儿童泳池和成人泳池，儿童泳池深度为 0.6~0.9m，成人泳池为 1.2~2m。儿童池与成人池可统一考虑设计，一般将儿童池放在较高位置，水经阶梯式或斜坡式流入成人泳池，既保证了安全又可丰富泳池的造型。

图 6.149　泳池(一)

图 6.150　泳池(二)

池岸必须做圆角处理，铺设软质渗水地面或防滑地砖。泳池周围多种灌木和乔木，并提供休息和遮阳设施，有条件的小区可设计更衣室和供野餐的设备及区域。

4) 装饰水景

装饰水景是通过人工对水流的控制(如排列、疏密、粗细、高低、大小、时间差等)达到艺术效果，并借助音乐和灯光的变化产生视觉上的冲击，进一步展示水体的活力和动态美，满足人的亲水要求。装饰水景能够烘托环境，往往构成环境景观的中心。

(1) 喷泉。居住区内设置喷泉可以形成动态特色景观和活泼气氛，如图 6.151 所示。在炎热地区，喷泉还可改善局部小气候。喷泉常结合雕塑和嬉水池设计，居住区的喷泉以中小型为宜，水循环系统必须简单可靠，便于操作。喷泉是完全靠设备制造出的水量，对水的射流控制是关键环节，采用不同的手法进行组合，会出现多姿多彩的变化形态。

(2) 倒影池。光和水的互相作用是水景景观的精华所在，倒影池就是利用光影在水面形成的倒影，扩大视觉空间，丰富景物的空间层次，增加景观的美感，如图 6.152 所示。倒影池极具装饰性，可做得十分精致，无论水池大小都能产生特殊的借景效果，花草、树木、小品、岩石前都可设置倒影池。

图 6.151　装饰水景——喷泉

图 6.152　装饰水景——倒影池

倒影池的设计首先要保证池水一直处于平静状态，尽可能避免风的干扰；其次是池底要采用黑色和深绿色材料铺装(如黑色塑料、面砖、沥青胶泥等)，以增强水的镜面效果。

6. 庇护性景观

庇护性景观是居住区中重要的交往空间，是居民户外活动的集散点，既有开放性，又有遮蔽性，包括亭、廊、棚架、膜结构等景观（图 6.153、图 6.154、图 6.155、图 6.156）。庇护性景观应邻近居民主要步行活动路线，易于通达。并作为一个景观点在视觉效果上加以认真推敲，确定其体量大小。

图 6.153　庇护性景观——亭

图 6.154　庇护性景观——柱廊

图 6.155　庇护性景观——棚架

图 6.156　庇护性景观——膜结构

1) 亭

亭是供人休息、遮荫、避雨或纪念性的建筑。亭的形式、尺寸、色彩、题材等应与居住区景观相协调。亭的高度宜在 2.4～3m，宽度宜在 2.4～3.6m，立柱间距宜在 3m 左右。木制凉亭应选用经过防腐处理的耐久性强的木材。亭的形式和特点见表 6-6，如图 6.153 所示。

表 6-6　亭的形式和特点

名　　称	特　　点
山亭	设置在山顶或人造假山石上，多属于标志性构筑物
靠山半亭	靠山体、假山石建造，显露半个亭身，多用于中式园林
靠墙半亭	靠墙体建造，显露半个亭身，多用于中式园林
桥亭	建在桥中部或桥头，具有遮风避雨和观赏功能

(续)

名　称	特　点
廊亭	与廊相连接的亭，形成连续景观的节点
群亭	由多个亭有机组成，具有一定的体量和韵律
纪念亭	具有特定意义和誉名，或代表院落名称
凉亭	以木制、竹制或其他轻质材料建造，多用于盘结悬垂类蔓生植物，也常作为外部空间通道使用

2）廊

廊以有顶盖为主，可分为单层廊、双层廊和多层廊。廊具有引导人流、视线，连接景观节点和供人休息的功能，其造型和长度也形成了自身有韵律感的连续景观效果。廊与景墙、花墙相结合增加了观赏价值和文化内涵。柱廊是以柱构成的廊式空间，是一个既有开放性，又有限定性的空间，能增加环境景观的层次感。柱廊一般无顶盖或在柱头上加设装饰构架，靠柱子的排列产生效果，柱间距较大，纵列间距 4~6m 为宜，横列间距 6~8m 为宜，柱廊多用于广场、居住区主入口处，如图 6.154 所示。

廊的宽度和高度设定应按人的尺度比例关系加以控制，避免过宽过高，一般高度宜在 2.2~2.5m 之间，宽度宜在 1.8~2.5m 之间。居住区内建筑与建筑之间的连廊尺度控制必须与主体建筑相适应。

3）棚架

棚架有分隔空间、连接景点、引导视线的作用，由于棚架顶部由植物覆盖而产生庇护作用，同时减少太阳对人的热辐射，如图 6.155 所示。有遮雨功能的棚架，可局部采用玻璃和透光塑料覆盖。适用于棚架（或绿廊）的植物多为藤本植物。棚架下应设置供休息用的椅凳。

棚架形式可分为门式、悬臂式和组合式。棚架高宜 2.2~2.5m，宽宜 2.5~4m，长度宜 5~10m，立柱间距宜 2.4~2.7m。

4）膜结构

张拉膜结构由于其材料的特殊性，能塑造出轻巧多变、优雅飘逸的建筑形态，如图 6.156 所示。作为标志建筑，应用于居住区的入口与广场上；作为遮阳庇护建筑，应用于露天平台、水池区域；作为建筑小品，应用于绿地中心、河湖附近及休闲场所。联体膜结构可模拟风帆海浪形成起伏的建筑轮廓线。居住区内的膜结构设计应适应周围环境空间的要求，不宜做得过于夸张，位置选择需避开消防通道。膜结构的悬索拉线埋点要隐蔽并远离人流活动区。

必须重视膜结构的前景和背景设计。膜结构一般为银白反光色，醒目鲜明，因此要以蓝天、较高的绿树，或颜色偏冷偏暖的建筑物为背景，形成较强烈的对比。前景要留出较开阔的场地，并设计水面，突出其倒影效果。如结合泛光照明可营造出富于想象力的夜景。

7. 模拟景观

模拟景观是现代造园手法的重要组成部分，它是以替代材料模仿真实材料，以人工造景模仿自然景观,以凝固模仿流动,是对自然景观的提炼和补充,运用得当会超越自然景观的局限,达到特有的景观效果。模拟景观包括假山石、人造山石、人造树木、枯水、人工草坪、人工坡地以及人工铺地等,如图6.157、图6.158所示。

图6.157 模拟景观——假山(一)

图6.158 模拟景观——假山(二)

8. 高视点景观

随着居住区密度的增加,住宅层数也越来越高,居住者在很大程度上都处在由高点向下观景的位置,即形成高视点景观。高视点景观设计不但要考虑地面景观序列沿水平方向展开,同时还要充分考虑垂直方面的景观序列和特有的视觉效果,如图6.159、图6.160所示。

图6.159 高视点景观——图案布局

图6.160 高视点景观——水体与色块

高视点景观平面设计强调悦目和形式美,大致可分为两种布局:一是图案布局,即平面布局具有明显的轴线、对称关系和几何形状,通过基地上的道路、花卉、绿化种植物及硬铺装等组合而成,突出韵律及节奏感;二是自由布局,即无明显的轴线和几何图案,通过基地上的园路、绿化种植、水面等组成(如高尔夫球练习场),突出场地的自然变化。

高视点景观的设计要点如下。

1) 强调色块和色调的对比

在点线面的布置上,高视点景观设计应该尽量少采用点和线,更多地强调面,即色块和色调的对比。色块由草坪色、水面色、铺地色、植物覆盖色等组成，相互之间需搭配合理，并以大色块为主，色块轮廓尽可能清晰。

2) 突出植物绿化的疏密对比

种植物应形成簇团状，不宜散点布置。草坪和辅地作为树木的背景要求显露出一定比例的面积，不宜采用灌木和乔木进行大面积覆盖。树木在光照下形成的阴影轮廓应能较完整地投在草坪上。

3) 重视对水体的艺术处理

水面在高视点设计中占重要地位，只有在高点上才能看到水体的全貌或水池的优美造型。因而要对水池和泳池的底部色彩和图案进行精心的艺术处理（如贴反光片或勾画出海洋动物形象），充分发挥水的光感和动感，给人以意境之美。

4) 对居住区平面进行色彩处理

视线之内的屋顶、平台（如亭、廊等）必须进行色彩处理遮盖（如盖有色瓦或绿化），改善其视觉效果。基地内的活动场所（如儿童游乐场、运动场等）的地面铺装要求做色彩处理。

9. 照明景观

居住区照明景观包括车行照明、人行照明、场地照明、装饰照明、安全照明、特写照明等。居住区室外景观照明的目的主要有4个方面：①增强对物体的辨别性；②提高夜间出行的安全度；③保证居民晚间活动的正常开展；④营造环境氛围。

照明作为景观素材进行设计，既要符合夜间使用功能，又要考虑白天的造景效果，必须设计或选择造型优美别致的灯具，使之成为一道亮丽的风景线。

6.5 房地产项目配套设计策划

配套设施是住宅房地产项目的重要组成部分，是保证住宅使用功能的基本条件，是增进居民之间的交流、提高居民文化素质、调节住户心理状态、丰富社区文化生活、改善社区生活环境的必要条件，也是房地产实现房地产保值增值的重要条件。

6.5.1 居住区配套设施的类型

住宅房地产项目的配套设施按照不同的标准具有不同的分类。

1. 按照经济属性划分

根据配套设施的经济属性可将房地产项目的配套设施划分为公共产品、准公共产品和私人产品。公共产品是指为整个社会共同消费的、具有消费或使用上的非竞争性和受益上的非排他性的产品，比如小学与初中的教学设施，街道办事处、居委会、派出所等办公房，公交车站，公厕等配套设施。私人产品是指与个人日常生活中衣食住行直接相关的，人们要消费这种物品就得支付其市场价格的产品，在消费上具有竞争性和排他性，比如居住区中的会所、菜场、银行、停车场等配套设施。准公共产品是介于公共产品和私人产品之间的产品，准公共产品又称"混合产品"，通常只具备上述竞争性和排他性两个特性中的一个，而另一个则表现为不充分，比如高级中学、医院、邮局、敬老院等。

经济属性决定供给方式。外部效益大的公共产品和准公共产品的供应由于缺乏市场动力，产生了市场失灵而无法通过市场供给，因此，其建设和维护只能由政府按照一定的方式统一组织提供，政府可以通过收费等形式取得资金用于配套设施中公共产品的建设。而开发商则应该是私人产品的建设主体，由开发商负责私人产品的建设，产权归开发商所有。

2. 按照使用功能划分

按照配套设施的使用功能不同，可以将其划分为教育设施（包括托儿所、幼儿园、小学、初中、高中等）、文化体育设施（比如图书馆、体育场、综合活动中心——会所等）、医疗卫生设施（比如医院、门诊部、社区卫生站等）、商业设施（比如超市、菜场、酒店、旅馆等）、金融邮电设施（比如银行、邮局等）、社区服务设施（比如物业管理处、敬老院、残疾人康复托养所、停车场（库）、自行车库、社区综合服务部等）、行政管理设施（街道办事处、派出所、居委会等）、市政公用设施（比如公厕、垃圾站、公交车站、加油站等）等。

3. 按照服务范围划分

按照服务范围大小的不同，居住区配套设施大致可以分为楼宇配套设施、小区配套设施和居住区配套设施等类型。楼宇配套设施是指主要为某一栋住宅楼服务的配套设施，比如楼宇内的水电设施（包括供水、排水、强电、弱电等）、供热及供冷设施、供气设施、安全监控设施（比如可视对讲、紧急呼叫、自动报警、门禁系统等）、通信信息系统（比如电话、电视、网络等）以及楼宇智能化设施（比如水、电、气等远程抄表系统，电子公告系统，电梯运行监控系统，家庭自动报警系统，家电遥控系统等）等。小区配套设施包括会所、车库、安保（比如电子监控设施等）、灯光、背景音乐以及社区管理智能化（比如三方可视对讲系统、车辆管理系统、社区一卡通系统等）等配套设施。据居住区配套设施包括教育、文化体育、医疗卫生、公交、商业、菜场、环卫等配套设施。

6.5.2 居住区配套设施建设存在的问题

1. 配套建设滞后

目前大多数地方实行"谁建设，谁配套"管理办法。但是由于受经济利益驱动，开发商通常只侧重于住宅的开发和销售，在配套建设上往往与住宅建设不同步，甚至有些开发商对规划要求的建设内容拖延建设甚至改变规划，将公共配套设施尤其是公益性配套设施用地改做住宅或其他营利性设施，给住户入住以后的生活造成很大的不便。

2. 缺乏统一规划

在一些城市新区，由于政府缺少前期统一规划，使得不少地方的学校、医院等公共配套设施与居住区建设规划缺乏有机衔接，开发商往往需要自行进行配套设施建设，则会造成配套设施的布局不尽合理。比如一些小型房地产项目由于无力独自承担配套建设费用而缺乏相应设施，而一些大型房地产项目虽然有能力进行配套建设，但其所建设的配套设施往往采取封闭式管理，主要面向本项目住户，配套设施的利用率不高，缺乏社会共享性，从而造成了资源浪费,而如果一个单位建设的配套设施向其他项目开放,又会造成不同项目之间不能公平负担配套设施建设费用的问题。

3. 建设标准单一

目前大多数城市规定的居住区配套设施建设标准仅由一套平均指标来控制,没有考虑项目的特殊情况,比如项目所处的不同区位、档次以及居住人口的结构、收入水平等。比如对于城市中心地段的项目,由于周边已经有较丰富的公共设施,其所需的配套设施可以适当降低标准,以避免重复建设造成的浪费;而对位于城郊的项目,通常需要完全依赖自身的配置设施解决居民日常生活需要,因此其配套设施的种类、规模、选址等要求较高。又如,中低档项目主要面向工薪阶层,其配套设施应以基本设施、商业、交通、服务网点、普通会所及文体设施为主;而高档社区主要针对富裕阶层,需要更多的娱乐休闲设施以及与提高生活舒适程度相关的各类服务设施,如会所、网球场甚至高尔夫练习场等。

4. 经济实用性差

现实中不少房地产项目在配套设施建设中贪大求全,盲目追求高档化,没有认真考虑建成后的运营管理问题,造成配套设施既不经济又不实用。过于奢侈豪华的配套设施,收费高了无人消费,收费低了亏损严重,有些设施于是便成了摆设。比如有些小区中的游泳池,由于后期维护费用居高不下,加之物业管理费较低,使游泳池的水几个月才能换一次,造成水质很差,从而形成业主不愿意使用而企业则无力管理的恶性循环局面。

6.5.3 居住区配套设施设计的原则

1. 配套设施应充分利用社会资源

由于配套设施对项目销售的重要性,因此很多开发商纷纷扩大配套范围、提高配套标准,小到商店、餐馆,大到学校、医院甚至公交等,形成了一股"小区办社会"潮流。这对项目销售无疑是有利的,尤其是那些规模巨大的楼盘。但这种"小区办社会"的配套模式也存在很大的问题:一是加大项目开发建设成本;二是造成配套设施资源的浪费,加大运行成本,这些增加的建设和运营成本最终还是要由住户承担。因此,为避免上述问题,开发商首先应该充分地利用社会资源,避免因不必要的重复建设而引起浪费,比如可以通过与名校联姻,建立名校的分校区等,既扩大了影响又避免了"项目办校"的经验不足等。

2. 配套设施应努力实现共享

由于实行的是"谁建设,谁配套,谁受益"的原则,很多房地产项目尤其是城市郊区楼盘的开发商往往独自进行配套设施的建设,建成后不对外开放而实行封闭式管理。这就造成了很多地方的小规模项目由于实力有限而缺乏配套,而大项目则配套浪费的不平衡现象。因此,在项目规划设计阶段,同一区块的开发商应该进行充分协调,通过多个项目之间的合作建设与使用共享来解决单个项目独自建设与运营公共配套设施成本过高的问题,这样既解决了配套问题，同时又降低了建设与运营成本。

3. 配套设施既要经济适用又要适当超前

相对写字楼来说，住宅项目的业主对住宅物业的价格以及今后的运行管理费用等比较敏感，因此在保证功能和服务质量的前提下尽量降低建设费用和运行成本是十分必要的，也就是配套设施建设要坚持适用性，比如目前有些项目的住宅智能系统的功能与建设标准往往往智能大厦的标准上靠是没有必要的。但是对于那些需求增长很快、技术更新迅速的配套设施则要有适当的超前性，比如车库（车位）必须考虑到今后小区业主拥有汽车的可能性，而在网络综合布线时也要为今后的技术升级和改造留有一定的可扩充性，即在坚持经济性的大原则下，局部的配套设施系统应该具有适当的超前性。

4. 配套设施要与住宅同步甚至先行建设

随着消费者对住宅配套设施的重视程度越来越高，不少开发商在销售阶段也会大力宣传本项目的配套设施如何的齐全甚至豪华，但此时绝大部分所谓的配套设施往往还处于图纸设计甚至规划阶段，展示给消费者的仅仅是一些效果图或楼盘模型。在实际房地产开发中，由于开发商缺乏诚信的现象经常发生，造成消费者通常对开发商的承诺将信将疑，往往担心项目建成以后开发商无法兑现购房时对配套设施的承诺。如此一来，开发商宣传配套设施的努力和效果也会大打折扣。因此，为了消除消费者对开发商后期无法兑现配套设施的承诺，可以在住宅建设过程中同步建设相应的配套设施，而不是通常的"先建设，再配套"，甚至可以先行建设配套设施，给消费者一个实实在在的感受，使消费者眼见为实，从而赢得消费者的信任，树立项目的市场形象和品牌。

6.5.4 居住区配套设施设计的具体要求

1. 教育设施

教育设施（如托儿所、幼儿园、小学、中学等）的配套设施应相对围合，设计中应将建筑物与绿化、庭园相结合，形成有机统一、开敞而富于变化的活动空间。校园周围可用绿化与周围环境隔离，校园内布置操场、草坪、文体活动场地，有条件的可设置小游园及生物实验园地等。另外，可设置游戏设施、沙坑、体育设施、坐椅、休息亭廊、花坛等小品，为青少年及儿童提供拥有轻松、活泼、幽雅、宁静的气氛和环境，促进其身心健康和全面发展，该用地绿化应选择生长健壮、病虫害少，管理粗放的树种。

2. 文化体育设施

文化体育设施包括图书馆、电影院、体育场以及综合活动中心——会所等。这类配套设施应该为开敞空间，设计中可令各类建筑设施呈辐射状与广场绿地直接相连，使绿地广场成为大量人流集散的中心。用地内绿化应有利于组织人流和车流，同时要避免遭受破坏，为居民提供短时间休息及交往的场所。用地内应设有照明设施、条凳、果皮箱、广告牌、坐椅等小品设施，并以坡道代替台阶，同时要设置公用电话及公共厕所。绿化树种宜选用生长迅速、健壮、挺拔、树冠整齐的乔木，运动场上的草皮应用耐修剪、耐践踏、生长期长的草类。

3. 医疗卫生设施

医疗卫生设施包括医院、门诊部、社区卫生站等，设计中注重使半开敞的空间与自然环境（植物、地形、水面）相结合，形成良好的隔离条件。其专用绿地应做到阳光充足，环境优美，院内种植花草树木，并设置供人休息的坐椅，道路设计中采用无障碍设施，以适宜病员休息、散步。同时，医院用地应加强环境保护，利用绿化等措施防止噪声及空气污染，以形成安静、和谐的气氛，消除病人的恐惧和紧张的心理。该用地内树种宜选用树冠大、遮荫效果好、病虫害少的乔木、中草药及具有杀菌作用的植物。

4. 商业服务设施

商业服务设施包括超市、菜场、酒店、旅馆等，为了给居民提供舒适、便利的购物环境，此类配套设施宜集中布置，形成建筑群体，并布置步行街及小型广场等。该用地内的绿化应能点缀并加强其商业气氛，并设置具有连续性的、有特征标记的设施及树木、花池、条凳、果皮箱、电话亭、广告牌等。用地内的绿化应根据地下管线埋置深度，选择深根性树种，并根据树木与架空线的距离选择不同树冠的树种。

5. 社区管理设施

社区管理设施包括居委会、街道办事处、物业管理等。设计中可以通过乔灌木的种植将各孤立的建筑有机地结合起来，构成连续围合的绿色前庭，利用绿化弥补和协调各建筑之间在尺度、形式、色彩上的不足，并缓和噪声及灰尘对办公的影响，从而形成安静、卫生、优美的工作环境。用地内可设置简单的文体设施和宣传画廊、报栏，以活跃居民业余文化生活，绿化方面可栽植庭荫树及多种果树，树下种植耐荫经济植物，并利用灌木、绿篱围成院落。

6. 其他公建设施

比如垃圾站、锅炉房、车库等。此类设施用地宜构成封闭的围合空间，以利于阻止粉尘向外扩散，并可利用植物作屏障，减少噪声，控制外部人们的视线，而且不影响居住区的景观环境。此类用地应设置围墙及树篱、藤蔓等，绿化时应选用对有害物质抗性强，能吸收有害物质的树种，种植枝叶茂密、叶面多毛的乔灌木，墙面、屋顶采用爬蔓植物绿化。

本 章 小 结

设计是决定房地产产品好坏的关键环节，设计策划又称为产品策划。房地产项目设计策划包括总体规划、建筑风格、户型结构、景观环境以及配套设施策划等内容。

总体规划策划是项目其他策划的基础；建筑风格体现项目的形象，具有审美、识别及广告等功能，建筑风格策划主要是确定建筑的空间造型、立面色彩、细部构造以及式样与做法等；户型策划是决定住宅舒适性的主要内容，也是目前住宅项目最常见的设计策划内容；景观环境是体现项目档次、树立项目品牌的重要方面；而配套设施则是满足住宅居住功能必不可少的条件。开发商过去更多地关注户型、风格等建筑单体本身的策划，而目前景观策划、配套策划等内容正得到越来越多的重视。

阅 读 材 料

深圳万科"17英里"项目规划设计策划

1. 项目位置和概况

"17英里"项目位于深圳市龙岗区葵涌镇，开发商为万科房产。项目土地属于海边坡地类型，三面环海，背靠青山，高差约50m。地块形状呈面向西南方向的内弧形状，由此在西向和南向形成两个犄角状半岛，伸入溪涌湾和大鹏湾，直接接触海面处多为礁石。

2. 和山海紧密结合的规划理念

在设计初期，策划人员就确定了营造具有鲜明海边坡地特征和休闲度假特性的高档居住小区，保护原有地貌及区域生态的规划设计理念。住宅组群的规划尽量利用基地本身沿着海岸线迂回弯曲的地形及由高而下的天然山势，营造建筑与自然的整体协调氛围。以高低错落有序的几何立体组合，从而创作出一个富时代感的海岸建筑群。为了降低对自然山体的破坏，在尽量减少斜坡平整的情况下，通过住宅单体的平面设计及布局，做到户户有海景。为了体现资源的合理分配，面积越大住宅越高档，其位置越靠近海岸线，同时要做到不遮挡后面住宅的景观，体现海滨住宅特色。

3. 交通与消防系统

小区交通由北部的盐葵路引入。为尽量减少对原始地貌的破坏。

车行道系统只组织于山坡之上，并尽早地将车辆引下车库。车道的尽端设回车用的广场。小区地面上预留一道横向的地面停车带，地下车库设于高层住宅地下室。

人行系统主要以宽阔的木栈道牵引，垂直交通则由室外电梯承担，将住户由主路送至家门前的花园广场。另一人行交通是横贯小区的休闲步道：分为山间小径和沙滩小径，分别设于不同层面上，让人感受全然不同的郊外景致。

在消防设计上，对于多拼并联住宅，沿建筑一侧做消防车道，并可沿栈道接近多拼和双拼住宅。尽端路的尽头设回车广场供消防车掉头。高层公寓住宅则沿周边布置环绕车道。为争取户户海景，多拼的住宅之间有局部侧墙间距不足6m，较高的一侧墙设计为防火墙。

4. 景观环境设计

"17英里"项目具有非常独特的自然环境，面朝蔚蓝深邃的大海，背靠翠绿的山坡。除了自然海岸景色外，还有周围山坡绿地，公用花园，天然及人造的景观，各住宅群本身及之间的庭院，在整体的布局上相互串联，使在不同的路径上，都能享受到不同层次的景观。天然及人造的景观相互衬托，相得益彰浑然一体。

5. 建筑设计

在住宅的设计中，策划人员确定了下面3条设计原则：①通过合理布局，户户海景，充分引入海洋资源优势，体现家住海边的特色；②坡地住宅居住的层面与竖向分开，最大限度地延伸环境至建筑空间之中，实现真正意义的融合；③立面设计采用纯现代风格，简洁质朴而轻盈，是大海边的精致点缀，融于山海之间。

6. 配套设施

住宅区内的配套设施安排在两座建筑物的架空层内,以及结合地下层泳池等设施,包括商场及会所两部分,商场方面包括了日常需要的超市,还设有医疗、洗衣、家政及社区活动室等。住客会所方面则设网球场、室外泳池、健身中心、桌球室、游戏室、SPA和桑拿等,满足住客的实用需求。在B栋建筑屋顶设有200m^{2}的西餐厅及100m^{2}的会议室。

通过精心策划和设计,一个赏心悦目的海滨住宅项目出现在了深圳东部海岸大鹏湾畔。在"17英里",住宅是融入山海自然中的点缀,大自然永远是美丽的主角。2003年,深圳万科"17英里"项目荣获中国建筑艺术奖住宅类优秀奖。

(资料来源:房策天下网 http://www.swotbbs.com/)

思考与讨论

1. 房地产项目设计主要是设计师的工作,为何还要强调设计策划?
2. 单体建筑的平面布局有哪几种形式?各有什么优缺点?
3. 建筑群体平面布局的类型有哪些?分别有什么特点?
4. 住宅房地产项目实行人车分流有何好处?
5. 住宅房地产项目需要设置哪些管线系统?
6. 建筑风格通过哪些建筑要素体现出来?
7. 西方建筑有哪些常见的建筑风格?分别有哪些特点?
8. 中国传统建筑风格有哪些类型?分别有哪些特点?
9. 目前我国住宅房地产市场上常见的建筑风格有哪些?有何特点?
10. 户型策划主要策划哪些内容?
11. 户型设计有哪些主要原则?举例说明户型设计的地域性。
12. 户型设计中的功能分区原则包括哪些方面?
13. 客厅、卧室、餐厅、厨房、卫生间、门厅、阳台及储藏室等设计有何具体要求?
14. 住宅房地产项目景观设计包括哪些内容?
15. 景观设计有哪些重要原则?为什么要遵循这些原则?
16. 住宅房地产项目常见景观要素的具体设计要求有哪些?
17. 住宅房地产项目需要配置哪些配套设施?
18. 目前房地产开发项目中的配套设施存在哪些问题?
19. 住宅房地产项目配套设施设计有哪些原则?
20. 住宅房地产项目常见配套设施的具体设计要求有哪些?

第7章
房地产项目营销策划

本章教学要求

1. 了解：营销策略的概念以及类型；房地产价格的影响因素；房地产广告目标的类型及确定；房地产广告主题、广告诉求、广告节奏的概念；房地产广告媒体的类型；房地产项目形象策划的途径。

2. 熟悉：营销策划的概念以及内容；房地产营销渠道的种类、各自的优缺点及其适用范围；商品房价格的构成；房地产定价目标的类型；房地产价格调整的原因、类型、时机；房地产项目的促销手段；房地产广告预算的组成；房地产广告效果的评价方法。

3. 掌握：开盘定价、过程定价、时点定价及尾盘定价策略；成本定价法、需求定价法、竞争定价法及市场比较定价法；房地产价格调整的方式及技巧；房地产广告的内容及媒体选择；房地产广告预算的制定方法；房地产项目形象策划的具体要求。

导入案例

杭州世贸丽晶城的终端攻略

浙江建工房地产开发集团有限公司(以下简称"建工房产")是杭州一家专注于大型商务地产、景观公寓、风景小镇、度假别墅等高端产品开发的品牌开发商。至2002年，当时的建工房产已经在杭州市中心开发超过10个大型项目，在业内以写字楼专家著称。但是由于专注于只为大客户度身定制写字楼物业，使得开发商缺乏自己的品牌，在业外也缺乏影响力，而且开发商也没有直接面对普通消费者的经验，甚至连营销部和企划部这些开发商的常设部门也没有，对于如何掌握房地产销售的终端消费者，该公司几乎是完全陌生的。

2002年，建工房产开始酝酿一个全新的项目——世贸丽晶城。"全新"的意义在于，该项目不仅是浙江省首个大型建筑综合体项目(在一个楼盘中综合了写字楼、公寓、酒店、酒店式公寓、商场的大型建筑群)，而且还要面临"全新"客户和销售对象的挑战，用最快的速度在这个已经有很强竞争对手的市场中迅速打造一支营销策划队伍，迅速掌握对终端的控制力。要解释这样的全新楼盘概念并不是最困难的，"对谁说"、"怎么说"才是真正的问题，世贸丽晶城必须要解决这样两个与销售终端相关的问题。

在"对谁说"的问题上，世贸丽晶城的思路是：对于这样一种高端产品，不能采用贩卖兜售的方式，甚至不必直接向购买者宣传，宣传的重点应该放在消费者身边的那些意见领袖上，要抓住专业人士，对专业人士诉说，最终通过业内人士影响业外普通消费者。2002年年底，世贸丽晶城在整个推广活动的开始之前就进行了大规模、高频度的业内推广：广泛地拜访同行，让他们了解世贸丽晶城，并对方案设计、定位提意见，这不仅在短期内迅速地完成了向同行的学习、取经，更关键的是被杭州的业内同行广泛了解和高度关注。

在此基础上，世贸丽晶城在2003年开始了一个定位高端、坚持走精品路线的全面产品宣传攻势，启动了"怎么说"：先将区块隆重推出，致力于强化世贸黄龙区为杭州最高档商务区的概念；邀请最好的全球设计团队，不断提升楼盘的设计品质，向客户不断展现楼盘的种种可能性；花费500万在项目旁造一个全面彰显品质的展示中心；侧重鼓励高学历人群购买，吸引了不少世界知名学者、教授和高学历人群进行客户登记；参加各种在全国和全省范围内的设计评选，不断获得最高荣誉和奖项，增加楼盘的品牌附加值；邀请澳大利亚和中国的著名学者专家，讨论城市发展经验。最能体现其特点的是在2003年非典期间，当时世贸丽晶城正邀请国内外专家进行进一步设计优化，香港淘大花园的事例引起了设计师团队的关注，他们借此提高了项目设计标准，不仅取消了两个单元，多处采用底层架空设计，而且还采用了各种增加居住健康的设计，追加技术设备投资。这不仅使得世贸丽晶城成为浙江省最早对SARS做出设计应对的楼盘，还启发了省内某知名媒体开展了"健康房产"的评选。很快，尚未开盘的世贸丽晶城成为杭州市知名度最高的高档楼盘之一，其登记客户达到3000多个，达到了1:4的意向购买比例。

如何留住登记客户，如何在最短时间内达到100%销售，如何不断带来客户对于楼盘的完美感受，是整个营销策划过程中最为艰难的第三步工作。开盘预售、嘉年华酒会、工地参观，世贸丽晶城的每次活动都成为当时的轰动事件。不仅如此，世贸丽晶城在销售时决不打折，也拒绝客户更名，防止炒号出现，确保对销售价格和客户品质的控制；为了加强与客户的联系，世贸丽晶城开始了以内部客户通信《丽晶会》为主的平面信息传递和网上信息互动；预售后的世贸丽晶城与柏丽厨具等高端品牌结成品牌合作，由柏丽提供公寓部分的橱具装修参考，世贸丽晶城还与全球顶级轿车品牌宾利达成了一个客户互惠计划，令其中任何一方的购买者都可享受购买另一方产品的特惠。

至2004年，世贸丽晶城已然跻身杭州高档房产的一线品牌之列。公寓部分在短短时间内就达到了堪称记录的销售成绩，并且在半年内就令购买者获得40%的升值，而高档写字楼、酒店式公寓和商铺更是积累了一批国内外实力客户，只待开盘。

（资料来源：杭州《楼市》，2008年8月）

7.1 房地产项目营销策划概述

7.1.1 营销策略的概念

房地产市场营销是一个系统工程，需要整合多方面的资源、综合运用多种营销策略才能达到成功销售的目的。在单一营销策略难以发挥作用的时候，通过多种营销策略的综合运用使目标消费者形成购买行为。目前，营销策略理论推陈出新，层出不穷。本节简单介绍比较成熟的4P营销策略、4C营销策略、4V营销策略以及4R营销策略。

1. 4P销售策略

4P销售策略是指产品策略(Product)、价格策略(Price)、渠道策略(Place)和促销策略(Promotion)4种销售策略的组合，是出现最早的销售策略组合，也是目前仍经常采用的销售策略。4P销售策略是一种以产品为核心的销售策略组合。

2. 4C营销策略

4C营销策略是指消费者的需求与欲望(Consumers' Want and Needs)、不是价格而是消费者愿意复出的代价(Cost)、不是渠道而是给消费者的便捷(Convenience)、不是促销而是同消费者的沟通(Communication)4种营销策略的组合，4C营销策略组合是一种以客户需求为核心的营销策略组合，强调多样性的产品与不同消费需求之间的互动。

3. 4V 营销策略

4V 营销策略是指差异化(Variation)、功能化(Versatility)、附加价值(Value)和共鸣(Vibration)4 种营销策略的组合。4V 营销策略组合强调各种要素的组合，兼顾了社会和消费者的利益。

4. 4R 营销策略

4R 营销策略是指关系(Relationship)、节省(Retrenchment)、关联(Relevancy)和回报(Reward)4 种营销策略的组合。

从市场竞争发展的历史看，一个成熟的市场往往会经历初级竞争、完全竞争、垄断性竞争等阶段。回顾我国的房地产市场，由于发展时间仅有短短的一二十年，加上地域广大，使得我国的房地产市场发展很不平衡。像深圳、广州等起步较早的城市，已走过了初级竞争、完全竞争阶段并正走向垄断性竞争阶段，而其他多数城市则处于完全竞争阶段，甚至还有部分中小城市仍处于初级竞争阶段。不同的阶段所采取的策略也应有所不同，房地产营销必须结合项目所在市场的发展状况制定合适的营销策略。

在初级竞争阶段，产品处于"短缺"状态，消费者的消费需求层次低，消费行为不成熟，需求比较单一，对产品没有过多的要求，开发商数量较少，竞争不激烈，属于卖方市场，无需考虑太多的营销策略就能实现销售，此阶段的竞争主要体现在生产能力上，产品价格往往通过"成本+高利润"来确定。

在完全竞争阶段，由于市场上涌现了数量众多的房地产开发商，市场已由"一团和气"、"井水不犯河水"演变为"你死我活"的激烈竞争，消费者的消费行为也越来越成熟，对产品也越来越挑剔，需求也越来越多元化。这一阶段的开发商就应该在深入研究消费者需求的基础上，努力实现产品的差异化，树立质量意识、品质意识和品牌意识。此阶段价格不再仅仅是实现利润的工具，而成了一种有效的竞争策略，"成本+微利"、"低于入市"、"消费者心理价位决定法"、"竞争定价"、"差异化定价"等纷纷出笼。

在垄断性竞争阶段，消费者的消费知识和经验也有了极大的提高，专家型消费者大量涌现，品牌意识强烈，价格在购房决策中的影响大幅降低，由区位条件、产品性能、产品形态、服务、管理、品牌等一系列因素构成的"价值组合"才是吸引消费者的关键所在。同时，尽管竞争对手少了，但个个都是实力强大的劲敌，因此价格策略的制定更需精耕细作。但总的来说，"消费者+竞争"成为制定价格策略的主要模式，而且位置、交通、环境、规模、配套、建筑形态、建筑质量、楼层、朝向、品牌等房地产价格主要参数的权重明显变化，品牌在楼盘价格系数中所占比重显著增大。

7.1.2 营销策划的概念

房地产市场营销是指将房地产产品从生产者(开发商)引导至消费者从而使企业获得利润所进行的一切业务活动。房地产市场营销是市场营销学的重要分支，是房地产项目开发过程中的一个重要环节，包括营销策划和营销执行两大内容。营销策划是对房地产营销活动的概念构造过程，是对将要发生的营销活动所做的谋划与计划，以方案作为策划的结果；营销执行是对营销策划或计划的贯彻与落实，产出的是实实在在的营销效果。

房地产营销(策划)具有如下特点：地域性、权益性、高价性、对法律政策的敏感性以及综合性等。房地产产品的不可移动性决定了房地产市场的局部性和营销活动的区域性,区域性要求不同的项目采取不同的营销手段。权益性是指房地产营销只有所有权的变更与流动而没有产品的实体流动,即没有物流的概念,一般意义上的流通渠道和流通环节对房地产营销没有意义。房地产产品的高价性决定了消费者在购买时不会轻易做出决策,需要经过不断的咨询和比较过程,因此要求销售人员具备相应的专业知识与销售技巧。对法律与政策的敏感性要求在制定营销策略时必须要密切注意房地产相关政策的变化情况。

本章主要介绍房地产项目营销渠道策划、房地产项目定价策划、房地产项目促销策划、房地产项目广告策划以及房地产项目形象策划等几个方面。

7.2 房地产项目营销渠道策划

营销渠道又称为分销渠道,是指将产品由制造者手中转移到消费者手中所经过的各个中间商连接起来形成的通道。营销渠道的起点是生产者,终点是消费者,中间商包括批发商、零售商、代理商和经纪人等。产品从生产者到消费者所要经过的所有中间环节称为营销渠道的长度。根据营销渠道长度的不同,营销渠道可分为直接营销渠道和间接营销渠道两大类。

7.2.1 营销渠道的类型

1. 直接营销渠道

1) 直接营销渠道的概念

直接营销渠道是指在房地产产品的销售过程中没有中间商的介入,由开发商自行组建销售队伍,将房地产产品直接销售给消费者的营销渠道,又称为零级营销渠道。采用直接营销渠道的销售方式称为直销。

2) 直接营销渠道的特点

直接营销的优点:①可以使开发商直接面对市场,便于第一时间了解市场需求及其变化趋势,能够对消费者的不同需求迅速地做出反映;②从通常情况来看,直接营销能够减少流通环节和流通费用(如节约销售代理费用),降低销售成本,提高项目的利润率,但是平均销售成本往往与项目规模有关,对于小型项目而言,直接营销的平均销售成本可能较高,随着项目销售规模的扩大,平均销售成本通常呈下降趋势,这是经济学中规模效应在销售过程中的体现,但也并不意味着项目规模越大越适合采用直接营销方式,因为随着规模的扩大,开发商自己的销售队伍力量毕竟有限,可能越来越不能满足项目营销的需要;③熟悉项目的特点,能够更好地控制销售过程与销售节奏,销售过程中与其他部门之间的协同配合效率更高,营销决策的反应速度更快等;④能够树立房地产开发企业和项目的品牌形象;⑤有助于加强对销售人员管理,提高销售人员的积极性。

直接营销的缺点:①对于中小型的房地产开发商或者刚刚进入一个新市场的开发商来说,营销人才、营销网络及营销经验可能不足,导致销售速度慢,容易产生问题;②分散了房地产开发商和项目的人力、物力和决策精力,与专业化营销分工的趋势背道而驰;

③管理成本高，销售结束后的人员安排难度大，尤其是中小型房地产企业；④一旦销售出现问题，所有的不利后果都由开发商自己承担，因此销售的风险较高。

3) 直接营销渠道的适用范围

通常情况下，房地产开发商开发实力和营销能力较强、品牌形象较好、产品素质优良以及市场状况良好的房地产项目宜采用直接销售的方式。

2. 间接营销渠道

间接营销渠道是指在房地产产品从开发商转移到消费者手中需要经过一个或多个中间商环节的销售方式。从目前全国的情况来看，虽然直销仍然是许多房地产项目的主要营销渠道。但随着房地产市场的逐步成熟，间接营销尤其是代理销售的情况将越来越普遍。间接营销渠道可以根据不同的划分标准进行进一步分类。

1) 间接营销渠道的分类

(1) 根据中间商的层次划分。根据经过的中间商层次的多少可以划分为一级、二级、三级等不同层次的营销渠道。大多数情况下，房地产的间接营销渠道主要是指一级营销渠道，但有些采用异地销售(尤其是海外销售)的项目可能会采用二级营销渠道。

(2) 根据同层中间商的数量划分。根据同一层次中间商的数量多少又可以分为密集分销、独家分销和选择分销等几种形式。密集分销的中间商众多，独家分销的中间商只有一个，而选择分销的中间商则有若干个。

(3) 根据中间商是否拥有房地产产权划分。根据销售过程中中间商是否具有房地产产品的所有权可以将中间商划分为经销商和代理商两类。经销商是指购买了所要销售的房地产所有权的中间商，其目的是获取经营或投资受益，但是需要经销商具有较强的经济实力，当市场行情不好时，经销商的风险较大，反之市场行情很好时，则开发商面临失去价格上涨带来的超额利润的风险，采用经销商模式的销售称为包销。代理商是指受开发商或经销商委托从事房地产销售或经营业务但不拥有房地产所有权的中间商，目的是向交易双方收取一定数量或比例的佣金，采用代理商模式的销售称为代理营销(即代销)。由于房地产产权的转移需要涉及巨额资金，因此目前间接营销主要以代理营销为主，房地产经销商的业务主要集中在出租经营方面，包销的情况很少。

2) 间接营销渠道的特点

间接营销渠道的优点：①中间商具有广泛的营销网络、丰富的营销经验和市场信息，可以发挥专业营销机构的特长；②可以使开发商从繁杂的营销业务中解脱出来，可以集中精力致力于项目的开发业务；③能够加快销售速度、分散开发商的销售风险。

间接营销渠道的缺点：①如果实行代理销售模式，则由于需要向代理商支付代理费，通常会增加项目的销售成本和销售价格，如果实行经销模式，则需要向经销商让利，也会降低开发商的收益；②开发商不能随着市场需求的变化快速调整决策，影响其决策的速度；③中间商通常还同时代理其他多个项目，由于人力和精力所限，可能会影响对某些项目的重视程度，另外中间商有时出于自身利益考虑(比如希望快速实现销售从而取得佣金)而采取一些不诚信的、短期的销售行为，从而影响项目销售服务水平和项目及开发商的整体形象；④对本项目不熟悉，在营销理念上可能与开发商存在矛盾和冲突。

3) 间接营销渠道的适用范围

当市场竞争激烈、企业规模较小、房地产价格高(因为价格弹性小，增加的中介代理费用不影响消费者需求）或者目标客户范围较广时适合采用间接营销渠道。选择间接营销渠道时应该避免与竞争对手项目采用相同的中间商以免泄露商业机密；其次在选择间接营销渠道时必须掌握销售主动权以防止中间商出现不当营销行为。

3. 混合营销渠道

混合营销渠道就是开发商综合运用几种不同的营销渠道，如直销、代销、包销等，将产品销售给消费者。由于其同时具有直接和间接营销的优点，因此是目前房地产市场上较常见的营销渠道，混合营销需要确定不同销售方式的比例。混合营销的缺点是在管理和协调上难度较大，如果管理不力可能会引起渠道冲突，比如开发商希望提价以获取高额利润，而代理商则希望降价提高销售率等，对此应该在开始选择中间商时就通过制度进行规定和明确。

7.2.2　房地产代理营销

房地产代理营销是目前房地产间接营销的主要形式。房地产代理营销是指房地产经纪机构在受委托权限内，以委托人的名义与第三方进行交易，并由委托人直接承担相应法律责任的行为。房地产代理活动是房地产经纪的重要分支，与传统的房地产居间业务不同（通常以二手房买卖为主），房地产代理业务一方面使得房地产经纪业务从房地产销售领域逐渐向房地产策划加代理的模式转变；另一方面也使房地产经纪人从单纯的销售人员向销售、策划、咨询一体化的方向发展。房地产代理是房地产经纪服务的进一步深化和拓展。

1. 代理营销的必要性

1）房地产的不可移动性决定了代理营销的必要性

房地产产品的不可移动性决定了房地产产品流通的非物流特性，存在人流和信息流代替物流的现象。这使得买卖双方在交易过程中都受到地理位置、交通条件、时间、信息传递等因素的制约，从而增加了房地产交易的难度。为克服缺乏物流而增加的交易难度，就需要有专门的房地产中介机构和人员为房地产交易双方提供市场行情、信息以及各种交易服务。

2）房地产市场的多样性和专业性决定了代理营销的必要性

房地产市场是一个极其复杂、专业性很强的市场。从交易的对象来看，它不仅包括土地市场、房屋市场以及房地产市场，还包括相关的房地产金融市场、建筑市场、维修服务市场等。从交易目的来看，又可分为买卖市场、租赁市场、抵押市场、典当市场等。房地产市场不仅涉及房地产本身的业务知识，而且还涉及金融信贷、价格估算、合同签订、产权转移、税费收缴等类型繁多的业务知识，一般人往往没有时间和精力同时拥有上述知识，即使是房地产开发商有时也需要借助于专业的房地产代理机构协助。

3）房地产价值影响因素的复杂性需要专业的代理营销

房地产价值的影响因素众多，不仅有建筑成本因素，还与地段、交通、户型、建筑结构、朝向、楼层、环境、景观、配套设施，甚至人文历史、社会风气、邻里关系等因素有关。而且由于房地产的使用耐久性，对于普通的消费者来说，重复购置的情况较少，不像其他商品可以在反复的购买中获得充分的商品及其价格知识，加上几乎每个房地产都具有独一无二性，因此需要各种专业知识的中间商在房地产交易中为双方提供专业服务。

4）房地产代理营销是开发商理性选择的结果

虽然直接营销和间接营销各有优缺点，但是随着房地产业的发展，项目规模越来越大、产品越来越丰富、竞争越来越激烈、对营销的要求也越来越高，房地产开发商自己的销售队伍由于不具有及时的市场信息、丰富的营销经验及广泛的社会关系，许多工作必须从零开始，销售的难度大大增加。而代理营销机构不仅具有专业程度高、营销经验丰富等优势，而且通常还能够完成市场调查、项目策划、广告推广、风险分担等全方位的服务，代理营销的竞争力及优势越来越明显，因此房地产开发商在设计或选择营销渠道时，客观上有聘请代理机构协助其完成销售工作的需要。因此，代理营销是房地产开发商理性选择的结果，也是房地产业社会分工的必然结果。

2. 代理营销的种类

1）独家代理

独家代理是指开发商只与一家代理商签订委托代理合同，代理商具有独家代理销售该标的物的权利的代理营销方式。独家代理又可分为现场销售代理、风险代理、全程代理以及买断代理等形式。现场销售代理是指代理商只负责销售现场的销售代理工作，按照销量获取佣金。风险代理是指代理商向开发商交纳一笔保证金，保证在一定期限内，以某一价格销售一定数量的产品，如果在规定的时间内没有完成销售任务，则开发商少付、不付佣金或没收保证金、由代理商购买剩余产品等，这种模式对代理商来说风险较大，因此佣金比例通常较高。全程代理是指代理商的服务范围不仅仅局限于销售工作，而是利用自身的市场经验和专业水平为开发商提供全过程的咨询服务。买断代理即包销，是指代理商向开发商一次性买断房地产，然后向社会销售，从而获得销售差价的方式，由于所销售的房地产的产权发生了转移，所以严格地说这种方式已经不属于代理销售而属于经销的范畴，对代理商来说风险较大，要求其具有很强的资金实力和市场判断能力。

独家代理的优点：①开发商与代理商关系密切，有助于双方的沟通与协调，有助于开发商更好地控制销售过程；②代理商不必担心其他代理商的竞争，没有后顾之忧，使代理商敢于将更多的营销资源投入到代理项目中；③有助于树立项目统一的品牌形象。

独家代理的缺点：①客户资源和销售网络相对有限，市场占有率低，可能存在营销风险；②由于缺乏竞争，代理商容易产生惰性，营销动力不足。

独家代理营销是目前内地房地产市场最主要的代理模式之一。

2）联合代理

联合代理是指开发商与多家代理商签订委托代理合同，多家代理商共同参与房地产项目销售的代理营销方式，谁销售产品，谁就取得佣金。

联合代理的优点：①能充分利用众多代理商的客户资源，扩大销售面，加快资金回笼速度；②增加了代理商之间的竞争，提高其代理营销的压力和动力，从而提高其代理效率。

联合代理的缺点：①增加开发商与代理商之间沟通及协调的难度，对营销过程的控制力下降；②由于竞争加剧，代理商之间可能出现短期代理行为甚至不正当的竞争，损害开发商或项目的形象；③开发商的营销策略很难统一，依靠人海战术进行推销。

联合代理营销适用于市场行情不好、市场竞争激烈、项目规模较大、房地产开发商协调能力较强的项目。联合代理模式在香港等地比较普遍，深圳、广州、上海等地的楼盘曾经采用过该模式，比如翰岭院、红树西岸、万科第五园等项目，但目前在内地市场并不普遍。

3. 代理商的选择

房地产交易涉及资金量巨大，所以对开发商或业主来说，选择代理商是十分重要的。选择不好代理商，无论代理合同多么完善，恐怕效果也不会很好。开发商在选择代理商时需要考虑以下问题。

（1）要考察代理商的素质及其职员是否有良好的职业道德，其中包括代理商是否只代表委托方的利益，能否为委托方保密，工作过程中是否具有客观、真实、真诚的作风，在物业交易过程中除佣金外是否没有其他利益。

（2）对代理商可投入市场营销工作的资源也应予以关注。很显然，地方性的代理商由于其人员、经验和销售网络的限制，一般没有能力代理大型综合性房地产开发项目的市场销售工作。但大型综合性代理公司也未必就能代理所有的大型项目。例如，某国际性物业代理机构曾一度同时代理着北京20多个大中型房地产开发项目，其中有些同类型项目处于同一地段，结果代理费比例高的项目销售十分火爆，但代理费比例低的项目成交寥寥无几。究其原因，就是物业代理在有意的以低佣金作诱饵，垄断同类型物业的租售市场，并将其主要的人力、物力投入到代理费比例高的开发项目上去了。

（3）代理商以往的业绩也很重要。看代理商以往的业绩，不是看其共代理了多少个项目或成交额有多少，而是要看其代理的成功率有多大，如果某公司代理10个项目只有两个成功，而另外一个公司代理了两个项目均获成功，显然后者的成功率要远远大于前者。考察代理商的以往业绩，还要看其代理每一个项目的平均销售周期。

（4）针对物业的类型选择物业代理。住宅和公寓的销售常以当地的代理机构为主，当然，这些机构也许是全国性甚至国际性代理公司的分支机构。但对工业和商业物业来说，常委托全国性或国际性代理公司，当地的代理机构有时参加，有时不参加。

（5）还要考虑代理商的智力结构、营销理念、企业文化、市场口碑、管理能力以及代理资格等因素。

4. 代理价格

1）代理收费的类型

常见的代理收费的类型有以下几种。

（1）固定费率。这种收费方法是指无论最后成交的房地产价格是多少，代理商都以成交总额的一个固定收费比例收取代理佣金。收费标准根据房地产的类型及数量大小等实际情况由双方协商确定。这种取费方式对代理商来说风险较低，只要成交就有收益，可能会造成代理商为快速获取佣金而贱卖产品的情况，因此开发商需要跟代理商事前约定一个底价。

（2）固定费率，超额共享。房地产开发商事前跟代理商约定一个固定的售价，如果代理商以该价格销售产品，则其佣金按照固定的取费比率计算，如果代理商能够以更高的售价销售产品，则高出固定价格的部分由开发商和代理商分成。这种方式使代理商积极地以更高的价格进行销售。

（3）完全赚取差价。这种方式是开发商与代理商事前约定一个固定价格，如果代理商以该价格销售产品，则开发商不支付佣金，代理商的报酬通过超出定价的部分获取。这种模式对代理商来说压力较大，所以往往会通过一切手段以更高的价格来完成销售，在销售过程中可能会出现不诚信的行为，从而损害消费者的利益。

2) 代理价格的确定

代理商在确定代理价格时，应该考虑以下因素。

（1）代理成本。代理商以代理成本为中心，在单位产品代理成本的基础上加上一定比例的预期利润和税金作为代理取费的标准。代理成本主要包括代理商从事本项目代理活动所消耗的各种服务费用和活动费用、本项目代理服务人员的工作性支出、代理商间接经营管理费用等。

（2）代理市场的竞争情况。代理商在确定代理取费时还应该考虑代理市场的竞争情况，应该从服务质量、成本费用、专业水平、服务效率、品牌形象等方面与竞争对手进行比较，即时跟踪竞争对手价格的变化及其原因，相应调整本企业的代理价格。

（3）有关的政策与法规。各地对房地产代理活动的取费标准有不同的规定，因此代理商在确定代理价格时必须考虑本地区政策与法规的相关规定。

5. 代理权限

房地产代理合同属于委托合同的范畴，委托的权限必须在委托代理合同中明确表述。比如，对销售价格的限制、配套设施及物业管理的承诺以及其他用于吸引购房者的优惠措施等，这些内容均需在合同中明确，防止出现代理商为了促销楼盘，在未经开发商同意的情况下，擅自对购买者做出一些根本实现不了的承诺，特别是对于预售楼盘更是如此。

7.3 房地产项目定价策划

定价策划是指开发商或策划机构为实现其经营与营销目标而对房地产产品的价格制定（定价）和价格调整（调价）等方面进行的规划与计划。由于房地产产品的单价高、总价大，使得价格往往成为购房者考虑的最重要因素之一，购房者对房地产价格有着非常敏感的判断。另外，价格又是房地产开发商实现经营效益的重要手段，价格是否合理直接关系到开发商的利润水平和可持续发展。难怪有人认为"只有卖不出去的价格，没有卖不出去的房子"。因此，定价问题是营销阶段的关键问题之一。

7.3.1 房地产价格的构成

现实中的房地产价格构成极其复杂，不同地区、不同时期、不同类型的房地产，其价格构成可能有所不同。同时，对房地产价格构成项目的划分标准或角度不同，其价格构成也会不同。本节以"取得国有土地使用权进行建设并销售所建商品房"这种典型的房地产开发经营方式为例，对房地产价格的构成进行简单的划分。

1. 土地取得成本

土地取得成本是取得待开发用地所需支付的各项费用与税金之和。土地取得成本的构成项目与获取土地的途径有关。目前取得房地产开发土地使用权的途径主要有农地征收、房屋拆迁、土地出让、土地转让、土地划拨、土地租用、土地入股等。下面以比较常见的农地征收、房屋拆迁、出让或转让等土地取得方式为例分析土地的取得成本。

1) 通过征收农地取得建设用地使用权

土地取得成本主要包括征地费用、土地使用权出让金以及相关的税费等。征地费用包括土地补偿费、劳动力安置补助费、地上附着物和青苗补偿费、新菜地开发基金等。土地使用权出让金是国家作为国有土地所有者收取的土地收益。相关的税费包括耕地占用税、耕地开垦费、征地管理费、契税及政府规定的其他有关税费。

2) 通过拆迁房屋取得建设用地使用权

土地取得成本包括房屋拆迁补偿费、安置补助费、土地使用权出让金以及相关的税费。房屋拆迁补偿费包括被拆除房屋及附属物的补偿费、搬迁补助费、拆迁非住宅房屋造成停产、停业的补偿费等；安置补助费包括临时安置补助费或周转房费用等；土地使用权出让金是国家作为国有土地所有者收取的土地收益；相关的税费包括拆迁服务费、拆迁管理费、房地产价格评估费、政府规定的其他有关税费等。

3) 通过土地出让或转让取得建设用地使用权

如购买政府出让或其他开发商转让的已完成征收及拆迁的熟地，土地取得费用包括购买土地的价款和在购买时应由买方缴纳的税费，如交易手续费、契税等。

2. 开发建设成本

开发建设成本是在取得开发用地后进行房屋开发建设所需的各项费用及税金等。

1) 勘察设计和前期工程费用

包括项目建议书、可行性研究或投资分析、前期策划、规划设计、水文及地质勘察、"三通一平(通水、通电、通路、土地平整)"、工地现场施工围墙等费用项目。

2) 建筑安装工程费用

房地产项目建筑安装工程费用是指建造房屋建筑物所发生的建筑工程费用、设备采购费用和安装工程费用等。在可行性研究阶段，建筑安装工程费用估算可以采用单元估算法、单位指标估算法、工程量近似框算法、概算指标估算法、概预算定额法，也可以根据类似工程经验进行估算。具体估算方法的选择应视资料的可取性和费用支出的情况而定。当房地产项目包括多个单项工程时，应对各个单项工程分别估算建筑安装工程费用。

3) 基础设施建设费用

房地产项目基础设施建设费用是指建筑物 2m 以外和项目用地规划红线以内，与建筑物同步配套建设的各种管线和道路工程，包括道路、给水、排水、供电、通信、供气、供热、有线电视、智能综合布线、绿化、路灯、环卫、安保等设施的建设费用，以及各项设施与市政设施干线、干管、干道的接口费用。

4) 公共配套设施建设费用

房地产项目公共配套设施建设费用是指居住小区内按政府批准的项目规划，要求建设不能有偿转让的各种非营利性的公共配套设施(又称公建设施)的建设费用，主要包括居委会、派出所、托儿所、幼儿园、公共厕所、停车场等。但不包括住宅小区内的营业性用房和设施的建设费用。

5) 建设单位管理费用

建设单位管理费是指房地产开发企业的管理部门从立项、筹建、施工、竣工验收及交付使用等全过程中为组织和管理房地产项目的开发经营活动而发生的各项费用,主要包括房地产开发企业管理人员工资、职工福利费、办公费、差旅费、折旧费、修理费、工会经费、职工教育经费、劳动保险费、待业保险费、董事会费、咨询费、审计费、诉讼费、排污费、绿化费、技术转让费、技术开发费、无形资产摊销、开办费摊销、业务招待费、坏账损失、存货盘亏、毁损和报废损失以及其他管理费用。如果房地产开发企业同时开发若干房地产项目,管理费用应在各个项目间合理分摊。

6)开发过程中的税费

开发过程中的税费是指房地产项目在开发期间所负担的与房地产投资有关的各种税金和地方政府或有关部门征收的费用。主要包括营业税、城市建设维护税、教育费附加(这3项通常称为"两税一费")、土地使用税、房产税、企业所得税、土地增值税、固定资产投资方向调节税(目前已暂停征收)、供电贴费、用电权费、绿化建设费、电话初装费、分散建设市政公用设施建设费、人防工程费、新型墙改费、白蚁防治费、质量监督费、施工招投标费、施工许可证申领费、定额测定费、工程造价咨询费、总承包管理费、工程监理费、工程保险费、竣工图编制费、合同公证费、物业管理基金(物业交付时开发商向物业公司预留的部分启动与维修基金)等。在一些大中型城市,这部分税费已经成为房地产项目投资费用中占较大比重的费用。这些费用项目应该按在当地有关部门规定的费率标准估算。

3. 财务成本

房地产项目财务费用是指房地产开发企业为筹集资金而发生的各项费用,这里的财务费用包括所有投资(包括借款和自有资金)的利息、金融机构贷款的手续费、代理费、外汇汇兑净损失以及其他财务费用。

4. 销售费用

房地产项目销售费用是指房地产开发企业在销售房地产产品过程中发生的各项销售费用、销售税金及附加,以及其他销售税费等。主要包括销售人员工资、奖金、福利费、差旅费、销售机构的折旧费、修理费、物料消耗、广告费、宣传费、销售代理费、营业税、城市维护建设税和教育费附加,由卖方承担的交易手续费、预售许可证申领费、办证费等。

5. 开发利润

房地产开发商对开发建设项目的预期利润。

从目前的情况看,对于一般的项目来说,在房地产价格构成中,土地取得成本、开发建设成本以及开发商的利润所占比例相对较大。

7.3.2 房地产价格的影响因素

在现实中,房地产价格是众多影响因素综合作用的结果。定价策划必须在对各种影响因素进行仔细分析的基础上进行。影响和制约房地产价格的因素主要有如下几个方面。

1. 自身因素

房地产自身因素是指那些反映房地产本身的区位、权益及实物状况的因素。

1) 区位因素

房地产业有一句名言：第一是地段，第二是地段，第三还是地段。尽管区位或地段不能代表房地产的一切，但这句话说明了区位对房地产的重要性。房地产的区位有自然地理区位与社会经济区位之别，房地产的自然地理区位虽然固定不变，但其社会经济区位却会由于城市规划的制定或修改、交通建设或改道，也可能是由于其他建设而发生变化。

一般情况下，凡是位于或接近于经济活动中心、交通要道、人流密集、交通流量大、环境好、基础设施和公共服务设施较完备位置的房地产，价格一般较高。反之，处于闭塞街巷、郊区僻野的房地产，价格一般较低。

但是判断房地产区位的优劣会因不同的用途而有所不同。比如住宅房地产的位置优劣，主要是看其周围环境状况、安宁程度、交通是否便捷以及离市中心的远近等，其中别墅类房地产要求接近大自然，环境质量优良，居于其内又可保证一定的生活私密性等。商业房地产的位置优劣，主要是看其繁华程度、临街状况；工业房地产的位置优劣，通常需要视产业的性质而定，一般来说，凡是位置有利于原料和产品的运输，便于废料处理及动力取得，其价格必有趋高的倾向。

2) 权益因素

房地产权益因素对房地产价格影响很大，房地产的价格从某种程度上讲就是其权益的价格。权益方面的因素主要包括权利状况、使用管制以及相邻关系状况。

土地和建筑物的权利状况对房地产价值具有很大影响，比如拥有的是所有权还是使用权，产权是否完整，是否存在他项权利（如抵押权、地役权等），是否存在共有人以及共有人数量等。通常来说，权益受限制的房地产比权利不受限制的房地产价格低，具有使用权的房地产比具有所有权的房地产价格低，不完全产权的房地产比完全产权的房地产价格低，比如商品房和经济适用房，即使其区位或实物状况相差无几，经济适用房比商品房价格低。

使用管制主要体现在土地用途、土地使用年限、容积率、建筑高度、覆盖率、建筑密度、绿化率等方面。

相邻关系是指房地产所有人或使用人在自己的房地产内从事工业、农业、商业等活动及行使其他权利时，负有注意防免损害相邻房地产的义务，就相邻房地产所有人或使用人而言，则享有请求房地产所有人、使用人注意防止损害发生的权利。相邻关系的实质，从义务方面来说是对房地产所有权、使用权的一种限制。

3) 实物因素

房地产实物方面的因素有很多。对于土地来说，主要包括面积、形状、地形、地势、地基、利用现状、地质水文状况、基础设施与土地平整程度等。对于建筑物来说，主要包括规模、外观、质量、层数和高度、结构类型、设备、装修、公共配套设施完备程度、平面布局、建筑风格、建成年月、维修保养情况、完损程度、利用现状等。上述因素对价格的影响程度要根据房地产项目的具体情况来判断。

4) 品牌、信誉及物业管理等因素

房地产开发商或项目的品牌、信誉等方面反映房地产企业的市场竞争能力和在消费者心中的地位。物业管理水平的高低则反映了物业维修、管理和服务质量的高低。因此，品牌好的房地产价格通常较高，反之则较低。

2. 成本因素

房地产开发商在建造和销售房地产时所发生的各种费用分别构成了其生产和销售成本，成本是房地产价格的下限，是影响和制约楼盘定价的重要因素。

3. 供求因素

从经济学上讲，房地产价格水平的高低及其变动是由房地产的供给和需求这两种相反的力量共同作用的结果，一切影响房地产价格的因素，要么通过影响供给，要么通过影响需求，要么通过同时影响供给和需求来实现。

1) 房地产市场供给

房地产市场供给是指房地产开发商或房地产拥有者在某一特定时间内，在每一价格水平下，对某种房地产所愿意而且能够提供出售的数量。形成供给有两个条件：一是房地产开发商或房地产拥有者愿意供给；二是房地产开发商或房地产拥有者有能力供给。

某种房地产的供给量是由许多因素决定的，除了随机因素外，影响房地产供给的因素主要有如下几种。

(1) 该种房地产的价格水平。一般来说，某种房地产的价格越高，开发商愿意开发的数量就会越多；相反，开发商愿意开发的数量就会越少。

(2) 该种房地产的开发成本。在房地产自身的价格保持不变的情况下，开发成本上升会减少开发利润，从而会使该种房地产的供给减少；相反，会使该种房地产的供给增加。

(3) 该种房地产的开发技术水平。一般情况下，开发技术水平的提高可以降低开发成本，增加开发利润，开发商就会开发更多数量的房地产。

(4) 开发商对未来的预期。如果开发商对未来的预期看好，则在制订投资开发计划时会增加开发量，从而使未来的供给增加，否则结果相反。

(5) 相关房地产的价格水平。相关房地产价格水平的变化会引起房地产开发商开发该类房地产相对利润水平的变动，导致资金与土地在各种类型的房地产之间转移，从而影响该类房地产的供给。

总体上看，房地产市场供给与房地产价格的关系非常密切，通常呈负相关关系。在房地产市场需求一定的情况下，房地产供给增加，房地产价格呈下降趋势。反之，在房地产需求一定的情况下，房地产供给减少，房地产价格呈上涨趋势。

2) 房地产市场需求

某种房地产的需求是指消费者(买者)在特定时间、按特定价格所愿意且有能力购买的该种房地产的数量。形成需求的两个条件：一是消费者愿意购买；二是消费者有能力购买。

对某种房地产的需求量是由许多因素决定的，除了随机因素以外，常见因素主要有如下几种。

(1) 该种房地产的价格水平。一般来说，某种房地产的价格上升，对其需求就会减少；价格下降，对其需求就会增加。但炫耀性物品和吉芬物品例外，其需求与价格成同方向变化。

(2) 消费者的收入水平。对于多数商品来说，当消费者的收入水平提高时，就会增加对商品的需求；相反，就会减少对商品的需求。但是对于一些廉价的消费品除外。

(3) 相关房地产的价格水平。与某种房地产相关的房地产是指该种房地产的替代品和互补品。某种房地产的替代品是指能满足类似需要,可替代它的其他房地产,替代品之间,一种房地产的价格上升,对另一种房地产的需求就增加。某种房地产的互补品,是指与它相互配套的其他房地产(如住宅与其配套的商业、娱乐房地产,又如住宅与车库等)。互补品之间,对一种房地产的消费多了,对另一种房地产的消费也会多起来。

(4)消费者对未来的预期。消费者对未来的预期包括价格预期和收入预期。当预期某种房地产的价格会在下一时期上升时,就会增加对该种房地产的现期需求;相反就会减少对该种房地产的现期需求。当预期未来收入增加时,就会增加现期需求;相反就会减少现期需求。

(5)消费者的购买偏好。当消费者对某种房地产的偏好程度增强时,该种房地产的需求就会增加;相反,需求就会减少。在现代社会,大众传播媒介能在这方面产生很大的影响。

总体上看,房地产市场需求与房地产价格的关系非常密切,通常呈正相关关系。在房地产市场供给一定的情况下,房地产需求增加,房地产价格呈上升趋势。反之,在房地产供给一定的情况下,房地产需求减少,房地产价格呈下降趋势。

4. 环境因素

影响房地产价格的环境因素,是指那些对房地产价格有影响的房地产周围的物理性状因素,包括大气环境、声觉环境、水文环境、视觉环境和卫生环境等。

1)大气环境

房地产所处的地区有无难闻气味、有害物质和粉尘等,对房地产价格有很大影响。

2)声觉环境

汽车、火车、飞机、工厂、人群(如农贸市场)等都可能形成噪声,影响房地产价格。

3)水文环境

地下水、沟渠、河流、江湖、海洋等的污染程度如何,对附近房地产价格也有很大影响。

4)视觉环境

房地产周围的东西是否杂乱,建筑物之间是否协调,公园、绿化等形成的景观是否赏心悦目,都会对房地产价格有影响。

5)卫生环境

清洁卫生状况,包括垃圾堆放情况,对房地产价格也有影响。

5. 人口因素

1)人口数量

房地产价格与人口数量的关系非常密切。当人口增加时,对房地产的需求就会增加,房地产价格也就会上涨;而当人口减少时,对房地产的需求就会减少,房地产价格也就会下落。

2)人口素质

人们的文化教育水平、生活质量和文明程度,可以引起房地产价格的变化。随着文明发达、文化进步,公共服务设施必然日益完善和普遍,同时对居住环境也必然力求宽敞舒适,这些都足以增加对房地产的需求,从而导致房地产价格升高。如果一个地区中居民的素质低、构成复杂、社会秩序欠佳,人们多不愿意在此居住,则该地区的房地产价格必然低落。

3）家庭规模

这里所说的家庭人口规模是指全社会或某一地区的家庭平均人口数。家庭人口规模发生变化，即使人口总量不变，也将引起居住单位数的变动，从而引起需用住房数量的变动，随之导致房地产需求变化，从而影响房地产价格。一般来说，随着家庭人口规模小型化，即家庭平均人口数的下降，家庭数量增多，所需住房的总量将增加，房地产价格有上涨的趋势。

6. 经济因素

影响房地产价格的经济因素主要有经济发展状况，储蓄、消费、投资水平，财政收支及金融状况，利率，物价（特别是建筑材料价格）、建筑人工费，居民收入。这些因素对房地产价格的影响都较复杂，下面仅说明其中几个。

1）经济发展

经济发展预示着投资、生产活动活跃，对厂房、写字楼、商店、住宅和各种娱乐设施等的需求增加，由此会引起房地产价格上涨，尤其是引起地价上涨。

2）利率

从房地产开发建设成本的角度看，利率上升或下降会增加或降低房地产的融资成本，使房地产开发成本上升或下降，从而使房地产价格上升或下降。

从房地产市场需求的角度看，由于消费者购买房地产通常借助于银行贷款，因此利率尤其是房地产抵押贷款利率的上升或下降会增加或减轻购房者的还贷负担，从而减少或增加房地产需求，导致房地产价格下降或上升。

从房地产预期收益的现值之和的角度看，由于房地产价值与折现率负相关，而折现率与利率呈正相关，因此利率上升或下降会使房地产价格下降或上升。

综合来看，房地产价格与利率负相关：利率上升，房地产价格下降；利率下降，房地产价格上升。

3）物价

不论一般物价总水平是否变动，其中某些物价的变动也可能会引起房地产价格的变动，如建筑材料价格、建筑人工费。从较长时期来看，房地产价格的上涨率要高于一般物价的上涨率和国民收入的增长率。但在房地产价格中，土地价格、建筑物价格和房地价格，或者不同类型房地产的价格，其变动幅度不是完全同步的，有时甚至不是同方向的。

4）居民收入

通常，居民收入的真正增加意味着人们的生活水平将随之提高，其居住与活动所需的空间会扩大，从而会增加对房地产的需求，导致房地产价格上涨。

7. 社会因素

影响房地产价格的社会因素主要有政治安定状况、社会治安状况、房地产投机和城市化。

1）政治安定状况

一般来说，政治不安定则意味着社会可能动荡，这会影响人们投资、置业的信心，从而会造成房地产价格低落。

2) 社会治安状况

房地产所处的地区如果经常发生犯罪案件，则意味着人们的生命财产缺乏保障，因此会造成房地产价格的低落。

3) 房地产投机

房地产投机是建立在对未来房地产价格预期的基础上的。关于房地产投机对房地产价格的影响，普遍认为它会引起房地产价格上涨。

4) 城市化

一般来说，城市化意味着人口向城市地区集中，造成对城市房地产的需求不断增加，从而会带动城市房地产价格上涨。

8. 行政因素

影响房地产价格的行政因素是指那些影响房地产价格的制度、政策、法律法规、行政行为等方面的因素，主要有房地产制度、房地产价格政策、行政隶属变更、特殊政策、城市发展战略、城市规划、土地利用规划、税收政策、交通管制等。

1) 房地产制度

房地产制度对房地产价格的影响也许是最大的。例如，在传统土地使用制度下，严禁买卖、出租或者以其他形式非法转让土地，可能使地租、地价根本不存在。对住房实行低租金、实物分配，必然造成住房的租金、价格低落。而改革土地使用制度和住房制度，推行住宅商品化、社会化，就使房地产价格显现出来，反映客观的市场供求状况。

2) 房地产价格政策

房地产价格政策是指政府对房地产价格高低的态度以及采取的干预方式、措施等。房地产价格政策抽象来看可以分为两类：一类是高价格政策；另一类是低价格政策。所谓高价格政策一般是指政府对房地产价格放任不管，或者有意通过某些措施来抬高房地产价格；低价格政策一般是指政府采取种种措施来抑制房地产价格上涨。因此，高价格政策促进房地产价格上涨，低价格政策造成房地产价格下落。

3) 行政隶属变更

比如某个地区从原先隶属的城市划归另一个经济更发达的城市往往会带来房价上升。

4) 特殊政策

在一些地方建立经济特区，实行特殊的政策、特殊的体制、特殊的对外开放措施，往往会提高该地区的房地产价格。例如，深圳变为经济特区，海南岛成为海南省并享受特区政策；中央决定开发开放上海浦东，都曾使这些地方的房地产价格大幅度上涨。

5) 城市规划

城市规划对房地产价格有很大影响，特别是城市规划对用途、建筑高度、容积率等的规定。比如将某个区域规划为城市的CBD(中央商务区)，整个区域的房价尤其是写字楼价格往往会大幅上涨，而如果将原先的居住区调整为工业区，则会引起该区域住宅房价的下降。

6) 税收政策

不同的税种、税率及其征收环节对房地产价格的影响是不同的。房地产分为房地产开发环节、房地产交易环节和房地产保有环节三大类。直接或间接地对开发、交易及保有房地产课税，实际上是减少了利用房地产的收益，因而会导致房地产价格低落；相反，降低甚至取消相关房地产税收，会导致房地产价格上升。

7）交通管制

对房地产价格有影响的交通管制主要有严禁某类车辆通行，实行单行道、步行街等。交通管制对房地产价格的影响结果如何，要看这种管制的内容和房地产的使用性质。对于某些类型的房地产来讲，实行某种交通管制也许会降低该类房地产的价格，但是对于另一些类型的房地产来讲，实行这种交通管制则可能会提高该类房地产的价格。例如，在住宅区内的道路上禁止货车通行，可减少噪声、尾气污染和行人的不安全感，因此会提高房价。

9. 心理因素

心理因素对房地产价格的影响有时是不可忽视的。影响房地产价格的心理因素主要有下列几个：购买或出售心态、个人消费偏好、时尚风气、接近名家住宅的心理、讲究风水或吉祥号码，如讲究门牌号码、楼层数字等。

上述人口因素、经济因素、行政因素等往往通过改变市场供求关系从而对房地产价格产生影响。因此，人们更多的时候从市场供求关系的角度来分析房地产价格的发展变化。

7.3.3　定价目标

定价目标是指开发商在制定价格时期望达到的目的和标准，是企业选择定价方法和制定价格策略的重要依据。定价目标通常有如下几种。

1. 利润导向目标

利润是企业生存和发展的必要条件，是企业营销的直接动力和追求的基本目标之一。利润又是一个综合性很强的指标，影响因素众多，定价时需要结合企业和项目的内部条件和外部环境，将市场因素和企业的经营战略有机地结合起来，在可行的基础上实现利润导向目标。利润导向目标又可分为最大利润、预期利润和适当利润3种定价目标。

在市场前景看好、市场容量很大、产品具有明显优势时可以采用利润最大化定价目标。实现利润最大化有两种途径：一是追求高价位而使利润最大化，当产品品质优越、独特性较强、其他产品的替代性较小时，按照较高的价格销售会带来最大的利润，但前提是高价位要得到市场的认同，如果价格过高可能会导致消费者购买欲望下降、需求减少、从而影响销售，而且其他企业可能会以低价产品来争夺市场，导致本项目形成"有价无市"的局面，在这种情况下不能实现最大利润；二是通过扩大产品的销量而实现利润最大化，即销售者根据房地产市场状况制定一个合适的价格，通过促销激发需求，同时增加供给，也能实现利润最大化。

当市场行情稳定、企业具有较强的实力和竞争力，但产品优势不是特别明显的项目可以采用预期利润导向定价目标，预期销售利润率或投资利润率应该高于银行贷款利率。

当市场竞争激烈、企业实力不足时，为减少市场风险，可采用适当利润导向的定价目标。适当利润定价目标一方面可以使企业避免不必要的竞争，另一方面由于价格适中容易获得市场的接受，从而使企业获得长期的利润。

2. 市场占有率导向目标

市场占有率导向目标又称销量导向目标，市场占有率是指在一定时期内，房地产企业或项目的销售量占当地同类房地产产品市场销售总量的比例。市场占有率是反映房地产企业的经营状况和产品的竞争能力的综合指标，市场占有率高意味着产品销售量大，市场竞争力强，市场占有率低意味着销售量小，竞争能力差。

提高市场占有率的步骤通常是：首先产品以相对较低的价格进入市场，迅速打开销路，短期内提高市场占有率；然后再巩固已有的市场份额；最后逐步提升产品品质与价格，追求长远发展与广阔的利润空间。因此市场占有率导向不是最终的目的，而是获得长远利益的一个手段和途径。一般来说，成长性企业适合采用市场占有率导向的定价目标。

市场占有率与企业或项目的利润具有一定的相关性。对于价格弹性较大的产品，为扩大销量而产生的降价损失和成本上升可以由销量的增加得到补偿，同时市场销量增大还可以降低单位产品的成本，因此从长期来看，较高的市场占有率一般会带来较高的利润。但是市场占有率并不总能导致利润的增加，当成本的增加速度超过销售额的增长速度时会引起总利润的减少，而有些着眼于未来的企业为了保持和扩大市场占有率不惜低价入市从而牺牲短期的利益。因此，采用市场占有率导向目标时，要慎重考虑销量与利润的关系。

3. 竞争导向目标

大多数开发商对竞争对手的价格都非常敏感，竞争导向定价目标就是以市场中对产品价格有决定性影响的竞争对手或市场领导者的价格为基础，采取高于、等于或低于竞争对手的价格作为本项目的定价目标。竞争导向定价的目的实质上是为了避免不必要的竞争。

4. 生存导向目标

当市场竞争激烈、企业面临着经营困难时，维持生存比获得利润更为重要。此时企业应该采用降价销售以尽快回笼资金，减少贷款利息支出，降低经营风险。生存导向的价格水平应保持在保本或略亏的水平上，因此是一种特殊的、短期的定价目标。

7.3.4 定价策略

定价策略就是企业为了在目标市场上实现既定的销售目标所做的定价指导思想和技巧，房地产项目在不同的销售时期有不同的定价策略。

1. 开盘定价策略

开盘定价是项目定价策略的第一步。"好的开始往往意味着成功了一半"，因此，开盘定价是房地产项目定价策略中最为关键的一步。根据房地产项目的定价目标，新开楼盘的定价策略一般可分为低价开盘策略、高价开盘策略和中价开盘策略3种，每一种定价策略各有其不同的定价依据和使用对象。

1）低价开盘

低价开盘策略又称"渗透定价策略"，就是指新开楼盘以低于市场行情的价格销售，以吸引市场和消费者的关注，迅速打开市场。这是目前大多数房地产项目常规的开盘定价策略。该策略适用于项目定位档次不高、产品无明显特色、开发成本与预期利润较低、市场上同类产品竞争激烈或规模较大的项目。

低价开盘的优点：①能够迅速聚拢人气，扩大项目知名度，提高销售人员信心和市场占有率；②能加快资金回笼速度，缓解项目资金压力；③能够阻止竞争对手的介入，有利于控制市场；④便于日后的价格控制，当市场反映较好就可以逐步提升价格，当市场反映平平则可以维持低价优势，掌握价格调整的主动权。

低价开盘的缺点：①项目前期利润不高甚至没有利润，开发商让利的部分相当于广告投入；②低价的形象不利于企业和项目形象的提升。

低价开盘策略有两种模式：①起价低、均价也低；②起价低、均价高。前者整体定价较低，开发商的利润空间有限，一般适用于中低档项目；后者是指仅有几套房源的售价较低而其他房源的价格较高，主要是为了吸引市场的注意力，由于该模式带有较强的宣传目的，没有真正让利给消费者，会使到现场咨询的客户产生失落感。

2）高价开盘

高价开盘策略又称为"撇脂定价策略"，是为了在短期内获取最大利润而对新开楼盘以高于市场行情价格销售的策略。这种策略如同在牛奶中撇取奶油一样，取其精华而得名。该策略适用于项目档次较高、价格弹性小、产品特色明显、综合性能较佳、开发商形象较好以及同类产品的市场竞争相对较少的项目。

高价开盘的优点：①有利于获得最大利润和树立项目的品牌形象；②后期如果调低价格可使消费者感到一定的实惠。

高价开盘的缺点：①价格过高很难聚拢人气，容易形成有价无市的局面；②影响楼盘的销售速度，导致资金周转困难；③日后价格调控的余地较小。

3）中价开盘

中价开盘策略也称为"温和定价策略"，是指新开楼盘以对买卖双方都有利的价格来销售的策略，其价格介于撇脂定价和渗透定价之间。中价开盘策略适用于市场行情和市场容量比较稳定、市场竞争较弱、成交量较大的楼盘，也适合于新进入市场的房地产企业或项目。

中价开盘的优点：①既能避免高价定价策略因价格高而具有的市场风险，又能避免低价定价策略因价格低而带来的利润损失，有利于企业或项目的长期稳定发展；②由于价格比较稳定和中庸，正常情况下赢利目标能按期实现。

中价开盘的缺点：价格策略比较保守，市场占有率和利润率不高。

2. 过程定价策略

房地产项目从开盘到售罄一般需要很长的时间，加上市场环境复杂多变，开发商往往在确定总体定价策略后根据市场实际情况以及阶段性的定价目标而不断调整价格，价格高了要降低，低了可调高，这就是过程定价策略。从房地产项目的销售过程来看，过程定价策略一般有低开高走、高开低走以及稳定价格策略等几种。

1）低开高走策略

低开高走策略就是根据项目的施工进度和销售进展情况，在每个调价时点按照预先确定的调价幅度有计划地调高售价的策略。低开高走策略是比较稳妥和理性的定价策略，也是目前最常用的过程定价策略。该策略适用于市场形势较好的期房项目。

低开高走策略的优点：①价廉物美是每一个购房者的愿望，一旦项目开盘价格比消费者的心理预期价格低，能给消费者带来很强的实惠感，容易聚集人气；②能制造产品不断升值的印象，给前期购买的消费者以信心，实现了对前期购房者的升值承诺，促使其形成口碑效应；③当消费者了解了开发商低开高走的战略后，消费者会认识到其中所包含着升值空间，也因此更容易成交，在开盘不久迅速成交，能促进士气，提高销售人员乃至全体员工的自信心，以更好的精神状态开展日后工作；④开发商具有价格调整的主动权，开发商可根据市场状况反映灵活操控价格，决定何时调高、调整幅度是多少等。

低开高走的缺点：①如果提价速度过快或者幅度过大，会使后续销售失去提价空间，因此提价的关键是控制好提价频率与幅度，否则可能带来反效果；②前期的低价可能会影响到开发商的利润水平；③低价容易给人一种"便宜没好货"的感觉，从而损害楼盘形象。

低开高走策略适合以下情况：①项目总体素质一般，无特别卖点，此时采用低价入市可以聚集人气；②郊区大盘或超大盘，这类项目首要的是聚集人气，人越多越容易形成大社区概念，而销售也将直线上升，如人气不旺则极易因位置等缺陷而无法启动；③同类产品供应量大，竞争激烈，低价不失为一个竞争手段。

2）高开低走策略

高开低走策略就是在楼盘上市初期以高价销售，迅速从市场上获得丰厚的利润，然后通过降价力求尽快回笼资金。

高开低走的优点：①前期能获取较高的利润，缓解开发商的资金压力；②高价不一定代表着高品质，但高品质却需要高价位来支撑，因此高价开盘容易形成先声夺人的气势，给人以楼盘高品质的展示；③价格先高后低或定价高折扣大，消费者会感到一定的实惠。

高开低走的缺点：①价格高难以聚集人气，难以形成"抢购风"，使得楼盘得不到市场的关注；②高开低走虽然迎合了后期的消费者，但对前期消费者是非常不公平的，同时市场会形成该楼盘不断贬值的影响，对开发商及项目的品牌形象有一定影响；③由于房地产产品的保值增值性以及消费者买涨不买跌的心理，一旦高价开盘后市场反映冷淡，则降价销售可能更加雪上加霜。

高开低走一般适用于两种情况：一是高档商品房，开发商在高价开盘取得成功、基本实现营销目标后，通过降价将剩余产品迅速销售以回笼资金；二是整体市场行情处于衰退时期或者高价开盘未能达到预期效果，开发商不得不调低价格。

3）稳定价格策略

稳定价格策略是指在整个销售期间，楼盘价格基本保持稳定，既不大幅度提价也不大幅度降价。一般适用于开发规模较小、市场行情稳定的项目。

房地产项目的过程定价策略不是绝对的，实际的房地产项目定价往往是多种策略的综合运用，比如不少房地产项目的价格走势往往呈现出"低—高—低"的变化过程。

需要注意的是，不管哪一种价格策略，均是利用价格杠杆促使客户尽快下单，本质上都属于人为的促销手段，而不是真正意义上的涨价或降价。

3. 时点定价策略

前文所述均为系统的定价策略，在整个项目销售过程中，开发商可以在不同的销售阶段和时点采用不同的辅助定价策略。比如心理定价策略、差别定价策略、产品组合定价策略等。

1）心理定价策略

心理定价策略是开发商或策划机构根据消费心理学的原理，利用消费者求廉、求吉、求富等心理来引导消费者购买以扩大市场销售的策略。

(1) 尾数定价。尾数定价策略是指为产品制定一个与整数有一定差额的价格，使顾客产生价格便宜的心理错觉从而促使其购买的一种价格策略。由于房地产产品的价格较高，价格尾数一般精确到十位数。尾数定价策略一方面能使消费者产生产品相对"价廉"的错觉，利用了消费者追求廉价的消费心理。比如 4980 元/m^2 会使客户产生不到 5000 元/m^2 的感觉，虽然实际价格差距不到 0.5%，但会产生 4000～5000 之间的距离感。另一方面，大多数消费者会倾向于认为整数定价比较概略，不够准确，而带有零头的价格一般是经精确制定的，这样的价格使消费者产生项目定价比较认真、一丝不苟、产品货真价实的感觉，增强消费者的信任感和安全感，适应了消费者求信求准的心理。

(2) 整数定价。价格是衡量产品质量和品质好坏的一个重要指标。整数定价就是把房地产产品的价格定为一个整数而不是尾数，利用了消费者"便宜无好货，好货不便宜"的心理，主要为了显示产品的档次。对于高档的房地产项目，消费者购买的目的除了居住以外，还有一个重要的心理因素就是显示自身的财富与社会地位，高端客户一般更关注产品的档次和品质，对单价的关注程度不高，此时整数定价法比尾数定价法更能满足他们追求档次的愿望。

(3) 口彩定价。口彩定价法就是根据某些消费者追求吉利的消费心理制定产品的价格，比如 8666 元/m^2 等，或者对一些口彩较好的门牌号码如 18 号、88 号等制定稍高的价格，对一些不吉利的数字如 4、13 等则应该尽量避免。我国香港、澳门、台湾等地的客户对这方面一般更加关注，因此外销项目在定价时需要特别注意这一点。

(4) 声望定价。这种定价策略针对消费者求名、求富的心理，对消费者心目中有信誉的产品制定较高的价格。由于较高的价格能够显示出消费者较强的经济实力和较高的消费水准，满足消费者炫耀的消费心理。这种策略主要适用于装修豪华、外观别致、品牌较好的高档房地产项目。

2) 差别定价策略

差别定价主要有两种情况：一是开发商在销售商品房时对同一种产品针对不同的顾客制定不同的销售价格，比如某些项目对普通消费者全价销售，而教师、公务员、军属、特困户等实行优惠价，从而有助于扩大企业或项目的知名度；二是根据产品的不同特点制定不同的价格策略，主要是不同的部位制定不同的价格，比如对于住宅项目来说，不同楼宇之间、同一楼宇中不同位置之间的产品制定有差别的价格。

(1) 楼宇价差。每个项目都有整体项目基价和楼宇基价（如分期开发，还有各期基价），其中的楼宇基价受到其不同楼宇位置、朝向、栋距、外观、单元户数以及与中心花园、服务配套设施的距离等系数的影响。一般来说，南北朝向、临近中心绿化或景观（又分为正对、侧对或者背对等情况）、干扰较少、单元户数少的楼宇价格较高；而远离小区绿化与景观、位于小区大门、主干道、车库、变电站、垃圾站或马路的楼宇价格较低。各栋楼宇基价与各自可销售面积乘积的总和应该等于项目基价与全部可销售面积的总和。

(2) 垂直价差。垂直价差是指同一建筑物中不同楼层之间的价格差异，通常以每平方米的单价差额来表示。在制定垂直价差时，通常会先决定一个基准楼层，基准楼层单价等于该栋楼宇的平均单价（即价差为零），然后再确定各楼层与基准楼层的价差。

对于多层住宅，一般将 2 楼作为基准层；3～5 层由于层次适中、采光条件好，价格一般为基价的 104%～106%；底层由于采光条件差，安全性能低以及容易受潮等缺点往往定价低于基价，但如果有底层私家花园等附送条件，其价格也可高于基价；6 楼因为位置高、通行不便、夏季炎热以及屋面容易渗漏等问题使得价格一般为基价的85%~95%，但如果顶楼有阁楼或露台等附送条件，则定价水平可以提高。

对于高层建筑，一般是将位置居中的楼层作为基准层，其他楼层可根据基准层价格来制定正负价差。除了最底几层商业用房价格随楼层的增高而减少外，高层住宅的价格一般与楼层成正比，底层最低，顶层最高，原因在于底层住户的电梯利用率低但却同样要分摊电梯间的公摊面积，而楼层越高，通风、采光和视野越好。高层住宅的每层价差一般为$100\sim200$元$/m^2$甚至更大，顶楼与次顶楼的价差甚至达到$500\sim1000$元$/m^2$，楼层越多，最高与最低价格的价差也就越大。

制定垂直价差时，除了主要考虑房源所在的不同位置因素外，有时还要考虑市场状况、楼盘均价、消费习惯等因素。当市场状况较好、楼盘均价较高时，价差幅度可以加大，而市场状况不佳、楼盘均价较低、消费习惯比较保守时价差幅度不能太大。

（3）水平价差。水平价差是指同一楼层内不同位置和朝向房屋的价格差异。制定水平价差的目的是要反映同一水平层各住宅之间的相对优劣性。影响水平价差的因素有朝向、采光、景观、户型、私密性（一般是指栋距）等。

朝向一般是指客厅邻接阳台的方向为房屋朝向。一般情况下，朝南或东南的价格最高，朝东次之，朝西与朝北最低，最大价差系数可达15%~20%。但上述朝向因素也不是绝对的，当户外有特殊景观时，朝向景观的房屋价格最高；此外对于一些所在地气候潮湿的住宅，朝西能起到杀菌除湿的作用，价格也可适当提高。朝向因素有时候还会设计到"风水"的问题，比如正对着马路（即风水学中的"路冲"）、屋角、墙壁等位置定价较低。

采光通常是指房屋所邻接采光面的多寡或采光面积的大小。具有至少一面采光面的房间越多，房屋单价就越高。通常要求"明厅"、"明卧"、"明厨"、"明卫"等。

景观对住宅售价具有极为重要的影响。在同一个项目中，景观好的房源可以比景观差的房源单价高出10%~25%，甚至更高。一般情况下，面临自然景观、中心花园、永久绿地以及公园、学校等公共设施时，单价应提高；而面临交通要道、噪声或环境污染严重的单位或设施时，单价应该调低。

在同一楼层中，好户型与差户型之间应该制定适当的价差。通常形状完整、格局方正、室内流线设计流畅、通风采光良好的户型其单价应调高，反之则调低单价。

3）总价控制策略

房地产销售行业内有一种说法："选房看单价，下单看总价"，意思是说客户一般是以单价为标准初步确定购房意向，但在最终购买决策时还是要根据房屋的总价因素决定，即单价可以将客户吸引过来，而总价却是决定其是否购买的最终因素。因此总价控制也是定价策略的一个重要方面。总价控制策略从市场实际和消费者的经济承受能力出发，很容易被市场接受。在确定总价前提下，可以倒推出项目的成本和利润，从而起到控制成本的目的。

4）组合定价策略

组合定价策略就是运用产品组合的观念来定价，即利用各部分产品之间的组合关系或者主次关系制定组合价格，不求个体利润最高，而是通过拉大主次产品之间的价差提升产品组合价格从而实现总体效益最优的定价策略。组合定价的前提是产品之间具有互补关系，比如住宅和车库，住宅与商铺等，如果产品之间具有替代关系，则组合定价策略并不适用。

比如住宅项目中住宅与车库产品就属于组合互补关系，在定价时两者可以综合考虑，定出两者合并的总价格。其中住宅一般是客户购买的主要产品，车位是附属产品（即通常是因买住宅而买车位，没有因买车位而买住宅），在控制住宅与车位总价接近目标客户所能承受的总价范围内，车位可采用低价策略，拉大与住宅产品之间的价差，使消费者在购买住宅时感觉车位价格划算从而连带购买。再如在开发经济适用房等项目中，虽然经济适用房本身由于政府限价而不能取得较高的利润，但是项目中的商业设施却可以实行高价策略等。

4. 尾盘定价策略

尾盘是指项目完成主要的营销任务后尚未出售的部分产品。不同项目何时进入尾盘有不同的标准，比如高价开盘的项目完成75%销售量以后就是尾盘，而低价开盘项目的尾盘量可能不超过10%，但不管如何只要在预定时间内不能完成销售的就可以认为是尾盘。

除了开发商为控制销售而预留的一些品质较好的房源外，尾盘的产品一般在户型、朝向、采光等方面都没有明显优势甚至缺陷。比如户型面积过大或过小，卧室、客厅、餐厅等面积比例不适，房间不规整，厨房、卫生间等位置不当等；比如主卧或客厅等主要房间朝北或有西晒，在项目中的位置不好，采光通风效果较差；或视野不宽阔，无法欣赏周围绝妙风景；或位置不好，属于"顶天立地"的房源，甚至有的可能被消费者认为"风水不好"；等等。也有的尾盘是由于前期定价过高，造成项目后期销售困难。

尾盘一方面大多数属于"问题"房源，销售难度较大，另一方面产品数量较小，投入大规模营销费用不经济，加上开发商可能基本完成了项目开发的战略目标，获得了项目主体利润，资金方面的压力已经不大，因此大多数尾盘的销售任务是尽快回笼资金，结束项目运作以便资源投入下一个项目的开发工作。在这种情况下，降价销售是市场上大多数开发商处理尾盘的主要手段。降价有明降和暗降之分，明降就是直接通过广告等形式发布"降价、让利、打折"等信息，但是明降可能造成项目贬值的形象，因此更多地采用暗降的形式，比如降低首付、免物管费、送装修、送花园、送电器、送家具等，或针对特定客户推出特价房，或对于分期开发的项目采用二期提价的策略（变相的一期降价）等。

但是不管是明降还是暗降，降价销售都有可能带来一定的负面影响。首先是开发商损失了部分利润；其次是损害了前期购买者的利益，使他们心理不平衡从而伤害开发商和项目的品牌形象，因此房地产开发商还是应慎重对待。另外，有些问题即使降价也是无法解决的，比如户型结构存在严重功能缺陷，加上房价很高，再怎么降价也不是一个小数目，很少有人会花巨资买一套功能存在严重缺陷的房子，这也是市场上有些产品即使降价也无法销售的原因。

实际上尾盘产品同样具有多样性，策划或营销机构逐一分析每个房源成为积压产品的问题所在，并在深入研究市场的基础上，采取有针对性的精细化营销才是更全面、更高效的解决尾盘销售的途径，而不是简单的降价销售这一招。比如某高档住宅小区有20多套原本看好的"四房两厅"却成了库存产品，经过调查后发现原来不少客户认为该户型房间太多而卧室面积又普遍偏小，于是策划机构建议开发商想办法将其改成"三房两厅"，果然很快售罄。再如某中低档的住宅小区，一批"大三房"由于总价较高而无人问津，调查后发现附近出租房市场需求旺盛且价格相当高，于是策划机构动员开发商将其改为"小四房"，然后"诚征房东"——寻找有意向的投资客，"房东"上门后很快就为其找来了租户，结果自然是皆大欢喜。开发商消化了库存、投资者找到了收益好、安全系数高的投资项目、租户住进了崭新的花园小区,而策划机构自然也获得经济和形象的双丰收。

7.3.5 定价方法

定价方法是指根据定价目标确定产品基本价格范围的技术思路。常用的定价方法有:成本导向定价法、需求导向定价法、竞争导向定价法以及市场比较定价法等。

1. 成本导向定价法

成本导向定价法就是以产品成本为中心,按照卖方意图定价的方法。定价的基本思路是在单位产品成本的基础上加上开发商的预期利润作为销售价格。成本导向定价法根据不同财务模型可以分为成本加成法、盈亏平衡法和目标利润法等。

成本导向定价法尤其是成本加成法在形式上比较简单,但实际的定价过程却很复杂,主要原因在于很难准确预测项目的开发成本与合理利润。首先,由于房地产开发成本构成非常复杂,有些成本投入是分散在不同的项目中,很难准确测算单个项目所分摊的成本;其次,由于项目销售期的长短很难估计,使得项目财务成本、营销推广费用等也处于动态变化的状态,因此也很难准确测算;再次,对于策划机构来说,由于开发商往往会对其真实成本予以保密,策划机构通常无法确切了解项目的真实成本。另外,各个开发商对合理利润的确定更是大相径庭,没有一个统一的标准,有的追求行业平均利润,有的则追求暴利等。

成本导向定价法的优点是着眼于项目成本与预期利润,不必根据市场需求情况经常调整价格,可以简化定价工作以及保证项目获得正常利润,适合于市场因素基本稳定的情况。

成本导向定价法的缺点是没有考虑市场需求和市场竞争的情况,成本有时并不是决定价格的主要因素,比如同一商品在不同的时间和地点其售价可能完全不同。

成本导向法适合于市场价格可比性较少、市场竞争相对较小的卖方市场情况。

2. 需求导向定价法

需求导向法就是以消费者需求为中心,根据目标客户的认知价值以及对价格的承受能力为依据的定价方法。消费者认知价值的形成通常基于其对有形的产品、无形的服务以及企业或项目的商誉等综合评价,它通常包括实际情况与期望情况、待定物业与参照物业的比较等过程。这种定价方法认为决定产品价格的关键因素是消费者对商品价值的认识而非项目本身的成本,即定价时应该按照消费者的可接受程度来确定产品价格,是一种"迎合"消费者的定价方法。需求导向法定价的关键是要合理预测消费者的认知价值即预期价格。

需求导向法的优点是能够以消费者需求为中心,只要实际定价低于消费者的认知价值即期望价格,就会被消费者认为是物超所值,从而很快实现销售。

需求导向法的缺点是对消费者的心理预期价格估计比较困难,需要通过与消费者进行充分的沟通、掌握大量的市场调查数据并进行整理、分析和研究来了解消费者的价值认知。

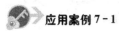 **应用案例 7-1**

某项目"客户开价销售"活动

上海某房地产项目由一栋30层商住楼和3栋30层住宅楼组成,该项目于1994年12月底开工,1995年4月开始预售,由于当时上海的房地产市场销售状况低迷,为了更好地销售楼盘,开发商经过精心策划,推出"客户开价"销售活动。该活动的具体过程是:开发商拿出3~7层共30套房源,在确定其底价为每平方米5900元后,顾客可以以高于此价的任何价格自由报价,不另加层次和朝向费用,以客户最高报价作为成交价。该活动推出后,立即在社会上引起了一个"客户开价"热潮,仅仅半个多月时间,参与报价的客户就达63名。报价高的前12名客户按报价购买了该项目商品房,而其余客户在认识到该项目的优良品质后,愿意出比"客户开价"更高的价格购买更好的楼层。从1995年8月31日至1995年年底,该项目共售出102套住宅,占第一期推出产品的70%,取得了巨大的经济和社会效益。该活动使购房者感受到自己定价的全新体验,为房地产合理定价提供了一条新的思路。

(资料来源:黄福新. 房地产策划[M]. 北京:中国建筑工业出版社,2004.)

3. 竞争导向定价法

竞争导向法是以竞争项目的价格为中心,为应付市场竞争的需要而采取的特殊定价方法。竞争导向定价法根据竞争双方的力量对比情况制定较竞争者高、低或者一致的价格,以达到增加利润或者提高市场占有率的目标。该方法的前提是要有竞争性项目的存在。

1) 低价定价法

低价定价法就是要在价格上与周边竞争性项目形成优势,该定价方法的目的是要提高市场占有率或者尽快实现销售并收回资金,适合于市场竞争激烈、品牌知名度不高或刚进入房地产领域的开发商以及项目本身没有明显优势的中低档楼盘,对于知名品牌公司或者高档豪宅项目并不适用,因为豪宅类的目标客户对价格相对不敏感,定价过低反而有可能造成"便宜没好货"的负面印象,豪宅类项目适合采用高价定价法。

运用低价定价法的前提是市场容量大、需求弹性大,适当降价就可以很大程度上扩大销售量,实现薄利多销的结果。对于市场先进入者来说,低价定价法也可以先发制人,有助于阻止其他竞争者的进入,迅速扩大市场份额。对于后进入者来说,低价定价法是一种进入市场的较好办法,待打开销路后再适当提高价格。

2) 高价定价法

高价定价法是指以超过同类房地产市场平均水平的价格定价的方法。高价定价有助于体现产品与众不同的优势,提高产品档次,实现项目的最大利润。高价定价法比较适合于高档项目以及市场中的领导企业。

3) 随行就市法

随行就市定价法是指按照行业平均价格水平来确定产品价格的方法。这种定价方法缺乏特色,在定价上很难吸引市场注意。但是由于平均价格通常是市场的均衡价格,以随行就市的方法定价既可以带来合理的平均利润,又不至于破坏行业正常的竞争,是一种比较稳妥的定价方法,比较适合于项目成本估算困难、企业行业地位不高、产品特色不鲜明及竞争力有限、企业不愿打乱现有市场价格秩序的情况,颇受中小开发商欢迎。

4. 市场比较定价法

市场比较定价法又称为评估定价法，即根据影响产品价格的各种因素及周边类似楼盘的定位情况来评估本项目产品价格的方法，该方法类似于房地产估价中的市场比较法。这种定价方法制定的价格与房地产产品本身的成本等因素没有直接关系，但它是一个经过市场验证的定价方法，反映了房地产市场现实的供求关系，因此是实践中常用的定价方法。

市场比较定价法所选取的比较对象应该是同一区域、同类产品、同类客户群体、同等规模、同等价位的已经开盘销售的类似楼盘。比较的因素包括地理位置、交通状况、项目规模、配套设施、规划建筑、户型布局、景观环境、工程质量、开发商品牌、付款方式、广告推广、物业管理、工程进度、营销策略等方面。

市场比较定价法的定价过程大致步骤如下（表7-1）。

表7-1 市场比较定价法的定价计算表

价格影响因素		可比项目				本项目
因素	权重	项目一	项目二	项目三	…	
地理位置						
户型布局						
规划建筑						
景观环境						
…	…	…	…	…		…
合计	1.0					
售价						

（1）确定市场调查的范围和重点。通常以项目为核心，在一定的半径范围内选择比较的楼盘，凡是在选择范围内的竞争项目都应该进行比较，比较对象的数量不少于3个，如果选择区域内新开楼盘较少，则二手房项目也可适当考虑。

（2）对本项目及比较楼盘的价格影响因素进行分析，并确定各个因素的权重。需要注意的是，不同类型的房地产其影响因素也有所不同。影响因素的权重可以通过与市场分析人员和销售人员集体座谈分析来确定，不能由个别人员主观决定。

（3）对本项目以及比较楼盘的价格因素进行逐项比较打分。

（4）对按照各个影响因素得到的产品价格进行加权平均得出本项目的销售价格。

市场比较定价法是一种定量分析方法，定价过程比较复杂，但也比较科学和具有说服力，因此大多数策划代理公司采用市场比较法。评估时，尽量做到客观公正，最好集体讨论打分，避免个人主观因素的影响。但是有时候策划机构并没有真正根据市场情况确定，而是迎合开发商的价格预期，这就使得市场比较定价法失去了科学评估的意义，成了"主观定价法"。

此外，还可以将上述定价方法进行不同的组合形成综合定价法，比如成本＋竞争定价法、需求＋竞争定价法等。

7.3.6 调价策略

1. 调价原因

房地产产品的销售价格并非一成不变的,而是需要根据市场和项目的状况随时进行调整,房地产项目的调价原因主要有以下几个方面。

(1) 当房地产项目的开发经营成本发生了很大的变化(通常是成本上升的情况),需要通过调整售价来消化成本,这种情况往往发生在采用成本导向定价法的项目中。

(2) 政府的调控政策对房地产市场产生了很大影响,消费者对市场的预期发生了改变,此时需要调整售价来适应这种变化。

(3) 市场竞争情况发生了很大的变化,比如市场上出现了新的竞争者、竞争对手价格进行了大幅度的调整、竞争者运用了新的促销手段等。

(4) 原先定价不合理,不能充分反映产品价差和价格水平,比如原先定价过于单一、户型、位置、朝向、景观等较好的产品的价格不够高,差的产品的价格不够低等。另外,如果项目周边土地拍卖价格较高,使得本项目的升值空间加大,此时也可进行调价。

(5) 为了更好地营造销售氛围,迎合客户买涨不买跌的心理时,应该考虑阶段性地调高价格。或者为了控制销售节奏,降价销售以快速回笼资金等。

2. 调价类型

(1) 从价格调整趋势看,调价类型可分为提价和降价两类。提价的目的主要是展现产品增值的形象或对前期低价开盘的回归。降价的目的或者是抢占市场份额,或者是吸引市场注意,从而刺激消费,或者是加快回笼资金,提高资金周转速度。

(2) 从调价的主体看,调价类型可分为主动调价和被动调价两类。主动调价是指市场供求情况发生变化,企业通过主动调整价格以适应市场环境的变化,或者通过价格调整来强化产品的差异性,引导消费者进行比较,营造销售氛围。被动调价主要是由于竞争对手的价格发生变化,企业不得不跟着做出价格调整。

3. 调价时机

目前房地产项目调价时机通常根据工程进度和销售进度来确定。

1) 根据工程进度调价

主要通过工程的形象进度来确定。可以按照以下几个阶段来确定调价时机。

(1) 项目开工。项目开工不久时,项目尚未正式开盘,楼盘的形象尚无法充分展示,此时以试探市场、检验项目定位为主要目的的内部认购价格也应该最低。

(2) 项目开盘。项目取得预售许可证时,项目及现场销售部等形象已经显现,主力客户即将到来,为确保利润,价格自然要比内部认购期高出一筹。

(3) 实景样板间开放(或其他工程进展中的标志性时间)。工程形象日臻完善,销售高潮已经形成,略微提升价格,客户抗拒心理一般不大。

(4) 项目主体结构结顶。标志着项目主体结构已经完工,购买风险大大降低,项目的大部分优势、卖点都能充分展示,此时是比较合适的提价时机。

(5) 项目竣工。竣工时项目的好坏优劣一览无遗,客户资金垫付时间短,适当的调高价格也能得到消费者的认可。

对于分期开发的大盘或超大盘来说，随着工程不断展开，生活气氛、居家配套设施的日益完善，价格也是节节上升。

2）根据销售进度调价

主要依据销售进度机动灵活地调整价格。总的思路是在项目聚集了足够的市场人气后，为进一步制造销售热潮，以调高价格的方式来对犹豫中的客户形成压迫性氛围，项目极为畅销，如不尽快行动，将不得不以高价购买甚至错失良机；或者销售进展不顺利，在规定的时间内不能完成原定的销售计划时，可以考虑适当降价。具体来说，根据销售进度来调价又可分为销售期和销售率两种不同的方式。根据销售期来调价时，一般经过1/3销售期时就有调价的必要了。而根据销售率来调价时，当销售率达到三成左右时就可以考虑调价。当然也可以综合考虑销售期和销售率，比如达到三成销售率的时间很短，可以考虑提价，但如果时间很长则提价的风险较大。

4. 调价方式

价格调整的方式主要有直接调价和间接调价两种方式。

1）直接调价

直接调价就是产品价格直接上升和下降，给市场的信息最直观明了，价格提升一般采用直接调价的方式。直接调价又分为基价（或均价）调整和差价系数调整两种。

基价是制定每套房屋价格的基础，基价调整意味着所有产品价格一起参与调整，每套房屋价格的调整方向和幅度都一致的，是产品对市场总体趋势的统一应对。

价差系数调整就是将原先制定的价差体系进行修正，将销售状况好的单元调高系数，将销售状况不好的单元调低系数，以适应市场对不同产品需求的强弱反映。价差系数包括楼宇价差、单元垂直价差和单元水平价差等。

2）间接调价

间接调价采用其他间接的手段实现价格调整，降价一般采用间接调价的方式以维护项目形象。间接调价相对比较隐蔽，主要包括付款方式和优惠折扣调整等。

付款方式调整可以从付款时间、付款比例以及付款利息的3个方面考虑，市场上采用的"按工程进度付款"、"首期零付款"、"以租代售"、"免息付款"以及"先试住后卖房"等均属于付款方式价格调整的实例。

优惠折扣一般是在特定的时间范围内，配合整体促销计划，通过赠送、折让等方式对客户购买行为进行直接刺激的方法。优惠折扣首先必须要让客户感受到切实的让利行为而不是宣传噱头，其次优惠折让要切合客户的实际需要，尽量不与其他楼盘类似。

5. 调价技巧

1）提价技巧

（1）必须掌握好调价频率和提价幅度。调价频率以能够吸引市场注意和消费需求为标准。调价幅度应该是"小幅递增"，每次提价幅度不能太大，否则将失去升值空间，给后续销售带来困难，每次提价幅度应该在$3\%\sim5\%$之间。

（2）提价时要配合以新的概念或卖点，以增强提价的说服力，刺激市场信心。

（3）提价后通常存在一个销售断层期，如果项目没有特别的概念或买点支撑，则必须准备适当促销补救措施来作为过渡，比如在调价初期可配以适当的折扣或优惠措施，等到有足够的新生客源时再撤销折扣或优惠。

（4）调价顺序一般是先调整已售房屋的价格，借此拉大与剩余产品的价差，增加剩余产品的升值空间，促进剩余产品的销售。

（5）提价要精心策划、高度保密，以求出奇制胜的效果。

（6）提价后要加大对已购客户的宣传，使其认识到物业已经升值并向亲朋好友宣传，形成良好的市场口碑效应。

2）降价技巧

（1）调价一般只针对剩余产品进行，以免引发已购客户的不满。

（2）对于直接降价的方式，降价幅度要合适，既不能太大也不能太小，降价幅度太大会造成产品严重贬值的市场印象，容易引起市场恐慌，使市场丧失消费信心，而如果降价幅度太小则不能达到消费者的价格敏感线以上，难以激发客户兴趣。

（3）尽量避免采用直接降价的方式，可以采用相对隐蔽的降价方式，比如优惠赠送、加大折扣以及付款期限和付款方式优惠等，尽量不变动价格表而加大议价空间。

（4）不管是主动还是被动调价，在调价之后都必须关注甚至预测消费者和竞争对手对调价的反应，以便采取适当的对策。

7.4 房地产项目促销策划

房地产促销是指企业通过各种方式将产品信息传递给消费者，激发消费者对房地产产品的兴趣与购买欲望，促使其产生购买行为的活动，促销策略是房地产营销策略的重要组成部分。房地产促销方式可分为广告促销、人员推销、公关促销以及其他销售促进措施等。

广告是目前房地产企业用来向消费者传递信息的最主要方式；人员推销是房地产企业最主要的促销方式，是信息双向交流的促销方式；公关促销不是由企业直接进行的宣传活动，而是通过公共传播媒体的宣传活动来获得消费者对企业和项目的信赖，从而树立企业或项目的品牌与形象；销售促进主要是指短期的营业推广，来刺激和鼓励消费者购买的促销手段，比如赠送礼品、抽奖以及参加房地产展销会等。

本节主要介绍房地产市场上比较常见的几种促销手段。

1. 市场预热

在未取得预售证之前，房地产项目是不能在媒体上发布真实广告的，因此必须采取其他措施进行市场预热。市场预热的方式有多种，比如采用新闻报道的形式进行间接宣传，或者组织一些客户参与活动，比如有些项目组织客户参与户型设计等。由于新闻报道的形式具有一定的权威性，因此成为越来越多的开发商所热衷的形式。

新闻炒作的话题主要有如下几种：一是炒作项目的地域板块，比如组织专家学者对某一板块的发展前景进行预测等，大谈其升值前景；二是炒作项目的概念，比如居住郊区化等理念；三是炒作开发商的品牌，则主要针对那些品牌开发商的项目。

市场预热要把握好节奏，避免忽冷忽热以及长时间的等待，一般以两三个月为宜。

2. 内部认购

在市场预热以后，可以通过内部认购（即选号）的形式进一步试探市场的反映，这对最终确定销售价格具有很重要的意义。进行内部认购的主要目的在于试探市场对楼盘的反应，内部认购的对象主要有本企业的员工和部分关系客户。内部认购最早起源于中国香港，20世纪90年代初进入广东，目前已经扩展到内地大中城市，已成为开发商惯用的一种销售策略。

组织内部认购需要考虑以下几个问题：一是认购价格如何确定；二是是否应该收取定金；三是是否应该按照认购顺序来选房；四是内部认购的数量问题。

1) 认购价格

价格试探是内部认购的一个重要方面，可以给开发商从容调整价格的时间。在内部认购期间，一般会设定一个相对较高的价格，但这个价格不是确定的，而是一个大致的价格范围。如果市场反映认为价格过高，则正式开盘时适当降低价格，反之则调高开盘价格。

2) 定金

如果不收定金，则认购多少没有意义，因为客户无须定金的认购可能没有多少诚意。而收取定金又可能违反有关规定。目前开发商的变通做法是收取一定数量的"诚意金"、"会员费"之类具有预付款性质的款项，从几千到几万不等，开发商只开收据不开发票，而且可以全额退还。为鼓励更多的客户在内部认购后决定购买，一般开发商都会给交纳"诚意金"的客户在开盘后正式购买时提供一个比较优惠价格，比如可以享受一定的折扣或者规定其预交的"诚意金"可以折抵更多的购房款等。

3) 选房顺序

内部认购后，客户会获得一个开发商按照交纳"定金"或"诚意金"顺序编排的"号子"。一般开发商在开盘时让参与内部认购的客户按照"号子"的顺序选房，但这种方式可能会影响那些位置比较靠后的客户的积极性。如果不按照"号子"的顺序选房而只按照开盘时的先来后到的顺序，这可以出现开盘时人山人海甚至彻夜排队的热闹场面，但缺点是对那些交纳"诚意金"的客户不公平。因此如何安排还需要综合考虑。

4) 认购数量

对于内部认购的数量，一般认为三倍左右的认购数量基本可以保证开盘时的迅速销售，因为根据大多数楼盘的经验，正式成交率大约在30%左右。但这个数字也并非绝对，内部认购到正式开盘之间的时间越长，流失的潜在客户就越多，正式成交率也就越低。

3. 开盘活动

开盘是项目正式向市场亮相的第一步，为了一开始就给市场留下深刻印象，开发商一般都会组织一些开盘庆典活动。传统的开盘庆典有领导讲话、揭幕剪彩及舞狮奏乐常规手段，但已经很难引起媒体和市场的关注。目前比较流行的做法是举行新闻发布会、记者招待会、产品说明会（楼盘品鉴会）、招待酒会、开盘签约等，并且从原先以开发商为主角发展到目前以规划设计人员作为主角，规划师、建筑师、景观设计师等分别讲解项目的规划、设计和园林景观等。

开盘活动要求有新意，不落俗套。比如可以邀请一些政府高官、社会名流及影视明星等社会名人到场，以吸引媒体注意，提升楼盘的知名度。比如深圳碧海云天项目请来了美国前总统克林顿，中海地产请来了英国前首相布莱尔等，而广州某项目则在开盘时策划了大型献血活动，均引起新闻媒体的广泛报道。

4. 价格促销

价格是影响产品销售的敏感因素。项目开盘以后，当产品缺乏竞争力，销售受阻，或者前期定价过高，项目接近尾盘急需收回资金时，可采用价格促销手段。

价格促销活动一般集中在项目销售的中后期，在时间上应具有阶段性和时限性，折扣期限不宜太长或太短，太短可能客户没有足够多的准备时间，太长有可能使客户失去兴趣，比如有些竞争激烈的项目一直使用价格促销手段但效果不佳。促销的时机一般选择在重大的节日期间，一来可以吸引到更多的客户看房，二来可以借助于节日的欢乐喜庆气氛。

为了避免给市场造成全面降价的印象，降价促销的产品要与其他产品具有明显的区别，否则可能会影响其他非降价促销产品的销售价格，一般是针对户型、朝向或楼层等不好的产品，而且最好明确降价销售产品的范围与数量等。

价格促销的对象主要是两种：一是普通大众；二是特定的对象。除非全面降价，否则价格促销对象尽量以特定对象为主，如此可以减少对后市的干扰。

价格促销的手段主要有降价（如打折、送家电、减免物管费等）及付款方式两种。降价促销的一个重要问题是如何应对前期购房客户的质询，处理不好会影响项目的形象，因此不少开发商采用明升暗降的变通方式。付款方式上的促销手段主要是降低首付门槛或者延期支付首付款等，比如曾经有项目提出"首付2万即可成为业主"，该促销策略能够加快销售速度，加速资金回笼，缩短开发周期，主要针对市场竞争激烈、开发商急于套现以及目标客户为积蓄不多但是按揭能力较强的白领阶层的项目。降低的部分首付款大多由开发商免息垫付，购房者分期还给开发商，但垫付部分首付款的利息一般包含在销售价格之中。除非开发商财务状况良好，否则不宜采用此促销方法。

5. 团购促销

团购是指当达到一定数量的客户形成组团形式进行购买时，商家会给出比正常购买优惠的价格，因此团购促销实际上也是价格促销的一种特殊形式。团购组织者有相关职能部门、经纪机构、媒体、购房者以及开发商自己等。由相关职能部门组织的团购活动通常规模较大；由经纪机构组织的团购活动一般以购房俱乐部的形式进行，由经纪机构联系开发商参与并给出团购价格，经纪机构组织购房团看房，成交后经纪机构按与开发商的约定提取报酬；由媒体组织的团购一般也以购房俱乐部的形式出现，媒体的组织者身份使团购活动更具有可信度和号召力。具体采用哪种形式的团购，要根据企业和楼盘及其区域特征来综合确定。

开发商在策划团购活动时，注意尽量不要采取人数越多团购价越低的策略，否则会带来先入者等待更多加入者的观望情绪。

6. 公关促销

公关活动以公众利益为出发点，以树立企业和项目良好的社会公众和品牌形象为目的，能够间接起到促进销售的作用。比如发现或制造对企业或项目有价值的新闻，赞助体育比赛，奖励金牌运动员，赞助文艺表演，举办板块发展论坛，以及其他公益事业等，曾经有开发商组织了献血活动，并在献血的市民中抽奖，中奖者由开发商赠送一套房子。

公关活动可以由开发商单独组织，也可以与政府及媒体联手，但不管何种形式，开发商通常只出赞助费即可,不必陷入太深的事务性工作。

公关活动虽然能起到促销的作用,但不应该将其等同于一般的促销活动。公关活动的效果应该着眼于树立品牌而不是立竿见影的销售业绩。比如有项目在重奖奥运冠军以后,马上打出广告宣传"与世界冠军为邻",就显得有点急功近利,给人有利用世界冠军的嫌疑。

应用案例7-2

北京棕榈泉国际公寓百万大捐赠

2003年4月20日以后,一直遮遮掩掩的北京非典疫情开始大白于天下。原来在地下的谣言得到了证实,而新的谣言又开始流传。北京的空气陡然紧张起来,和平年代的人们突然发现了死亡的阴影离自己如此之近,感到了巨大的无助和孤独。2003年4月21日,《北京晚报》报道了棕榈泉国际公寓向抗击非典的医护人员捐赠百万元人民币用于营养和保健的新闻,董事长曾伟还发表了极为感人的讲话。棕榈泉的捐赠活动如同沉闷空气中的一点亮光,点亮了房地产界对于这个空前大劫难的参与意识。本来市场知名度就已经很高的棕榈泉国际公寓更加吸引了全社会的关注,大大提升了企业的美誉度。虽然具体由此带来的销售量没有详细的数字,但在非典期间棕榈泉销售高达近3亿元,与该行动不无关系。棕榈泉的百万大捐赠,反映了企业强烈的公关意识和快速反应能力。虽然以后世纪金源、珠江地产等开发商的捐赠金额在千万以上,远远超出棕榈泉的捐赠数目,但是当时各种捐赠活动已经多如牛毛,相关的媒体报道铺天盖地,已经不足以产生棕榈泉那样的震撼效果了。

(资料来源:谢长风. 2003年北京房地产十大营销经典回顾 [EB/OL] [2010-7-9].
百度文库. http://wenku.baidu.com)

7. 交房入住

一般来说,交房入住阶段是项目销售的结束,也是物业管理(售后服务)的开始。对于大型分期开发的项目来说,交房入住也应该看成整体项目销售过程的一个重要节点,对后期项目的营销和公司品牌的树立具有重要的影响。

交房入住是开发商最后一次在业主面前亮相,也是物业公司的第一次亮相。最好组织一些简单的仪式,规模不一定宏大,但气氛一定要温馨融洽,让业主和物管人员、保安人员、清洁人员等有一个彼此认识和交流沟通的机会,为以后的和谐关系打下基础。

8. 其他主题活动

在销售期间,开发商还可采取形式多样、主题丰富的各种联谊活动,如各种体育健身活动、游乐活动、文艺晚会、兴趣比赛等,以保持市场对本项目的持续关注。主题活动主要面向有意向的客户和潜在客户。

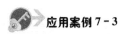

应用案例7-3

北京富力城营销攻略

"兵马未动,粮草先行",房地产项目的材料采购本是一件再平常不过的事了。可是,富力城却把这件平常事做成了京城房地产在2003年的一件大事。2003年1月7日,富力城与建外SOHO联合招标新闻发布会在建国饭店大宴会厅举行。两个项目联合招标金额为80亿元人民币，其中富力城45亿元，其金额之高、规模之大在北京乃至全国房地产界尚属首次。后被媒体点评为2003年北京楼市最昂贵的招标。富力城还没开盘就已吸引了关注的目光，激发了人们对这个南派代表项目的期望和兴趣。

富力城在开盘前举行了历时4个月的"户型评比活动"，户型、面积、园林、配套等由客户说了算，最高奖项为价值17万的中华轿车，在吸引了大量参与者的同时，不仅将富力城和富力城公司介绍给了北京大众，并且通过活动积累了2000多名对富力城关注的客户。

富力城的开盘同样没有让人失望。2003年3月19日，富力城启用新建的占地2000余m^2，外观为一彩色椭半圆球体的售楼中心。白天从三环路上望去，令人赏心悦目；夜间销售中心灯火通明，给东三环凭添了一抹靓丽的色彩。"大彩蛋"无异担任了地标性建筑的重任。富力城的"彩蛋"销售中心在京城无疑是绝无仅有的。至此，富力城已将购房者的"眼球"牢牢地吸引在自己身上，更重要的是将最广泛的目标客户吸引到了"彩蛋"售楼处。

富力城开盘伊始，便邀请了业内人士、文化名人、地产大腕、园林设计者、教育专家、规划建筑、媒体，甚至购买富力城的业主等各界人士，对项目进行"品头论足"，名曰："富力新论坛"。并且将富力城的内部刊物也命名为"富力新论坛"，定向赠送给他们的目标客户群。由此，富力城成功搭建了与社会沟通的平台，也使富力品牌的传播有了顺畅精准的渠道。

每个工地的围墙都被开发商当作一块巨大的户外广告牌，这好像已经成为一种习惯。富力城却能利用一面围墙搞成一项公益推广活动。2003年11月13日，"欢乐在富力"儿童绘画活动举行，近500名小学生，在总长400m的富力城工地围墙上，现场绘制了700多幅儿童画。把富力城工地围墙装扮成了东三环双井桥畔的一道靓丽的风景。

2003年7月3日，楼样板层和园林示范区对外开放。立体施工（楼盘、园林、配套设施同时施工）、样板层、园林绿化示范在北京楼市中非常罕见。将客户手中的规划图纸真实地展现在大众的面前。"期房销售，现房感受"，此举有力地推动了项目的销售工作。

自富力城开盘以来，广告上的内容就没离开过"打折"。什么开盘折、九九折、教师护士军人折、周末折、抽奖折、封盘折，翻来覆去折上折，却实现了一次又一次的销售小高潮，一路打到年底，销售额直冲18亿。正式开盘后，富力城便将"打折"进行到底，直到"岁末一口价"，让买房人得到了充分的心理满足。富力城这样做的结果会不会成了"赔本赚吆喝"，"精明"的富力人当然不会这么做。打折在继续，楼盘售价却在提升。早买的业主们看着升值的房子心中暗喜，准备买富力城房子的客户在享受优惠时也能心理平衡，皆大欢喜。

面对被人们认为无法抗拒的"非典"对购房的不利影响，2003年5月27日富力城举办"放心购房活动"，首创广场购房形式。当天即实现50套的认购，此销售形式和当月9000多万元的销售业绩再次引起广大媒体和百姓的关注。

"非典"之后举办的周末消夏晚会，使富力城的"亲民"活动逐渐成为北京市民消夏文化活动的一部分。当富力城的业主随着销售的深入不断壮大的时候，业主"生日会"、"运动会"便有声有色地接踵而至，富力品牌就在一次次的推广活动中潜移默化地植入了人们的脑海之中。

（资料来源：北京富力城营销攻略［EB/OL］［2007-7-17］西祠胡同社区http：//www.xici.net/）

7.5 房地产项目广告策划

广告是开发商向房地产市场发布产品信息、传播企业和项目品牌的一种公开宣传形式。房地产广告是目前房地产营销中最主要的促销方式，广告费用也是营销成本的重要组成部分。房地产广告对我国房地产业的繁荣与发展曾经并且将继续起到重要的作用，对房地产开发水平和营销水平的提高具有很重要的影响。因此，如何以最好的形象、最佳的途径以及最低的成本向目标消费者传达最多的房地产产品信息，是房地产广告策划的重要内容。

7.5.1 广告目标

房地产广告目标就是广告所要达到的目的，是指在一定时间段内，对特定的目标消费者所要完成的沟通任务和销售目标。确定广告目标是进行房地产广告策划的第一步，广告目标是广告主题、文案创造、版面设计、预算制定、媒体选择、效果评价等工作的依据。

1. 广告目标的类型

1) 长期目标

从长期的角度来看，由于房地产企业以赢利为目的，因此房地产广告的最终目的都是为了扩大产品的销售、获取更大的利润。

2) 中期目标

从中期的角度来看，房地产广告在不同的销售阶段具有不同的目标。在销售初期，一般以扩大产品知名度为目标，以信息性广告为主，着重提高市场对项目案名的认知程度和记忆程度；在销售持续期，一般以巩固项目形象和扩大产品销售量为目标，以说明性和提示性广告为主，通过说服和比较进一步加深消费者对本项目卖点和优势的认识，建立品牌优势，培养消费者对本项目品牌和产品的好感、偏好和信心；而在尾盘销售时期，则一般以快速实现销售、回笼资金为目标等，多采用促销类广告。

3) 短期目标

从短期的角度来看，房地产广告最直接的目标就是要把客户吸引到销售现场去，只要能达到这个目的，广告的任务也就基本完成了。因为房地产产品的特殊性决定了客户必须亲临现场才能掌握更多的产品信息，指望通过广告就使客户下单是不现实的。

2. 确定广告目标的原则

1) 广告目标要符合项目整体营销目标

广告是房地产营销活动中的一种推广和促销手段，广告目标是营销目标在广告活动中的具体化，因此应该服从、服务于项目的总体营销目标。

2) 广告目标要具有可行性

在确定广告目标时，要考虑到目标实现的可行性，要从实际出发，全面研究房地产企业和项目的内、外部条件和影响因素，既不要降低标准，也不要脱离实际，力求使广告目标恰当合理、切实可行。

3) 广告目标要明确具体

广告目标不能含糊不清、模棱两可，比如不能笼统地将目标确定为"开拓市场、扩大市场份额、提高产品知名度、促进产品销售等"，因为只要是投放广告一定程度上都能起到上述效果。广告目标应该有具体的指标，尽可能地对其进行量化，比如广告投放后销售现场的客户到访率增长多少？或者现场客户中有多少是在阅读广告后到访的？产品销售增长了多少？市场占有率提高了多少等？这样既有利于广告计划的制订和实施，也有利于最后对广告效果进行测定和客观评价。

4）单次广告目标应单一

在某一次具体的广告活动中，切忌追求多目标，多目标实际上是主次不分，力量也容易分散，中心不突出，难以达到应有的广告效果。

5）广告目标要有一定的弹性

房地产广告在实施过程中，企业和市场环境可能会发生较大变化，这些变化在制定广告目标时是难以预测的。为适应这种变化，配合企业整体营销的进行，广告活动和目标需要进行适当的调整。这种调整不是彻底地变换广告目标，而是在广告目标所能容许的限度内增强广告目标的适应性。

6）广告目标要考虑公共形象

尽可能地将经济效益与社会效益结合起来，使两者相互促进，建立起符合社会利益的企业公众形象，这也是房地产广告的重要目标之一。

7.5.2 广告主题

房地产广告主题是贯穿于广告活动过程的中心思想，是房地产项目主题和营销主题在广告活动中的具体体现，广告主题是对项目主题和营销主题的辅佐和支持。

房地产广告的主题体现在广告内容与广告形式两个方面，体现广告主题的内容部分主要是广告标语和广告正文，体现广告主题的形式则在版式、尺寸、色彩、基调等方面。

房地产广告的主题众多，形式多样，有些项目侧重于务实的主题，有些则比较务虚。比如广州奥林匹克花园"运动就在家门口"的广告语体现了项目"运动健康"的主题。广东顺德碧桂园"给你一个五星级的家"体现了"社区配套、管理和服务豪华与高档"的主题。广州华南新城的"江山湖泊共同拥有"的广告主题主要针对景观、环境等务实的主题。而星河湾的"一个心情盛开的地方"、锦绣香江的"居住与世界同步"以及广州雅居乐的"体验国际化的生活"等广告主题则比较务虚。但不管如何，广告主题必须鲜明具有特色。

房地产的广告周期从市场预热、内部认购、开盘庆典、年节促销，直到尾盘销售、交房入住，前后会持续很长的时间。为达到一气呵成的宣传效果，广告主题与广告风格应该具有一定的连贯性和一致性，最好采用系列广告的表现形式。虽然有人认为系列广告的形式单调、缺乏变化，但是从营销学和传播学的角度来看，系列广告的效果是毋庸置疑的。系列广告通过对读者形成熟悉的视觉冲击，达到让读者记住该则广告，在众多广告中快速识别的目的。如果经常更换广告主题与广告风格甚至广告公司，即使广告投入很大，项目的形象也是支离破碎的，很难给人留下统一的深刻印象，最终会降低广告宣传的效果(图7.1)。

图 7.1 某房地产系列广告的主题(不连贯)

房地产系列广告的要求：①系列广告要有一个统一的整体形象，系列广告的版式、色彩、基调、风格等应该基本保持一致；②系列广告的标语和正文可以有所变化，但一般应该围绕广告的主题展开，并且在标题构词形式上也应该保持一致性（图7.2）；③如果项目具有多个卖点，可以采用分级标题的形式，主标题表现项目的主要主题和卖点，下级标题表现次要卖点，如广东顺德碧桂园项目在广告宣传时就在"给你一个五星级的家"的主题下依次展开对贵族学校、豪华会所、星级物业管理等分级次主题的推广；④一组系列广告的时间间隔不能相隔太长，否则会失去一气呵成的整体广告效果。

图7.2　某房地产系列广告的主题（连贯）

7.5.3　广告诉求

广告诉求就是广告要告诉受众的是什么，是广告主题的切入点，是对广告卖点的提炼与深化。广告诉求要根据广告目标，客户的文化背景、消费心理、行为模式等因素来确定。房地产广告诉求通常可分为理性诉求和感性（情感）诉求两类。

1. 理性诉求

理性诉求强调消费者对房地产产品实际的、功能性的需求及拥有该产品后对消费者具有何种实际利益与好处，如地段、价格、户型、环境、交通、配套等因素（图7.3）。

图7.3　某理性诉求房地产广告

由于房地产产品价值量很大，消费者在购买房地产时相对比较理性，一般较少冲动购买，因此理性诉求是房地产广告诉求的基础，尤其是非住宅项目主要以理性诉求为主，如某些商业房地产广告通过一系列的计算来着重强调投资回报率等。

房地产产品的理性诉求可以从户型、地段、价格、环境、配套等方面入手。但在具体表现时，形式应该多样，手段要有所创新，避免单调乏味及与竞争对手项目的诉求雷同。广告诉求也要避免过于直白，要给人一定的想象空间和回忆，以便于受众接受并记忆。

2. 感性诉求

情感诉求是指通过描述广告中的人物或家庭购买使用该产品后得到的精神满足和情感收获从而打动和吸引消费者。房地产是一种特殊的商品，如住宅是家庭生活的基本物质基础，房地产的销售往往倡导一种温馨的或个性化的生活方式，而且很多时候购买房地产又是购房者事业成功的标志与体现。因此，通过对亲情、成就感、尊贵感及生活品位等方面的诉求能够使消费者产生情感上的共鸣，最终达到实现销售的目的，尤其是当同类产品竞争激烈、消费者犹豫不决的时候，情感诉求能起到"临门一脚"的关键作用。情感诉求一般是以亲切、温馨的画面，自然流畅的语言来让读者有所感触（图 7.4）。

图 7.4　某感性诉求房地产广告

在具体的房地产广告诉求策划时，应该将感性诉求和理性诉求有机地结合起来，"动之以理、晓之以情"，才能取得最佳的广告效果。另外，一个房地产项目通常具有多个卖点，但是在广告表现时，每次广告的诉求点不能太多（这一点与广告主题类似），否则没有中心，不能突出重点，一般以一个诉求点为主、几个次要诉求点为辅，几个主要诉求点往往轮流加以表现，当然诉求点的轮流安排要结合广告周期和诉求点的内容来合理确定。

7.5.4　广告内容

一份完整的房地产广告所要表现的内容通常包括如下因素：企业或项目名称、项目概况、售楼信息、楼盘形象、广告标题、广告正文，以及开盘、促销等其他活动信息（图 7.5）。

图 7.5　某报纸房地产广告的内容

企业或项目名称通常还包括企业或项目的标识。项目概况主要包括开发商、发展商、设计单位(有时分为建筑设计和景观设计等不同的单位)、施工单位、策划推广机构、项目位置等信息。售楼信息则主要包括销售部地址和销售电话等。

企业或项目名称、项目概况以及售楼信息是每则房地产广告必须要具备的内容。但这3项内容一般却不会占据版面的中心位置,占据版面中心的是楼盘形象或者广告标语和广告正文,尤其是楼盘形象一般占据平面广告绝大部分的版面。本节以房地产平面广告中的报纸广告为例来说明房地产广告中的楼盘形象、广告语及广告正文等组成内容。

1. 楼盘形象

房地产广告中楼盘形象的作用就是要吸引消费者的注意。既然楼盘形象如此重要,那么一般通过什么样的形式来表现楼盘形象呢?近几年来,房地产广告在表现楼盘形象的手段与形式上经历了一个不断发展变化的过程。早期的房地产广告几乎全部采用楼盘建筑本身作为广告画面的中心,目前许多房地产广告仍然采用以建筑物为中心的楼盘形象(图7.6)。

当采用建筑物形象来表现楼盘形象时,需要注意如下几个问题。

(1) 楼盘形象不一定要以整栋建筑物的全貌来表现,也可以将重点放在某种建筑符号和建筑细部上,将这些细部元素突出放大,就具有强烈的艺术效果,达到以小见大的目的,因为许多建筑符号本身代表着特定的含义与风格,比如罗马柱代表欧陆建筑风格、马头墙则代表着江南民居的建筑风格等,如果景观窗户、入户花园甚至电梯门套、楼梯扶手等建筑细部比较有特色,就可以在广告画面中来个特写,均可以体现建筑的品质与楼盘形象(图7.7)。

图 7.6　以建筑物为中心的楼盘形象

图 7.7　以建筑细部为中心的楼盘形象

(2) 如果要表现建筑物的整体形象,最好将周围的景观或者其他建筑物结合起来,展现一个错落有致的建筑群落,其整体效果要比单个建筑物形象更加突出。

(3) 如果建筑物本身在风格、造型等方面的特色不是很明显,或者项目的主要卖点不是建筑风格等方面,那就应该将建筑物形象放在一个相对次要的位置,甚至可以取消建筑物形象。因为平庸的建筑物形象既然不能给客户留下深刻印象,还不如给人一个想象的空间。而在广告版面的中心位置突出广告标题、文字及其他建筑形象以外的卖点,如景观环境、户型布局、公建配套等,尤其是环境因素随着人们对居住质量要求的提高越来越得到消费者的重视,已经成为影响房地产销售的重要因素(图7.8)。

(4) 在表现楼盘形象尤其是景观环境时,房地产广告通常喜欢采用大画面、大视角、大片绿色，其实与建筑细部能够体现建筑形象一样，一些细微的、鲜活的细节，如一朵花、一滴露水、早晨的一缕阳光等均同样能够体现生机盎然的优美环境。这方面可以向传统国画中的留白技法学习，虽然大片白纸，却能使人感觉到青山绿水无处不在(图 7.9)。

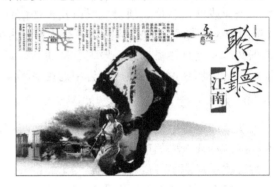

图 7.8　建筑物形象退居次要位置　　　　　　图 7.9　以小见大的楼盘形象

近几年来随着房地产市场竞争的加剧，房地产广告在表现楼盘形象上也进行了不少创新，不少房地产广告已经跳出了楼盘形象的传统表现方式，不再单纯以建筑物本身的形象作为广告画面的中心。房地产广告中展现楼盘形象的手段越来越灵活，形式越来越多样。如采用自然风光、人文景观、人物形象、水墨山水(这种形式在体现广告的意境上比其他形式要含蓄而不直白)、卡通造型、其他建筑物形象和艺术造型、形象代言人等手段(图 7.10)。此时，选用的表现形式与楼盘形象必须要有一定的相关性否则容易引起误解，如有些广告画面中的自然风光、人文景观等虽然漂亮但与本项目可能完全没有关系(图 7.11)。

图 7.10　以人物形象表现楼盘形象　　　　　　图 7.11　以自然风光表现楼盘形象

采用形象代言人来推广企业和产品形象在普通消费品行业已经非常普遍，但内地房地产企业以前几乎均不采用这种方式。近几年来，由于受香港房地产市场的影响，在广东、上海等地的房地产市场上也开始流行采用形象代言人的推广手段。楼盘的形象代言人一般有影视明星、社会名人和普通人等。影视明星知名度高、群众基础好，很容易扩大项目知名度。选择业内专家等社会名人作为代言人则更容易使客户产生信赖感。而普通人做代言人则使项目形象更加具有亲和力，但知名度不如影视明星。使用形象代言人需要注意以下几点：①代言人的形象要与楼盘形象相吻合，角色错位会弄巧成拙，因为客户购买某个项目的产品可能并不意味着喜欢某个代言人，但不购买某个楼盘倒有可能因为讨厌其代言人；②要注意控制成本（尤其是影视明星的广告费很高）和风险（如代言人的负面新闻）。但就本质而言，房地产是一种特殊商品，消费者在购买时会慎之又慎，一般不大会因为喜欢和信任某个明星而冲动下单，形象代言人最多起到一个扩大知名度的作用，且其作用是相当有限的，也不可能成为今后房地产广告展现楼盘形象的主要形式。

目前，在广告中采用建筑物形象来体现楼盘形象的问题上正在走向了另一个极端，就是在房地产广告中坚决不使用建筑物形象，若不仔细阅读根本不会知道是房地产广告，这种情况在深圳、上海等地的房地产市场上并不少见，甚至连与房地产有关的一些因素也没有了，广告创意天马行空，纯粹是为了广告而广告，是一种舍本逐末的做法（图7.12）。

图7.12　很难看出是房地产广告

在实际操作过程中，房地产开发商和策划及广告机构对楼盘形象的表现手段与形式也有不同的认识，甚至往往存在一定的矛盾。开发商一般追求实用主义，强调产品至上的原则，倾向于使用建筑物本身的形象来展现楼盘形象。而策划及广告机构一般更加追求形式主义，更加注重广告本身的艺术性，可能会认为建筑物的形象束缚了广告效果，为追求广告形式上的灵活与画面的美感往往喜欢采用其他更抽象的元素来表现楼盘形象。

如果楼盘的建筑物本身风格独特、造型别致、形象美观，那么完全可以采用建筑物形象来展现楼盘形象。"建筑是凝固的音乐"，漂亮的建筑物本身就蕴涵着艺术的美感。采用建筑物来展现楼盘形象时一般采用效果图，原因在于一方面广告阶段建筑本身没有建造完成；另一方面，效果图通常比实景图的视觉效果更好（但那些景观环境营造特别成功的项目除外）。

2. 广告标语

广告标语是整个房地产广告文案的精华，能够起到概括和提示广告内容，突出产品的特殊优势，吸引消费者购买兴趣的作用。广告大师奥格威曾经说过"广告标语决定广告效果的80%"。优秀的广告语不但可以像民谚俗语一样脍炙人口，同时也能让整个楼盘的形象声誉提高，甚至起到树立项目品牌和积累企业无形资产的作用。比如，"运动就在家门口"的广告标语突出了项目运动健康社区的特殊优势，而"给您一个五星级的家"的广告标语强调的是社区配套和服务的高档与豪华。上述两则广告标语很容易使人联想起广州奥林匹克花园和广东顺德碧桂园项目，在塑造各自项目的品牌形象方面起到了很重要的作用。

由于广告标语字数不多、语言精炼，因此主要用来反映项目最主要的优势，一个项目即使有很多优势，一般也只选择其中最重要的一个来表现。广告标语如果不能清楚地表达产品的优势所在，不能让消费者产生购买的冲动，便不是一个好的广告标语。体现主题的广告标语应该准确贴切、清晰易懂、富有创意，切忌华而不实、空泛而不着边际。

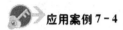 应用案例7-4

广告标语需要突出项目的最大优势

深圳海月花园的广告标语是"海风一路吹回家"，这句广告标语突出了该项目最大的卖点和优势——临海、景观、舒适。海月花园在3个月内创造出销售500套的优秀业绩，其出色的广告标语是推动其销售成功的重要原因之一。

广州珠江南景园项目一期的最大卖点就是高绿化率、超大中心花园，建成后将形成一个绿树成荫、鸟语花香的花园式社区。该项目原先以"水木清华、庭院人家"为广告标语，该广告标语音韵和谐、意境优美，但是其表达的总体内涵不够清晰，没有突出绿化率高的项目优势，而且客户对"水木清华"的理解也各不相同，因此宣传效果不是很好。后来该项目的广告标语改为"百米林荫，万方庭院"，虽然意境不如前者，但所传达的信息却清晰易懂，明确了项目的特殊优势，容易使客户产生兴趣，销售情况大有改观。

3．广告正文

广告正文就是对广告标题所表现的项目特色与优势进行进一步介绍、说明、解释和实证的文字。在不同广告媒体中，广告正文的形式和篇幅有所不同。报纸广告的正文由于篇幅所限，往往以列表的形式展现商业、文化、教育、医疗、运动、休闲等配套设施，这种形式简单明了，但也比较单调枯燥、没有艺术美感，但是也有的报纸广告为了版面的简洁甚至没有正文内容。楼书广告中的正文内容比较丰富、篇幅较大，一般以短文的形式表现（很多时候用比较感性的散文形式），比较生动活泼、抒情含蓄，具有艺术性、可读性和趣味性，但卖点不是很鲜明，需要读者在阅读中过程中去发现。

一则广告所包含的内容不能太多，否则不仅将造成版面拥挤，使广告宣传的重点不够突出；而且会降低读者的阅读兴趣与注意力，影响总体宣传效果。另外，由于房地产产品的价值量巨大、影响客户购买的因素众多，因此房地产广告也需要具有一定的信息量，否则广告效果会比较苍白，无法给客户留下深刻的印象。

7.5.5 广告媒体

1．媒体类型

1）印刷媒体

印刷媒体是房地产广告的主要媒体之一，包括报纸、杂志及开发商或代理商自行印刷的宣传资料，如传单、海报、楼书、内部报纸期刊以及邮寄印刷品等。

(1) 报纸广告。报纸广告是目前房地产广告中最主要和最有效的广告形式。据统计，通过报纸获取房地产信息的占所有信息来源的60.2%，49.9%的读报者经常阅读报纸中的广告。报纸广告通常分为两种，一是硬体广告(就是通常所指的广告)，硬体广告的形式简单明了，诉求力强，但是当广告铺天盖地时效果不理想；二是软体广告（主要以新闻报道的形式），将项目的卖点作为新闻点加以推广，在看似客观的评述中将项目介绍给消费者，软体广告的直接广告效果不够明显，但有利于企业和项目品牌与形象的塑造，软体广告又称为软文。

报纸广告的优点：①发行量大，覆盖面广，读者群相对固定，与公众生活的联系非常密切；②报纸发行具有明确的地域性，适合房地产这种地域性很强的产品；③信息传播速度快，实效性强，广告效果迅速，甚至广告当天的效果就很明显，因此很多房地产广告往往在周五投放以吸引消费者在随后的双休日前来看房；④信息量大，图文并茂，符合房地产产品的信息传递特点；⑤方便客户上班时间咨询；⑥报纸方便携带，便于保存，可以事后翻看；⑦报纸通常每日出版，易于发展系列广告，便于随时修正广告策略。上述优点使得报纸成为房地产首选的广告媒体。

报纸广告的缺点：①广告时效短；②广告成本相对较高；③受《广告法》限制，部分广告手法及广告内容不能表现；④与楼书相比，图文信息量仍有不足；⑤印刷质量较差等。

（2）杂志广告。目前，杂志广告正逐渐呈上升趋势，尤其是近几年崛起的财经类专业杂志，如《财经》等越来越受到青睐，原因是其读者群是最具有购买力的知识阶层、富裕阶层。产品类型也以高档公寓项目或者别墅为主。

杂志广告的优点：①目标客户单一，针对性强，对特定目标客户的广告效率高，尤其适合目标客户相对单一的高端项目，如别墅项目选用那些企业老总级别经常阅读的杂志效果就很好；②印刷精美，制作水平高，对读者有较强的吸引力；③信息量大，广告寿命长，复读率高；④具有收藏性和反复阅读性。

杂志广告的缺点：①广告周期长，时效性差，缺乏灵活性；②读者群体比较单一，尤其是专业杂志。

（3）传单海报。房地产传单海报主要是指通过人员散发的关于企业和项目介绍的印刷品，散发地点一般选择在街头、商店门口、办公楼聚集区以及住宅区等，或者夹杂在报纸中派送。

传单海报的主要优点：①费用低廉；②通过人员散发，广告触及面较广。

传单海报的主要缺点：①具有一定的强迫性，容易引起客户的反感；②客户的重视程度不够，往往拿了就扔，甚至影响项目形象；③广告散发可能会受到市政及环卫部门的限制。

2）视听媒体

（1）电视广告。电视广告的优点：①广告覆盖面广，信息不受时空限制，诉求能力强；②具有视听双重功能，表现手段灵活，具有很强的吸引力和视觉冲击力；③广告选择性强，可在不同时期和时间段播出。

电视广告的缺点：①广告时间短（一般小于 30s），信息保留性较差；②广告费用高；③广告信息量较少。

（2）电台广告。电台广告的优点：①信息传播迅速、及时，不受时空限制；②广告内容灵活性高，可随时修改；③广告选择性强，可在不同时期和时间段播出；④制作简单，费用低廉。

电台广告的缺点：①信息很难保留；②信息量少；③表现形式少，缺乏视觉冲击力。

电台广告目前正在逐渐增多，原因是城市有车一族越来越多，而收听车载广播已经成为许多驾车者在旅途中最主要的消遣方式，而且有车一族总体上更有经济实力，因此广告的针对性较强。但电台广告一般只进行提示性广告而不适宜进行说明性的广告。

3) 户外媒体

房地产户外广告媒体包括路牌、灯箱、条幅、车厢及飞行物等，一般布置在城市主要交通路口、人流汇集地、产品所在地及大型建筑物等处。据调查，有34.1%的预购客户经常注意户外广告，5.5%的预购客户通过户外广告获得产品信息，其比例均高于总体预购客户关注各种媒体的平均水平，说明户外广告对有购房意向的消费者具有很好的效果。

户外广告的优点：①规模大、展示时间长，特别适合开发规模大、开发时间长的项目，容易引起注意，但是空中飞行物一般集中在展销活动期间，展示时间不长；②广告费用较低。

户外广告的缺点：①广告覆盖区域小；②信息量较小。

4) 网络媒体

网络媒体广告是指在互联网上通过设立网站主页的形式来发布房地产产品的信息。

网络广告的优点：①实效性强，企业可以随时发送最新的信息；②广告成本低廉，表现手段灵活（声、像、色、图并茂），不受地域限制；③信息量大，传播速度快。

网络广告的缺点：受众以年轻人为主，对于没有上网习惯的消费者没有效果，尤其是那些事业有成、具有较强经济实力的中年人可能没有上网时间或习惯来关注。

2. 媒体选择

1) 媒体选择应具有针对性

房地产广告媒介如此众多，如何才能在这些复杂多样的媒体中选出最高效的组合呢？唯一的办法就是深入研究产品特点、消费者接触习惯及消费者心理特征。据调查，阅读报纸的男性比例超过女性比例的一倍，而影视广告对女性的影响更大。因此根据女性消费者的消费心理，将电视广告主要集中在感性诉求方面，如通过有冲击力的画面、有感染力的音乐及充满煽动力的解说词等，而将报纸广告集中在理性诉求方面（相对而言男性比较理性）。户外广告（尤其是路牌广告）具有持续时间长、广告醒目等特点，也越来越被开发商所采用。网络广告则主要针对经常上网的白领中青年为主。

2) 广告媒体应该综合运用

各种广告媒体各有特色，要取得更好的广告效果，应该综合运用各类媒体的推广渠道，使得在一个特定的广告时间段内给目标客户轮番的信息宣传。

应用案例 7-5

房地产广告媒体的综合运用

上海某项目的广告媒体从视觉、听觉和感觉上进行组合，最大限度地挖掘目标客户资源：假设客户乘飞机回到上海，那么在飞机上他会看到《东航杂志》上的楼盘广告，下飞机后在机场到市区的路上又能看到大型户外广告，回家后晚上又能看到《新民晚报》上的楼盘广告，而第二天上午开车上班时又在车载广播中听到该项目的广告。

7.5.6 广告节奏

从营销的全过程看,广告节奏的形式主要有集中型、连续型、间歇型和脉动型等。

1. 集中型节奏

集中型广告节奏是指广告主要集中于一段时间发布,在短时间内形成强大的广告攻势。集中型广告节奏的优点是在短时间内就能给消费者强烈而有效的刺激,缺点是如果广告未能达到预期效果则很难进行补救。因此对于集中型广告节奏来说,广告时机的选择非常重要,一般是在项目开盘、结构结顶和项目竣工等重大的销售节点时采用。

2. 连续型节奏

连续型广告节奏是指在一定的时期内连续均匀安排广告的发布,使项目广告反复在目标市场上出现,以达到逐步加深消费者印象的节奏形式。该广告节奏的优点是能够不断刺激消费者,缺点是由于广告预算有限而可能无法维持大规模、长时间的广告攻势。因此连续型广告接收一般采用电台、户外广告等费用较低的媒体形式。

3. 间歇型节奏

间歇型广告节奏是指间断进行广告发布的方式,跟连续型广告节奏的区别在于广告间隔的时间不是均匀分布的。间歇型广告需要根据广告的滞后性和消费者的遗忘速度来确定广告间歇的时间。

4. 脉动型节奏

脉动型实际上是连续性和间歇型的综合,即在一段时间内不断保持广告的发布,又在其中某些时机加大发布的力度,形成广告攻势的形式。

7.5.7 广告预算

1. 预算的组成

广告预算包括:①广告调查费用,包括广告前期调查和广告事后调查(即广告效果调查)的费用,前期调查又分为媒体调查和竞争对手项目广告调查等;②广告制作费用,包括文案创造、美术设计、制版、印刷、摄影摄像、广告礼品等;③广告媒体费用,包括平面媒体的版面费用、视听媒体的频道费用等;④其他相关费用。通常媒体费用是组成房地产广告预算的最主要部分,据统计,媒体费用约占房地产广告费的70%以上。

应用案例 7-6

房地产项目广告预算的构成

大连海昌欣城项目按照销售额的1.5%确定广告预算,其中报纸版广告占35%,电视广告占15%,电台广告占3%,公关促销占15%,房地产展销费用占12%,楼书、传单、海报等其他印刷品广告占

10%，外地推广费用约占 15%。

2. 预算的影响因素

影响广告预算的因素有市场竞争程度、广告投放频率、产品销售进度及开发商品牌（品牌公司的广告费用相对少得多）等因素。

3. 预算制定方法

制定广告预算的方法有量入为出法、销售百分比法、竞争对手法及目标任务法等。

（1）量入为出法是企业根据自身的资金实力确定广告预算（即有多少钱就做多少广告），该方法忽略了广告对销售的影响，具有一定的盲目性和偏见性，适合于项目资金状况比较紧张的情况。

（2）销售百分比法就是以目前或预测的销售额的一定百分比来制定广告预算的方法，这种方法使广告预算具有一定的保证，广告费用一般在销售额的 1‰～3‰ 之间。

（3）竞争对手法是根据竞争对手的广告费用来决定本项目的广告费用，企业一般在竞争对手投放广告后也跟着投放广告，该方法考虑到了竞争对手的策略但却忽略了项目自身的情况。

（4）目标任务法是根据预定的销售目标，制定相应的广告任务并估算广告费用，该方法针对性强，能解决实际的销售问题，但是对广告成本具有不确定性。

7.5.8 广告效果

广告效果的评价以广告目标为依据，可以分为定性评价和定量评价两个方面。

1. 定性评价

广告的定性评价主要根据以下几个方面来进行。

1）视觉瞩目性

由于大部分消费者都是随手翻阅房地广告，只有视觉上具有足够的吸引力才会吸引他们进行详细阅读，因此要求广告具有较强的视觉瞩目性。但该指标不适用于电台广告。

2）内容清晰性

不少广告比较喜欢采用比喻的手法来表现项目，这要求运用恰当，不能太过隐晦，否则容易产生误解和费解。但强调内容清晰并不是要求广告直白而没有意境，索然无味。

3）提供现实购买的理由

就是要向潜在的消费者明确传递购买本项目产品有什么好处。只有如此才会给项目带来可观的人流。有些广告虽然形式很美但却无法将买家吸引到现场，因此不是成功的广告。

4）具有美感

广告画面要令人赏心悦目，具有美感。

5）广告风格的一致性

若干次广告之间的色彩、版式等广告风格应该具有一致性和连贯性，尤其是系列广告。

2. 定量评价

定量的评价又分为广告本身的传播效果评价以及对项目销售的促销效果评价。

1) 广告传播效果

广告传播效果是指广告信息传播的广度、深度与影响,表现为客户对广告信息的注意、理解和记忆程度。测定广告传播效果的方法主要有阅读率(即阅读广告的人数与报纸发行量的比值)或视听率测定法、回忆测试法(通过让阅读、收看或收听过广告的消费者回忆广告的内容来判断客户对广告的注意和记忆程度)及理解度测定法(通过测定阅读、收看或收听过广告的消费者记得多少广告的内容来判断消费者对广告的理解程度)等。

2) 广告促销效果

广告促销效果的常用评价方法有广告效果比率法(即销售额的增长率与广告费用的增长率的比值)、单位广告效益法(单位广告费用的销售增加额)及广告费比率法(单位销售额支出的广告费用)等。由于房地产产品的销售除了受广告影响外,还受到其他多种因素的影响,因此一般很难准确测定广告的促销效果。

在实际销售过程中,由于对广告效果的量化比较困难,因此通常采用广告投放以后客户来电来访的数量作为广告效果的评价指标。房地产产品与其他商品相比,具有价值量大、购买决策时间长的特点,客户在获得广告信息以后如果对产品产生兴趣,一般还要通过电话或现场咨询的形式进行进一步的考察,因此来电来访数量就成为广告促销效果的直接体现。

 应用案例分析 7-7

某项目在 7 个月中客户来访的渠道构成(表 7-2)。

表 7-2 客户来访的渠道构成

渠道	4月	5月	6月	7月	8月	9月	10月
广告后到访	8.8	17.0	22.3	29.8	33.1	25.0	29.5
电话后到访	5.0	12.4	11.4	11.7	14.0	10.3	8.2
会展后到访	29.8	6.9	10.6	2.7	1.7	10.1	11.6
朋友介绍	11.8	18.8	21.9	23.4	20.9	21.5	21.0
路过	44.6	44.7	33.4	31.9	30.3	32.9	29.7
网络	0.0	0.2	0.4	0.6	0.0	0.3	0.0

从表 7-2 可见,来访客户中,路过的比例虽然最高,但随着项目的推进,路过的客户无论是数量还是比例均呈下降趋势,而且通常认为路过的客户质量最低;通过网络渠道了解后到访的数量极少(但可能是由于该案例发生的时间较早,网络不普及所致);会展后到访的客户质量较高,但其数值比例波动较大,原因在于到访人数与项目参展的活动密切相关,因此会展不可能成为支撑一个项目的长期客户来源;电话后到访实际上也是广告效果的一部分,与广告后到访的数量相加其比例超过 30%。因此比较而言,广告以及朋友介

绍后到访的客户质量较高，而且其数量比例也逐渐递增随后趋于稳定。

7.6 房地产项目形象策划

房地产项目的形象策划包括广义与狭义两个方面。广义的形象策划包含了广告策划的部分内容(比如形象广告)，本节所指的形象策划是指其狭义的方面，主要包括销售现场形象、样板房形象、楼书和模型形象及工地现场形象等方面。上述形象载体虽然在销售完成后即完成了其使命，存在时间与房地产项目的寿命相比十分短暂，但是对加深项目的广告宣传效果，提升项目档次与品味，展示项目个性与实力，加强公司形象与树立公司品牌都具有很重要的作用，能起到最终促进销售的目的。因此形象策划是房地产营销策划不可缺少的工作内容之一，必须引起开发商以及策划机构的高度重视。

7.6.1 售楼处

房地产产品具有不可移动性和价值高大性，消费者在购买决策之前一般均会对项目进行实地考察，开发商也会在项目现场设置售楼处(销售部、销售展示中心)，它是开发商直接面对客户的脸面，对消费者的购买决策具有一定的影响。

1. 位置选择

开发商应该在项目施工现场设置售楼处，或者设置在楼盘会所内，或者建造独立的销售展示中心，在具体位置上，售楼处应位于比较显眼的位置，独立设置的售楼处要求交通便捷、停车方便。对于位置比较偏僻的项目，除了在项目现场设置售楼处以外，还可以在市中心的繁华地段或者交通便捷、人流较大的地段设置展示中心。而对于那些目标客户比较特殊的项目，还可以在目标客户相对集中的地方设置展示中心，如北京三里屯某项目的销售处就曾设在三里屯某酒吧内。

2. 导示系统

售楼处应该设置详细的导示系统以方便来访的客户，导示系统可分为外部导示系统和内部导示系统两个方面。外部导示系统是指在项目周围一定范围内(如1km左右)的交通干道上设置售楼导示，尤其是那些远离交通要道的项目，这是客户实地考察项目过程中接触到的第一个细节，能起到指引客户和广告宣传的双重作用，可采用灯箱、灯杆挂旗等形式。内部导示系统是在项目内部或售楼处内部设置的导示系统，内部导示系统主要指示项目总体布局、楼宇栋号与朝向、停车场、样板房和洗手间位置等。

3. 功能分区

一个功能齐全的售楼处应该包括以下功能区域：辐射区、迎宾区、模型区、洽谈签约区、展示区、工作区、财务区、休闲区等。

1) 辐射区

辐射区是指售楼处周边一定范围内的区域，是售楼处内外的过渡区域，一般通过气球、彩旗、广告牌、导示牌、横幅、植物、停车场等来渲染销售气氛。

2）迎宾区

迎宾区是指售楼处进门的区域，客户在此区域应该受到销售人员或门卫的热情接待和欢送。

3）模型区

模型区分为整体模型区和户型模型区。整体模型区是指放置整体模型的区域，整体模型是指整个项目的沙盘，整体模型区尽量靠近迎宾区以方便客户进门就能参观，模型大小、高度应该适中，如高度通常在1~1.3m。户型模型区一般放置于整体模型区两侧，符合消费者先整体后局部的了解顺序。

4）洽谈签约区

洽谈区应位于户型模型区旁边，方便客户随时参观户型模型，最好能配置电脑等以方便客户观看虚拟的户型空间。签约区应该靠近工作区和财务区，应该是相对隐蔽和安静的区域，不应受太多流动人群的干扰。洽谈区与签约区可合二为一，也可分别独立设置。洽谈签约区的装修布置风格应该简洁明快、色彩柔和，具有亲和力。

5）展示区

展示区一般围绕模型区布置，或者设置在周围墙壁上。展示内容主要有购房及按揭流程图、项目效果图、规划平面图、户型图（因为户型模型通常只能展示少数几个户型，其他户型可通过户型图来展示）、销售进度牌（表）、项目和公司的形象宣传资料等，也可以展示项目所采用的建筑材料。

6）工作区

工作区包括接待台及其后面的销售人员更衣室、经理办公室及资料室等。

7）财务区

财务区应与工作区和签约区相邻，财务室内应配备刷卡机、点钞机、验钞机、保险柜等设备。也有不少现场销售中心不设财务区，相应功能区域设置在公司总部销售中心。

8）休闲区

休闲区包括洗手间、休息沙发、饮水机、儿童玩耍设施等，也可配备电视录像等设备对项目进行形象宣传和介绍，该区域应与洽谈区保持一定的距离。

上述功能分区不是绝对的，有些可以不设，有些可以合并设置。但不管如何，在布置功能分区时需要按照流线组织来进行，尽可能以洽谈区或模型区为中心进行布局。

4．装修风格

售楼处的建筑立面和装修风格应该根据项目定位及目标客户的特点而定，同时必须要与项目的整体建筑风格相一致。

对于针对年轻白领阶层及年轻夫妻为主的项目，装修风格应该体现浪漫、温馨、时尚、艳丽甚至前卫的情调，饰画、灯具、雕塑小品等可以选用新潮、现代的作品。

对于中低档楼盘，装修风格应该简洁大方，无须华丽气派，因为购房者更加关注产品成本，对价格比较敏感，因此只要能够准确展示项目的信息就可以了。

中高档楼盘的目标客户一般年龄在30岁以上，社会经历相对丰富，心态较为成熟，已经过了叛逆心理时期，因此装修风格应该体现庄重、成熟的特点，不应艳丽和花哨。装修材料和洽谈区的桌椅等应具有一定的档次等。

高档楼盘的装修风格要把握分寸，强调品味、格调和气质，不必追求表面上的珠光宝气、金碧辉煌、大红大紫，但是用材必须高档，做工考究，装饰物不必烦琐，但每一细节必须体现品质感，庄重而不浮躁。

写字楼的客户主要是企业负责人一类的角色，更看中物业本身的素质及位置、交通、车位、电梯、物管费用等实实在在的问题，理性色彩更浓，不会轻易受现场氛围的诱导。因此销售中心的装修风格应该体现大气、庄重、现代的气质，营造商务办公的氛围。

5. 销售氛围

据统计，客户在售楼处停留的时间与最后成交的可能性成正比。因此，通过营造售楼处的氛围可以达到吸引消费者、留住消费者、增加人气、促进销售的目的。如有些售楼处提供一些漂亮的糖果及玩具等使得有孩子的客户能够延长逗留的时间；而有些售楼处设置飞镖、掷靶之类的小游戏来吸引年轻人；而有些售楼处悬挂一些项目实施过程中不同时段、不同角度的情景照片等吸引客户的注意；有些分期开发的项目售楼处展示一些已入住业主的艺术作品以提升项目的品味。

与"财大气粗"的开发商相比，个体消费者处于弱势地位。大多数客户对几乎需要花费其毕生积蓄购买的房子一无所知，买卖双方处于严重的信息不对称状态，客户潜意识里对房地产开发商具有一定的不信任感。此时，如果开发商在许多细节上能使客户感到自己受到尊重和欢迎，就能使其对项目产生好感和认同，从而拉近客户与开发商之间的距离。

6. 人员形象

任何氛围的营造都比不上销售人员的热情、耐心、亲切和细心的接待和服务。人与人之间的沟通交流始终是第一位的，销售人员的素质是营造温馨氛围的决定性因素。因此销售人员的形象也是销售现场形象的一个重要甚至是最重要的方面。

销售人员（很多地方称为置业顾问）必须对自己所销售的产品了如指掌，从规划布局到建筑风格、从户型结构到公建配套、从政策法规到按揭利息、从施工现场到物业管理、从自身项目到周边项目都应该对答如流。目前销售人员在推介产品时的问题主要有如下几个：一是专业水平不高，语焉不详、一问三不知甚至干脆胡编乱造；二是隐瞒真相、存心欺骗、昧着良心说假话；三是以偏概全，拿自己项目的优点与竞争项目的缺点比较；四是态度高傲冷漠，没有工作激情（特别是项目尾盘）。上述问题涉及专业化服务和职业道德两方面，前者通过培训和自身学习能够在短期内得到提高，而后者则需要更长时间来改变。

7.6.2 样板房

1. 样板房选择

实景样板房应设置在朝向最好、景观最美的位置，尽量接近销售中心，如果从销售处到样板房需要穿越施工现场，则必须保证客户的安全，最好设置封闭的通道。

为控制销售成本，不必每一种户型都设置样板房，通常选择几套在户型、朝向、面积等方面具有典型性的主力户型就可以了。

样板房不必选择项目中户型最好的房源，因为好户型通常无须样板房促销，但是样板房一定不能选择户型、朝向等最差的房源，通常选择品质中等的房源。

2. 样板房装修风格

样板房的装修具有两个目的：一是展示产品优点；二是掩饰产品的缺点，最终的目的是使客户产生购买的冲动。样板房的装修风格应该与售楼处的风格一致，都要根据项目的定位以及目标客户的具体情况来确定。

样板房的装修要精心设计、合理布置、努力营造一种温馨舒适的感觉。样板房装修尤其要注重细节，通过灯具、窗帘、壁画、雕塑、盆栽、花瓶、杂志、床头镜框等各种饰物和小型艺术品刻意营造生活情趣和艺术品味，让客户留下深刻的印象。如万科的样板房就做得十分细致，如厨房里冰箱、厨具、锅碗瓢盆甚至水果蔬菜等一应俱全，使客户在参观时不自觉地将自己融入居家环境，从而产生认同感。

需要注意的是，不同的客户对样板房的关注重点不同。通常客厅、主卧和书房等是男性客户关注的重点；而厨房、卫生间、梳妆台等则是女性客户关注的重点。对于一般的户型，多采用一些金属与玻璃材料能够增加房间的通透感、明亮感和空间感。对于高档的豪宅类项目，目前主要有两种风格：一是传统的怀旧风格，如布置一些高档的红木家具等；二是全盘西化的风格，如采用古典的欧洲宫廷装修风格等。

对于不是设在住宅楼内的样板房，需要注意不能在面积及尺寸上做假。对于精装修交房的样板房，装修标准应该与交房时的标准一致。设在住宅内的样板房一般在销售过程中都会被客户买走，而凡是卖不掉的样板房说明其户型和装修存在问题。

3. 样板房管理

房地产营销实践证明，样板房在销售过程中的重要性可以与售楼处相提并论。因此在样板房的设计与运行管理过程中一切应该以人为本，以让客户感觉舒适为中心，而不能一味地省钱。比如，有些项目的样板房即使白天也开着灯，每一个房间都给人明亮的感觉；而有些样板房的灯具比平常的功率更大更亮；有些样板房夏天白天都开着空调，不至于使客户参观时酷热难耐等。而有些样板房的管理就不够人性化，如规定客户参观样板房需要换鞋、客厅沙发不能就座、样板房内不能拍照等，使参观的客户感觉没有被尊重。

7.6.3 售楼书

售楼书简称为楼书，是项目的名片，虽然通常只在售楼处派发，具有一定局限性，但是其优点也非常明显：①楼书印刷精美，易于携带，便于保存；②楼书不是大众媒体，约束相对较小，与报纸相比，楼书的创意空间大，表现手法丰富；③几乎没有版面限制，可以对楼盘做最全面、最详细的介绍；④独立印刷无须高昂的媒体费用；⑤楼书独立成册，不会被其他广告信息干扰。因此，楼书是弥补报纸广告缺陷的最佳媒体。所以"报纸＋楼书"往往就成为房地产项目推广中珠联璧合、相得益彰的最佳媒体组合。

客户得到的楼盘信息越多，对项目的信赖程度也就越高。广告大师奥格威说"你介绍得越详细，销售得也就越多。"因此楼书不宜过于简陋，一定要让消费者得到尽可能多的楼盘信息。完整、全面的楼书应该包括房地产项目的以下内容。

（1）楼盘概况。占地面积、建筑面积、公共建筑面积、商业建筑面积、建筑覆盖率、容积率、绿化率、物业座数、层数、层高、车位数、建筑结构、开发商、发展商、施工单位、物业管理公司等。

(2) 位置交通。楼盘所处具体位置图、交通路线图及位置、交通情况等。

(3) 周边环境。自然环境、人文环境、景观环境等。

(4) 配套设施。学校、幼儿园、医院、菜场、商场、超市、饭店、娱乐设施、邮电等。

(5) 规划设计。规划设计单位、规划设计理念、规划设计特点、建筑风格、环艺绿化风格等，随着人们生活品位的日渐提高，客户日益重视建筑内、外部空间的处理及建筑风格等特点，因此规划设计应是楼书介绍的重点内容之一。

(6) 户型。由于生活方便与否、舒适与否与户型有着很大的关系，因此户型是影响消费者购买决定的重大因素，应以灵活多样的方式将户型特色、户型优点尽情展示。

(7) 会所。作为全新生活方式下的产物，作为能提升楼盘整体品位的重要组成，会所在近年的市场中受到越来越高的重视，会所功能、会所设计理念、会所服务细则也应有所介绍。

(8) 物业管理。物业管理即楼盘的售后服务，随着市场的发展，人们对其日益重视，物业管理公司背景、物业管理内容、物业管理特色应有所交代。

(9) 价格。由于价格是经常变动的，因此不宜写入楼书，但是可以活页的形式附在后面。

此外还有建筑及装饰材料、保安管理系统、新材料新科技成果运用等方面。总之，要根据每个楼盘自身的优势和卖点而侧重不同的介绍。

楼书除了信息丰富、内容翔实的要求以外，在策划时还需要注意以下几点。

(1) 楼书可以进行适当的艺术加工。楼书是展示房地产项目开发理念的载体，应该讲究艺术性，在表现形式上应该有所创新，图文并茂，可以让消费者反复欣赏阅读。

(2) 楼书应该真实可信。切忌华而不实、夸大其词、言之无物，更不能随意扭曲图形比例，如有些楼书虽然画面精美并配以极具抒情性质的美文，但唯独缺少房子的信息，内容空洞，不知所云。另外在某些地方楼书可作为购房合同的附件，具有一定的法律效力，因此必须避免给客户提供虚假信息，以免涉及法律纠纷。

(3) 楼书可以有不同的形式和侧重。比如，有些楼书主要宣传楼盘的形象（这种楼书被称为形象楼书）；有些楼书则侧重于介绍产品的特性、功能、使用、保养和维修等方面（这种楼书被称为功能楼书），如管线的走向、承重墙和非承重墙等。楼书也可以做成折页的形式，折页主要是形象楼书和功能性楼书的简化版本和补充，主要针对形象楼书或功能楼书没有详细介绍或不便介绍的内容（如价格），折页楼书便于大量派送。

7.6.4 楼盘模型

房地产项目在工程开工后不久就开始预售，而实际的楼盘还远未形成，此时具有立体性和真实性的楼盘模型就成了工程唯一完整的立体形象，成为与客户沟通的主要手段。

楼盘模型包括楼盘区域模型、楼盘形象模型及户型模型等。模型首先要真实反映项目的客观情况，但同时模型在色彩调配、景观布局上也需要进行适当的艺术加工。

(1) 区域模型主要反映项目所在区段周边的地理环境与配套情况。区域模型由于范围较大，需要在色彩与表现手法上突出本楼盘的形象，如采用文字将对项目有利的服务设施、道路及景观标示出来以增加客户对模型的识别能力；对楼盘高度和尺寸适当放大以缩小与周边配套设施的距离感。

（2）楼盘模型主要针对项目内部的总体布局、景观环境、配套设施等，要求做工精细，建筑细部表现完整。在规划布局上应该保持与设计图纸的一致，但对整体色彩关系等方面不要求与真实产品完全一致，可以进行适当的艺术加工，使得形象模型具有艺术性和视觉效果。

（3）户型模型由于尺寸较小（通常是 1∶30 左右），因此不要求室内布置面面俱到，可以做一些适当的简化，如小的装饰物可以不必摆设，在颜色选择上应该以浅色为主，家具设备等尺寸可以适当缩小，以增加房间的空间宽阔感。

7.6.5　展销会

在房地产展销会、房地产交易会或房地产博览会等活动期间，由于楼盘集中，可供选择和比较的余地较大，主办单位还会组织一些相关的服务活动，如房地产管理部门、银行和法律等方面的专家进行现场咨询等，因此往往吸引很多消费者前来参观。而这些参观者当中，潜在客户的比例较高，因此房地产展销会已经成为房地产企业宣传企业和项目形象的一个重要舞台，越来越得到开发商的重视。

房地产开发商在展销会期间的工作需要注意以下几点：①参展准备工作要充分，如配置看楼车等，相关资料要齐全，不要发生楼书不够派送等情况；②展销会期间的工作强度很大，需要配备高素质的销售人员；③需要有中高层管理人员现场组织、协调以应付突发事件；④对现场咨询、看楼和成交的客户情况要做好记录以备事后总结研究。

7.6.6　楼盘标识

楼盘标识（即 Logo）是体现楼盘档次、品味和精神内涵的符号，是楼盘形象包装不可缺少的手段之一，一般采用图案、字母、美术字等表现形式及统一的公司标识和各个不同的项目标识相结合的做法。

楼盘标识一般应用于广告、楼书、灯箱、彩旗、导示牌、证件（如员工工作卡、车辆出入证、会所会员卡等）、文具（如信封、笔记本、资料袋）、看房车、纪念品（如挂历、明信片、纪念伞等），以及日常用品类（如一次性茶杯等）。

7.6.7　工地现场

工地形象代表者施工企业的管理水平与实力，而施工企业的管理水平与实力又影响着工程质量，因此工地形象对消费者的购买信心具有一定的影响。

工地形象主要体现在施工围墙、建筑立面及工地环境等方面，如施工道路、临时设施、材料摆放、工地绿化等。工地形象策划要与建筑工程的安全、文明施工相结合。

施工围墙常规的形象包装主要是宣传项目概况，如楼盘名称、楼盘标识、建设单位、设计单位、承建单位、销售电话等，也有项目对围墙形象包装进行创新，如绘制宣传环保的卡通画，也有将围墙改造成橱窗进行相关的图片和摄影展等。

建筑立面必须安全、整洁，可以采用条幅等进行适当的广告宣传。

工地环境要求地面和道路(尤其是样板房参观路线)整洁、功能分区合理、材料摆放有序、安全管理规范，使客户对项目产生信任感。也有项目在施工现场单独划出一块地方预先完成绿化景观的施工，可以给客户带来更加实在的感受。

本 章 小 结

房地产营销是指将房地产产品从生产者(开发商)引导至消费者从而使企业获得利润所进行的一切业务活动。房地产营销策划是对房地产营销活动的概念构造过程，是对将要发生的营销活动所做的谋划与计划，并以方案作为策划的结果。营销策划包括营销渠道策划、定价策划、促销策划、广告策划、形象策划等内容。

房地产的营销渠道分为直接营销渠道、间接营销渠道和混合营销渠道等类型，直接营销渠道仍是目前大多数房地产项目的营销渠道。房地产定价策划需要在熟悉房地产价格构成及其影响因素的基础上，根据定价目标，选择定价方法，确定定价及调价策略。房地产促销的手段很多，可以从市场预热、内部认购、开盘庆典、公关促销及交房入住等阶段入手。房地产广告是重要的促销手段，策划内容包括广告目标、广告主题、广告诉求、广告内容、广告媒体、广告节奏、广告预算及广告效果评定等方面。房地产项目的形象策划可以通过售楼处、样板房、售楼书、楼盘模型、展销会、楼盘标识，以及工地现场等策划来实现。

阅 读 材 料

濒死楼盘4个月如何起死回生？——中小城市商业地产营销实战全案

1. 背景

2003年11月，湖南湘怡房地产公司找到长沙步步为赢营销策划公司。他们在湖南娄底市开发了一条"明珠步行街"(以下简称"明珠")。由于开发经验不足，出现了很多问题。"明珠"2001年开始投资建设，到2003年10月，只销售了一套铺面。商铺的招商工作已经开展了半年，但半年时间竟然连一个商家都没有招到。内忧外患的是，其他开发商乘虚而入，又开发了一条步行街。该开发商经验丰富，操作得当，2003年10月2日开盘后出现了租售两旺的态势，预计2004年5月1日开业，给"明珠"造成了巨大的压力。

2. 目标

经双方初步接触和洽谈以后，湘怡公司表明了他们的目的和期望：①要在2004年3月28日开业；②开业之前必须完成招商工作，而且所招商家的质量必须达到要求；③希望通过招商带动后面尾楼的销售。

3. 市场调查

2003年11月初，在正式合作之前，策划公司派出一个项目小组来到娄底，对"明珠步行街"项目本身、消费者、商家、竞争对手、商业环境等几个方面展开初步市场调查。初步调查结果显示，该项目确实存在以下问题。

1) 项目本身严重先天不足

(1) 地段是明珠的致命伤。"明珠"位于娄底市北部，距离火车站仅80m，但娄底传统商圈和居民区都在南边，离"明珠步行街还有700m之遥。娄底的消费者除了坐火车以外一般是不到火车站附近来的，也就是说，"明珠"基本上没有自然人流。

(2) 项目定位模糊，知名度低。调查中发现该项目知名度很低，很多群众没有听说过"明珠"，连出租车司机都不知道它在哪里。

(3) 前期遗留问题为后续工作带上了枷锁。调查发现，该项目的建筑规划不像步行街，街景单调，建筑粗糙压抑。功能上没有考虑到步行街的休闲娱乐功能，缺少儿童游乐等配套设施。整条街看上去像个农贸批发市场，没有挖掘出步行街应有的文化价值。

2) 市场容量有限，营销环境恶劣

娄底是位于湖南中部的一个地级市。由于缺乏支柱产业，经济水平在湖南排名后列，2003年GDP210亿，商品零售总额40亿左右。市区人口30万，消费水平不高。但就是这样一个经济不算发达的中小城市，竟然出现了5条步行街。在很多大中城市都难于成活的步行街，在娄底竟然出现了5条之多，总营业面积在全部建成后将达到20万m^2。再加上原有商业卖场，娄底商业面积与市场容量是极不协调的。可以想见，娄底商业地产竞争的无序和恶劣。

3) 竞争对手强大，"明珠"先发优势不再

对"明珠"威胁最大的是八亿步行街(化名)。该街的开发商有丰富的商业地产开发经验。八亿步行街地理位置相对较好，位于娄底传统商圈边缘；在产品规划方面，明显强于"明珠"；在广告宣传方面请来了奥运冠军做形象代言人；营销手段也较为丰富和成熟；加上该公司一些秘密的炒作手段，10月2日开盘时，八亿步行街竟出现了排队抢购、抢租的火爆势头。"明珠"很多的潜在客户都把目光转向了"八亿"。

4) 商家和消费者对"明珠"信心严重不足

在商家进行调研时发现，90%以上的商家对"明珠"没有信心。认为"明珠"位置偏，人流少，生意估计难做。当问道"免租金一年，是否愿意进驻时？"很多的商家还是表示出不感兴趣，理由是租金便宜，没有生意也没有用。消费者也大多认为"明珠"位置太偏，表示如果里面卖的东西跟别的地方差不多的话，不会专程去购物。

2003年11月20日，双方正式签订合作协议。步步为赢营销策划公司项目小组入驻"明珠"步行街。时间紧，任务重，压力可想而知。

4. "明珠女人街"新鲜出炉

合作开始后，摆在策划公司面前的第一个难题就是：项目到底该如何定位？

在一次头脑风暴会中，策划公司提出，"明珠"是否也可以往"女性主题街"这个方向来定位呢？把"明珠"做成中西部最大的女人街？因为根据以往的经验，女性和儿童永远是商业的主力消费群。在分析了各种因素以后，各方觉得这个方向可行。但有很多因素还不能确定，需要进一步深挖。如到底什么样的街是女人街？与步行街有什么区别？女性主题街到底有没有生命力？其他女人街的状况怎么样？女人街的布局和商业结构是怎样的？等等。

带着这些问题，策划公司开始了各方面的调查和验证，并和开发商一道，先后考察了深圳女人世界、中国最大的女装批发地虎门、广州状元坊、杭州女装街、上海新天地及其他中小城市的女人街。考察回来，小组成员讨论了很长时间，最后决定将明珠步行街正式

定位为"女人街"。"明珠女人街"终于新鲜出炉了！

5. "组合拳"迅速打开"女人街"知名度

定位明确后，怎样快速传播"女人街"成了摆在策划公司面前的最大难题。

"明珠"的知名度不高，传播基础差；传播费不到10万元；时间又非常紧迫。多方限制下，"明珠"的传播难度是可想而知的。怎样才能四两拨千斤，小钱办大事呢？项目小组讨论后一致认为，常规的广告方式是很难完成任务的，必须另辟蹊径才行。大家认为可以尝试通过一系列活动的方式打开知名度。正好，娄底市2003年12月7日要举行一次大型商品交易会，能否利用这次机会呢？在开发商的争取下，"明珠"顺利地成为娄底交易会的第二展区。

怎样用好这次展销会呢？经过激烈的"头脑碰撞"，一个大胆的设想浮出水面——展销会的同时，举办湖南首个"空中婚礼"，通过两个活动结合达到为女人街带来人气和传播定位的目的。这个想法出来后大家都非常兴奋，也得到了开发商的支持。

1) 举办"明珠女人街，首届购物节"，首次传播"女人街"

展销会招商工作开始后，第一展区的展位被抢购一空，而"明珠"却面临招不到商的困境。商家认为明珠位置偏，不愿意到明珠来参展。项目小组分析了两个展区的优劣势后，采取了一系列措施。

（1）第一展区虽然地理位置好，但其展位是在马路上设棚，档次低。策划公司于是有针对性的将"明珠"展会定位为"明珠女人街·首届知名品牌购物节"与其区别开来。把目标消费群锁定为有一定知名度的品牌。

（2）在招商渠道上，改组委会招商的单渠道模式为主动出击的多渠道模式。除在组委会设点外，还在自己售楼部设点，派出招商小组到株洲等批发市场设点招商，在湖南农博会，国际服饰展销会等互补性展会上定点招商等。

（3）促销方面，推出前50名参展者特价，原价1000的展费只收100元。

（4）吸引人气方面，推出贵宾企业制度，只要企业愿意在展会期间搞特价促销，愿意搞1~2场演出，就可免费得到一间展位，通过企业的促销和表演带来人气。

（5）媒体选择上，改做省级媒体，同时配合传真宣传，策划公司通过超市要到了供货商的名单，再通过传真邀请函的方式直接将信息传真给目标顾客，效果非常好。

（6）在现场，开发商自己花钱把参展大户和企业的祝贺条幅挂出来，真真假假，营造出火暴的气氛。同时，对展位的招商进展有策略地进行控制，营造出紧俏氛围。

一系列有效的措施后，无人问津的展位成了抢手货，最多的一天招了80多个商家，一个星期的时间，一楼展位就被抢订一空，展位价格也一度被炒高。

通过购物节，"女人街"漂亮地完成了第一次传播。

2) 湖南首次"空中婚礼"把女人街的传播推上高潮

"空中婚礼"在展销会的最后一天举行。乘热气球，举办空中婚礼，在湖南还是第一次。事件本身就很能吸引眼球。宣传中，策划公司又进一步炒作，推出了"她是谁？招募湖南第一新娘"、"谁将成为湖南第一新娘？"等一系列悬疑性的宣传。同时，还推出了"让爱飞翔·新婚创业计划"，入选新人将获得明珠女人街一间铺面3年的免费经营权及总价值几千元的奖品支持。"空中婚礼"当天的活动分为以下3步。

第一步，新娘迎亲队。3对新人穿上传统服装，新娘坐上竹花轿，前面腰鼓队开路，后面是喜乐迎亲队。奇特的迎亲队伍浩浩荡荡在娄底的主要马路上游行，把娄底人都看呆了。

第二步，婚礼现场。游行队伍把人流带到了婚礼现场后，婚礼正式开始，美仑美奂的婚纱表演，市领导主持婚礼，新人表演，举行婚礼仪式，一步一步把气氛推向高潮。

第三步，让爱飞翔，空中完婚。当3对新人乘坐热气球徐徐升空，并在空中交换戒指，深情拥吻的时候，音乐响起，新人从空中撒下花瓣，翩翩飞舞，大家都被这个浪漫的场景感动了，空中婚礼达到了高潮。

"空中婚礼"引起了轰动和广泛关注。婚礼当天，湖南几大媒体都自发到现场，湖南经视等电视媒体都在黄金时间里进行了新闻报道。由于"空中婚礼"与女人街的关联度很高，记住"空中婚礼"的同时也记住了"女人街"，"女人街"又一次成为百姓茶余饭后的谈论焦点。

"空中婚礼"活动结束后，2003年12月26日，策划公司趁热打铁，抓住机会，在"明珠"承接了"娄底市首届房地产交易会"，让"明珠"再次引起各方关注。随后紧跟着推出系列软文"娄底商业惊现明珠旋风"，以新闻访谈的形式进行后续炒作。

一个月做了3场大型活动，而且环环相连，相互促进，让很多以前根本没注意到"明珠"的人开始关注"明珠"。通过这些活动，"明珠"女人街的知名度在短时间内得到了空前的提升，女人街的定位得到了很好的传播。同时也为后续的招商工作打下了坚实的基础。

6. 招商局面终于打开

解决了传播问题后，招商工作摆在了眼前。面对着数百套空荡荡的商铺和准备引进的繁多的女性消费品牌，该从什么地方寻找突破口呢？

想招商，先知商。因此，策划公司决定从了解商家下手。根据以往在中小城市操作商业地产的经验，策划公司对目标客商进行了分析，发现商家做生意，租铺面有这样一些特征：①喜欢跟风，别人去，我也去；②傍大户，大树底下好乘凉，喜欢跟着大商家，大品牌走。怎么利用这些特点制定合理的招商策略呢？做广告，搞人海战术的传统方法对"明珠"来说肯定是行不通的，经过讨论，最后确定了采用以下的招商策略。

1）样板工程策略

策划公司建议开发商拿出位置较差的"中四栋"整层，自己装修，将其全部打通，做成一个大卖场，同时自己做品牌，将其命名为安之秀·韩国饰品批发城，定位为湖南中西部地区最大的饰品批零市场。

2）以点带面的策略

根据商家的特点，确定了以点带面的策略，既不平均用力，把有限的营销资源，集中在某一点上，这一点动了，商家喜欢跟进，自然整个面也就带活了。于是，策划公司把所有的营销资源都集中到安之秀·韩国饰品批发城身上：精装修；降低准入门槛；招商员重点推荐；加大广告力度，制作了专门的折页广告，制作大量的楼盘现场广告，等等。

3）疏通上游渠道策略

根据不少客户想投资做生意，但缺少经验的特点，策划公司制定了"引导商家组织货源，为其疏通好上游渠道"的策略。怎样疏通呢？策划公司推出了一系列举措：联合广东虎门黄河时装城共同打造明珠虎门女装街，邀请广东的供货商来娄底，组织见面洽谈会；组织采购团去广州、虎门、杭州、义乌等货源地集体采购；免费为商家提供培训讲座。

这些策略确定并实施后,取得了意想不到的效果,招商局面终于打开了。

7. 整合营销,补足"短板"

营销是个系统工程,不能出现明显的"短板"。策划公司在操作过程中发现,许多很小的问题都有可能对整个营销造成不小的影响,只有逐一解决好各种问题,积小胜为大胜,才能最终成功。

1) 解决终端问题

该项目终端存在的问题主要有:①招商人员工作没有积极性;②终端力量不足,只有3个招商员,时间这么紧,任务这么重,这几个人是难以胜任的;③终端说词不力,对客户提出的问题不能做出回答,招商员不但不能说服客户,反倒被客户给说服了,导致了大量客户的流失;④终端气氛太冷清,来访客户少,又没有能衬托现场气氛的宣传物料,现场空空荡荡,越加冷清。

基于这些问题,拟定的对策是:①制定合理的激励制度,收入直接与工作业绩、工作表现和团队协作挂钩,每月对表现出色者给予物质奖励,对不能胜任工作的人员进行淘汰;②充实招商员队伍,挑选优秀人才加盟,招商员由以前的3个增加到10个;③针对客户提出的常见问题制定了统一的说词,同时加强了招商员的专业技能培训,派经验丰富的人员做现场指导,并为其当场解决问题;④制作各种物料布置现场,在招商终端,制作了4块吊牌,在大门口摆放6个易拉宝,同时播放富有动感的音乐,整个现场营造出十分热烈的气氛,为促成交易打下了良好的基础。

2) 解决委招费

到2004年2月10日,招商全面展开已进行了一个星期,但签约的进展很慢。平时来的客户也不少,照理说签约的客户应该比较多。问题到底出在哪里呢?

问题就出在委托招租费用上。原来开发商跟很多业主签订了一份委托招租协议,收取商户前3年租金的20%作为委托招租费用,很多商户反映费用太高,接受不了。以前也向开发商提过此事,开发商迟迟不肯明确表态,这成了阻碍成交的最大障碍。于是策划公司说服开发商将委招费降为一个月租金。解决委租问题的效果十分显著,当日即签约10份,是有史以来签约份数最多的一天。

3) 广告支持有力

为了吸引目标消费群体的关注,在广告宣传上以"韩国饰品城"为主,推出了"6000元做业主,10000元做老板"的广告语。媒体选择上,针对中小城市的特点,抛弃了传统的电视、报纸媒体,选择了效果最明显的宣传车、宣传单页、车声广告等媒体。由于宣传到位,许多本地客户甚至外地客户都被"明珠"的宣传所吸引,招商部现场人满为患,工作人员忙得不可开交了。招商十分火暴,甚至出现了5个人抢订一个门面的现象。

4) 终端促销强力配合

此外,"明珠"还推出了系列终端促销活动:2004年2月10日推出了"早点签约,早定品牌"活动,前50名签约的客户,可参加厂商见面洽谈会,优先选择代理品牌;2004年2月18日推出了"浙江商务考察四日游"活动,韩国饰品城前20名签约客户,只要交480元就可享受商务考察四日游活动;2004年2月26日推出了"南下商务考察采购团",前20名,只需交480元就可享受赴广东商务考察四日游活动。强力终端促销活动,极大地刺激了商户及早签订经营合同,加快了招商进度,至2004年2月底,签约份数就一举突破了150户大关。

5) 烧好最后一把火

为了在现场营造开业前的热闹气氛，策划公司要求招商部安排专门人员，催促已签约客户尽快前来装修。只要有几十家同时装修，气氛就不一样了。2004年3月12日开始，越来越多的商户进入装修状态，步行街热火朝天的场面，增添了后来商户的信心，进一步刺激了他们入驻经营。

6) 巧妙借势，开业活动达到高潮

在开发商的努力下，与妇联达成合作，共同推出了"明珠女人街·下岗女工再就业活动"，2004年3月28日女人街开业时，举行"再就业基地"授牌仪式。妇联3月8日举行的全市腰鼓大赛(12支队伍，100多人)，也被推到了女人街开业时在明珠现场举行。开业时，众多的活动，加上巧借政府之力，把女人街的开业推上了高潮。

8. 尾声

2004年3月22日，300多个商铺全部招满，所招商家的质量也得到的客户的认同。2004年3月28日，明珠开业活动更是空前轰动，开业当天，"明珠"女人街人山人海，很多商家当天的营业额超过了一万元。经过4个多月的艰苦努力，通过传播、招商、开业活动的带动，"明珠"女人街走出困境，整体焕发出了新机。明珠开业后，面临着很多新的问题，一条成熟商业街是需要几年甚至几十年的时间去培育的，可以说，招商工作的完成还只是走出了"明珠"商业的第一步，"明珠"商业的发展还任重而道远。

此次营销策划活动，给了我们很多有益的启示：①中小城市商业地产与一级城市存在着较大的差异，必须因地制宜，有针对的制定战略、战术才可能取得好的效果；②营销是个系统工程，要想取得最终成功，一定要随时关注营销这个木桶中的每块木板，没有明显的短板，才可能多装水；③行业不同，营销方式也有差异，但学习其他行业的成功经验，将它们进行合理的嫁接，大胆创新，有时会起到意想不到的效果；④好的策划方案离不开好的执行人员的配合，没有好的执行，再好的策划方案也只会是空中楼阁。

（资料来源：尹波，李泽斌，范宏滨. 中国营销传播网，有删减.）

思考与讨论

1. 什么是营销策略？营销策略有哪些种类？
2. 各种营销策略分别有哪些特点？侧重于哪些方面？
3. 什么是房地产营销策划？房地产营销策划的特点是什么？
4. 房地产产品有哪些营销渠道？各种渠道的优缺点是什么？分别适用于哪些情况？
5. 商品房的价格由哪些项目构成？所占比例较大的是哪些项目？
6. 房地产价格的影响因素有哪些？哪些因素影响比较直接？哪些因素比较间接？
7. 房地产定价的目标有哪些？分别适用于哪些情况？
8. 房地产有哪些开盘定价策略？各种定价策略的特点是什么？适用于哪些情况？
9. 房地产有哪些过程定价策略？各种定价策略的特点是什么？适用于哪些情况？
10. 房地产有哪些时点定价策略？各种定价策略的特点是什么？适用于哪些情况？
11. 房地产尾盘定价策略需要注意哪些问题？
12. 房地产定价方法有哪些？目前最常见的是哪些定价方法？

13. 房地产价格在什么情况下需要进行调整？价格调整有哪些类型？
14. 房地产价格调整的方法有哪些？需要注意哪些问题？
15. 房地产促销手段有哪些？项目运作的不同阶段分别有哪些促销手段？
16. 房地产广告的目标有哪些？如何确定广告目标、广告主题及广告诉求？
17. 一则房地产广告通常包括哪些内容？表现时有哪些要求？
18. 房地产广告媒体有哪些？分别有哪些特点？
19. 如何选择广告媒体？
20. 房地产广告节奏如何把握？
21. 房地产广告预算由哪些费用组成？有哪些影响因素？
22. 如何制定房地产广告预算？
23. 房地产广告效果的评价方法有哪几种？如何评价广告效果？

第 8 章
房地产项目物业管理策划

本章教学要求

1. 了解：物业管理早期介入的概念；物业管理早期介入与前期物业管理的区别；物业管理早期介入的必要性；物业管理招标的概念、特点及原则；物业管理合同的概念。

2. 熟悉：物业管理的模式及内容；物业管理招标的方式及程序；物业管理的相关制度。

3. 掌握：物业管理的概念及其特点；物业管理早期介入的内容；物业管理招标文件的编制；物业管理方案的编制内容。

 导入案例

物业管理成项目升值重要指标、品牌开发商的核心竞争力

在建筑物的各项属性指标中，最难在购买行为发生的那一刻完成详细考察的，便是楼盘的物业管理服务。然而，对于多数业主来说，这却是会伴随其一生，甚至无时无刻不影响其未来的生活。从某种意义上说，物业管理直接影响到楼盘的未来价值。近年来频发的物业管理纠纷使得越来越多的购房者开始注意房屋未来保值增值中的物业管理这一因素。万科等一批长期坚持物业管理建设的品牌开发商所开发的楼盘，因此受到更多购房者的青睐。

1. 购房者对物业管理的服务消费意识日益强化

2007 年所做的一次市场调查显示，物业管理仅次于地段、价格、配套，已经成为置业者关注的第四焦点，关注度达到 83%。而在新浪等 3 家网络 2008 年组织的一次关于楼盘抗跌标准的调查中，"物业管理公司的管理服务品质高"成为楼盘软性指标中高居第三位的指数，当时共有 20.22% 的网友投票选择了该项。万科房产的高层管理人士也曾表示，万科客户中 60% 以上将万科的物业管理服务作为购房决策的必要条件，而因小区物业服务到位、管理得好而再次购买万科楼盘的老客户比例也在逐渐增高。

2. 物业管理是房地产的第二次开发

就其有利于延长物业寿命、完善使用功能角度看，有人把物业管理称之为房地产的第二次开发。物业管理是房地产开发的互补品，只有与这种互补品结合，房地产才能够被正常地使用和消费。中经联盟秘书长陈云峰表示，买房子实际上买的是一种生活，而入住三五年后，居住舒适度的差距便开始显现出来，而物业管理好坏的区别也开始被人们深切地体会到。这一重要性在二手房的买卖过程中也得到了充分体现，与一手房买卖物业管理标准无法考证不同，物业管理则是二手房买卖中定价的一个重要标准。许多品牌企业开发的楼盘因为物业管理的优势，比周边楼盘的二手房价格往往高出 30% 以上。

3. 品牌开发商关注物业管理

随着市场竞争的日趋激烈，除了价格、地段、景观、户型等因素外，楼盘之间的竞争焦点还在于物

业管理的品质,已经有越来越多的企业将提高物业管理作为楼盘开发的重中之重。单纯的高品质住宅只能算是半成品,只有加上高质量的服务才能形成一个完整的产品。

万科被大家认为是最好的房地产品牌之一,但是最初万科的出名并不完全是因为其产品品质高,事实上,尽管也曾开发了不少高端物业,但万科的主流产品线依旧是以面对城市中产阶层为主。"万科一流的物业管理才是其立足的根本",中经联盟秘书长陈云峰表示。

事实上,在目前的市场中,重视物业管理的公司早已不止万科一家。管家式服务、顶级安保等也成为许多开发商在广告宣传中的重点。

(资料来源:北京青年报,2009年11月;中华工商时报,2009年12月.)

8.1 物业管理概述

8.1.1 物业管理的概念

1. 物业管理的定义

根据国务院颁布的《物业管理条例》,物业管理是指由业主选聘的物业服务企业,根据物业服务合同的约定,对房屋及配套的设施设备和相关场地进行维修、养护、管理,维护物业管理区域内的环境卫生和相关秩序的活动。

物业管理的这一定义,有着丰富的内涵。

(1) 物业管理的管理对象是物业,包括房屋、配套设施设备及相关场地。

(2) 物业管理的服务对象是人,即物业所有人(即业主)和使用人。

(3) 物业管理融管理、服务、经营于一体,因此物业管理有时又被称为物业经营,物业管理所提供的是有偿的无形的商品——劳务与服务。

(4) 物业管理所提供的管理和服务能完善物业的使用功能,并使其保值、增值。

2. 物业管理的特点

物业管理是一种与现代房地产开发相配套、与产权多元化格局相衔接的综合性管理。与传统的房产管理相比较,物业管理具有社会化、专业化、企业化及经营性的特点。

1) 物业管理的社会化

物业管理的社会化是指物业管理将分散的社会分工汇集起来统一管理,诸如房屋、水电、清洁、保安、绿化等,摆脱了自营的分散管理方式,犹如业主的"总管家"。每位业主只需面对物业服务企业一家就能将所有关于房屋和居住(工作)环境的日常事宜办妥,获得周到的服务,而不必分别面对各个不同部门。物业管理的社会化可以充分发挥各类物业的综合效益和整体功能,实现社会效益、经济效益、环境效益的统一和综合改善。

2) 物业管理的专业化

物业管理是由专业的管理企业——物业公司实施对物业的统一管理。这种管理是将有关物业的各专业管理都纳入物业服务企业的范畴之内,物业服务企业可以通过设置分专业的管理职能部门来从事相应的管理业务。随着社会的发展,社会分工渐趋于专业化,物业服务企业也可以将一些专业管理以经济合同的方式交予相应的专业经营服务公司。例如,建筑设备维修承包给专业设备维修企业,物业保安可以向保安公司雇聘保安人员,园林绿化可以承包给专业绿化公司,环境卫生也可以承包给专业清洁公司等。

3) 物业管理的企业化

物业管理单位是企业单位,不是事业单位,也不具备政府行政职能。因此,物业服务企业必须依照物业管理市场的运行规则参与市场竞争,依靠自己的经营能力和优质的服务在物业管理市场上争取自己的位置和拓展业务,用管理的业绩去赢得商业信誉。

4) 物业管理的经营性

物业服务企业的服务性质是有偿服务,其经营目标是保本微利,量入为出,不以高额利润为目的。物业服务企业可以通过多种经营,使物业的管理定于"以业养业、自我发展"的道路,从而使物业管理有了造血功能,既减少了政府和各主管部门的压力和负担,又使得房屋维修、养护、环卫、治安、管道维修、设备更新的资金有了来源,还能使业主得到全方位、多层次、多项目的服务。

8.1.2 物业管理的模式

根据开发商、业主和物业服务企业的不同关系,物业管理模式可划分为以下两类。

1. 委托管理模式

委托管理模式是最典型的、最基本的管理模式。《物业管理条例》及房地产业中通常所指的物业管理就属于委托管理模式。这种物业管理模式是由开发商或业主采用招投标或协议的方式选聘专业的物业服务企业,按照"物业服务合同"的约定,根据"统一管理,综合服务"的原则,提供物业管理和服务的管理方式。

按照物业是自用还是出租,委托管理模式又可分为以下两种类型。

1) 自用委托型

自用委托型是指业主将自有自用的物业委托给物业服务企业进行管理,这是最常见的委托管理方式,绝大部分住宅项目均属于自用委托型模式。

2) 代理经租型

代理经租型是指业主将自有的物业出租而委托物业服务企业进行经营管理的方式。这种类型又有两种委托方式:一种是出租权属于业主,由业主与租户签订租赁合同,物业服务企业只承担收租和日常管理工作;另一种是把经租权也委托给物业服务企业,由物业服务企业全权代表业主招揽租户,签订租赁合同。

2. 自主经营型

开发商或业主不是将自有的物业委托给专业的物业服务企业管理,而是由自己单位内部设立的物业管理部门来管理。其与委托管理型的区别在于:①在物业所有权和经营管理权的关系上,自主经营型是二权合一,委托管理型是二权分离;②在法人地位上,自主经营型物业所有权人和经营人是同一个法人,委托管理型是两个各自独立的法人。

自主经营型按其对物业的使用和经营方式又可分为以下两种类型。

1) 自有自用型

这种类型大多数是收益性物业,如商场、宾馆、度假村、厂房、仓库等。这些物业的所有人往往在自己企业内部设立不具有独立法人资格的物业管理部门来管理自己的物业。

2) 自有出租型

开发商或业主和物业服务企业合而为一,来经营管理自己的出租物业,这实质上是一个拥有自己物业的物业服务企业。

如果本单位所属的物业管理部门成为独立的法人单位,则该物业服务企业与原单位(开发商或业主)就应该订立物业委托服务合同,在这种情况下,自主经营型也就转变成委托管理型了。我国在房地产业发展的初期,开发商通常自己成立一家物业管理子公司来管理本企业开发的房地产项目。但随着房地产业的发展,越来越多的物业服务企业逐渐脱离原来的开发商母公司而成为自主经营、自负盈亏、具有独立法人地位的公司。

8.1.3 物业管理的内容

物业管理的对象范围相当广泛,几乎包括各类建筑,如高层与多层住宅区、综合办公楼、商业楼宇、工业厂房、仓库、停车场等。尽管物业类型各有不同,使用性质差异很大,但物业管理的基本内容是一样的。

物业管理服务的基本内容按服务的性质和提供的方式可分为:常规性的公共服务、针对性的专项服务和委托性的特约服务三大类。

1. 常规性的公共服务

常规性的公共服务是指物业管理中公共性的管理和服务工作,是物业服务企业面向所有业主、物业使用人提供的最基本的管理和服务,目的是确保物业的完好与正常使用,保证正常的生活工作秩序和净化、美化生活工作环境。公共服务应是物业内所有业主、物业使用人每天都能享受得到的,其具体内容和要求应在物业管理合同中明确规定。因此,物业服务企业有义务按时按质提供合同中约定的服务;业主、物业使用人在享受这些服务时不需要事先再提出或做出某种约定。

常规性的公共服务主要有以下内容(以住宅房地产项目为例)。

(1) 房屋共用部位和场地的维护与管理。

(2) 房屋各类共用设施、设备的日常运营、保养、维修与更新,专项维修资金的代管。

(3) 房屋装饰装修管理。

(4) 环境卫生管理。

(5) 绿化管理。

(6) 保安和公共秩序维护。

(7) 消防管理。

(8) 车辆道路管理。

(9) 公众代办性质的服务,如为业主代缴水电费、煤气费等。

(10) 物业档案资料的管理。

2. 针对性的专项服务

针对性的专项服务是物业服务企业面向广大业主和物业使用人,为满足其中一些住户、群体和单位的一定需要而提供的各项服务工作。其特点是物业服务企业事先设立服务项目,并将服务内容与质量、收费标准公布,当住用人需要这种服务时,可自行选择。专项服务实质上是一种代理业务服务,专为业主、物业使用人提供生活、工作的方便。专项服务是物业服务企业开展多种经营的主要渠道。

针对性的专项服务主要有以下内容。

(1) 日常生活类,如为业主收洗缝制衣物、代购日常用品、室内卫生清扫、代购代订车船飞机票、接送小孩上下学。

(2) 商业服务类,如开办各种商业服务项目,如小型商场、美发厅、修理店等。

(3) 文化、教育、卫生、体育类,如开办各种文化、教育、卫生、体育类场所。

(4) 金融服务类,如代办各种保险业务,设立银行分支机构等。

(5) 经纪代理中介服务类,如物业销售、租赁、评估、公证等,需要注意的是,从事各类中介代理工作的机构和人员,必须依照国家法律法规的规定,依法取得相应的资质和资格。

(6) 提供带有社会福利性质的各项服务工作。

3. 委托性的特约服务

委托性的特约服务是指物业服务企业为满足业主、物业使用人的个别需求,受其委托而提供的服务。通常是指在物业服务合同中未约定、物业服务企业在专项服务中也未设立,而业主、物业使用人又提出该方面需求的服务项目。特约服务实际上是专项服务的补充和完善。当有较多业主和物业使用人有某种需求时,物业服务企业可将此项特约服务纳入专项服务。

上述三大类管理与服务工作是物业管理的基本内容。物业服务企业在实施物业管理时,第一大类是最基本的工作,是必须做好的。同时,根据自身的能力和住用人的要求,确定第二、第三大类中的具体服务项目与内容,采取灵活多样的经营机制和服务方式,以人为本做好物业管理的各项管理与服务工作,并不断拓展其广度和深度。

8.2 物业管理的早期介入

8.2.1 物业管理早期介入概述

1. 物业管理早期介入的概念

物业管理的早期介入是指物业服务企业在接管物业以前的各个阶段就开始介入,从物业管理运作和住户使用的角度对项目的环境布局、功能规划、建筑设计、材料选用、配套设施、管线布置、施工质量、竣工验收等多方面提供有益的建设性意见,协助开发商把好规划设计关、施工质量关和竣工验收关,以确保物业的设计和建造质量,为物业投入使用后的物业管理创造条件。这是避免日后物业管理混乱的前提与基础,也是完善项目使用功能的重要保障。因此有些开发商明确规定:"规划设计方案没有物业服务企业的签字不能实施,施工结算没有物业服务企业签字不能付款"。

尽管我国现在对物业管理的早期介入尚未做出专门规定,但以长远发展的眼光来看,为有利于日后管理,无论是行业主管部门还是物业开发与管理企业都将达成这样一个共识：即充分认识到早期介入的重要性和必然性，并予以积极倡导和主动参与，有些物业服务企业提出了"物业管理应从图纸开始"的口号，表达了他们的参与意识和长远发展的战略眼光。需要强调的是：早期介入能否如愿，介入的时机、介入的程度均取决于开发企业。实践将会证明，根据各自的条件尽早介入物业的早期开发与管理必将成为开发企业明智的选择。

物业管理的早期介入虽然越早越好，但并不意味着各个阶段的介入程度是相同的。在物业开发的初期，如规划设计阶段，物业服务企业此时并不需要全面介入，而只需要委派一两名谙熟规划设计和设备设施的专家根据物业管理和住户的需要对有关问题提出专业性意见即可，而项目在进入销售前，物业服务企业必须要全面介入。

2. 早期介入与前期物业管理的区别

前期物业管理是指房屋自售出之日起至业主管理委员会与物业服务企业签订的《物业管理合同》生效时止的物业管理阶段。《物业管理条例》规定："开发建设单位应当从住宅区开始入住前6个月开始自行或者委托物业管理公司对住宅区进行前期管理，管理费用由开发建设单位自行承担。"前期物业管理的内容主要包括：①管理机构的设立与人员的培训；②规章制度的制定；③物业的验收与接管；④入住管理等内容。

物业管理早期介入与前期物业管理的区别包括以下几点：①早期介入的物业服务企业不一定与开发商确定管理合同委托关系，而前期物业管理必须有委托关系，管理者已依法拥有该物业管理经营权；②早期介入阶段一般还未确定物业与业主等具体的管理对象，而前期物业管理必须有明确的管理对象；③在早期介入工作中，物业服务企业只是起辅助作用，而在前期物业管理中，物业服务企业起主导作用。

8.2.2 物业管理早期介入的必要性

1. 能够使项目交付使用后的问题提前得到解决

物业管理的基本职能是代表和维护业主的利益，对所委托的物业进行有效管理。然而在物业管理的实践中，一些物业的先天缺陷一直困扰着物业服务企业，诸如物业质量、设备性能、设施配套及综合布局等，这些均不取决于物业服务企业，往往在于物业的开发商和建筑商。要改变这一状况，把一些以往长期难以得到解决的问题尽可能在物业管理过程中将之限制在最小范围之内，就必须开展物业管理的前期介入，使物业管理前期介入同规划设计、施工建设同步或交叉进行，这样既可以反映以后专业化管理得以顺利实施的各种需求，又可以从业主或使用人的角度，凭专业人士的经验和以往管理实践中发现的规划设计上的种种问题和缺陷，对物业的规划、设计进行审视，对不适之处提出修改方案，优化、完善设计中的细节，从而把那些后期管理中力不从心的或返工无望的先天缺陷争取在物业竣工之前，逐项加以妥善解决，减少后遗症，保持房地产开发项目的市场竞争力。

2. 有助于物业服务企业全面了解将要管理的物业

物业管理行为的实质是服务。要服务得好，使业主满意，就必须对物业进行全面的了解。如果物业服务企业在物业交付使用时才介入管理，就无法对诸如土建结构、管线定向、设施建设、设备安装等物业的情况了如指掌。因此，必须在物业的形成过程中就介入管理，才能对今后不便于养护和维修之处提出改进意见，并做好日后养护维修的重点记录。例如，管线节点的设置往往和设计图纸所标位置有一定差距，如果布置管线时不在现场做记录，在后期管理中，可能就会出现脱节的现象。相对来说，物业管理人员可以对土建结构部分了解不透彻，而对设备安装、管线布置等情况则应充分掌握，便于后期管理。因此，如果目前条件不允许过早介入的话，设备安装阶段应是较合适的介入点。由于加强了对所管物业的全面了解，就为竣工验收、接管验收打下了基础，可提高验收质量，缩短验收时间，对验收中发现的仍需改进之处也比较清楚，容易交涉和协调。

3．有利于后期物业管理工作的顺利开展

物业服务企业通过早期介入，保证了设计、建造质量和对物业的全面了解，给后期的物业管理带来了很多便利，既便于维修保养计划的安排与实施，又可以保证维修质量，从而提高了工作效率和工作质量。同时，在前期管理中，经过一段时间的磨合，便于理顺同环卫、水电、煤气、通信、治安、维修、绿化等各部门之间的关系，建立顺畅的服务渠道，利于后期管理工作的进行。

4．有利于树立物业服务企业的形象

如果接管与入住同步进行，物业服务企业即使再努力，也会被各项繁杂事务搞得焦头烂额，理不出头绪，并且容易忙中出错，以致严重影响物业服务企业的专业形象。

5．有利于优化设计，完善设计细节

我国疆域广阔，地理环境与经济发展水平差距悬殊，这必然要对设计提出不同要求。比如在南方，高温时间较长，空调用电量特别大，尤其是一些商业大厦，就必须考虑电路和负荷问题。而在北方，特别是东北，就要考虑取暖。又如通常的铝合金窗移动的滑轨都是平口槽型的，但是沿海地区都有台风季节，台风夹着暴雨，就可能会使槽内浸水，并倒灌进屋，因此须对平口槽进行改进，变成外低内高，有效防止雨水进入。这些物业管理中的实际问题一般设计人员很难完全预料、估计，而有经验的物业服务企业却十分清楚。因此物业服务企业在项目设计阶段，从业主或使用人的角度，凭专业人士的经验对所管物业的设计进行审视，对不当之处提出修改方案，可优化设计，完善设计中的细节，避免一些在后期工作中难以解决的问题。

6．有利于提高房屋建造质量

由于物业服务企业在物业使用与管理方面拥有第一手资料，对于楼宇在长期使用过程中所暴露出的各种质量问题十分了解，通过参与物业施工建设阶段监理，强化了施工过程中的质量管理与监控，并尽可能把房屋质量隐患消灭在建造过程中，从而提高房屋的建造质量。

8.2.3 物业管理早期介入的内容

1．规划设计阶段

规划设计是房地产开发的源头，物业管理的早期介入应从物业管理的规划设计阶段开始。房地产项目的开发建设需要几年的时间，而其使用年限更是几十年甚至上百年，随着科学技术的进步，经济的增长，生活水平的提高，人们对居住和工作环境及技术的要求也不可能停留在现有的水平上。因此房地产开发不仅要重视房屋本身的工程质量，还应该重视房屋的使用功能、小区的合理布局、建筑的造型、建材的选用、室外的环境、居住的安全与舒适、生活的方便等。物业服务企业参与规划设计可以根据以往物业管理的实践经验，从用户使用及有利于物业服务工作开展的角度出发，发现规划设计上存在的种种问题或缺陷。物业服务企业参与规划设计要重点审视土建构造、电力、电梯、安保监控、消防、给排水、暖通空调、智能化、车库车位、内外装饰等方面的合理性。

物业服务企业参与规划设计时可以从以下角度进行考虑。

（1）需要考虑规划设计的配套设施能否满足客户的需要，如有些郊区项目没有规划幼儿园等教育设施，住户入住后发现子女教育成了大问题。

（2）需要考虑规划设计的经济、节能等问题。比如，应做到每个房间均能得到自然采光，尽量采用自然通风，选用材料及附件、设计方案尽量能保温，达到冬暖夏凉的效果，公共区域照明尽量采用节能灯，开关组合设计配备尽量细划，不宜一个开关控制一片灯，应按每组灯的功能性要求配备开关，而过多规划人工水系却将给今后运行及维护造成很大的成本负担，过多采用新、奇、洋的景观植物将给日后的养护带来困难等。

（3）要充分考虑社会经济发展以及人们生活水平提高后产生的新需求，对于水、电、网络、停车位等设施要充分留有余地。比如，有些项目在规划设计时没有很好地预测汽车进入家庭的趋势，规划的地下停车位过少，使得项目交付没几年地面道路就已经"车满为患"，小区内简直寸步难行。而有些则在水电容量等方面过于保守，使得线路负荷不能满足家用电器增加的需要，经常引起跳闸、停电甚至火灾等现象；有些项目由于设计的室外空调机位不足，住户只能在外墙随意挂设室外空调机，从而造成立面凌乱等。

（4）规划设计是否以人为本，能否方便住户使用。比如，有些项目在小区道路交通设计上没有考虑住户的方便，规划设计的道路没有遵循就近原则，到达某个地方要绕很大的弯，久而久之住户往往因抄近路而在绿化带上踩出一条"人行道"来，有些项目对空调机的安装位置与排水问题考虑失误，造成制冷效果差或装修困难等。

（5）既要考虑大的功能布局和配套设施等方面，又要注重细节，从小处入手。比如，小区指示标牌、休憩坐椅、垃圾收集设施等是否合理设置，小区各个角落是否都在治安监控的范围内，各种消防死角是否配备了足够的消防灭火设备等。

此外，物业管理公司参与规划设计还要关注实用、美观、方便使用、方便管理等。比如，在保证安全和正常使用的前提下尽量提高房屋实用率，尽量统一留设空调机位等，采用集中抄表系统，设置各种指示标牌等。

2. 施工建造阶段

物业服务企业在长期的物业管理活动中积累了较多有关质量问题的经验，对于哪些部位和哪些项目容易出现质量问题以及出现怎样的质量问题了解较多，如屋面、墙面、卫生间、厨房间及地下室的常见的渗漏部位及其成因，水电管线如何布置及走向更有利于使用安全，哪些部分的粉刷层容易出现空鼓等，因此可以在施工阶段有针对性地加强对相关部位和项目的质量控制，将施工质量问题解决在萌芽状态，使工程质量有更多的保证。

由于物业管理公司不具有直接监督施工单位的权限，因此可以用全体购房业主代表的身份,由开发商邀请参与施工质量的监督,对施工过程中施工组织设计、施工方法、施工质量进行监督,并对其中影响楼宇质量、实用性及维护保养的问题,向开发商提出意见,提醒开发商加以防范,并由开发商督促施工单位纠正与补救。

物业服务公司参与施工质量监督的重点有地下室(防止地下室渗漏)、回填土(防止地面沉降)、楼面屋面混凝土(防止地面及屋面渗漏、空鼓)、墙体砌筑(防止墙体裂缝)、外墙装饰(防止外墙空鼓、渗漏)、门窗(防止门窗渗漏)、给排水、设备安装等。

物业服务企业参与施工质量监督也有助于其更好地了解将要管理的物业,使其对物业的结构特点、管线布置、建筑材料、建造过程等了如指掌,对物业的质量薄弱环节有深切的了解,这为今后物业管理工作的顺利开展奠定了基础。

3. 竣工验收阶段

如果工程质量问题不在验收完成之前发现并解决而拖到物业交付使用阶段,一方面将给物业服务企业这样一个微利企业带来沉重的成本负担;另一方面维修工作也不如在施工阶段那么方便,因此物业服务企业应该站在业主的立场上代表其利益参与工程验收,对房屋外观质量、建筑防水防渗、建筑设备设施性能、消防系统及器材等进行重点检查验收。

物业服务企业在参与工程验收时,必须细致入微,任何一点忽视都将给自己日后的管理工作带来难度,也将影响业主的利益。大的方面如给排水管道是否畅通,地面、墙面是否空鼓,屋面、墙面、卫生间是否渗水,等等;细微之处如供电线路的导线断面是否合理,门窗关闭是否密封,防盗门安装是否符合安全标准等。验收的原则是实事求是,铁面无私,查出来的质量问题,该返工的责成施工单位返工,无法返工的则应该索赔,返工达不到要求的不予签字等,只有严格要求才能保证为今后的物业管理工作带来方便。

8.3 选聘物业服务企业

在物业管理方案制订并经审批之后,开发商应该根据物业管理档次着手进行物业服务企业的选聘工作。根据《物业管理条例》的规定:"国家提倡建设单位按照房地产开发与物业管理相分离的原则,通过招投标的方式选聘具有相应资质的物业服务企业。住宅物业的建设单位应当通过招投标的方式选聘具有相应资质的物业服务企业。"因此,本节主要介绍开发商通过物业招标来选择物业服务企业的相关知识。

8.3.1 物业管理招标的基本概念

1. 物业管理招标的概念

物业管理的招标是指物业所有权人或其法定代表(开发商或业主委员会),在为其物业选择管理者时,通过制订符合其管理服务要求和标准的招标文件,向社会公开,由多家物业服务企业竞投,从中选择最符合条件的竞投者,并与之订立物业管理服务合同的一种交易行为。房地产项目前期物业管理的招标工作由房地产开发商来完成。

2. 物业管理招标的特点

除了招标工作的共同特点以外,由于物业管理服务的特殊性,物业管理招标与其他类型的招标相比，具有其自身的特点。

1) 物业管理招标的超前性

物业管理招标的超前性是指由于物业管理超前介入的特点，决定了物业管理招标必须超前，即在物业动工兴建之前开发商就应进行物业管理招标工作。

由于物业的质量、价格是由物业的工程质量和区域位置等决定的，而物业价值巨大和不可移动性的特点又决定了物业一经建造完成便很难改变，否则将会造成很大的浪费和损失，因此，物业的开发、设计和施工至关重要。开发、设计单位可能没有详细了解当地的地质、气候、风向、水质等各种自然环境条件，没有注意开发地区的综合配套，也不如物业服务企业更了解日后管理和住户的需要。如某些物业没有安排必要的管理用房、园林绿地、交通空间等，某些高档次的商业办公楼或公寓楼在建造时没有考虑足够的车位；又如有些开发商片面追求短期经济效益，或者在考虑设计规划时缺乏长期眼光；有些施工单位粗制滥造，不保证材料质量和技术质量等；这一切都会给日后的物业管理带来很大的问题和烦恼。因此，为了确保物业质量，遵循统一规划、合理布局、综合开发、配套建设和因地制宜的方针，也为了业主和住户的利益，物业管理必须超前介入，在物业管理规划设计时就应介入。在设计过程中，物业服务企业应从专业管理角度、从业主利益出发，运用以往的管理经验，监督设计方案是否合理。如果是住宅小区，就应注意生活网点要合理布局，生活服务车位尽可能预留，对生活设施的现代化进程都要统一考虑进去。在施工过程中，物业服务企业也应监督施工质量，对不完善的项目及时提出意见，督促整改或采取补救措施。这是便于日后物业服务企业完成招标中确定的目标所不可缺少的。既然物业管理的超前介入是必须的，这就决定了物业管理招标也具有超前性的特点。

2) 物业管理招标的长期性和阶段性

物业管理招标的长期性和阶段性是指由于物业管理工作的长期性和多阶段性，针对不同的阶段和不同的服务内容，物业管理招标的内容要求和方式选择也有所不同。

与一般的建筑工程和货物采购招标不同，物业管理招标并非是"一劳永逸"的，而是一项具有长期性和阶段性的工作。首先，由于开发商或业主在不同时期对物业管理有不同的要求，招标文件中的各种管理要求、管理价格的制定都具有阶段性，过了一段时间，为了适应各种变化有可能需要调整。其次，物业服务企业即使中标，并不意味着可以高枕无忧，长期占据这一市场份额，因为一方面，随着时间的推移，可能会有更好、更先进的物业服务企业参与竞争；另一方面，也可能由于自身的管理服务技术水平低下，企业建设和管理松懈而被淘汰。所以，物业管理招标具有长期性和阶段性的特点。过了委托管理期限，可由业主委员会根据其管理服务业绩，通过决议决定是否续聘原物业服务企业。若续聘则要重新签订合同；若不续聘，则由业主委员会重新向社会公开招标。当然也可能未到委托管理期限，但由于原中标的物业服务企业未能很好地履行合同中的责任和义务而遭解聘，由业主委员会重新招聘物业服务企业。

3. 物业管理招标的原则

物业管理的招标行为是一种通过市场化方式实现的双向选择。根据《招标法》的规定，招标活动中必须遵循公开、公平、公正及合理的原则。

1) 公开原则

所谓公开原则就是说如果物业管理招投标定为公开招标，就必须按公开原则，召开新闻发布会，在报刊、电台、电视上公开登出招标公告，把所需要达到的服务要求与条件公开告诉一切想投标的物业服务企业。

2) 公平原则

所谓公平原则就是指在招标文件中向所有物业服务企业提出的投标条件必须是一致的，也就是说所有参加投标者都必须在相同的基础上投标。例如，根据住宅小区（大厦楼宇）要求，需要资质在三级以上的物业服务企业参与竞争，那么就不能随便拒绝任何具有三级以上资质的物业服务企业来投标，同时也不能允许低于三级以下资质的物业服务企业来投标竞争，总之要体现公平性。

3) 公正原则

所谓公正原则就是在评定标书时要准确，物业服务企业进行管理服务现场答辩时的尺度应对任何物业服务企业是一致的。特别在评标、决标的过程中一定要采用科学方法，按照平等竞争的原则，进行实事求是的分析、打分。

4) 合理原则

所谓合理原则是指在最后选择投标单位时，其确定的服务项目和收费价格必须合理，既不能接受低于正常管理服务成本的报价，也不能脱离实际市场情况，提出不切实际的管理服务要求。

4．物业管理招标的方式

根据招标项目不同的特点，招标人有权选择不同的方式进行招标。目前市场上常用的物业管理招标方式大致可分为3种：公开招标、邀请招标和协议招标。

1) 公开招标

公开招标是指招标人通过报纸、电视及其他新闻渠道公开发布招标通知，邀请所有愿意参加投标的物业服务企业参加投标的招标方式。

公开招标是最常见的招标方式，其最大的特点是招标人以招标公告的方式邀请不特定的法人或者其他组织投标，最大限度地体现了招标的公平、公正、合理原则。公开招标使招标人具有较大的选择范围，可以在众多的投标者之间选择报价合理、信誉好的物业服务企业。同时，公开招标也会促使物业服务企业不断提高管理服务水平。

公开招标的缺点是招标工作量大、招标时间长、招标费用高等。

公开招标主要适用于大型公共物业的物业管理。

2) 邀请招标

邀请招标是指招标人以投标邀请书的方式邀请特定的物业服务企业投标，又称为选择性招标。采用邀请招标方式的，应当向3个以上具备承担项目能力、资信良好的物业服务企业发出投标邀请书。

邀请招标具有节省时间、减少招标费用的优点，能弥补公开招标的不足。其缺点是缩小了招标人的选择范围、容易使得投标人之间生产作弊现象。

邀请招标主要适用于标的规模较小（工作量不大，总管理费报价不高）的物业管理项目。

3) 协议招标

协议招标又称议标、谈判招标，是指招标人不必公开发布招标公告，而是选择其认为有能力承担或获标的物业服务企业，邀请其投标，然后通过平等协商，最终达成协议。协议招标实质上也可以看做是更小范围的邀请招标。

协议招标目前在我国中小规模的物业管理招标项目中较为常见。这是因为：一方面，该类物业的工期较紧，标的总价较低，短时间内难以吸引足够数量的物业服务企业进行投标；另一方面，开发商本身对物业服务企业的情况较为了解，且所需管理的物业技术性和专业性不强，对管理的要求不是非常严格。因此协议招标方式常常更适合经验丰富的开发商。

8.3.2 物业管理招标的程序

1. 招标准备阶段

招标准备阶段是指从开发商或业主决定进行物业管理招标到正式对外招标即发布招标公告之前的这一阶段所做的一系列准备工作。根据国际惯例，这一阶段的主要工作有：成立招标机构、编制招标文件、确定标底。

1）成立招标机构

物业管理招标需要成立一个专门的招标机构来全权负责整个招标活动。招标机构的主要职责是：拟定招标章程和招标文件；组织投标、开标、评标和定标；组织签订合同。

成立招标机构主要有两种途径：一种是开发商自行成立招标机构；另一种是开发商委托专门的物业管理招标代理机构招标。

《招标投标法》规定："招标人具有编制招标文件和组织评标能力的，可以自行办理招标事宜。任何单位和个人不得强制其委托招标代理机构办理招标事宜"。由于招标是一项较为复杂和烦琐的工作，其中在编制招标文件和组织评标方面有较强的专业性，对招标人能力的要求也较高，因此招标人应根据自己的实际情况量力而行。如果招标人为实力雄厚、招标经验丰富的大型开发商，或者采用小范围邀请招标或议标方式的小规模物业管理项目，则可以采用自行成立招标机构、自行编制招标文件并组织评标工作。

《招标投标法》规定："招标人有权自行选择招标代理机构，委托其办理招标事宜。任何单位和个人不得以任何方式为招标人指定招标代理机构"。其最大优点在于招标机构与投标人之间做到信息充分对称。开发商或业主在选择招标代理机构时应注意以下问题。

（1）招标人应根据自己的意愿和自身情况选择招标代理机构，任何个人和单位都无权强行指定招标代理机构给招标人。招标代理机构与招标人之间仅限于委托代理的关系，招标代理机构无权将招标结果强加于招标人，招标人应是是否中标的最终决定者。

（2）招标人应根据自身对物业管理的要求及标的的规模大小选择相称的招标代理机构。在委托价格合理的情况下，应选取具有较高等级的代理机构进行招标。招标人委托招标代理机构进行招标的方式常用于公开招标和一部分大范围邀请招标。

2）编制招标文件

招标文件是招标机构向投标者提供的进行招标工作所必需的文件，既是投标人编制投标文件的依据，又是招标人与中标人商定合同的基础，因此是对招标机构与投标人双方，以及招标人与中标人双方都具有约束力的重要文件。招标文件的作用在于：告知投标人递交投标书的程序；阐明所需招标的标的情况；告知投标评定准则及订立合同的条件等。编制招标文件是招标准备阶段招标人最重要的工作内容。招标人应十分重视编制招标文件的工作，并务必做到条款严密、周到，内容明确，合理合法。

3) 制定标底

标底是招标人为准备招标的内容计算出的一个合理的基本价格，即一种预算价格，它的主要作用是作为招标人审核报价、评标和确定中标人的重要依据。制定标底是招标的一项重要的准备工作。按照国际惯例，在正式招标前，招标人应对招标项目制定出标底。

标底是衡量投标报价竞争力的标准，标底制定的好坏直接影响到招标工作的有效性。标底定得过高，进入合格范围内的投标人数量太多，就会使评价的工作量和难度大大增加；标底定得过低，又容易使所有的投标人都落空，从而导致招标失败。因此，标底制定得好，可以说是招标工作成功的一半，而编制一个先进、准确、合理、可行的标底需要认真细致、实事求是。首先，标底的制定与招标文件的编制有着密不可分的关系。标底制定得是否正确很大程度上取决于招标文件中对项目工作量的说明是否正确，因此招标文件对项目的工作量进行说明时应尽量减少漏项，同时将工作量尽可能算准确，力争将招标文件中计算出的工作量与实际量的误差控制在5%以内。其次，标底的制定应建立在一个比较先进的物业管理方案基础上，这样编制出的标底才切合实际。如果开发商或业主属自行招标，则可参照相关物业近年来国内外先进的物业管理方法，或者可以委托招标代理机构制定标底。

2. 招标实施阶段

招标实施阶段是整个招标过程的实质性阶段。招标的实施主要包括以下几个具体步骤：发布招标公告或投标邀请书、组织资格预审、召开标前会议、开标、评标与定标。

1) 发布招标公告或投标邀请书

我国《招标投标法》规定，招标人采用公开招标方式招标的，应当发布招标公告；招标人采用邀请招标方式的，应当向3个以上具备承担招标项目的能力、资信良好的特定法人或其他组织发出投标邀请书。无论是招标公告还是投标邀请书，其目的是一致的，都是为了向尽可能多的潜在投标者提供均等机会，让其了解招标项目的情况，并对是否参加该项目投标进行考虑和有所准备。两者的区别在于对公开招标公告的要求更为严格。以下主要对发布招标公告的渠道和时间、招标公告的内容等进行介绍。

（1）发布招标公告的渠道。发布招标公告应根据项目的性质和自身特点选择适当的渠道。常见的招标公告发布渠道有：指定的招标公报、官方公报、报纸、技术性或专业性期刊及信息网络等其他媒体。

（2）发布招标公告的时间。为使潜在的投标人对招标项目是否投标进行考虑和有所准备，招标人在刊登招标公告时，在时间安排上应考虑刊登招标公告所需时间以及投标人准备投标所需时间两个因素。

（3）招标公告的内容。招标公告的内容应简短、完整、明了，通常应包括以下内容：招标单位名称；项目名称；项目地点；项目资金来源；招标目的；项目要求概述；购买招标文件的时间、地点和价格；接受标书的最后日期和地点；开标日期、时间和地点；资格预审的标准，以及提供资格预审文件的日期、份数和使用语言等；投标保证金；招标单位的地址、电话等联系方法。

招标公告的具体内容可以根据招标人的具体要求进行变通，然而招标公告的基本内容，如招标人的名称和地址、招标项目的性质、数量、实施地点和时间，以及获得招标文件的办法等关键事项，按照我国《招标投标法》的规定必须载明。

2) 组织资格预审

资格预审是招标实施过程中的一个重要步骤，特别是大型的项目，资格预审更是必不可少。资格预审是对所有投标人的一项"粗筛"，也可以说是投标者的第一轮竞争。资格预审可以起到以下作用：①资格预审可以减少招标人的费用，因为投标人数量过多，招标人的管理费用和评标费用就会大大提高，通过资格预审淘汰一部分竞争者则可以减少这笔费用；②资格预审还可以保证实现招标目的，选择最合格的投标人，此投标人不仅报价最低或较低，而且他的报价是以其技术能力、财务状况及经验为基础的，防止了一些素质较低的投标商以价格进行恶性竞争；③资格预审能吸引实力雄厚的物业管理公司前来投标，招标人还可以通过资格预审了解投标人对该项目的投标兴趣大小。

若招标物业预计投标公司的数目众多，可预先对各投标公司进行资格预审，剔除资信较差的公司，重点选择 6~10 家申请者参与投标，这就是所谓早期预审。若投标公司数量较少，则可待投标机构递送标书且开标之后进行资格预审，这也就是所谓后期预审。无论资格预审在何时进行，其审核程序和要求投标公司递交的文件都大致相同。

（1）资格预审的程序。资格预审包括以下 3 个步骤。

① 发出资格预审通告或资格预审邀请书。发布资格预审通告通常有两种做法：一种是在前述的招标公告中写明将进行资格预审，并通告领取或购买资格预审文件的地点和时间；另一种做法是在报纸上另行刊登资格预审通告。资格预审通告的主要内容包括：招标项目简介；项目资金来源；参加预审的资格；获取资格预审文件的时间、地点及接受资格预审申请的时间和地点。从刊登资格预审通告的日期到申请截止期通常不少于 45 天。

② 出售资格预审文件。资格预审文件应提供招标人及招标项目的全部信息，并且其内容应比资格预审通告更为详细，如对若干物业服务企业组成联合体投标的要求等。此外，资格预审文件中还可规定申请资格预审的基本合格条件，或对外资物业服务企业单独或联合投标的一些规定，以及申请投标资格预审的一些基本要求，如从事该行业至少已达若干年以上，承担过类似的物业管理项目等。最后，招标人还应在资格预审文件中规定资格预审申请表和资料递交的份数、时间和地点及文件所使用的语言等。

③ 评审。资格预审申请书的开启不必公开进行，开启后由招标机构组织专家进行评审。如有必要，还可召开资格预审准备会议，以便申请人取得有关项目情况的第一手资料。

（2）资格预审的内容。资格预审的重点在于投标人的经验、过去完成类似项目的情况；人员及设备能力；投标人的财务状况，包括过去几年的承包合同收入和可投入本项目的启动资金等。具体内容如下。

① 申请人的基本情况。公司名称、地址、电话和传真、公司等级、注册资本、关系企业等，以及与本合同有关的主要负责人、项目授权代表；公司组织机构情况，专业人员及管理人员的人数；公司历年承包合同的类型、金额及主要所在地区等。

② 申请人的财务状况。公司资产负债表、损益表等财务报表；银行过去 5 年的资信证明以及对未来 2 年财务情况的预测。

③ 经验和过去的表现。过去 5 年内申请人完成的类似项目的基本情况，如这些项目和业主的名称、项目工作量、合同金额、服务期限等。

（3）资格预审的评审方法。招标单位可以根据自己的要求来决定资格预审的评审方法。目前国际上广泛采用的是"定项评分法"，并采用比较简便的百分制计分。

"定项评分法"就是对申请人提交的资料进行分类，并按一定标准给分，最后确定一个取得投标资格的最低分数线，达到或超过最低分数线的申请人被视为合格，可以参加投标；未能达到最低分数线的申请人则被视为不合格，不能参加投标。

3) 召开标前会议

投标资格预审确定合格申请人后，应尽快通知合格申请人，要求他们及时前来购买招标文件。按照国际惯例，招标机构通常在投标人购买招标文件后安排一次投标人会议，即标前会议。召开标前会议的目的是澄清投标人提出的各类问题。《投标人须知》中一般要注明标前会议的日期，如有日期变更，招标人应立即通知已购买招标文件的投标人。招标机构也可要求投标人在规定日期内将问题用书面形式寄给招标人，以便招标人汇集研究，给予统一的解答，在这种情况下就无须召开标前会议。

标前会议通常是在招标人所在地（同时又为招标项目所在地更好）召开，因为在标前会议期间，招标人往往会组织投标人到现场考察，如果标前会议在招标项目所在地召开就较为方便。标前会议的记录和各种问题的统一解释或答复，应被视为招标文件的组成部分，均应整理成书面文件分发给参加标前会议和缺席的投标人。当标前会议形成的书面文件与原招标文件有不一致之处时，应以会议文件为准。

《招标投标法》规定，招标人应在提交投标文件截止时间至少15日前，将已澄清和修改部分以书面形式通知所有招标文件收受人。因此，凡已收到书面文件的投标人，不得以未参加标前会议为由对招标文件提出异议，或要求修改标书和报价。最后，招标人应在标前会议上宣布开标日期。另外，参加会议的费用应由各投标人自理。

4) 开标、评标与定标

开标、评标与定标是招标实施过程的关键阶段，也是整个招标过程中程序最严密、对招标人能力要求最严格的阶段。

招标人收到物业服务企业封送的投标书后，经过审查认为各项手续均符合规定时，即可收入，并在公开的预定时间（一般为招标文件确定的提交投标文件截止时间）、地点（招标文件中预先确定的地点）当众拆封开标，公开宣读各物业服务企业的标的，并声明不论管理服务费高低均有中标希望。之后便由各方面专家组成的评标委员会或评标小组进行评标。从开始评标到最后定标，一般要经过3~6个月的定标期。在这段时间内，招标人或招标机构要多方面对各个投标人的标书进行研究，必要时还要分别召开答辩会，方能最后定标。在评选过程中，应以管理服务费报价、管理服务质量和管理方案先进程度作为主要的衡量标准。

评标工作结束时，评标委员会通常最后会向招标人筛选出几个最有竞争力的中标推荐人，由招标人做最后决定。在这一阶段，招标人往往同时与中标推荐人进行谈判，以更充分地获取投标人的信息，这种谈判在惯例中也被称为"议标"（不同于招标方式中的"议标"）。经过"议标"后，最后才由招标人决定谁中标。值得注意的是，《招标投标法》规定，通常情况下招标人从评审委员会推荐的几位中标候选人中选取一个作为中标人，但在中标候选人均不符合招标人要求的情况下，招标人有权拒绝定标，从而取消招标。然而，招标人不得从评标委员会推荐的中标候选人之外的投标人中选定中标人，否则视作中标无效。

3. 招标结束阶段

招标人在最后选出中标人时，招标工作便进入结束阶段。这一阶段最大的特点是招标人与投标人由一对多的选拔和被选拔关系逐渐转移到一对一的合同关系。这一阶段的具体内容包括合同的签订与履行，以及资料的整理与归档。

1) 合同的签订

《招标投标法》规定："招标人和中标人应当自中标通知书发出之日起 30 日内，按照招标文件和中标人的投标文件订立书面合同"。合同的签订，实际上就是招标人向中标人授予承包合同，是整个招标投标活动的最后一个程序。

2) 合同的履行

合同的履行是指合同双方当事人各自按照合同的规定完成其应承担的义务的行为，在此特指中标人应当按照合同约定履行义务，完成中标项目的行为。

3) 资料整理与归档

由于物业管理合同具有长期性的特点，因此，为了让业主或开发商能够长期对中标人的履约行为实行有效的监督，招标人在招标结束后，应对形成合同关系过程中的一系列契约和资料进行妥善保存，以便查考。招标活动是一项十分复杂的活动，涉及大量的合同、文件及信件往来，招标人应对其予以整理。

这些文件主要包括：招标文件；对招标文件进行澄清和修改的会议记录和书面文件；招标文件附件及图纸；中标人投标文件及标书；中标后签订的承包合同及附件；中标人的履约保证书；与中标人的来往信件；其他重要文件。

8.3.3 物业管理招标文件

物业管理招标文件是物业管理招标人向投标人提供的指导投标工作的规范文件。招标文件编制的好坏直接关系到招标人和投标人双方面的利益，因此招标文件的内容既要做到详尽周到，以维护招标人的利益，又要做到合理合法，以体现招标公平、公正的原则。

1. 招标文件的组成内容

招标文件的内容大致可概括为三大部分：第一部分，投标人为投标所需了解并遵循的规定，具体包括投标邀请书、投标人须知、技术规范及要求；第二部分，投标人必须按规定填报的投标书格式，这些格式将组成附件作为招标文件的一部分；第三部分，中标的物业服务企业应签订的合同的条件（包括一般条件和特殊条件）及应办理的文件格式。三大部分的内容具体可归纳为组成招标文件的六要素：投标邀请书；技术规范及要求；投标人须知；合同一般条款；合同特殊条款；附件（附表、附图、附文等）。

1) 投标邀请书

投标邀请书与招标公告的目的大致相同，其目的是提供必要的信息，从而使潜在投标人获悉物业管理项目招标信息后，决定是否参加投标。其主要内容包括：业主名称、项目名称、地点、范围、技术规范及要求的简述、招标文件的售价、投标文件的投报地点、投标截止时间、开标时间、地点等。投标邀请书可以归入招标文件中，也可以单独寄发。如采用邀请招标方式招标，投标邀请书往往作为投标通知书而单独寄发给潜在投标人，因而不属于招标文件的一部分；但如果采取公开招标方式招标，往往是先发布招标公告和资格预审通告，之后发出的投标邀请书是指招标人向预审合格的潜在投标人发出的正式投标邀请，应作为招标文件的一部分。

2) 技术规范及要求

这部分主要是说明开发商对物业管理项目的具体要求，包括服务所应达到的标准等。例如对于某酒店项目，招标人要求该物业的清洁卫生标准应达到五星级，这些要求就应在"技术规范及要求"部分写明。对于若干子项目的不同服务标准和要求，可以编列一张"技术规范一览表"，将其加以综合。另外，在技术规范部分，应出具对物业情况进行详细说明的物业说明书，以及物业的设计施工图纸。物业说明书和图纸应在附件部分做详细说明。

3) 投标人须知

投标人须知为整个招标投标的过程制定规则，是招标文件的重要组成部分，其内容包括：总则说明；招标文件说明；投标书的编写；投标书的递交；开标和评标；授予合同。

（1）总则说明。主要对招标文件的适用范围、常用名称的释义、合格的投标人和投标费用进行说明。

（2）招标文件说明。主要是对招标文件的构成、招标文件的澄清、招标文件的修改进行说明。

（3）投标书的编写。投标人须知中应详细列出对投标书编写的具体要求。这些要求包括：①投标所用的语言文字及计量单位；②投标文件的组成；③投标文件格式；④投标报价；⑤投标货币；⑥投标有效期；⑦投标保证金；⑧投标文件的份数及签署。如果由于采取邀请招标或议标方式招标，而没有进行投标资格预审，则在招标文件的投标人须知中还应要求投标人按预定格式和要求递交投标人资格的证明文件。招标文件对投标书编写要求的说明通常有两种：一是文字说明，应归入投标人须知部分；另一种是在招标文件中列出投标文件的一定格式，投标人只要按格式要求填入内容。这些格式通常包括：投标书格式、授权书格式、开标一览表、投标价格表、项目简要说明一览表及投标人资格证明书格式等。这些格式统一归入"附件"部分。

（4）投标书的递交。投标文件的递交的内容主要是对投标文件的密封和标记、递交投标文件的截止时间、迟交的投标文件、投标文件的修改和撤销的说明。

（5）开标和评标。开标和评标是招标文件体现公平、公正、合理的招标原则的关键，包括以下内容：①对开标规则的说明；②组建评标委员会的要求；③对投标文件响应性的确定，即审查投标文件是否符合招标文件的所有条款、条件和规定且没有重大偏离和保留；④投标文件的澄清，即写明投标人在必要时有权澄清其投标文件内容；⑤对投标文件的评估和比较（说明评估和比较时所考虑的因素；⑥评标原则及方法；⑦评标过程保密。

（6）授予合同。授予合同的内容通常包括：①定标准则，说明定标的准则，包括"业主不约束自己接受最低标价"的申明等；②资格最终审查，即说明招标人会对最低报价的投标人进行履行合同能力的审查；③接受和拒绝任何或所有投标的权力；④中标通知；⑤授予合同时变更数量的权力，即申明招标人在授予合同时有权对招标项目的规模予以增减；⑥合同协议书的签署，说明合同签订的时间、地点以及合同协议书的格式；⑦履约保证金。

4) 合同一般条款

合同的一般条款不是合同的主要内容，通常包括以下条款和内容。

（1）定义。即对合同中的关键名称进行释义。

（2）适用范围。即写明本合同的适用范围。

(3) 技术规格和标准。该条款的内容一般与招标文件的第二部分"技术规范及要求"的内容相一致。

(4) 合同期限。一般可参照委托管理的期限。

(5) 价格。即物业管理费的计取，一般应与中标人的投标报价表相一致。

(6) 索赔。索赔条款主要说明在投标人(合同的乙方)发生违约行为时，招标人(合同的甲方)有权按照索赔条款规定提出索赔。其具体内容包括索赔的方案和索赔的程序。

(7) 不可抗力。不可抗力条款是指在发生预料不到的人力无法抗拒事件的情况下，合同一方难以或者不可能履行合同时，对由此引致的法律后果所做的规定。不可抗力条款一般包括3个部分：不可抗力的内容；遭受不可抗力事件的一方向另一方提出报告和证明文件；遭受不可抗力事件一方的责任范围。

(8) 履约保证金。该条款主要是规定中标人在签订合同后，为保证合同履行而需提交的履约保证金的比例，以及提供履约保证金的形式。

(9) 争议的解决。该条款主要的内容是预先规定合同双方在合同履行过程中发生争议时的解决途径和方法，如在该条款中规定以仲裁作为解决争议的途径等。

(10) 合同终止。该条款的主要内容是说明合同的期限和合同终止的条件(如物业服务企业违约情节严重；业主破产；物业被征用等)。

(11) 合同修改。该条款应申明对于合同的未尽事项，需进行修改、补充和完善的，甲乙双方必须就所修改的内容签订书面的合同修改书，作为合同的补充协议。

(12) 适用法律。即写明合同适用的法律。

(13) 主导语言与计量单位。

(14) 合同文件及资料的使用。条款中应写明合同文件及资料的使用范围及事宜，如对保密的规定等。

(15) 合同份数。

(16) 合同生效。

5) 合同特殊条款

合同特殊条款是为了适应具体项目的特殊情况和特殊要求做出的特殊规定，如对执行合同过程中更改合同要求而发生偏离合同的情况做出某些特殊规定。此外合同特殊条款还可以是对合同一般条款未包括的某些特殊情况的补充，如关于延迟开工而赔偿的具体规定，以及有关税务的具体规定等。

在合同执行中，如果一般条款和特殊条款不一致而产生矛盾时，应以特殊条款为准。

6) 附件

附件是对招标文件主体部分文字说明的补充，包括附表、附文和附图，具体有以下内容。

(1) 附表。包括：①投标书格式；②授权书格式；③开标一览表；④项目简要说明一览表；⑤投标人资格的证明文件格式；⑥投标保函格式；⑦协议书格式；⑧履约保证金格式(通常为银行保函)。

(2) 附文。主要有物业说明书等。

(3) 附图。物业的设计和施工图纸。

2. 编制招标文件的时间

何时制定招标文件是由物业开发建设程序决定的，我国目前大多数物业管理招标均是在物业开发建设的后期。然而，随着开发商对物业管理的要求不断提高，物业管理"超前招标"已屡见不鲜。"超前招标"在我国即为在项目立项阶段，用地申请得到批准后即可进行物业管理招标工作、制定招标文件。超前实行物业管理招标确实有其优点，然而过早地制定招标文件，加之此时存在大量的不确定因素会使得招标文件编制难度加大，可靠性降低。因此，应注意把握招标文件制定的时间，使编制出的招标文件内容既严密明确，又不失前瞻性。

8.3.4 物业管理合同

1. 物业管理合同的概念

物业管理合同是用以标明或界定某物业的管理业务和责任权利的法律文书，是物业的开发商或业主管理委员会在选定将物业管理业务委托给某物业服务公司的基础上，由双方签订，旨在明确双方的权利与责任的协议。

物业管理合同与物业管理公约有联系也有区别。其联系在于：物业管理合同与物业管理公约都是围绕物业管理内容，用以界定双方的权责与义务。其不同在于：在对象上不同，物业管理合同的甲方是开发商或业主、业主管理委员会，而物业管理公约所面对的是业主的个体或具体的业主；在侧重点上不同，物业管理合同着重于委托管理的业务本身，如物业管理的范围、内容及委托管理的形式；而物业管理公约则着重于用契约的形式约定业主的行为，以形成物业内的良好秩序，使公共利益得到保证。

2. 物业管理合同的作用

（1）用合同的形式清楚地界定、明确委托方和受托方的权利、责任和义务。将需要管理的物业的管理范围、内容、服务深度和委托管理的年限基本内容以法律文件加以明确。

（2）为物业管理过程中双方出现的争议和纠纷提供调解、仲裁直至诉讼的基本依据。

（3）在约束物业管理公司的经营行为和管理行为的同时，对业主管理委员会也提出要求，实现了委托方和受托方的权力、责任、利益对等。

3. 物业管理合同的内容

物业管理合同的内容与格式通常包括以下 4 个方面。

1) 合同序文

说明委托管理物业的名称、规模、坐落的地理位置；定义和解释；订立合同的日期、地点；合同双方的名称、法人代表及地址等。

2) 合同正文

合同正文是合同的主要部分，说明委托管理(标的)的业务范围、内容(深度)、合同双方的权利、责任、义务等。具体包括：委托管理(标的)的范围与内容；管理形式与期限；合同双方的责任、权利与义务；管理费用、相关费用及其支付方式；违约责任与索赔；不可抗力的界定及由此带来的损失与责任的分摊；双方互相协作事项；合同的期限与合同的终止；合同的纠纷与仲裁；等等。

合同条款是构成合同正文的主要部分。合同条款因招标项目的性质和类型而异。然而,一般来说不论哪一类合同,其主要条款总是由技术性条款、商务性条款和法律性条款构成,其中主要包括:价格条款、支付条款、不可抗力条款及索赔条款等。这些都属于合同的一般条款,此外,还有合同特殊条款,也就是合同一般条款的补充和修改。无论是合同一般条款还是合同特殊条款,都属于招标文件中的一部分。

3) 合同结尾

结尾部分说明合同使用的文字、生效日期;合同的正、副本份数;合同适用的法律或法律体系;双方的法人代表(开发商或业主委员会)签字;公证机关公证等。

4) 附件

说明本项目的特殊条件、特殊要求及在通用合同格式中未能详细说明的内容。此外,还应包括委托管理项目的平面图;设施、设备清单;有关情况和指标的说明等。

4. 物业管理合同的签署

物业管理合同的签署一般都是物业的开发商或业主管理委员会在招标决标或选定(选聘)物业管理公司之后,在双方谈判磋商、达到基本一致的基础上签署。双方应本着求同存异的原则,围绕物业管理业务的方方面面,从主要款项到具体细节进行研究和磋商。对合同中的每一条款反复琢磨,在确切搞清所有条款含义的前提下,选择合适的时间和场合正式签署。对合同中存在疑义的条款,要认真辨析或请对方给予清楚的解释,必要时请有关的法律顾问协助谈判和签约的过程,以确保自己的利益不被对方用合同堂而皇之地"套住"。

5. 物业管理合同的执行

物业管理合同一经双方签署即具有法律效力。当事人应认真执行。要恪守和履行合同中规定的相关权利和义务。在执行中遇有一方无故或借故不履行合同的(如拖欠、迟付管理费用或其他费用;对物业管理不够尽责,维修、消防等不到位而引发事故的)要依合同向对方追究违约责任及要求对方承担由此而造成的经济损失。依照协商、调解、仲裁直至诉讼的程序寻求法律的帮助和解决。对遇有不可抗力而影响管理行为实施或造成经济损失的,要依照合同中关于不可抗力的界定及不可抗力发生所带来损失责任的分摊的相关条款执行。如合同中未含上述条款则由双方根据实际情况协商解决。

 应用案例 8-1

××物业管理合同

甲方(委托方):××住宅区业主管理委员会

乙方(受托方):××物业管理公司

为加强住宅小区物业管理,保障区内房屋及公用设施的正常使用,为业主创造优美、整洁、安全、方便、文明的居住环境,经双方协商同意签定本委托管理合同,以便共同遵守。

合同事项如下:

一、委托管理范围及内容

(一)甲方将位于××区××路(街)的××住宅区范围内的物业委托给乙方实行统一管理,综合服务,承包经营,自负盈亏。

(二)管理事项包括:

1. 房屋的使用、维修、保养;

2. 区内公共设备、设施及场所(场地)的使用、维修、养护和管理;
3. 清洁卫生;
4. 公共生活秩序;
5. 文娱活动场所;
6. 便民服务网点及住宅区内所有营业场所;
7. 车辆行驶及停放;
8. 住宅区档案、资料管理;
9. 政策规定由物业管理公司管理的其他事项。

二、委托管理期限

双方商定委托管理期限为自××××年×月起至××××年×月止。

三、双方责任、权利、义务

(一) 甲方责任、权利、义务

1. 甲方依照住宅区条例如本合同将××住宅区委托乙方实行物业管理。
2. 甲方监督乙方对公用设施专用基金的合理使用,并按公用设施专用基金管理办法拨付给乙方。
3. 向乙方提供管理用房×××平方米,按廉租房标准收取租金。
4. 负责向乙方提供本住宅区工程建设竣工资料,并在乙方管理期满时予以收回。
5. 甲方不得干涉乙方依法或依本合同规定内容所进行的管理和经营活动。
6. 对乙方的管理实施监督检查,每半年一次考核评定,如出现乙方管理不善造成重大经济损失,有权终止合同。
7. 负责依据国家有关规定确定本住宅区的管理服务收费标准。
8. 委托乙方对违反住宅区条例及业主公约(物业管理公约)的行为进行处理;必要时以停水、停电、停暖等措施对无故或借故不交纳有关费用或拒不改正违约行为的责任人进行催交、催收。
9. 协助乙方做好宣传教育、文化活动和物业管理工作。
10. 政策规定由甲方承担的其他责任。

(二) 乙方责任、权利、义务

1. 根据有关法律、法规、结合实际情况,制定本住宅区物业管理办法。
2. 遵守各项管理法规及合同规定的责任要求,根据甲方授权,对本住宅区物业实施综合管理,确保实现管理目标、经济指标,并承担相应的责任,自觉接受甲方的检查、监督。
3. 根据住宅区内大、中修的要求制定维修方案,报甲方审议通过后,从公用设施专用基金中领取所需要的维修费。
4. 接受甲方对管理过程中财务账目的监督并报告工作,每月向甲方报送一次财务报表,每3个月向全体业主张榜公布一次管理费收支账目。
5. 对住宅区的公用设施不得擅自占用或改变其使用功能,乙方如在住宅区内改扩建完成配套项目,须报甲方和有关部门批准后方可实施。
6. 乙方须本着高效、精干的原则在本住宅区设置管理处。
7. 建立本住宅区的物业管理档案、并负责及时记载有关变更情况。
8. 依据建设部的统一收费标准,结合本小区的实际和提供的特殊服务,负责测算住宅区管理服务收费标准;严格按照甲方审议通过的收费标准收取,不得擅自加价。
9. 有权依照甲方委托和业主公约的规定,对违反业主公约和住宅管理法规、政策的行为进行处理。
10. 在管理期满时向甲方移交全部专用房屋及有关财产、全部物业管理档案及有关资料。
11. 开展卓有成效的社区文化活动和便民服务活动。
12. 有权选聘专业公司承担住宅区物业管理的专项业务并支付费用,但不得将住宅区物业管理的整体责任及利益转让给他人或单位。

四、管理目标和经济指标

（一）各项管理目标和经济指标的设定，依建设部及当地规定的标准执行，并在乙方接管本物业半年后达到标准。

（二）确保年完成收费指标×××万元，合理支出×××万元，乙方可提取所收管理费的××%作为经营收入。

五、风险抵押

（一）乙方在合同签订之日起7日内向甲方一次性支付人民币××元，作为风险抵押金；

（二）乙方完成合同规定的管理目标和经济指标，甲方在合同期满后退还全部抵押金及银行活期存款利息；

（三）如因甲方过错致使本合同不能履行，由甲方双倍返还押金，并赔偿乙方经济损失；

（四）如因乙方过错致使本合同不能履行，乙方无权要求返还押金，并赔偿甲方经济损失。

六、奖罚措施

（一）在各项管理目标、经济指标全面完成的情况下，管理费如有节余，甲方按节余额的××%奖励乙方。

（二）如该住宅区被评为全国、省级文明住宅小区，甲方分别奖励乙方人民币×××××元(全国)或人民币××元(省级)以资鼓励；获得上级部门单项奖或有关荣誉的奖金另订；如在乙方管理期间，由乙方获得的文明小区称号被上级部门取消，则乙方应全部返还上述奖金及银行活期存款的利息。

（三）如甲方不能完成应负的合同责任，由此而影响乙方承包管理目标和经济指标，或给乙方造成直接经济损失，甲方应当予以补偿或承担相应责任。

（四）如乙方没有完成合同责任或管理目标和经济指标，甲方应责成乙方限期完成或改正，情节严重的处以人民币××元至××元的罚款，直至终止合同，经济损失由乙方承担。

（五）由于乙方管理不善或重大过失，造成住户经济损失或生活严重不便的，乙方应赔偿甲方或业主(住用人)的经济损失(以市住宅主管部门的鉴定结论为准)。

七、合同变更、补充与终止

（一）经双方协商一致，可对本合同条款进行修订、更改和补充，以书面合同为准。

（二）合同规定的管理期满，本合同自然终止，各方如欲续订合同，须于期满前3个月向对方提出书面意见。

（三）合同终止后，乙方可参加甲方的委托管理招标并在同等条件下优先承包管理，但根据有关条例和规定被取消优先承包管理资格的除外。

八、其他事项

（一）本合同执行期间，如遇不可抗拒的自然灾害(台风、洪水、地震等)，造成经济损失的，双方应相互体谅，共同协商，合理分摊。

（二）本合同自签订之日起生效。

（三）本合同一式三份，甲乙双方和区房地产管理部门各执一份，具有相同法律效力。

（四）双方如对合同发生争议，协商不成的，提请市房地产管理部门调解，调解不成的由市中级人民法院裁决。

甲方(签章)：　　　　　　　乙方(签章)：
代表(签名)：　　　　　　　代表(签名)：
合同订立日期：　　　　　　　年　月　日

8.4 制定物业管理方案

房地产开发项目确定后，策划机构应该协助开发商尽早制定物业管理方案，也可聘请物业服务企业代为制定。制定物业管理方案的内容如下。

1. 确定物业管理的档次

首先根据物业类型、功能等客观条件及住用人的群体特征和需求等主观条件，规划物业管理消费水平，确定物业管理的等级和档次。如果开发的物业是写字楼，那么相应的管理服务标准就应适应物业本身的档次，如果开发的物业是住宅小区，用户普遍为中低收入者，则应考虑物业管理的服务费应适合居民的实际情况。

2. 确定物业管理的服务项目和标准

根据本项目住用人的需要和物业管理的档次确定物业管理的服务项目和服务标准。普通住宅项目物业服务的项目和标准可参照中国物业管理协会印发的《普通住宅小区物业管理服务等级标准》（试行）（中物协［2004］1号）的规定来制定。

3. 进行物业管理收支预算

确定物业管理服务的收入来源、收费标准和成本支出，建立完善的收支财务制度。

1）物业管理经费的来源

从总体上看，物业管理经费的来源主要有以下几个方面。

（1）定期收取物业服务费。根据国家发展和改革委员会、建设部制定的《物业服务收费管理办法》（发改价格［2003］1864号）的规定，物业服务企业可以而且应该就其提供的物业服务收费。该费用是指物业服务企业按照物业服务合同的约定，对房屋及配套的设施设备和相关场地进行维修、养护、管理，维护相关区域内的环境卫生和秩序，向业主收取的费用，称物业服务费或物业费。在物业管理经费的筹集中，物业服务收费应是物业管理经费长期稳定的主要来源。

（2）物业共用部位、共用设施设备维修基金。物业的共用部位是指物业主体承重结构部位（包括基础、承重墙体、柱、梁、楼板、屋顶等）、户外墙面、门厅、楼梯间、走廊通道等。物业的共用设施设备是指物业区域内，由全体业主或部分业主共同拥有并使用的上下水管道、落水管、水箱、加压水泵、电梯、天线、供电线路、共用照明、消防设施、绿地、道路、沟渠、池井、非经营性停车场库、公益性文体设施和共用设施设备使用的房屋等。一个物业管理区域内有两个以及两个以上产权人的，应当建立"物业共用部位、共用设施设备维修基金"。为此，原建设部、财政部制定了《住宅共用部位共用设施设备维修基金管理办法》，非住宅商品房可以参考该办法执行。另外，《物业管理条例》也对维修基金的相关事宜做出了规定。维修基金属全体业主所有，专项用于物业共用部位、共用设备实施保修期满后的大中修和更新、改造。这些费用一旦需要支出，数额巨大，单靠日常管理收费无法负担，因此有必要以基金的形式事先提取。

（3）物业服务企业开展多种经营的收入和利润。在不向政府要钱，不增加业主和使用人的经济负担的情况下，物业服务企业可根据物业状况和自身情况，开展多种经营，创造经济效益，以业养业，补充物业管理经费的不足。

物业服务企业开展多种经营有以下两种情况。

① 利用物业共用部位、共用设施设备进行经营活动。在征得相关业主、业主大会同意后，物业服务企业可以利用物业共用部位、共用设施设备进行经营活动。这种经营活动所得收益属于业主，应主要用于补充专项维修基金，经业主大会同意，也可弥补物业服务费的不足或业主大会同意的其他支出。

②利用自身条件，开展各种经营活动。物业服务企业可以利用自身条件，开展多种经营活动，如组建工程队，完善住宅小区配套建设，建小区围墙、停车场等，开办商店、餐饮、健身房、美容美发厅等。这些经济实体既为物业内住用人服务，也可向社会承接业务，用多种经营取得的部分利润弥补管理经费的不足，实现以业养业的目的。此时的收入和利润，从性质上讲属于物业服务企业的收入和经营利润。其收入和利润事先无法准确的测算和预计，因此，这种收入和利润并不属于物业管理经费的主要来源。之所以将物业服务企业开展多种经营的部分利润也作为物业管理经费的一个来源，主要是考虑目前我国物业管理的市场经济体制尚不完善，从推动物业管理的运作、建立物业管理良好声誉和人民群众经济承受能力的实际出发，而提出的在一定时期内的带有较强过渡色彩的措施。

(4) 政府多方面的扶持。目前，政府对物业管理的扶持主要体现在制定相关的政策和给予一定的资金支持上，主要包括：①制定住宅小区物业管理服务收费办法和政府指导价，加强对收费的管理；②规定物业服务企业可享受国家对第三产业的优惠政策，在开展多种经营中可适当减免部分税金等；③拨发一定的城市建设维护费用于住宅小区共用部位、共用设施设备的维护管理，以减轻小区日常管理费用的负担；④规定对房改住房的电梯、高压水泵房、供暖锅房等共用设施设备的运行、维护和更新等费用仍由使用人所在单位支付，以减轻使用人的负担。

(5) 开发建设单位给予一定的支持。开发建设单位的支持主要体现在以优惠的方式提供一定数量的管理用房和经营性配套商业用房，主要有按成本价出售和以成本租金租用两种优惠方式。

2) 物业管理的收费标准

物业管理公司为业主或用户提供的不同服务项目，其收费标准是有所不同的，有些服务项目的收费标准是物业管理公司与业主或用户面议洽谈而定；有些服务项目的收费标准要按政府有关部门的规定执行。在具体收取物业管理费时，有些项目是一次性收费；有些项目则是定期收取；有些项目的收取方式较为灵活。

物业管理费收取标准的确定要遵从以下原则。

(1) 不违反国家和地方政府的有关规定。对不同的服务项目，分别采用政府定价、政府指导价和协议定价 3 种不同的形式定价。

(2) 与用户的收入水平相适应。要根据用户的收入水平高低来确定，收费标准过高，用户承受不了，也不容易取得用户的支持，反之，收费标准过低，则物业管理公司赔本服务，这又违背市场规则。

(3) 优质优价，兼顾各方利益。所提供的服务档次越高，则收费标准越高，特约服务一般比公共服务的收费标准要高，对商业部门的收费比对机关、事业单位的收费一般要高。

(4) 微利原则。物业管理服务部分的收入扣除支出略有剩余，否则服务项目越多，工作量越大，赔本就越多。

(5) 公平原则。对共用公共设施不同用户的收费标准应该显示其公平性，如对商业大厦内的不同用户收取的公用设施(如电梯、楼梯等)管理费应该有所区别，如在大厦底层，所用电梯及楼梯的机会几乎没有，因此，大厦底层用户所交纳的管理费用应该较少。

3) 物业管理的支出项目

物业管理的支出项目主要包括以下几种。

(1) 公共物业及配套设施的维护保养费用，包括外墙、楼梯、步行廊、升降梯(扶梯)、中央空调系统、消防系统、保安系统、电视音响系统、电话系统、配电器系统、给排水系统及其他机械、设备、机器装置及设施等。

(2) 聘用管理人员的薪金,包括工资、津贴、福利、保险、服装费用、培训费等。

(3) 公用水电的支出,如公共照明、喷泉、草地淋水等。

(4) 购买或租赁必需的机械及器材的支出。

(5) 物业财产保险(火险、灾害险等)及各种责任保险的支出。

(6) 垃圾清理、水池清洗及消毒灭虫的费用。

(7) 清洁公共地方及幕墙、墙面的费用。

(8) 公共区域植花、种草及其养护费用。

(9) 更新储备金,即物业配套设施的更新费用。

(10) 聘请律师、会计师等专业人士的费用。

(11) 节日装饰的费用。

(12) 行政办公支出,包括文具、办公用品等杂项,以及公共关系费用。

(13) 公共电视接收系统及维护费用。

(14) 其他为管理而发生的合理支出。

(15) 税金。

8.5 制定相关管理制度

物业管理的相关管理制度包括企业内部管理制度和外部管理制度两大类。

8.5.1 物业服务企业内部管理制度

1. 物业服务企业岗位职责

包括总经理、副总经理、职能部门经理、管理处主任、管理员、内勤员、文员、出纳、保安人员、清洁人员、绿化人员、维修人员等岗位职责制度。

2. 物业服务企业部门职责

包括经理室、办公室、财务部门、管理处及各职能部门的职责制度。

3. 其他内部管理制度

比如,企业劳动用工制度、工资制度、福利制度、考勤制度、考核制度、奖惩制度、员工行为规范、接待制度、来信来访来电制度、投诉反馈制度、文书管理制度、办公设备使用管理制度等。

8.5.2 物业服务企业外部管理制度

1. 物业验收与接管制度

制定物业验收与接管制度时需要注意以下几个方面。

(1) 选派素质好、业务精通，对工作负责的技术人员参加验收。

(2) 站在业主的立场上，从物业维修养护的角度，对即将交付使用的物业进行严格验收。

(3) 对验收中发现的问题应准确记录在案，并及时督促施工单位修整。

(4) 与建设单位签订保修合同，建立物业保修制度，明确保修项目内容、进度、原则、责任和方式。

(5) 物业接管应办理书面移交手续。

(6) 应向建设单位索要全套图纸技术资料，以方便对物业的维修、养护和管理。

(7) 明确在物业接管中接收的仅是对物业的经营管理权力及政府所赋予的有关权利。

2. 楼宇入伙制度

包括入伙通知书、入伙手续书、收楼须知和入住合约等相关制度。

3. 物业管理公约

物业管理公约应该包括以下内容。

(1) 业主的权益、义务和责任。

(2) 物业开发商应享有的权利、义务和责任。

(3) 物业服务企业的权利、义务和责任。

(4) 对物业公共部位及公用设施的管理制度。

(5) 对物业全部或部分损坏无法正常使用的规定。

(6) 管理费用的规定。

(7) 法律责任。

(8) 其他事项。

4. 住户手册

包括居住区概况、居住区的管理、业主或住户须知、日常管理与维修、物业管理条例、综合服务以及其他应该注意的事项。

5. 日常管理服务制度

物业管理区域内的日常管理服务制度包括以下内容。

(1) 公共部位、设施和设备的使用、保养及维修等制度。

(2) 安全保卫及公共秩序管理制度。

(3) 消防管理制度。

(4) 清洁卫生及绿化管理制度。

(5) 工程维修及维护制度。

(6) 道路及车辆管理制度(包括机动车和非机动车的出入、停放和行驶)。

(7) 房屋装修管理制度。

(8) 出租及暂住人员管理制度。

(9) 背景音乐播放制度。

(10) 会所管理制度。

(11) 商业网点管理制度。

(12) 客户档案管理制度。
(13) 便民服务制度。
(14) 社区文化活动制度。

本 章 小 结

　　物业管理是指物业服务企业根据物业服务合同的约定，对房屋及配套的设施设备和相关场地进行维修、养护、管理，维护物业管理区域内的环境卫生和相关秩序的活动，具有社会化、专业化、企业化及经营性的特点。最常见的物业管理模式是委托管理模式。物业管理的主要内容包括常规性的公共服务、针对性的专项服务和委托性的特约服务。

　　物业管理的早期介入对房地产项目开发具有重要的作用和意义，可从设计、施工和验收等阶段进行介入。招标是开发商或业主选聘物业服务企业的最常用方式，分为招标准备、招标实施和招标结束等阶段。招标文件包括投标邀请书、技术规范及要求、投标人须知、合同一般条款、合同特殊条款和附件等内容。制定物业管理方案需要确定物业管理的档次、物业管理的服务项目和服务标准、物业管理收支预算的确定等。物业管理相关制度分为企业内部管理制度和企业外部管理制度两大类，每一类又包含若干个具体制度。

阅 读 材 料

物业管理公司与房地产开发商关系的回顾与分析

　　伴随着房地产综合开发方式的确定和房屋管理模式的改革，社会化、专业化、市场化的物业管理于20世纪80年代在我国出现并逐渐推广普及。回顾近30年物业管理的发展历程，房地产开发企业和物业管理公司的关系从最初的以自建自管为主的形式逐渐向建管分离过渡，期间经历了较为曲折的过程。

　　1. "自建自管"模式的出现

　　1994年建设部33号令《城市新建住宅小区管理办法》的颁布，第一次以法规的形式确定了社会化、专业化、市场化的物业管理模式。然而，当时物业管理公司这一新型的企业在全国为数很少，甚至在不少大、中城市还是空白。为解决队伍不足的问题，政府及时提出了"谁建设、谁管理、谁负责"的政策，引导、支持房地产开发企业自行组建物业管理公司，直接负责所开发项目的物业管理，即"自建自管"。在当时的条件下，这个决策是正确的，它直接推动了物业管理在全国范围内的启动、普及与发展。

　　2. 物业管理问题、矛盾的凸显

　　随着物业管理的普及与推广，物业管理实施中的问题、矛盾和纠纷不断产生。一方面是有关方面对物业管理定位的理解不同；另一方面是"自建自管"模式所带来的问题。

　　首先，由开发商自行组建的物业管理公司存在"先天不足"。在物业管理起步阶段，为保障建设项目的日常运行和管理，开发商不得不在短时间内仓促组建物业管理公司，往往在人员、设备、技术等方面的准备不足，很多人员对物业管理工作的定位尚不清楚，对物业管理的认识和理解还不准确、全面。同时，业内还未形成一整套完善的行业规范和管理运行制度。

其次，开发商与物业管理公司的"血缘关系"为解决物业管理的纠纷带来难度。物业管理中出现的问题大多集中在前期物业管理期间，其中开发商遗留的问题占有最大比例。不少开发商出于自身利益的考虑，一味要求物业公司帮其掩饰、应付，而不切实解决问题。这就造成了物业管理公司代其受过、两头为难的处境，以致形成恶性循环，损坏了行业形象。

最后，"自建自管"模式不利于物业管理公司的自身建设和发展。"自建自管"模式下，物业管理公司是开发企业的附属品，虽是名为独立法人的经济实体，但很难真正做到经费独立。这就容易产生两方面的问题：一是过于依赖开发企业的输血；二是经费得不到保证时，就容易采取压缩服务内容、降低服务标准、损害业主利益的做法。这样不利于物业公司提高自身素质，增加市场竞争力。

3. 从"建管分离"走向物业管理的和谐

为解决"自建自管"模式存在的弊端，建设部在1999年召开的全国物业管理工作会议上提出："各地要尽快引入竞争机制，推行物业管理招投标。住宅小区在物业管理公司负责管理前，由房地产开发企业负责管理。"《物业管理条例》中也明确规定："国家提倡建设单位按照房地产开发与物业管理相分离的原则，通过招投标的方式选聘具有相应资质的物业服务企业"，"国家提倡业主通过公开、公平、公正的市场竞争机制选择物业服务企业"，"住宅物业的建设单位，应当通过招投标的方式选聘具有相应资质的物业服务企业"。

《物业管理条例》明确提出的"建管分离"，预示着物业管理行业逐步走向规范。物业管理行业基本摆脱"自建自管"模式，全面实现"建管分离"之日，就是物业管理走向规范化发展之时，也就是物业管理和谐的明天。

（资料来源：季如进．物业管理公司与房地产开发商关系的回顾与分析[J]．中国房地产2007-06，有删节．）

思考与讨论

1. 什么是物业管理？物业管理有什么特点？
2. 有哪些常见的物业管理模式？住宅房地产项目通常采用哪种模式？
3. 物业管理包括哪些内容？最基本的内容是哪一项？
4. 什么是物业管理的早期介入？物业管理的早期介入与前期物业管理有什么区别？
5. 房地产项目为什么需要物业管理的早期介入？
6. 物业管理的早期介入包括哪些内容？
7. 什么是物业管理招标？物业管理招标有何特点？
8. 物业管理的招标方式主要有哪些？
9. 物业管理招标的程序分为哪些步骤？
10. 招标文件由哪些部分组成？
11. 如何编制物业管理的招标文件？
12. 物业管理合同包括哪些内容？

13. 制定物业管理方案需要进行哪些工作？
14. 物业管理经费的来源有哪些渠道？目前最主要的来源渠道是什么？
15. 物业管理有哪些成本支出项目？
16. 物业管理的相关制度分为哪两大类？
17. 物业服务企业有哪些内部管理制度？
18. 物业服务企业外部管理制度有哪些？
19. 物业管理的日常管理服务制度有哪些？

第9章
房地产策划报告的编制

> **本章教学要求**
> 1. 了解：房地产策划报告的概念及其分类。
> 2. 熟悉：房地产策划报告编制的原则；房地产策划报告的主要内容。
> 3. 掌握：具体房地产项目策划报告的编制能力。

 导入案例

房地产策划报告的价值还有多大？

在目前的房地产策划市场上，不规范的市场行为比较普遍。由于策划市场竞争非常激烈，很多时候开发商处于非常强势的买方市场的地位，有些开发商在与策划机构签订策划合同之前，往往会以需要进一步了解策划机构为由而让其先提交一份策划报告（有时开发商纯粹就是为了骗取策划报告）。考虑到竞争的激烈，大多数策划机构通常都会满足开发商的要求。于是乎，在还没确定策划机构之前，开发商的桌子上已经堆了厚厚的几十本策划报告。但是对于开发商的无偿要求，策划机构通常不可能花很大的代价和成本去进行全面、深入的调研，而往往从网上和案例库里东拼西凑，短时间内拼凑一份策划报告了事。开发商想忽悠代理商，代理商也想忽悠开发商！结果形成恶性循环：开发商越来越不看重策划报告，只愿意以低廉的价格购买策划报告和策划服务，在这种情况下，策划机构也不愿意投入更多的人力、财力和精力去完成策划报告，策划报告最后成了照搬照抄的代名词。

在这种情况下，策划报告的价值还有多大？如何才能避免这种情况？

（资料来源：策划的价值还有多大？[EB/DL] [2008-11-8].
地产江湖网 http://www.dcjianghu.com/bbs/）

9.1 房地产策划报告的概念

房地产策划报告是策划机构向策划委托人提交的反映策划创意与计划方案等思维创造活动的文本文件，是房地产策划活动的完整、系统总结，是策划委托人进行项目投资决策、规划设计、营销推广等房地产开发经营活动的依据，也是策划机构策划水平的体现。房地产策划报告又称为房地产策划书、策划方案、策划文案、策划提案等。

9.2 房地产策划报告的分类

1. 按策划范围划分

按照策划活动所包含的范围不同，房地产策划报告可以分为单项策划报告和综合策划报告两类。单项策划报告是指反映不能再细分的策划活动的报告，如市场调查报告、定价策划报告、广告策划报告等；综合策划报告是指至少包含两项及以上单项策划活动的报告，如营销策划报告包括营销渠道策划、定价策划、促销策划、广告策划等多项内容。最完整的综合策划即所谓的全程策划，包括从市场调查到物业管理策划的全过程。

2. 按策划阶段划分

按照策划活动所针对的房地产项目不同开发阶段，策划报告可以分为前期策划报告和后期策划报告。前期策划又称为项目策划，包括市场策划、投资策划、设计（产品）策划、主题策划等内容；后期策划主要包括营销策划和物业管理策划两个方面。上述前期和后期策划的内容根据需要还可以做进一步的划分。

3. 按文本形式划分

按照文本形式不同，策划报告可以分为书面报告和演示报告。包含文字、图片、表格等在内的书面报告是最常见的策划报告形式，要求内容完整、报告格式规范，相对而言比较正式；演示报告主要用于向策划委托人汇报工作之用，要求文字精练简洁，形式美观，重点突出，能吸引观众的注意。演示报告一般要在书面报告的基础上加工而成。

9.3 房地产策划报告的编制原则

1. 客观性原则

房地产策划是建立在充分的市场调查与分析基础上的思维创造活动，是房地产项目后续开发经营活动的依据，因此房地产策划报告必须要具有客观性。房地产策划报告编制的客观性要求策划报告中所采用的材料、数据、分析过程及最终的结论等都不能虚构，不能夸大，不能缩小，必须要客观、真实、可信，切忌主观臆断和一厢情愿地推测。

2. 针对性原则

房地产策划是针对一系列需要解决的问题而开展的活动，因此策划报告也必须具有针对性。房地产策划报告编制的针对性原则要求报告内容必须围绕需要解决的核心问题进行阐述，深入分析，提出有针对性的措施与对策，并且要重点突出。策划报告不能为了篇幅而增加太多不相关的内容，以免影响报告使用人的阅读效率。

3. 创新性原则

房地产策划报告编制的创新性原则不仅是指报告形式和格式的创新，更主要的是指报告中所提的观点、手段、措施等内容方面的创新。报告形式的创新有助于更好地表现创意，而内容的创新则是房地产策划的灵魂，一份人云亦云的策划报告是没有太大价值的。

4. 操作性原则

房地产策划报告是用于指导房地产项目实际开发经营活动的规划性文件，因此必须要具有可操作性。没有可操作性的策划方案，即使创意再好也没有价值，而不易于操作的策划方案也必然要耗费大量人力、物力和财力，不是一个好的策划报告。

5. 准确性原则

房地产策划报告编制的准确性原则要求策划报告的表述要准确，语义要鲜明，不能含混不清、模棱两可。尽量采用定量的描述，用数据来说话，避免采用"大概"、"可能"、"似乎"等字样，尤其是结论性的意见，更不能模棱两可。另外，报告用词应该褒贬得当，尽量使用冷静、客观、中性的词汇，不能带有太多的感情色彩。

6. 逻辑性原则

房地产策划的目的在于解决房地产项目前期定位和后期营销中的实际问题，策划工作具有很强的程序性和逻辑性，因此房地产策划报告必须能够反映策划活动的逻辑过程。从总体上看，一般是先介绍项目概况以及策划目的，然后是房地产市场现状或市场调查分析，再分析房地产项目目前存在的问题，最后提出解决问题的对策与措施。

9.4 房地产策划报告的主要内容

房地产项目策划报告虽然没有要求一成不变的固定格式，其内容主要取决于不同项目的具体要求，但从房地产项目策划活动的一般规律及房地产策划所要反应的问题来看，一份完整的房地产策划报告文本应该包括封面、目录、前言或摘要、正文及附件等组成部分。

9.4.1 封面

房地产策划报告的封面应该主要包含以下信息。

（1）房地产策划报告的标题，即策划报告的名称，标题可以采用陈述式或提问式，陈述式的标题如"×××项目策划报告（书）"，提问式的标题如"×××项目如何提升品牌形象"。大多数策划报告采用陈述式，但提问式的标题更生动，更能吸引读者。

（2）房地产策划报告的编制机构，最好标明策划机构的全称。

（3）房地产策划报告完成或提交的日期。

（4）其他，如策划人员名单及联系方式以及相关的图片等。写明策划人员的名单及联系方式有助于在策划方案执行过程中的与策划人员进行沟通与联系，也有助于增加策划人员的工作成就感和责任感。而在封面中配上与策划内容相呼应的照片、插图等，能起到加深读者印象的作用。

封面的内容虽然不多，不涉及具体的策划内容，也不反映策划报告的水平高低，但封面是一份策划报告的"门面"，是给策划报告使用人的第一印象，体现了策划机构的企业形象和策划人员的工作态度。因此，封面应该通过底色、字体、排版等手段给人以新颖、美观、整洁、大方的印象，以体现策划人员思维活跃、态度严谨的特征。

任何一份房地产策划报告都是基于特定时期的社会经济环境、特定区域的市场调查及项目本身的状况编制的，如果市场环境和项目本身的状况发生了很大变化，房地产策划报告的结论、措施及建议等也要根据实际情况进行必要的调整，因此对于一份具体的策划报告而言，其使用具有一定的时限性，即策划报告尤其适用的时间段。因此，为保证房地产策划报告的使用效果，增加报告的严谨性，也能规避策划机构和策划人员面临的风险，本书建议在封面之后增加单独的扉页，策划机构和策划人员根据具体情况和需要在扉页中做出必要的"策划师声明"，如明确策划报告使用的有效期、某些策划结论的前提假设（制约条件）等。

9.4.2 目录

设置目录的目的主要有以下几个：一是使策划报告使用人对本报告的内容有一个宏观的概略了解；二是方便报告使用人阅读和使用策划报告，尤其是报告内容丰富的情况下；三是目录是策划报告的编制人员检查策划报告有无结构问题的便捷方法。

目录标题应该有不同的层次，目录标题层次太少，如只有一级标题，这会使报告使用人无法准确了解报告的主要内容，也会造成查阅的不方便。标题层次太多，如设置三级以上标题，会使目录内容繁杂、凌乱，增加查阅的难度。因此，通常设置到正文的二级标题。为查阅报告的方便，目录需要设置页码。目录中的标题及页码应该与正文中的相应内容对应，为此，目录标题和页码最好能够根据正文相应内容的变化而更新。

9.4.3 前言或摘要

前言主要包括策划机构和策划人员的致词、策划工作的主要内容、策划工作的简要过程、策划机构和策划人员对本策划活动的感受等内容。或者可以将扉页中"策划师声明"部分内容写在前言中，以表明策划机构和策划人员的态度。

房地产策划报告的篇幅通常很大，策划结论等报告使用人最为关心的问题往往分散在策划报告不同的部分之中，为使报告使用人快速了解本次策划活动的概况，需要在正文之前设置摘要。摘要是对报告正文的提炼、浓缩和概括，主要包括策划的目的、策划的主要内容、主要的调查和分析方法、策划结论与建议四大部分。

摘要的写作需要策划报告的编制人员仔细推敲、字斟句酌，要求既要全面完整，又要高度概括、言简意赅。全面完整的要求是策划报告的使用人即使不通读整篇报告也能大致了解本次策划的主要工作和报告的中心思想以及结论与建议。言简意赅的要求是策划报告不需要展开论述，只要将最主要的观点列出就可，字数通常不超过1000字。

9.4.4 正文

正文是策划工作的系统总结，是策划报告的主体和中心。不同的策划项目由于其策划目标和任务的不同，策划报告正文的组成内容也有所不同。从全程策划的角度看，一份完整的房地产策划报告的正文大致包括以下内容。

1. 项目概况

简单介绍本项目的概况，包括项目立项背景、产品类型、开发规模、进度安排等。

2. 策划目标

策划目标就是策划活动所要实现的目的，是策划活动的委托人希望策划机构能够解决的问题，如实现项目的快速销售，或者改进项目的规划设计，或者树立项目品牌等。

3. 市场策划

1) 市场调查

市场调查包括市场环境调查、消费者情况调查及竞争对手调查等方面。

市场环境调查包括宏观环境调查(国家层面)、中观环境调查(城市层面)和微观环境调查(项目层面)3个方面。

消费者情况调查包括消费者个人基本信息(性别、年龄、职业、原居住地、文化程度等)、经济状况、家庭结构、消费动机、消费偏好、消费时机、消费行为等方面。

竞争对手情况调查包括竞争企业和竞争项目两个方面,竞争企业调查主要包括企业基本状况、经营思想、管理模式、营销策略、开发业绩、资金实力、成本状况、土地储备、企业形象等;竞争项目调查主要包括竞争项目的区位情况、项目规模、规划建设条件(如容积率、绿地率等)、户型比例、配套设施、工程质量、开发团队、施工进度、交房时间、销售价格、付款方式、广告促销、销售情况、物业管理等方面。

2) 市场分析

市场分析在市场调查的基础上进行,包括市场供求情况分析和项目自身因素分析。

市场供求情况分析包括市场供给分析和市场需求分析。市场供给分析包括供给量和供给结构(不同类型产品占总供给量的比例)以及现有供给和潜在供给等方面。市场需求分析包括需求量和需求结构及成交需求和潜在需求等方面,成交需求分析应从各个区域板块和各种物业类型分别进行,潜在需求分析主要运用人口和收入统计资料来进行,进行市场需求分析时需要结合消费者情况调查的结果,进行必要的市场细分。

对项目自身因素的分析通常采用SWOT分析法,即分别从优势、劣势、机会和威胁等方面对项目进行分析。进行项目自身因素分析时要结合竞争对手项目的情况来进行,从各个方面对本项目及周边竞争性项目的情况进行比较分析,在比较中明确本项目的竞争优势与不足及面临的机会与挑战,并据此制定相应的开发经营策略。

3) 市场定位

市场定位包括客户定位、主题定位、产品定位和价格定位等内容。

客户定位也就是目标市场选择,即在市场分析和市场细分的基础上选择一个或多个目标市场,选择目标市场时需要考虑目标市场的容量使其能够保证项目获得足够的经济效益。

主题定位的主要目的就是向市场传达项目的开发理念、展示项目独特个性、突出项目竞争优势、塑造项目品牌形象,最终实现项目市场价值的提升。

产品定位就是将目标市场与产品相结合的过程,也是主题定位的具体化。由于影响房地产产品的因素众多,因此产品定位的内容也非常丰富。产品定位需要考虑的问题包括产品功能与类型定位、产品档次、规划建筑、公建配套、景观环境等方面。

价格定位要根据客户定位、产品定位来进行,要确定租、售价格的大致区间。

4. 投资策划

完整的房地产项目投资策划应该包括房地产投资环境分析、项目经济评价、项目融资策划等内容,并以策划报告的形式作为投资策划的成果。

1) 投资环境分析

房地产项目的投资环境包括社会环境、政治环境、法律环境、经济环境、文化环境、自然地理环境、基础设施环境及社会服务环境等内容。针对不同的房地产项目和不同的开发商，投资环境分析的侧重点应该有所不同。

2）项目经济评价

房地产项目的经济评价包括项目成本费用与投资估算、项目销售与收入估算、项目开发资金的筹措、项目财务报表的编制及财务评价指标的计算等内容。如果项目规模巨大、情况复杂，可能还需要进行综合盈利能力和社会影响分析等工作。

3）项目融资策划

项目融资策划包括融资方式的确定、融资渠道的选择、融资方案的编制等内容。

5．设计（产品）策划

1）总体规划策划

房地产项目的总体规划策划包括项目平面布局策划、竖向设计策划、道路交通策划以及管线设计策划等内容。平面布局策划包括建筑单体平面布局和建筑群体平面布局策划。竖向设计策划包括道路、场地、广场、宅旁绿地等竖向设计策划。道路交通策划包括居住区级道路、小区级道路、组团级道路、宅间小路 4 类道路设计策划。管线设计策划包括给水、排水、中水、燃气、热力、电力、电信等管道或管线的平面和竖向布置策划。

2）建筑设计策划

建筑设计策划主要包括建筑风格、建筑用材、户型布局等策划内容。建筑风格可以从单体建筑物的色彩、造型、用材等方面体现出来。户型策划的内容包括户型种类、大小及其比例关系等，户型策划是目前建筑设计策划的重点和中心。

3）景观环境策划

项目景观环境的内容非常丰富，主要包括绿化景观、道路景观、场所景观、硬质景观、水体景观、庇护性景观、模拟景观及照明景观等，策划人员应该根据房地产项目的具体情况选择相应的内容进行策划并反映在策划报告中。

4）公建配套策划

公建配套策划的内容包括商业设施、教育设施、文化设施、体育设施、医疗卫生设施、金融邮电设施、社区服务设施、行政管理设施及市政公用设施策划等。

6．营销策划

1）营销渠道策划

需要确定房地产项目的渠道类型，如是采用直接营销渠道还是代理营销渠道或混合营销渠道，如果采用代理营销渠道，则需要明确如何选择代理商，如何确定代理价格，如何确定开发商与代理商之间的责任、权利、利益分配等内容。

2）定价策划

首先，需要测算本项目产品的成本构成，并确定本项目的保本价格，以此作为制定其他价格的基础与依据；其次，根据本项目的定价目标，选择相应的定价策略和定价方法，确定本项目产品的售价；最后，结合本项目具体情况以及房地产市场的现状和发展趋势，制定价格调整策略，作为后续销售过程中价格调整的依据。

3）广告策划

广告是最重要的房地产促销手段之一。房地产广告策划的内容包括制定广告目标、确定广告主题、明确广告诉求、设计广告内容、制定广告媒体的选择标准及选择方法、制定广告投放的节奏、制定广告预算，以及制定广告效果的评价方法等内容。

4）促销策划

房地产项目促销的方式有很多，除了广告促销以外，还有人员推销、价格促销、公关促销以及其他销售促进措施等。比如，可以通过市场预热、内部认购、开盘庆典、降价或提价、公益事业等活动对房地产项目进行推广。

5）形象策划

房地产企业或项目的市场形象除了通过房地产广告和促销手段来营造外，还可以从售楼处、售楼书、样板房、楼盘模型、房交会、工地现场及楼盘标识等途径来进行塑造。

需要指出的是，本书第3章阐述的房地产项目主题应该体现在设计策划、营销策划等前期和后期策划的具体工作中，因此本节没有单独将主题策划作为房地产策划报告的内容之一。当然，策划人员也可以在策划报告中将主题策划单独予以介绍。

此外，在策划报告正文中，除了文字内容以外，还可以采用表格、流程图、图像等形式来表示，尤其是对一些数据资料采用图表形式更能体现其内在的规律，而建筑风格之类的内容采用图像来表示比文字说明更为直观和准确。

9.4.5 附录

附录是对正文内容的补充，有时为了使正文内容简洁和精练，可以将内容庞杂的相关资料放在附录中，如市场调查的原始资料、相关的房地产法律法规及政策、本项目的规划限制条件、建筑风格等图片资料、策划机构和策划人员的宣传资料等。附录的内容需要根据本项目的具体情况和需要来确定，如果没有相关资料，也可以不设附录。

本 章 小 结

房地产策划报告是策划机构向策划委托人提交的反映策划创意与计划方案等思维创造活动的文本文件，是房地产策划活动的完整、系统总结，是策划委托人进行项目投资决策、规划设计、营销推广等房地产开发经营活动的依据。

按照策划范围不同，策划报告可分为单项策划报告和综合策划报告；按照策划活动所针对的阶段不同，策划报告可分为前期策划报告和后期策划报告；按照文本形式不同，策划报告可分为书面报告和演示报告。房地产策划报告的编制需要遵循客观性原则、针对性原则、创新性原则、操作性原则、准确性原则，以及逻辑性原则。

从房地产项目策划活动的一般规律以及房地产策划所要反应的问题来看，一份完整的房地产策划报告文本应该包括封面、目录、摘要、正文及附件等组成部分，每一部分又有其特定的组成内容及要求，不同的项目具有不同的组成内容。

阅 读 材 料

衡量房地产营销策划报告的标准

房地产开发涉及营销方面的报告一般有两大类：分别为策略性的和执行性的。报告页数有的几页，有的上百页，甚至更多。大多数情况下，写报告的人为体现自己的工作成果，一写就是上百页。但是报告的页数并不一定越多就越好，越薄就越没价值。

怎样的报告才是有价值的呢？答案只有一个：能够解决问题的报告才是有价值的，才是好的报告。而不是以报告的厚度和价格及写报告人的名气来衡量。能够解决问题有几个含义：①解决问题的方式或方法必须是明确有效的；②解决问题的方式或方法是可操作的；③解决问题的方式方法是低成本的（时间、人力、财务成本等）。

1. 报告的观点

报告的观点是一份报告的灵魂及核心，也是这份报告的价值所在。观点没有绝对的对与错，关键是看能不能解决问题。可能这份报告就几页纸，哪怕就是一段话，只要能把问题解决了，那么它就是有价值的。如果得出的结论不能解决问题，那么这份报告就一分钱不值，不论它有多厚，充其量就是一堆废纸。

2. 报告的逻辑关系

策划人有一句名言：可以容忍你的观点错误，但决不能容忍你的逻辑关系错误。这句话说得一针见血。上学的时候解数学题，如果用的公式是对的，即使结果错了，老师也会给一半的分。报告中分析问题的逻辑关系或是原理一定要是正确严谨的。这是关乎方向性的问题，不能有半点的偏离，否则会南辕北辙，距离要达到的目标会越来越远。

3. 报告的数据

数据是对观点的有效支撑和说明，因此数据一定要真实准确。数据要保证时效性，超出时间范围的数据，不具备参考意义。数据的统计有不同的出处，因此从哪里得到的数据一定要注释清楚，最好是权威机构或官方的，大家都认可的机构才具备说服力。一切的数据都是为观点服务的，不要为了堆砌数字而堆砌数字。

4. 报告的文笔

语句简洁、通顺，用词准确是最基本的要求。报告不是散文和诗，渲染和美化只能使报告贬值。不说废话、套话、模糊不清的话，只要不是为了支持观点的文字，就不要写。当然每个人的审美观是不同的，不另类、不花哨是基本的要求。简洁、大方、美观就可以了。

（资料来源：张小帅的博客，2010-4-26，有删节.）

思考与讨论

1. 什么是房地产策划报告？
2. 房地产策划报告类型可以按照哪些标准进行划分？分别有哪些类型？
3. 房地产策划报告的编制需要遵循哪些原则？
4. 房地产策划报告包括哪些主要的组成部分？
5. 房地产策划报告的封面、目录、摘要的编制有何要求？
6. 房地产策划报告的正文通常包括哪些部分？
7. 房地产策划报告的正文除了文字以外，还可以有哪些表现形式？
8. 房地产策划报告的附录通常包括哪些内容？

附录
常州奥林匹克花园策划报告

第一部分：市场调研

一、常州市宏观环境研究

（一）常州简介；（二）人口环境；（三）文化环境；（四）政策环境；（五）交通环境；（六）经济环境；（七）投资环境。（具体内容略）

二、常州市房地产市场研究

（一）常州市房地产市场概况（略）；（二）常州市房地产市场总体现状（略）。
（三）常州市住宅房地产市场现状。
1. 住宅市场板块分析
从板块现状、消费心态和发展趋势等方面对常州市住宅房地产市场的中心板块、二线板块，以及新城板块等区块进行分析。（具体内容略）
2. 住宅产品特点分析
(1)产品层次特点；(2)产品价位特点；(3)产品分布特点；(4)产品类型及比例特点；(5)产品配售特点；(6)产品风格特点；(7)产品销售特点。（具体内容略）
3. 住宅项目综合分析
(1)规模；(2)社区配套；(3)产品类型；(4)价格；(5)销售对象。（具体内容略）
4. 住宅市场的主流产品（具体内容略）
5. 住宅市场的空缺产品（具体内容略）
6. 竞争项目研究（具体内容略）
7. 住宅消费者研究（具体内容略）
（四）常州市住宅市场的发展趋势。（具体内容略）

第二部分：项目定位

一、项目开发条件分析

（一）项目简介（略）
（二）区域分析
1. 交通状况分析；2. 居住条件分析；3. 区域趋势分析。（具体内容略）
（三）开发条件
1. 地形地貌；2. 城市规划；3. 交通；4. 项目拆迁；5. 项目成本。（具体内容略）

(四) 开发建议(略)

二、项目竞争力分析

(一) 项目资源分析

1. 规模资源。项目占地49公顷，总建筑面积在50万m^2左右，预计5000~7000套房，居住人口1.5万~2.0万(按3人/户计算)，在常州属于特大型开发项目。项目规模资源的优势在于发展空间大，可提供的产品多样化，配套齐全，对于销售主体的产品可大批量开发，对降低成本有利，同时有利于聚集人气，形成板块效应和规模效应。

2. 品牌资源。项目作为奥林匹克花园的连锁项目之一，先天打上了"奥园品牌"的烙印，奥园品牌在全国各主要城市遍地开花，一个个奥园的热销便是很好的证明。奥园品牌在市场上获得了一定的知名度，形成了产品品牌统一的标识，这些品牌前期发展的成果，是本项目引入的既有经验及成果，也是本项目最重要的优势。

3. 开发公司资源。项目开发公司由中体股份、华盛集团和中奥决策三大股东出资成立，各方将在项目开发过程中发挥其独特的资源优势，营造一个具有超强实战能力的合作团队。

结论：通过项目资源分析，项目的发展方向应适合于中价位或稍高档次的楼盘，加上对项目资源的分析，制定出挖掘和提升项目资源的策略，项目的竞争力才能充分发挥。

(二) 项目SWOT分析

1. 项目优势分析

(1)规模；(2)品牌；(3)本地化及政府；(4)区位；(5)生态；(6)交通。(具体内容略)

2. 项目劣势分析

(1)城市生活配套设施缺乏；(2)项目相对孤立，难以形成板块效应；(3)地理位置较偏；(4)现有市场总量相对较小，消费者投资观念还不够明朗；(5)区域发展进程缓慢；(6)操作团队异地化，对奥园模式的了解及房地产的经营理念参差不齐。(具体内容略)

3. 项目机会分析

(1)黄河路的建成通车是项目外部重要的利好因素；(2)奥园品牌的影响在一个中等城市较易形成；(3)城市郊区化还未形成，有较大的提升空间；(4)城市房地产规模化开发还很欠缺，可以迅速占领市场；(5)大都市圈的形成有利于增大项目的辐射力度；(6)板块市场处于空白状态，有利用抢占市场创高点和树立品牌；(7)项目周边各镇存在很大一部分潜在买家。(具体内容略)

4. 项目风险分析

(1)项目地块存在生产与生活之间的干扰和矛盾的风险；(2)黄河路建成通车与项目开盘之间的风险；(3)项目推出量与未来竞争对手抢占市场份额的风险；(4)学校的建与不建，建什么档次的风险；(5)项目水资源利用的风险；(6)项目地块内一条市政道路的处理风险。(具体内容略)

(三) 项目竞争策略

1. 挖掘优势和把握机会

(1)利用规模优势，增加产品广度，完善社区配套，营造真正的多产业嫁接的复合地产项目；(2)利用品牌优势，以产品为基础，将奥园模式渗透到项目的每一处细节，树立真正的领跑者形象；(3)利用区位优势和政府资源优势，挖掘和提升区域价值；(4)利用现有的生态资源和规划生态社区，将项目做成常州市首个生态居住区，全国首个生态型奥林匹克花园；(5)利用黄河路通车，大都市圈的形成等众多机会，打造一个全新的在长江三角洲地区，以市区和周边各城镇居民兼顾的郊区化、大规模的生态型奥林匹克花园。

2. 化解劣势和规避风险

(1)加快项目生活配套设施的建设，尤其是体育运动配套及商业配套；(2)督促政府加快大社区的配套建设，提升板块的居住功能；(3)引进公交线路，开通小区专车，缩短项目与市中心的时间距离；(4)加强团队培训和管理，加强本地化人才的利用；(5)时刻把握竞争对手的动作，采取"快半步"的推广策略或避开正面产品销售竞争策略；(6)将学校建设分期考虑，一是降低投资成本，二是尽可能地将学校档次提高，变被动为主动，成为项目的一大卖点(详见学校专题)；(7)将水资源的利用采取先进技术处理方法达到生态的标准。

3. 结论

(1)常州奥园将打破现有的市场竞争格局，以常州为中心，参与长三角地区房地产市场的竞争；(2)常州奥园将打破现有地块以生产为主、生活为辅的区域功能格局，将区域的功能重点由生产向生活转变，以及提高生活区的影响而弱化生产工业区的影响；(3)常州奥园将打破现有奥园一贯模式，将目标客户泛化，将产品档次升华，将产品类型多样化。

三、项目定位分析

(一) 发展商定位

1. 形象定位

(1)品牌公司，实力雄厚，专业性强；(2)管理规范，效率高；(3)"以人为本"，善于与客户沟通，市场信誉度高，具有亲和力和开放的心态；(4)创新能力强，稳重而有活力；(5)通过本项目将引领常州房地产上升新台阶，让常州市民享受高品质生活。

2. 经营理念定位

在更高、更快、更强的奥林匹克精神下，发挥公司自身的优势，并以开放式的态度，吸纳和整合优势资源，打造全国首个二线城市运动生态型金牌社区。

3. 竞争理念定位

项目公司将在常州房地产市场里扮演一个重要角色，与业内同行共存共荣，在公平竞争中求发展，靠实力和产品取信消费者，以服务受惠消费者，以文化感染消费者，树立一种有活力、理性、从容的现代开发商形象。

(二) 项目市场定位

国际化、运动型、生态型社区；最具购买价值的高品质住宅；上海奥林匹克花园项目的升级版。(具体诠释内容略)

(三) 项目形象定位

常州市房地产的样板工程；引领时尚、潮流、现代的居家方式；缔造全新"健康、科学、文明、和谐"的生活方式；新生活的领跑者。(具体诠释内容略)

(四) 目标客户定位

1. 潜在目标客户

根据消费者调查的结果，本项目的潜在目标客户群如下。

收入层级	所占比例	家庭收入	职业分布	年龄结构	购房动机
高	4%	>6000元/月	周边各镇及老城区个体企业主	>39岁	三次投资
中高	13%	4000~6000元/月	公务员、企事业单位高收入者	>39岁	三次投资
中等	28%	2500~4000元/月	公务员、企事业单位中等收入者	26~38岁	二次投资
中低	34%	1500~2500元/月	企事业单位职员		
低	14%	<1500元/月	企事业单位职员	20~25岁	首次置业

各类潜在目标客户的详细分析。(具体内容略)

分析结论:潜在购房需求最多的人群位于收入金字塔的第三、四层——中等收入群、中低收入群,各占总量的28%、34%。

2. 首期目标客户

根据消费者所在区域并结合潜在客户的特点,本项目的首期目标客户群分布如下。

收入层级	职业分布			所需物业
	周边各镇	新城板块	老城区(中心板块、二线板块)	
高	中小企业主	中小企业主	中小企业主	联排别墅
中高	公务员、企事业单位高收入者	公务员、企事业单位高收入者、个体工商户	公务员、企事业单位高收入者、个体工商户	联排别墅、舒适性公寓、大户型公寓
中等		企事业单位中等收入者	自由职业者、企事业单位中等收入者	标准型公寓、舒适性公寓
中低		企事业单位普通职员、老年家庭	企事业单位普通职员、老年家庭	经济性公寓、标准型公寓

非目标客户群分析。(具体内容略)

关注目标客户群分析。(具体内容略)

重点目标客户群分析。高收入群、中高收入群、中等收入群、中低收入群等是本项目的重点目标客户,对上述客户群从基本特征(年龄、职业、收入、家庭、背景等)、客户群分布、消费特点等方面进行分析,分析过程略。

后期目标客户群分析。(具体内容略)

(五)项目价格定位

1. 定价原则

以本项目工程投资为基础,以市场类比项目为考照,结合市场行情设定合理的利润空间,考虑奥园品牌的附加价值。

2. 定价方法

(1)市场加权系数分析法。该方法也称为市场比较法,即以同类市场的主要竞争楼盘为参照系,通过各因素的评判对比,结合其所占权重,得出综合分数,算出比较系数,

与竞争楼盘均价相乘得出本项目对比均价，经平均后得出本项目物业均价。（具体定价过程略）

（2）成本分析法。该方法根据项目投资概算（详见第五部分）作为定价基础，根据本项目受益面积的单方投资确定保本售价，以保证项目最低利润，在销售过程中根据市场状况再逐步提高售价得到预期均价。（具体定价过程略）

综合上述定价方法，确定本项目首期第一组团发售时价格如下：①多层均价：1900 元/m^2；②高级洋房均价：2200 元/m^2；③联排别墅均价：2500 元/m^2。

（六）项目主题定位

根据项目特点及奥园品牌的一贯特性拟定项目以"健康·美丽·新生活"为项目主题；诉求语："新生活的领跑者"。分期次主题：第一期，运动主题，诉求语为运动就在家门口；第二期，教育主题，诉求语为让孩子赢在起跑线上；第三期，生态主题，诉求语为生活就像高尔夫(绿色、阳光、氧气、友谊)。

第三部分：产品策略

一、分期发展策略

（一）分期开发原则

综合考虑地块现状，以监控即将开通的黄河路为首选开发地块；各分期开发中要充分考虑水系的完整性和连续性、公建配套布局的兼顾性；还要充分考虑首期引爆市场后，后几期能持续升温的特点；首期发展用地面积可少于 200 亩。

（二）建筑类型选择

以多层洋房为主，别墅为辅，以及适量的小高层洋房、小户型公寓。（具体内容略）

（三）分期开发计划

根据项目地块自身开发条件，以及市场容量，将项目划分为 4 个开发期。（具体内容略）

二、总体规划设计

（一）主题概念在总体规划中的体现

1. 运动的体现：奥林匹克运动大厦；社区运动系统；高尔夫球场。（具体内容略）
2. 教育的体现：奥林匹克学校；青少年素质训练基地；高尔乐园。（具体内容略）
3. 生态的体现：生态农庄；生态湖；高尔夫球场。（具体内容略）
4. 文化的体现：奥林匹克文化广场；奥林匹克文化长廊。（具体内容略）

（二）总体规划原则

1. 生态原则(具体内容略)
2. 特色原则(具体内容略)
3. 持续原则(具体内容略)
4. 系统原则(具体内容略)
5. 因地制宜原则(具体内容略)

（三）总体规划设计要求

1. 将体育融入生活。（具体内容略）

2. 严谨与活泼相结合。(具体内容略)

3. 充分协调与周边环境的关系。(具体内容略)

4. 交通组织力求合理、简捷、方便,做到通而不透。(具体内容略)

5. 住宅单体设计要求动静分区、通风良好、利用率高、室内空间舒展、立面造型活泼中见典雅,现代风格中带欧陆韵味。(具体内容略)

6. 结构设计力求明确、简单、安全、经济。(具体内容略)

7. 公用设施设计力求合理、实用、适度超前。(具体内容略)

(四)总体规划设计建议

1. 总平面布局

项目主轴线以奥林匹克大厦为起点,南北呈龙型蜿蜒贯穿整个小区。(具体内容略)

2. 组团划分

以项目主轴线为中心向四周呈放射状形成各个组团。通过两个别墅组团、3个洋房组团构成代表五大洲的"五环",各个组团又可分为若干小组团,便于分期开发和施工管理。

3. 公共配套及运动设施

在总体规划上,要考虑到配套设施和运动设施的规划,见下表。

期次	公共配套设施	运动设施
第一期	1. 奥林匹克营销中心 2. 奥林匹克大厦 3. 奥林匹克商业街 4. 绿化停车场 5. 住户接送专车站场 6. 奥林匹克广场	1. 环组团晨跑径 2. 健康步道 3. 室外下沉式网球场 4. 社区运动系统
第二期	1. 高尔夫会所 2. 绿化停车场 3. 幼儿园	1. 英式乡村高尔夫球场 2. 室外乒乓球场 3. 环组团晨跑位 4. 社区运动系统
第三期	1. 水上名人俱乐部 2. 小学 3. 商业街 4. 奥林匹克文化长廊	1. 水上乐园设施 2. 健康步道 3. 环组团亲水晨跑径 4. 社区运动系统 5. 沙滩排球场
第四期	1. 中学 2. 商业街 3. 奥林匹克公园 4. 青少年素质培训营	1. 环组团晨跑径 2. 奥林匹克体育公园 3. 社区运动系统 4. 5人小型足球场 5. 健康步道

4. 公共配套设施及运动设施的细化建议(具体内容略)

(五)路网系统设计

1. 路网设计原则:原则上要求实现组团及组团内部的人车分流

2. 车行道路系统(具体内容略)

3. 人行步道系统(具体内容略)
4. 组团内部道路系统(具体内容略)
5. 回车场的布置(具体内容略)
6. 车行入口(具体内容略)
7. 人行入口(具体内容略)
8. 道路技术要求(具体内容略)
9. 停车系统(具体内容略)

三、环境景观设计

(一) 设计原则

1. 本社区以运动为主题,其景观设计布局不宜过分繁复,应着力提倡简洁、流畅、明快的现代规划风格,要有开阔的气势。
2. 组团景观可用露天运动场、健康步径等作为其主体,以体现"运动就在家门口"之精神,各景观分支要充分利用步行道、健康道系统之间的有机串接。
3. 应充分发掘、利用地块中的现有自然景观以及沟壑、池塘等。
4. 项目定位为运动生态社区,注重景观设计的生态性原则。

(二) 设计理念

1. 因地制宜进行环境景观设计
(1) 与本项目所在地气候特征对接(具体内容略)
(2) 与本项目的地段及地势对接(具体内容略)
(3) 与目标客户的消费心理对接(具体内容略)
2. 景观设计要适度超前、合理创新
主要表现在景观风格的选用以及运动景观的结合两个方面。(具体内容略)
3. 营造三维立体景观空间体系
包括平面绿化景观、立体三维空间绿化景观和场景空间绿化景观3个方面。(具体内容略)

(三) 设计指导思想

1. 体现本项目的主题思想以及文化性和艺术性。(具体内容略)
2. 每期设立一个中心景观区(以中心主题广场为核心),以中心景观区作为景观轴线的起头或核心,沿线布置绿化景观和适当的水景景观,点线结合,最终将各期的景观轴连接,形成由东向西,蜿蜒贯通地块的主景观轴线。
3. 通过景观带和地势的自然融合将各期景观有机地接合起来。
4. 每个组团又以主题组团花园作为组团景观区的中心,各组团或每栋建筑以组团绿化和楼宇间绿化连接。

(四) 主要景观区及景观点

1. 主要景观区
本项目的主要景观区包括出入口景观区、乡村高尔夫景观区、人工湖景观区、奥林匹克文化长廊景观区、体育公园景观区等。(具体位置及要求略)

2. 主要景观点
本项目的主要景观点包括奥林匹克文化广场景观点、奥林匹克运动中心景观点、五环

广场、五环运动城、奥林匹克商业街、下沿式瀑布景观点、人工湖水体景观点、音乐喷泉广场景观点等。(具体位置及要求略)

（五）绿化景观设计

1. 物种选择原则

能选择的绿化景观元素有草、花、树 3 个主要纲目的绿色植物，物种的选择应根据当地气候特征，选取耐寒性较好、维持成本不高的常绿品种。

2. 绿化景观的位置

(1) 景观主轴线绿化。包括中心主题广场绿化、主干道绿化、主轴线硬质景观点绿化等。

(2) 组团内绿化。包括组团主题花园绿化、组团内道路绿化、组团内宅旁绿化等。

(3) 公共区域及交通连接区绿化。包括组团间连接道路绿化、连接各期的交通区绿化、停车场绿化、小区外围绿化、楼宇间绿化带等。

(4) 场景硬质景观点绿化。包括水体景观绿化、户外运动场地绿化。

3. 绿化景观的层次

根据三维立体空间层次标准营造主体的绿化景观空间。

（六）水体景观设计

1. 水体景观的设计原则：选取有利于造水体的地点，营造自然水体景观，为住宅区营造更佳的生态居住环境。

2. 水体景观的安排(具体见下表)。

水体景观	具体位置
下沉式瀑布水体	首期商业街内
人工湖水体景观	三期用地内，利用原有土地水区
低洼地水体引入，形成景观	各期内，可供利用改造的低洼地
喷泉水体景观	首期和第三期入口广场内；各期组团主题花园内
弧形水道景观	首期奥林匹克广场内
商业街中央水道景观	首期商业街内

（七）硬质景观设计

1. 硬质景观的类型。本项目的硬质景观主要是指各类建筑小品，包括主题型建筑小品、园艺小品、艺术性及文化性建筑小品等。

2. 硬质景观的主题。奥林匹克文化主题、运动与健康主题等。

3. 硬质景观的分布。主题广场；水体；中心景观区；主题组团花园。

四、建筑设计

（一）建筑单体设计

1. 设计总则

(1)体育融入生活；(2)生态与文化的导入。(具体内容略)

2. 建筑风格

充分体现奥林匹克文化特征，倡导自然、流畅、大气，融世界文化为一体的国际性、现代建筑风格，现代建筑风格应更多地体现在概念层面及个别建筑符号的运用中，并应考虑对以往奥园的延续和超越创新，以及对当地人文风情的理解。（具体内容略）

3. 建筑排列

不要求严格的几何对称，在道路系统的自然引申下，倡导简约随意，为方便建造、销售、入住、管理，应分成数个组团，每个小组团约 2 万～3 万 m^2。（具体内容略）

4. 建筑朝向

注重当地的消费倾向及生活习惯，大部分建筑物应坐北朝南，但可有适当的偏角（15度以内），须注意主导风向与建筑朝向的关系；卫生间、厨房间及工作阳台尽量设置在北面，主卧及客厅设置在南面；高级洋房及联排的入户门要设在南面。（具体内容略）

5. 建筑立面

重视第五立面（屋顶）的设计，使其在功能和景观上成为本地的唯一性。强调色彩的变化，要鲜艳典雅，富有跳跃感，创导时尚潮流。（具体内容略）

（二）户型设计

1. 户型设计原则及要求

动静分开、干湿分开，充分考虑空调、热水设备、管线布置的合理性及隐蔽性；厨、卫设计应综合考虑现代生活用品设施的分置，可考虑设置杂物间和工作阳台；平面以客厅为活动中心，餐厅要自然采光、通风，与客厅分开，且避免餐厅与过道的混合；景观阳台的宽度要足够，主阳台设置在客厅，北面设置工作阳台；户型种类适量多样化，可适当设置复式房；厅、厨面宽要足够，便于现代家庭的功能布置；户内各功能区设计应全部为自然通风、采光，避免暗卫、暗厨存在；单元入口设门厅，提升居住品位；尽量采用一梯两户。

2. 户型面积比例及控制（具体内容略）

3. 各类户型设计的具体要求（具体内容略）

五、配套设施设计

（一）体育文化设施

主要包括奥林匹克大厦（体育运动会所）与奥林匹克露天文化广场。应该凸显奥林匹克花园"运动就在家门口"、"体能检测、科学运动、健康管理"的核心理念。（具体内容略）

（二）室外运动设施

包括网球场、篮球场、草地滚球、迷你高尔夫、绿格迷宫、门球、健身步经、沙滩排球等项目。应该尽量设置在建筑物组团里，既能方便业主运动，又能达到共享环境空间，首期尽量多设置一些集中式的户外活动设施。（具体内容略）

（三）生活配套设施

包括超市、餐饮店、便利店、美容美发店、工艺精品店、干洗店、摄影店、服装店、电脑店、宠物店、售药店、菜市场、银行、邮局、派出所、图书馆、音像室及巴士总站等设施，使业主不出社区便能满足日常生活需求。（具体内容略）

（四）教育设施（见学校专题研究）

六、其他设计要求

其他设计内容包括供水、供电、供气、排水、通信、有线电视、环卫、防疫、道路、消防、停车位及综合布线、建筑安全(防灾、防火)、环境能源管理(电力、照明、空调、卫生)、物业管理、维护保养、背景音乐等智能化管理系统。(具体内容略)

七、项目大卖场设计策略(具体内容略)

第四部分：营销策略

一、主要营销策略运用建议

(一) 品牌营销

建议项目应统一在奥园品牌下，根据每期不同的建筑风格、物业构成提炼出营销主题，从而实现奥林匹克花园品牌在本项目的持续更新、不断呈现精彩，增强本项目的魅力价值，为不断挖掘精彩，提炼卖点提供更广阔的空间。

重点解决：

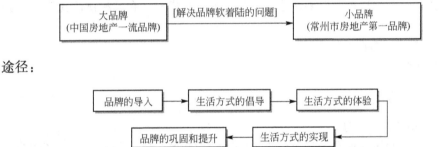

途径：

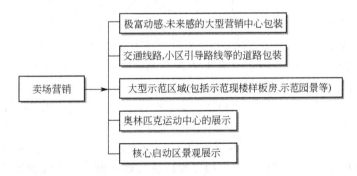

(二) 卖场营销

将卖场营销贯穿于整个营销过程，但在项目中前期特别是前期，应该更加注重卖场营销，尤其是在项目信誉、口碑未足够强大之时。卖场营销的主要环节如下。

```
                    ┌─ 极富动感未来感的大型营销中心包装
                    ├─ 交通线路,小区引导路线等的道路包装
        卖场营销 ──→ ├─ 大型示范区域(包括示范现楼样板房示范园景等)
                    ├─ 奥林匹克运动中心的展示
                    └─ 核心启动区景观展示
```

(三) 活动营销

建议借助一系列大中型主题公关活动，将活动营销与卖场营销紧密结合，来提升项目知名度，并配合各营销期的营销活动。比如，组织一些有关科学运动、健康人生的主题活动；组织会员或客户到经典奥园进行观光考察；奥园建筑艺术及成果展示等。(具体内容)

（四）会员制营销

成立奥龙会，让会员们实实在在地享受到奥园的贴心服务，让其时刻关注奥园，让奥园成为常州人心目中永久性的品牌。（具体内容略）

二、广告推广策略

广告推广策略紧密配合各营销时期，广告主题重点出击，形成系列广告，注重系列的炒作功能。系列硬性广告采用多种形式的整合，包括报纸、电视媒体的运用。以户外、流动广告等多种形式出现，在总体高度上，成立会员俱乐部，推动口碑广告在更多目标客户中流传。

三、销售推盘策略

在价格策略上，推行低开高走的常规策略，但注重提倡性价比因素的融入。

在销售期策略上，更多注重认购期的运用，将消费能量在认购期积聚，并在开盘销售期释放，造成局部供不应求的销售局面。促使买家尽早购买，并造成后期大量后续客户登记。中前期将客户能量滚动累积，适时释放。

在推盘策略上，每次推盘时要注意好、中、差货型搭配，合理控制配比，以达到每个销售期的控制目标。

（一）销售期安排（略）

（二）推盘时间安排（略）

四、阶段性销售计划

（一）市场预热及登记期

工作重点：①塑造企业品牌形象建立市场影响力和美誉度；②通过发展商的公司内部关系客户和社会关系客户，建立基础客户网群。

主诉求点：品牌形象。

媒体配合，推广策略指导思路：①软性报道的宣传，软性文章的运用；②开始投入报纸广告；③《新生活》（暂定名，下同）主题月刊派发到重点对象；④户外广告的设置，包括路牌、挂旗等交通线路包装、地块/工地现场包装等；⑤市区接待点、现场销售中心及销售队伍的组建和培训完成，正式运营；⑥看楼车开通，增加或延长公交线路到本项目（设立奥林匹克花园站）；⑦健康运动嘉年华日系列活动（在闲置地块设一较大型、低成本游乐运动场地）；⑧接受市场意向登记及关系认购。

销售目标：主要是公司关系客户和社会关系客户，预计完成推出的组团。

（二）市场认购期

工作重点：①强势宣传，全面释放卖点，充分造势，迅速建立和巩固影响力和美誉度；②积蓄大量的潜在客户网群，并先期实现足够的客户群；③以性价比为突破点，配合优惠措施和推广造势活动，稳定和拉动客户网群的增长。

主诉求点：价格优势。

媒体配合，推广策略指导思路：①户外广告的正式投入；②报纸广告，加大投入量；③配合一系列的营销公关活动，对社区文化、生活方式及产品优势的推广引导；④《奥龙会》（暂定名，下同）主题性客户俱乐部的推广活动；⑤《新生活》月刊加大发行量；⑥样板展示组团开放(示范样板间、示范园景、示范运动设施等);⑦内部认购优惠政策及认购期活动,接受市场认购。

销售目标:经过生活方式和产品优势卖点的导入,预计完成推出组团单位的认购。

(三)开盘期

工作重点:①掀起销售过程中的高潮;②全面释放前期积蓄的客户能量,全面扩大客户网群;③为第二期开盘积蓄客户群;④总结分析首期销售的经验,安排第二期的详细货型货量;⑤完善客户资料数据库;⑥奥龙会的运作及开始跟进售后服务。

主诉求点:全面演绎"健康新生活"。

媒体配合,推广策略指导思路:①盛大的开盘活动;②"健康新生活"主题展示活动;③报纸广告有重点地加量投入;④重点地段户外广告继续加量投入,更新。

销售目标:预计完成本项目首期销售。

第五部分:收支概算

一、主要经济技术指标(略);二、销售收入估算(略);三、投资概算表(略)。

第六部分:专题研究

一、奥园专题研究(略);二、学校专题研究(略)。

(资料来源:房策网,有删节)

参 考 文 献

[1] 苏珊. 现代策划学 [M]. 北京：中共中央党校出版社，2002.
[2] 吴粲. 策划学 [M]. 北京：北京师范大学出版社，2008.
[3] 雷鸣雏. 中国策划教程 [M]. 北京：企业管理出版社，2004.
[4] 梁朝晖. TOP 策划学经典教程 [M]. 北京：北京出版社，1998.
[5] 胥和生，沈蕙帼. 房地产策划 [M]. 上海：东华大学出版社，2006.
[6] 黄福新. 房地产策划 [M]. 北京：中国建筑工业出版社，2004.
[7] 张敏莉. 房地产策划 [M]. 北京：人民交通出版社，2007.
[8] 舒立. 房地产策划的阶段演进模式 [N]. 中国建设报，2001.4.11.
[9] 贾士军. 房地产项目全程策划 [M]. 广州：广东经济出版社，2002.
[10] 汤鸿，纪昌品. 房地产策划技术案例分析 [M]. 南京：东南大学出版社，2008.
[11] 本书编写组. 投资项目可行性研究指南 [M]. 北京：中国电力出版社，2002.
[12] 国家发改委. 建设项目经济评价方法与参数 [M]. 北京：中国计划出版社，2006.
[13] 中华人民共和国住房和城乡建设部. 房地产开发项目经济评价方法 [M]. 北京：中国计划出版社，2005.
[14] 刘正山. 房地产投资分析 [M]. 大连：东北财经大学出版社，2000.
[15] 陈晨. 房地产开发项目融资策划和资金控制 [D]. 东南大学硕士学位论文，2003.
[16] 张永岳. 房地产市场调研基础教程 [M]. 上海：学林出版社，2006.
[17] 中华人民共和国住房和城乡建设部. 居住区环境景观设计导则 [M]. 北京：中国建筑工业出版社，2006.
[18] 安吉乡，袁园. 中国传统建筑特点分析 [R]. 广西艺术学院学报，2007.8.
[19] 祖立厂. 房地产营销策划 [M]. 北京：机械工业出版社，2004.
[20] 张晓光. 房地产营销的 100 个细节 [M]. 广州：广东经济出版社，2005.
[21] 彭加亮. 房地产市场营销 [M]. 2 版. 北京：高等教育出版社，2006.
[22] 余源鹏. 房地产实战定价与销售策略 [M]. 北京：中国建筑工业出版社，2006.
[23] 姚玉蓉. 房地产营销策划 [M]. 北京：化学工业出版社，2007.
[24] 柴强. 房地产估价 [M]. 北京：首都经济贸易大学出版社，2005.
[25] 房地产策划师/国家职业标准 [S]. 北京：中国劳动社会保障出版社，2006.
[26] 中国房地产估价师与房地产经纪人学会. 房地产基本制度与政策 [M]. 北京：中国建筑工业出版社，2008.
[27] 石博业. 房地产项目主题定位策划的研究 [D]. 华东师范大学硕士学位论文，2005.
[28] 房策天下 http：//www.swotbbs.com/.
[29] 中国房地产策划网 http：//www.zf636.com/.
[30] 中国策划师网 http：//www.sunsky.org.cn/.

北京大学出版社土木建筑系列教材(已出版)

序号	书名	主编	定价	序号	书名	主编	定价
1	*房屋建筑学(第3版)	聂洪达	56.00	53	特殊土地基处理	刘起霞	50.00
2	房屋建筑学	宿晓萍 隋艳娥	43.00	54	地基处理	刘起霞	45.00
3	房屋建筑学(上:民用建筑)(第2版)	钱 坤	40.00	55	*工程地质(第3版)	倪宏革 周建波	40.00
4	房屋建筑学(下:工业建筑)(第2版)	钱 坤	36.00	56	工程地质(第2版)	何培玲 张 婷	26.00
5	土木工程制图(第2版)	张会平	45.00	57	土木工程地质	陈文昭	32.00
6	土木工程制图习题集(第2版)	张会平	28.00	58	*土力学(第2版)	高向阳	45.00
7	土建工程制图(第2版)	张黎骅	38.00	59	土力学(第2版)	肖仁成 俞 晓	25.00
8	土建工程制图习题集(第2版)	张黎骅	34.00	60	土力学	曹卫平	34.00
9	*建筑材料	胡新萍	49.00	61	土力学	杨雪强	40.00
10	土木工程材料	赵志曼	38.00	62	土力学教程(第2版)	孟祥波	34.00
11	土木工程材料(第2版)	王春阳	50.00	63	土力学	贾彩虹	38.00
12	土木工程材料(第2版)	柯国军	45.00	64	土力学(中英双语)	郎煜华	38.00
13	*建筑设备(第3版)	刘源全 张国军	52.00	65	土质学与土力学	刘红军	36.00
14	土木工程测量(第2版)	陈久强 刘文生	40.00	66	土力学试验	孟云梅	32.00
15	土木工程专业英语	霍俊芳 姜丽云	35.00	67	土工试验原理与操作	高向阳	25.00
16	土木工程专业英语	宿晓萍 赵庆明	40.00	68	砌体结构(第2版)	何培玲 尹维新	26.00
17	土木工程基础英语教程	陈 平 王凤池	32.00	69	混凝土结构设计原理(第2版)	邵永健	52.00
18	工程管理专业英语	王竹芳	24.00	70	混凝土结构设计原理习题集	邵永健	32.00
19	建筑工程管理专业英语	杨云会	36.00	71	结构抗震设计(第2版)	祝英杰	37.00
20	*建设工程监理概论(第4版)	巩天真 张泽平	48.00	72	建筑抗震与高层结构设计	周锡武 朴福顺	36.00
21	工程项目管理(第2版)	仲景冰 王红兵	45.00	73	荷载与结构设计方法(第2版)	许成祥 何培玲	30.00
22	工程项目管理	董良峰 张瑞敏	43.00	74	建筑结构优化及应用	朱杰江	30.00
23	工程项目管理	王 华	42.00	75	钢结构设计原理	胡习兵	30.00
24	工程项目管理	邓铁军 杨亚频	48.00	76	钢结构设计	胡习兵 张再华	42.00
25	土木工程项目管理	郑文新	41.00	77	特种结构	孙 克	30.00
26	工程项目投资控制	曲 娜 陈顺良	32.00	78	建筑结构	苏明会 赵 亮	50.00
27	建设项目评估	黄明知 尚华艳	38.00	79	*工程结构	金恩平	49.00
28	建设项目评估(第2版)	王 华	46.00	80	土木工程结构试验	叶成杰	39.00
29	工程经济学(第2版)	冯为民 付晓灵	42.00	81	土木工程试验	王吉民	34.00
30	工程经济学	都沁军	42.00	82	*土木工程系列实验综合教程	周瑞荣	56.00
31	工程经济与项目管理	都沁军	45.00	83	土木工程CAD	王玉岚	42.00
32	工程合同管理	方 俊 胡向真	23.00	84	土木建筑CAD实用教程	王文达	30.00
33	建设工程合同管理	余群舟	36.00	85	建筑结构CAD教程	崔钦淑	36.00
34	*建设法规(第3版)	潘安平 肖 铭	40.00	86	工程设计软件应用	孙香红	39.00
35	建设法规	刘红霞 柳立生	36.00	87	土木工程计算机绘图	袁 果 张渝生	28.00
36	工程招标投标管理(第2版)	刘昌明	30.00	88	有限单元法(第2版)	丁 科 殷水平	30.00
37	建设工程招投标与合同管理实务(第2版)	崔东红	49.00	89	*BIM应用:Revit建筑案例教程	林标锋	58.00
38	工程招投标与合同管理(第2版)	吴 芳 冯 宁	43.00	90	*BIM建模与应用教程	曾浩	39.00
39	土木工程施工	石海均 马 哲	40.00	91	工程事故分析与工程安全(第2版)	谢征勋 罗 章	38.00
40	土木工程施工	邓寿昌 李晓目	42.00	92	建设工程质量检验与评定	杨建明	40.00
41	土木工程施工	陈泽世 凌平平	58.00	93	建筑工程安全管理与技术	高向阳	40.00
42	建筑工程施工	叶 良	55.00	94	大跨桥梁	王解军 周先雁	30.00
43	*土木工程施工与管理	李华锋 徐 芸	65.00	95	桥梁工程(第2版)	周先雁 王解军	37.00
44	高层建筑施工	张厚先 陈德方	32.00	96	交通工程基础	王富	24.00
45	高层与大跨建筑结构施工	王绍君	45.00	97	道路勘测与设计	凌平平 余婵娟	42.00
46	地下工程施工	江学良 杨 慧	54.00	98	道路勘测设计	刘文生	43.00
47	建筑工程施工组织与管理(第2版)	余群舟 宋会莲	31.00	99	建筑节能概论	余晓平	34.00
48	工程施工组织	周国恩	28.00	100	建筑电气	李 云	45.00
49	高层建筑结构设计	张仲先 王海波	23.00	101	空调工程	战乃岩 王建辉	45.00
50	基础工程	王协群 章宝华	32.00	102	*建筑公共安全技术与设计	陈继斌	45.00
51	基础工程	曹 云	43.00	103	水分析化学	宋吉娜	42.00
52	土木工程概论	邓友生	34.00	104	水泵与水泵站	张 伟 周书葵	35.00

序号	书名	主编	定价	序号	书名	主编	定价
105	工程管理概论	郑文新 李献涛	26.00	130	*安装工程计量与计价	冯 钢	58.00
106	理论力学(第2版)	张俊彦 赵荣国	40.00	131	室内装饰工程预算	陈祖建	30.00
107	理论力学	欧阳辉	48.00	132	*工程造价控制与管理(第2版)	胡新萍 王 芳	42.00
108	材料力学	章宝华	36.00	133	建筑学导论	裘 鞠 常 悦	32.00
109	结构力学	何春保	45.00	134	建筑美学	邓友生	36.00
110	结构力学	边亚东	42.00	135	建筑美术教程	陈希平	45.00
111	结构力学实用教程	常伏德	47.00	136	色彩景观基础教程	阮正仪	42.00
112	工程力学(第2版)	罗迎社 喻小明	39.00	137	建筑表现技法	冯 柯	42.00
113	工程力学	杨云芳	42.00	138	建筑概论	钱 坤	28.00
114	工程力学	王明斌 庞永平	37.00	139	建筑构造	宿晓萍 隋艳娥	36.00
115	房地产开发	石海均 王 宏	34.00	140	建筑构造原理与设计(上册)	陈玲玲	34.00
116	房地产开发与管理	刘 薇	38.00	141	建筑构造原理与设计(下册)	梁晓慧 陈玲玲	38.00
117	房地产策划	王直民	42.00	142	城市与区域规划实用模型	郭志恭	45.00
118	房地产估价	沈良峰	45.00	143	城市详细规划原理与设计方法	姜 云	36.00
119	房地产法规	潘安平	36.00	144	中外城市规划与建设史	李合群	58.00
120	房地产测量	魏德宏	28.00	145	中外建筑史	吴 薇	36.00
121	工程财务管理	张学英	38.00	146	外国建筑简史	吴 薇	38.00
122	工程造价管理	周国恩	42.00	147	城市与区域认知实习教程	邹 君	30.00
123	建筑工程施工组织与概预算	钟吉湘	52.00	148	城市生态与城市环境保护	梁彦兰 阎 利	36.00
124	建筑工程造价	郑文新	39.00	149	幼儿园建筑设计	龚兆先	37.00
125	工程造价管理	车春鹂 杜春艳	24.00	150	园林与环境景观设计	董 智 曾 伟	46.00
126	土木工程计量与计价	王翠琴 李春燕	35.00	151	室内设计原理	冯 柯	28.00
127	建筑工程计量与计价	张叶田	50.00	152	景观设计	陈玲玲	49.00
128	市政工程计量与计价	赵志曼 张建平	38.00	153	中国传统建筑构造	李合群	35.00
129	园林工程计量与计价	温日琨 舒美英	45.00	154	中国文物建筑保护及修复工程学	郭志恭	45.00

标*号为高等院校土建类专业"互联网+"创新规划教材。

如您需要更多教学资源如电子课件、电子样章、习题答案等，请登录北京大学出版社第六事业部官网www.pup6.cn搜索下载。

如您需要浏览更多专业教材，请扫下面的二维码，关注北京大学出版社第六事业部官方微信（微信号：pup6book），随时查询专业教材、浏览教材目录、内容简介等信息，并可在线申请纸质样书用于教学。

感谢您使用我们的教材，欢迎您随时与我们联系，我们将及时做好全方位的服务。联系方式：010-62750667，donglu2004@163.com，pup_6@163.com，lihu80@163.com，欢迎来电来信。客户服务QQ号：1292552107，欢迎随时咨询。